Am Schlusse dieses Bandes befindet sich ein Nachweis wichtiger Gesetzesausgaben, in dem die meisten Bände der jetzt über 240 Nummern umfassenden

Guttentagschen Sammlung Deutscher Reichs- und Preußischer Gesetze

sowie größere und kleinere Kommentare, Lehrbücher, Sammelwerke, Entscheidungssammlungen und Zeitschriften verzeichnet sind

Guttentagsche Sammlung
von
Textausgaben ohne Anmerkungen mit Sachregister

Gewerbeordnung
für das Deutsche Reich
nebst
Gaststättengesetz, Kinderschutzgesetz und Hausarbeitsgesetz.

Textausgabe mit Einleitung
und Sachregister.

Berlin und Leipzig 1932.
Walter de Gruyter & Co.
vormals G. J. Göschen'sche Verlagshandlung — J. Guttentag, Verlagsbuchhandlung — Georg Reimer — Karl J. Trübner — Veit & Comp.

Archiv-Nr. 21 4 014.

Inhalt.

Einleitung.

Die Reichsgewerbeordnung beruht auf der Gewerbeordnung für den Norddeutschen Bund; sie datiert vom 21. Juni 1869 (BGBl. S. 245) und ist durch Ausdehnung auf Hessen (1. 1. 1871), Baden und Württemberg (10. 11. 1871) und auf Bayern (12. 6. 1872) dann zur Reichsgewerbeordnung geworden und wurde später, am 26. Juli 1900, in neuer Fassung (RGBl. S. 871) bekanntgemacht. Vor und nach diesem Zeitpunkt ist die Gewerbeordnung immer wieder in einzelnen Teilen abgeändert worden, mehr als 40 Gesetze und Verordnungen zur Abänderung der Gewerbeordnung sind im Laufe der Zeit ergangen, die hie und da ganze Abschnitte umgestaltet haben.

Das ist begreiflich bei einem Gesetz, das die erste zusammenfassende Kodifizierung sozialpolitischer Bestimmungen in einem zum großen Industriestaat sich allmählich entwickelnden Lande war. So ist die Gewerbeordnung, zumal wenn man die Änderungen im Laufe des Zeitraums von 60 Jahren verfolgt[1]), ein Spiegelbild nicht nur der sozialwirtschaftlichen Entwicklung im Deutschen Reich, sondern auch der sozialpolitischen Anschauungen bezüglich

[1]) Eine kurze Zusammenstellung dieser Änderungen und Einflüsse durch Novellen und neue Gesetze gibt der Art. Gewerbeordnung in Bitter-Hoffmann, Handwörterbuch der preußischen Verwaltung, 3. Aufl. 1928, Bd. I S. 726/27.

des gewerblichen Arbeitsverhältnisses, die zuerst in der Gewerbeordnung und erst später in zahlreichen Kodifikationen des Arbeiterschutzrechts und der Sozialversicherung ihren Niederschlag fanden. Ja die Materie des „Arbeitsrechts“ beruht auch heute noch zu einem nennenswerten Teil auf Vorschriften oder zum mindesten auf Grundgedanken der Gewerbeordnung.

Der Begriff „Gewerbe“ im Sinne der Gewerbeordnung ist ziemlich weit zu fassen. Er umfaßt Handwerk und Kleingewerbe ebensogut wie Handel und Großindustrie, obwohl der Handel sein eigenes Gesetzbuch (HGB.) und damit ein eigenes vom bürgerlichen Recht in manchen Punkten abweichendes Handelsrecht besitzt. Aber während dieses privatrechtlicher Natur ist, steht in öffentlich-rechtlicher Hinsicht der Handel zum großen Teil unter dem Einfluß der Gewerbeordnung. Ausgeschlossen von dem Geltungsbereich der Gewerbeordnung sind Land- und Forstwirtschaft, Garten- und Weinbau, Fischerei und Jagd, Erziehung und Unterricht, Versicherungsunternehmungen, Schiffahrt und Eisenbahnunternehmungen und anderes (vgl. GO. § 6) und insbesondere die persönlichen Dienstleistungen höherer Art; auf Bergbau, Heilkunde, Apotheken, Viehzucht bezieht sich die Gewerbeordnung nur teilweise.

Die Gewerbeordnung ist in folgende Titel eingeteilt:

Titel I: Allgemeine Bestimmungen. §§ 1—13.

Titel II: Stehender Gewerbebetrieb. §§ 14—54 (u. a. Genehmigung, Befugnisse des Gewerbetreibenden usw.).

Titel III: Gewerbebetrieb im Umherziehen. §§ 55 bis 63.

Titel IV: Marktverkehr. §§ 64—71.

Titel V: Taxen. §§ 72—80.

Titel VI: Innungen, Innungsausschüsse, Handwerkskammern, Innungsverbände. §§ 81—104n.

Titel VIa: Handwerksnovelle (durch G. v. 11. 2. 1929 eingefügt).

Titel VII: Gewerbliche Arbeiter (Gesellen, Gehilfen, Lehrlinge, Betriebsbeamte, Werkmeister, Techniker, Fabrikarbeiter). §§ 105—139m (hier also die maßgebenden Bestimmungen des Arbeitsrechts und insofern — abgesehen von den arbeitshygienischen Bestimmungen über Betriebsanlagen — des Arbeiterschutzes einschließlich der Gewerbeaufsicht, des Lehrlingsrechts, des Meisterrechts).

Titel VIII: Gewerbliche Hilfskassen. § 140.

Titel IX: Statutarische Bestimmungen. § 142.

Titel X: Strafbestimmungen. §§ 143—152.

Schlußbestimmungen. §§ 154—155.

Der Grundsatz der Gewerbefreiheit (§ 1) beherrscht die Gewerbeordnung. Beschränkungen der Gewerbefreiheit müssen, wenn sie gelten sollen, ausdrücklich in der Gewerbeordnung stehen oder sich aus allgemeinen Sitten- und Rechtsanschauungen ergeben (z. B. Kuppelei, Hehlerei). Zunftzwang und Konzessionsprinzip gehören der Vergangenheit ebenso an wie die ausschließlichen Gewerbeberechtigungen („Gerechtigkeiten") und die Zwangs- und Bannrechte (z. B. Mahlzwang, Brauzwang), jedoch bestehen noch Reste vom Konzessionszwang (polizeiliche Genehmigung) und von Realgewerbeberechtigungen (mit einem Grundstück verbundene Gewerbeberechtigungen, vgl. §§ 10 und 48 GO.). Genehmigung (Konzession) ist erforderlich für eine ganze Reihe gewerblicher Anlagen (s. §§ 16ff., vgl. auch § 147), für Privat-Kranken- und Entbindungsanstalten (§ 30), für Schauspielunternehmungen u. dgl. (§§ 32, 33a ff.), für das Pfandleihgewerbe (§ 34), das Bewachungsgewerbe (§ 34a), in der Form der Approbation für Ärzte und Apotheker, in der Form des Befähigungszeugnisses für Seeschiffer usw. (§ 31). Auch der Gewerbebetrieb im Umherziehen unterliegt besonderen Beschränkungen (§§ 42, 55ff.). Andere Gewerbe können untersagt werden, wenn die Zuverlässigkeit des Gewerbetreibenden zu wünschen übrig läßt (§ 35[2])). Für Gast- und Schankwirtschaften (früher § 33 GO.) ist eine Neuregelung durch das Gaststättengesetz vom 18. April 1930 erfolgt (s. Seite 148ff.).

Daß der Gewerbebetrieb im Umherziehen („Wandergewerbe", „Hausierhandel", „Ambulanter Gewerbebetrieb") besonderen Beschränkungen unterworfen werden muß, hat naheliegende sozialwirtschaftliche Gründe. Die Loslösung von einer festen Verkaufsstätte, ja fast von der gewerblichen Ansässigkeit, läßt Mißständen freiere Bahn, erleichtert Unzuverlässigkeit und Schleichhandel aller Art und kann in-

[2]) Vgl. d. Art. Gewerbefreiheit im Handwörterb. d. Rechtswiss. Bd. II (1927) S. 912.

folge des Aufsuchens von Kundschaft in deren Haus eine Quelle unzuträglicher Belästigung werden. Auch ist es ein Gebot der öffentlichen Sicherheit wie der Gesundheitspflege, daß gewisse Gegenstände und Leistungen von dem Gewerbebetrieb im Umherziehen ausgeschlossen werden (§§ 56, 56a, 56b), so z. B.: geistige Getränke, gebrauchte Kleidungsstücke oder Bettzeug, Explosivstoffe, gifthaltige Waren, Waffen; Ausübung der Heilkunde, Darlehnsgeschäfte, Abzahlungsgeschäfte. Die Erteilung des Wandergewerbescheins ist in sachlicher und persönlicher Hinsicht eingehend geregelt (§§ 57ff.).

Der Marktverkehr (GO. §§ 64ff.) hat gegenüber früheren Zeiten größere Freiheit gewonnen, aber die Marktpolizei sorgt durch Marktordnungen für die zweckdienliche Abwicklung dieser Versorgung der Bevölkerung namentlich mit Lebensmitteln und Gegenständen des kleinen täglichen Bedarfs. Der Wochenmarktverkehr dient in erster Linie dem Güterausgleich zwischen Stadt und Land.

Ebenfalls gegen früher erfreut sich die Preisgestaltung größerer Freiheit. Der Gewerbetreibende ist — unbeschadet des Wucherbegriffs — in der Preisfestsetzung frei. Die in den §§ 72ff. GO. festgesetzten polizeilichen Taxen — z. B. für Backware, Gastzimmer, Verkehrsmittel, Schornsteinfeger, Apotheker — stellen sich als Ausnahmebestimmungen dar, freilich als dauernde, während die Preistreibereiverordnung von 1914, 1917, 1918 usw.[3]) und die Vierte

[3]) Vgl. d. Art. Wucher im Handwörterb. d. Rechtswiss. Bd. VI (1929) S. 964.

Notverordnung vom 8. Dezember 1931[4]) als vorübergehende Einschränkungen der Preisgestaltung in Notzeiten anzusehen sind. Erwähnt sei in diesem Zusammenhang auch die Markenwarenverordnung vom 16. Januar 1931.

Der VI. Titel ist organisatorischer Natur für das Handwerk. Er enthält das Recht der Innungen, Zwangsinnungen und Handwerkskammern nach dem sog. Handwerkergesetz vom 26. Juli 1897, das hier in die Gewerbeordnung an Stelle der früheren §§ 81 ff. getreten ist. Als Träger der Selbstverwaltung im Rahmen dieser Handwerksorganisation ist die Innung die Vereinigung selbständiger Gewerbetreibender zur Förderung ihrer gemeinsamen gewerblichen Interessen einschließlich des Verhältnisses zu den Gesellen und Lehrlingen. Innungen werden für bestimmte Bezirke errichtet und können zu Innungsverbänden zusammengeschlossen werden. Die Fragen der Mitgliedschaft und ihrer Rechte und Pflichten, der Geschäftsführung, der Ausschüsse, der Aufsicht, der Schließung und Beendigung sind im Gesetz eingehend geregelt.

Von besonderer Bedeutung ist Titel VII: Gewerbliche Arbeiter. In das privatrechtliche Vertragsrecht greift die Gewerbeordnung teils mittelbar, teils unmittelbar ein. Auch ihre aus öffentlichem Interesse hervorgegangenen Bestimmungen sind auf die Gestaltung und Durchführung des gewerblichen Arbeitsverhältnisses nicht ohne wesentlichen Einfluß. So betreffen die Bestimmungen des ersten Abschnitts im einzelnen: die Sonntagsruhe (§§ 105a u. ff.),

---

[4]) Kommentierte Ausgabe: Gutt. Slg. Nr. 180.

die Anleitung und das Arbeitsbuch jugendlicher Arbeiter (§§ 106ff.), die Barzahlung der Löhne (Verbot des Trucksystems), den Ort der Lohnzahlung, Lohneinbehaltung u. dgl. (§§ 115ff.), die Fortbildungsschulpflicht (§ 120), die Einrichtung der Betriebsstätten (Hygiene der Arbeitsstätte) (§§ 120a u. ff.). Der zweite Abschnitt betrifft unmittelbar den Arbeitsvertrag des gewerblichen Angestellten (wobei man diesen von dem Handlungsangestellten, dessen Rechtsverhältnis sich nach dem Handelsgesetzbuch bestimmt, streng zu unterscheiden hat), statuiert eine Gehorsamspflicht (§ 121) und trifft Bestimmungen über die zulässige Kündigung und sofortige Entlassung, Folgen des Vertragsbruchs usw. (§§ 122ff.). Der dritte Abschnitt regelt das Lehrlingsverhältnis (§§ 126ff.): Befugnis zur Haltung von Lehrlingen, Ausbildungspflicht und Erziehungsrecht, Lehrvertrag usw. Für Handwerker gelten besondere Bestimmungen bezüglich der Lehrlingshaltung (§§ 129ff.). Nach einigen Vorschriften über den Meistertitel (§ 133) und über das Kündigungsrecht der Betriebsbeamten, Werkmeister und Techniker (§§ 133a u. ff.) werden die Rechtsverhältnisse der Fabrikarbeiter besonders geregelt (§§ 133g u. ff.), und zwar getrennt für Betriebe mit mindestens zwanzig Arbeitern (hier bedarf es einer Arbeitsordnung, §§ 134a u. ff.) und für Betriebe mit mindestens zehn Arbeitern, wo es sich (§§ 134a u. ff.) in der Hauptsache um Sonderschutzvorschriften für Kinder, Jugendliche und weibliche Arbeiter handelt, die natürlich auch für die vorhergenannten Großbetriebe (mit mindestens zwanzig Arbeitern) gelten. Zu allen diesen Bestimmungen sind viele Sondergesetze, Ausführungs- und Durchführungsbestimmungen erlassen worden, so daß diese Arbeiterschutzgesetzgebung ein Wissensgebiet für sich bildet[5]). Ein kurzer Abschnitt über das Verhältnis der Gehilfen, Lehrlinge und Arbeiter in offenen Verkaufsstellen beschließt diesen wichtigen Titel VII der Gewerbeordnung.

Trotz der zahlreichen im Laufe der Zeit ergangenen Änderungen, Ergänzungen und Ausweitungen der Gewerbeordnung darf man sagen, daß sich das Gesetz bewährt hat. Es mußte naturgemäß von der in sozialwirtschaftlicher Hinsicht sich wandelnden Zeit stark beeinflußt werden und mußte ein ganz großes Rechtsgebiet — das des Arbeiterschutzes und des sonstigen gewerblichen Arbeitsrechts — an eine immer mehr anschwellende Sondergesetzgebung abgeben, so daß man diese Kodifikationen nicht mehr gut als „Nebengesetze" der Gewerbeordnung ansehen kann. Aber die in der Gewerbeordnung festgelegten Grundsätze sind im allgemeinen geltend geblieben, und das große Prinzip der Gewerbefreiheit wird — trotz der zahlreichen praktischen Durchlöcherungen und etlicher Mißstände, die es hervorgerufen hat — doch bleiben.

Dr. Alexander Elster.

[5]) Zusammenstellung der Neben- und Ausführungsgesetze bei Hiller-Luppe, Gewerbeordnung für das Deutsche Reich, Guttentagsche Sammlung Deutscher Reichsgesetze Nr. 6 (21. Aufl., 1928) S. 482 ff. — Das Kinderschutzgesetz ist unten S. 165 abgedruckt.

Gewerbeordnung
für das Deutsche Reich

vom 21. Juni 1869 (RGBl. 245)

in der Fassung vom 26. Juli 1900 (RGBl. 871)

Gewerbeordnung für das Deutsche Reich.

Vom 21. Juni 1869

in der Fassung der Bekanntmachung vom 26. Juli 1900 (RGBl. S. 871 ff.)
(unter Berücksichtigung aller seitherigen Änderungen).

Inhaltsübersicht.

Titel I. Allgemeine Bestimmungen.

[Gewerbefreiheit] **§ 1.**

(1) Der Betrieb eines Gewerbes ist jedermann gestattet, soweit nicht durch dieses Gesetz Ausnahmen oder Beschränkungen vorgeschrieben oder zugelassen sind.

(2) Wer gegenwärtig zum Betrieb eines Gewerbes berechtigt ist, kann von demselben nicht deshalb ausgeschlossen werden, weil er den Erfordernissen dieses Gesetzes nicht genügt.

[Stadt und Land] **§ 2.**

Die Unterscheidung zwischen Stadt und Land in bezug auf den Gewerbebetrieb und die Ausdehnung desselben hört auf.

[Betrieb mehrerer Gewerbe] **§ 3.**

Der gleichzeitige Betrieb verschiedener Gewerbe sowie desselben Gewerbes in mehreren Betriebs- oder Verkaufsstätten ist gestattet. Eine Beschränkung der Handwerker auf den Verkauf der selbstverfertigten Waren findet nicht statt.

[Ausschließungsrecht der Zünfte] **§ 4.**

Den Zünften und kaufmännischen Korporationen steht ein Recht, andere von dem Betrieb eines Gewerbes auszuschließen nicht zu.

[Beschränkung durch Zoll-, Steuer- und Postgesetze]

§ 5.

In den Beschränkungen des Betriebs einzelner Gewerbe, welche auf den Zoll-, Steuer- und Postgesetzen beruhen, wird durch das gegenwärtige Gesetz nichts geändert.

[Nicht unter die GO. fallende Tätigkeiten]

§ 6.

(1) Das gegenwärtige Gesetz findet keine Anwendung auf die Fischerei, die Errichtung und Verlegung von Apotheken, die Erziehung von Kindern gegen Entgelt, das Unterrichtswesen, die advokatorische und Notariatspraxis, den Gewerbebetrieb der Auswanderungsunternehmer und Auswanderungsagenten, der Versicherungsunternehmer und der Eisenbahnunternehmungen, die Befugnis zum Halten öffentlicher Fähren und die Rechtsverhältnisse der Schiffsmannschaften auf den Seeschiffen. — Auf das Bergwesen, die Ausübung der Heilkunde, den Verkauf von Arzneimitteln, den Vertrieb von Lotterielosen und die Viehzucht findet das gegenwärtige Gesetz nur insoweit Anwendung, als dasselbe ausdrückliche Bestimmungen darüber enthält.

(2) Durch [Kaiserliche] Verordnung des Reichspräsidenten[1]) wird bestimmt, welche Apothekerwaren dem freien Verkehre zu überlassen sind.

[Aufgehobene Berechtigungen]

§ 7.

(1) Vom 1. Januar 1873 ab sind, soweit die Landesgesetze solches nicht früher verfügen, aufgehoben:

1. die noch bestehenden ausschließlichen Gewerbeberechtigungen, das heißt die mit dem Gewerbebetriebe verbundenen Berechtigungen, anderen den Betrieb eines Gewerbes, sei es im allgemeinen oder hinsichtlich der Benutzung eines gewissen Betriebsmaterials, zu untersagen oder sie darin zu beschränken;
2. die mit den ausschließlichen Gewerbeberechtigungen verbundenen Zwangs- und Bannrechte, mit Ausnahme der Abdeckereiberechtigungen;
3. alle Zwangs- und Bannrechte, deren Aufhebung nach dem Inhalte der Verleihungsurkunde ohne Entschädigung zulässig ist;

---

[1]) Gem. Art. 179 RV. in Verb. mit § 4 des Übergangsgesetzes v. 4. März 1919 (oben Nr. 1d) ist an die Stelle des Kaisers der Reichspräsident getreten.

4. sofern die Aufhebung nicht schon infolge dieser Bestimmungen eintritt, oder sofern sie nicht auf einem Vertrage zwischen Berechtigten und Verpflichteten beruhen:
   a) das mit dem Besitz einer Mühle, einer Brennerei oder Brenngerechtigkeit, einer Brauerei oder Braugerechtigkeit, oder einer Schankstätte verbundene Recht, die Konsumenten zu zwingen, daß sie bei den Berechtigten ihren Bedarf mahlen oder schroten lassen, oder das Getränk ausschließlich von denselben beziehen (der Mahlzwang, der Branntweinzwang oder der Brauzwang);
   b) das städtischen Bäckern oder Fleischern zustehende Recht, die Einwohner der Stadt, der Vorstädte oder der sogenannten Bannmeile zu zwingen, daß sie ihren Bedarf an Gebäck oder Fleisch ganz oder teilweise von jenen ausschließlich entnehmen;
5. die Berechtigungen, Konzessionen zu gewerblichen Anlagen oder zum Betriebe von Gewerben zu erteilen, die dem Fiskus, Korporationen, Instituten oder einzelnen Berechtigten zustehen;
6. vorbehaltlich der an den Staat und die Gemeinde zu entrichtenden Gewerbesteuern, alle Abgaben, welche für den Betrieb eines Gewerbes entrichtet werden, sowie die Berechtigung, dergleichen Abgaben aufzuerlegen.

(2) Ob und in welcher Weise den Berechtigten für die vorstehend aufgehobenen ausschließlichen Gewerbeberechtigungen, Zwangs- und Bannrechte usw. Entschädigung zu leisten ist, bestimmen die Landesgesetze.

[Abzulösende Berechtigungen]

§ 8.

(1) Von dem gleichen Zeitpunkt (§ 7) ab unterliegen, soweit solches nicht von der Landesgesetzgebung schon früher verfügt ist, der Ablösung:

1. diejenigen Zwangs- und Bannrechte, welche durch die Bestimmungen des § 7 nicht aufgehoben sind, sofern die Verpflichtung auf Grundbesitz haftet, die Mitglieder einer Korporation als solche betrifft, oder Bewohnern eines Ortes oder Distrikts vermöge ihres Wohnsitzes obliegt;
2. das Recht, den Inhaber einer Schankstätte zu zwingen, daß er für seinen Wirtschaftsbedarf das Getränk aus einer bestimmten Fabrikationsstätte entnehme.

(2) Das Nähere über die Ablösung dieser Rechte bestimmen die Landesgesetze.

[Streitigkeiten wegen aufgehobener oder abzulösender Berechtigungen]

§ 9.

(1) Streitigkeiten darüber, ob eine Berechtigung zu den durch die §§ 7 und 8 aufgehobenen oder für ablösbar erklärten gehört, sind im Rechtswege zu entscheiden.

(2) Jedoch bleibt den Landesgesetzen vorbehalten, zu bestimmen, von welchen Behörden und in welchem Verfahren die Frage zu entscheiden ist, ob oder wieweit eine auf einem Grundstücke haftende Abgabe eine Grundabgabe ist, oder für den Betrieb eines Gewerbes entrichtet werden muß.

[Ausschließliche und Realgewerbeberechtigungen]

§ 10.

(1) Ausschließliche Gewerbeberechtigungen oder Zwangs- und Bannrechte, welche durch Gesetz aufgehoben oder für ablösbar erklärt worden sind, können fortan nicht mehr erworben werden.

(2) Realgewerbeberechtigungen dürfen fortan nicht mehr begründet werden.

[Betrieb eines Gewerbes durch Frauen]

§ 11.

Das Geschlecht begründet in Beziehung auf die Befugnis zum selbständigen Betrieb eines Gewerbes keinen Unterschied.

[Güterstand und Gewerbebetrieb einer Ehefrau]

§ 11 a.

(1) Betreibt eine Ehefrau, für deren güterrechtliche Verhältnisse ausländische Gesetze maßgebend sind, im Inlande selbständig ein Gewerbe, so ist es auf ihre Geschäftsfähigkeit in Angelegenheiten des Gewerbes ohne Einfluß, daß sie Ehefrau ist.

(2) Soweit die Frau infolge des Güterstandes in der Verfügung über ihr Vermögen beschränkt ist, finden die Vorschriften des § 1405 des Bürgerlichen Gesetzbuchs Anwendung. Hat die Frau ihren Wohnsitz nicht im Inlande, so ist der Einspruch des Mannes gegen den Betrieb des Gewerbes und der Widerruf der erteilten Einwilligung in das Güterrechtsregister des Bezirkes einzutragen, in welchem das Gewerbe betrieben wird.

(3) Betreibt die Frau das Gewerbe mit Einwilligung des Mannes oder gilt die Einwilligung nach § 1405 Abs. 2 des Bürgerlichen Gesetzbuchs als erteilt, so haftet für die Verbindlichkeiten der Frau aus dem Gewerbebetrieb ihr Vermögen ohne Rücksicht auf die dem Manne kraft des Güterstandes zustehenden Rechte; im Falle des Bestehens einer ehelichen Gütergemeinschaft haftet auch das gemeinschaftliche Vermögen.

[Gewerbebetrieb der juristischen Personen]

§ 12.

(1) Hinsichtlich des Gewerbebetriebs der juristischen Personen des Auslandes bewendet es bei den Landesgesetzen.

(2) Diejenigen Beschränkungen, welche in betreff des Gewerbebetriebs für Personen des Soldaten- und Beamtenstandes sowie deren Angehörige bestehen, werden durch das gegenwärtige Gesetz nicht berührt.

[Gewerbebetrieb und Bürgerrecht]

§ 13.

(1) Von dem Besitze des Bürgerrechts soll die Zulassung zum Gewerbebetrieb in keiner Gemeinde und bei keinem Gewerbe abhängig sein.

(2) Nach dem begonnenen Gewerbebetrieb ist, soweit dies in der bestehenden Gemeindeverfassung begründet ist, der Gewerbetreibende auf Verlangen der Gemeindebehörde nach Ablauf von drei Jahren verpflichtet, das Bürgerrecht zu erwerben. Es darf jedoch in diesem Falle von ihm das sonst vorgeschriebene oder übliche Bürgerrechtsgeld nicht gefordert und ebenso nicht verlangt werden, daß er sein anderweit erworbenes Bürgerrecht aufgebe.

Titel II. Stehender Gewerbebetrieb.

I. Allgemeine Erfordernisse.

[Anzeige vom Beginn eines Gewerbebetriebs]

§ 14.

(1) Wer den selbständigen Betrieb eines stehenden Gewerbes anfängt, muß der für den Ort, wo solches geschieht, nach den Landesgesetzen zuständigen Behörde gleichzeitig Anzeige davon machen. Diese Anzeige liegt auch demjenigen ob, welcher zum Betrieb eines Gewerbes im Umherziehen (Titel III) befugt ist.

(2) Außerdem hat, wer Versicherungen für eine Mobiliar- oder Immobiliar-Feuerversicherungsanstalt als Agent oder Unteragent vermitteln will, bei Übernahme der Agentur, und derjenige, welcher dieses Geschäft wieder aufgibt, oder welchem die Versicherungsanstalt den Auftrag wieder entzieht, innerhalb der nächsten acht Tage der zuständigen Behörde seines Wohnorts davon Anzeige zu machen. Buch- und Steindrucker, Buch- und Kunsthändler, Antiquare, Leihbibliothekare, Inhaber von Lesekabinetten, Verkäufer von Druckschriften, Zeitungen und Bildern haben bei der Eröffnung ihres Gewerbebetriebs das Lokal desselben sowie jeden späteren Wechsel des letzteren spätestens

am Tage seines Eintritts der zuständigen Behörde ihres Wohnorts anzugeben.

[Verhinderung eines unbefugten Gewerbebetriebs] **§ 15.**

(1) Die Behörde bescheinigt innerhalb dreier Tage den Empfang der Anzeige.

(2) Die Fortsetzung des Betriebs kann polizeilich verhindert werden, wenn ein Gewerbe, zu dessen Beginn eine besondere Genehmigung erforderlich ist, ohne diese Genehmigung begonnen wird.

[Namenszwang der Ladeninhaber] **§ 15a.**

(1) Gewerbetreibende, die einen offenen Laden haben oder Gast- oder Schankwirtschaft betreiben, sind verpflichtet, ihren Familiennamen mit mindestens einem ausgeschriebenen Vornamen an der Außenseite oder am Eingange des Ladens oder der Wirtschaft in deutlich lesbarer Schrift anzubringen.

(2) Kaufleute, die eine Handelsfirma führen, haben zugleich die Firma in der bezeichneten Weise an dem Laden oder der Wirtschaft anzubringen; ist aus der Firma der Familienname des Geschäftsinhabers mit dem ausgeschriebenen Vornamen zu ersehen, so genügt die Anbringung der Firma.

(3) Auf offene Handelsgesellschaften, Kommanditgesellschaften und Kommanditgesellschaften auf Aktien finden diese Vorschriften mit der Maßgabe Anwendung, daß für die Namen der persönlich haftenden Gesellschafter gilt, was in betreff der Namen der Gewerbetreibenden bestimmt ist.

(4) Sind mehr als zwei Beteiligte vorhanden, deren Namen hiernach in der Aufschrift anzugeben wären, so genügt es, wenn die Namen von zweien mit einem das Vorhandensein weiterer Beteiligter andeutenden Zusatz aufgenommen werden. Die Polizeibehörde kann im einzelnen Falle die Angabe der Namen aller Beteiligter anordnen.

II. Erfordernis besonderer Genehmigung.

1. Anlagen, welche einer besonderen Genehmigung bedürfen.

[Lästige Anlagen] **§ 16.**

(1) Zur Errichtung von Anlagen, welche durch die örtliche Lage oder die Beschaffenheit der Betriebsstätte für die Besitzer oder Bewohner der benachbarten Grundstücke oder für das Publikum überhaupt erhebliche Nachteile, Gefahren oder Belästigun-

gen herbeiführen können, ist die Genehmigung der nach den Landesgesetzen zuständigen Behörde erforderlich.

(2) Es gehören dahin:

Schießpulverfabriken, Anlagen zur Feuerwerkerei und zur Bereitung von Zündstoffen aller Art, Gasbereitungs- und Gasbewahrungsanstalten, Anstalten zur Destillation von Erdöl, Anlagen zur Bereitung von Braunkohlenteer, Steinkohlenteer und Koks, sofern sie außerhalb der Gewinnungsorte des Materials errichtet werden, Glas- und Rußhütten, Kalk-, Ziegel- und Gipsöfen, Anlagen zur Gewinnung roher Metalle, Röstöfen, Metallgießereien, sofern sie nicht bloße Tiegelgießereien sind, Hammerwerke, chemische Fabriken aller Art, Schnellbleichen, Firnissiedereien, Stärkefabriken, mit Ausnahme der Fabriken zur Bereitung von Kartoffelstärke, Stärkesirupsfabriken, Wachstuch-, Darmsaiten-, Dachpappen- und Dachfilzfabriken, Leim-, Tran- und Seifensiedereien, Knochenbrennereien, Knochendarren, Knochenkochereien und Knochenbleichen, Zubereitungsanstalten für Tierhaare, Talgschmelzen, Schlächtereien, Gerbereien, Abdeckereien, Poudretten- und Düngpulverfabriken, Stauanlagen für Wassertriebwerke (§ 23), Hopfen-Schwefeldörren, Asphaltkochereien und Pechsiedereien, soweit sie außerhalb der Gewinnungsorte des Materials errichtet werden, Strohpapierstoffabriken, Darmzubereitungsanstalten, Fabriken, in welchen Dampfkessel oder andere Blechgefäße durch Vernieten hergestellt werden, Kalifabriken und Anstalten zum Imprägnieren von Holz mit erhitzten Teerölen, Kunstwollefabriken, Anlagen zur Herstellung von Zelluloid und Dégrasfabriken, die Fabriken, in welchen Röhren aus Blech durch Vernieten hergestellt werden, sowie die Anlagen zur Erbauung eiserner Schiffe, zur Herstellung eiserner Brücken oder sonstiger eiserner Baukonstruktionen, die Anlagen zur Destillation oder zur Verarbeitung von Teer und von Teerwasser, die Anlagen, in welchen aus Holz oder ähnlichem Fasermaterial auf chemischem Wege Papierstoff hergestellt wird (Zellulosefabriken), die Anlagen, in welchen Albuminpapier hergestellt wird, die Anstalten zum Trocknen und Einsalzen ungegerbter Tierfelle sowie die Verbleiungs-, Verzinnungs- und Verzinkungsanstalten, die Anlagen zur Herstellung von Gußstahlkugeln mittels Kugelschrotmühlen (Kugelfräsmaschinen), die Anlagen zur Herstellung von Zündschnüren und von elektrischen Zündern.

(3) Das vorstehende Verzeichnis kann, je nach Eintritt oder Wegfall der im Eingange gedachten Voraussetzung, durch Beschluß [des Bundesrats,] der Reichsregierung unter Zustimmung des Reichsrats[1]), vorbehaltlich der Genehmigung des nächstfolgenden Reichstags, abgeändert werden.

[Genehmigungsverfahren] **§ 17.**

(1) Dem Antrag auf die Genehmigung einer solchen Anlage müssen die zur Erläuterung erforderlichen Zeichnungen und Beschreibungen beigefügt werden.

(2) Ist gegen die Vollständigkeit dieser Vorlagen nichts zu erinnern, so wird das Unternehmen mittels einmaliger Einrückung in das zu den amtlichen Bekanntmachungen der Behörde (§ 16) bestimmte Blatt zur öffentlichen Kenntnis gebracht, mit der Aufforderung, etwaige Einwendungen gegen die neue Anlage binnen vierzehn Tagen anzubringen. Die Frist nimmt ihren Anfang mit Ablauf des Tages, an welchem das die Bekanntmachung enthaltende Blatt ausgegeben worden, und ist für alle Einwendungen, welche nicht auf privatrechtlichen Titeln beruhen, präklusivisch.

[Prüfung des Antrags durch die Genehmigungsbehörde] **§ 18.**

Werden keine Einwendungen angebracht, so hat die Behörde zu prüfen, ob die Anlage erhebliche Gefahren, Nachteile oder Belästigungen für das Publikum herbeiführen könne. Auf Grund dieser Prüfung, welche sich zugleich auf die Beachtung der bestehenden bau-, feuer- und gesundheitspolizeilichen Vorschriften erstreckt, ist die Genehmigung zu versagen, oder, unter Festsetzung der sich als nötig ergebenden Bedingungen, zu erteilen. Zu den letzteren gehören auch diejenigen Anordnungen, welche zum Schutze der Arbeiter gegen Gefahr für Gesundheit und Leben notwendig sind. Der Bescheid ist schriftlich auszufertigen und muß die festgesetzten Bedingungen enthalten; er muß mit Gründen versehen sein, wenn die Genehmigung versagt oder nur unter Bedingungen erteilt wird.

---

[1]) Gem. Art. 179 RV. in Verb. mit § 3 des Übergangsgesetzes vom 4. März 1919 (oben Nr. 1d) ist in den Fällen, in denen bisher der Bundesrat zum Erlaß von Verordnungen berechtigt war, an die Stelle des Bundesrats die Reichsregierung mit Zustimmung des Reichsrats getreten.

[Einwendungen]

§ 19.

(1) Einwendungen, welche auf besonderen privatrechtlichen Titeln beruhen, sind zur richterlichen Entscheidung zu verweisen, ohne daß von der Erledigung derselben die Genehmigung der Anlage abhängig gemacht wird.

(2) Andere Einwendungen dagegen sind mit den Parteien vollständig zu erörtern. Nach Abschluß dieser Erörterung erfolgt die Prüfung und Entscheidung nach den im § 18 enthaltenen Vorschriften. Der Bescheid ist sowohl dem Unternehmer als dem Widersprechenden zu eröffnen.

[Vorläufige Bauerlaubnis]

§ 19a.

In dem Bescheide kann dem Unternehmer auf seine Gefahr, unbeschadet des Rekursverfahrens (§ 20), die unverzügliche Ausführung der baulichen Anlagen gestattet werden, wenn er dies vor Schluß der Erörterung beantragt. Die Gestattung kann von einer Sicherheitsleistung abhängig gemacht werden.

[Rekurs]

§ 20.

(1) Gegen den Bescheid ist Rekurs an die nächstvorgesetzte Behörde zulässig, welcher bei Verlust desselben binnen vierzehn Tagen, vom Tage der Eröffnung des Bescheids an gerechnet, gerechtfertigt werden muß.

(2) Der Rekursbescheid ist den Parteien schriftlich zu eröffnen und muß mit Gründen versehen sein.

[Rekursverfahren]

§ 21.

Die näheren Bestimmungen über die Behörden und das Verfahren, sowohl in der ersten als in der Rekursinstanz, bleiben den Landesgesetzen vorbehalten. Es sind jedoch folgende Grundsätze einzuhalten:

1. In erster oder in zweiter Instanz muß die Entscheidung durch eine kollegiale Behörde erfolgen. Diese Behörde ist befugt, Untersuchungen an Ort und Stelle zu veranlassen, Zeugen und Sachverständige zu laden und eidlich zu vernehmen, überhaupt den angetretenen Beweis in vollem Umfange zu erheben.
2. Bildet die kollegiale Behörde die erste Instanz, so erteilt sie ihre Entscheidung in öffentlicher Sitzung, nach erfolgter Ladung und Anhörung der Parteien, auch in dem Falle, wenn zwar Einwendungen nicht angebracht sind, die Behörde aber nicht ohne weiteres die Genehmigung erteilen will, und der Antragsteller innerhalb vierzehn

Tagen nach Empfang des die Genehmigung versagenden oder nur unter Bedingungen erteilenden Bescheids der Behörde auf mündliche Verhandlung anträgt.

3. Bildet die kollegiale Behörde die zweite Instanz, so erteilt sie stets ihre Entscheidung in öffentlicher Sitzung, nach erfolgter Ladung und Anhörung der Parteien.
4. Als Parteien sind der Unternehmer (Antragsteller), sowie diejenigen Personen zu betrachten, welche Einwendungen erhoben haben.
5. Die Öffentlichkeit der Sitzungen kann unter entsprechender Anwendung der §§ 173 bis 176 des Gerichtsverfassungsgesetzes ausgeschlossen oder beschränkt werden.

[Geheimhaltungspflicht der Sachverständigen]

§ 21 a.

Die Sachverständigen (§ 21 Ziffer 1) haben über die Tatsachen, welche durch das Verfahren zu ihrer Kenntnis kommen, Verschwiegenheit zu beobachten und sich der Nachahmung der von dem Unternehmer geheim gehaltenen, zu ihrer Kenntnis gelangten Betriebseinrichtungen und Betriebsweisen, so lange als diese Betriebsgeheimnisse sind, zu enthalten.

[Kosten]

§ 22.

(1) Die durch unbegründete Einwendungen erwachsenden Kosten fallen dem Widersprechenden, alle übrigen Kosten, welche durch das Verfahren entstehen, dem Unternehmer zur Last.

(2) In den Bescheiden über die Zulässigkeit der neuen Anlage wird zugleich die Verteilung der Kosten festgesetzt.

[Stauanlagen, Privatschlächtereien u. bevorzugte Ortsteile]

§ 23.

(1) Bei den Stauanlagen für Wassertriebwerke sind außer den Bestimmungen der §§ 17 bis 22 die dafür bestehenden landesgesetzlichen Vorschriften anzuwenden.

(2) Der Landesgesetzgebung bleibt vorbehalten, die fernere Benutzung bestehender und die Anlage neuer Privatschlächtereien in solchen Orten, für welche öffentliche Schlachthäuser in genügendem Umfange vorhanden sind oder errichtet werden, zu untersagen.

(3) Soweit durch landesrechtliche Vorschriften Bestimmungen getroffen werden, wonach gewisse Anlagen oder gewisse Arten von Anlagen in einzelnen Ortsteilen gar nicht oder nur unter besonderen Beschränkungen zugelassen sind, finden diese Bestimmungen auch auf Anlagen der im § 16 erwähnten Art Anwendung.

[Anlegung und Betrieb von Dampfkesseln]

§ 24.

(1) Zur Anlegung von Dampfkesseln, dieselben mögen zum Maschinenbetriebe bestimmt sein oder nicht, ist die Genehmigung der nach den Landesgesetzen zuständigen Behörde erforderlich. Dem Gesuche sind die zur Erläuterung erforderlichen Zeichnungen und Beschreibungen beizufügen.

(2) Die Behörde hat die Zulässigkeit der Anlage nach den bestehenden bau-, feuer- und gesundheitspolizeilichen Vorschriften sowie nach denjenigen allgemeinen polizeilichen Bestimmungen zu prüfen, welche von [dem Bundesrat] der Reichsregierung mit Zustimmung des Reichsrats[1]) über die Anlegung von Dampfkesseln erlassen werden. Sie hat nach dem Befunde die Genehmigung entweder zu versagen oder unbedingt zu erteilen, oder endlich bei Erteilung derselben die erforderlichen Vorkehrungen und Einrichtungen vorzuschreiben.

(3) Bevor der Kessel in Betrieb genommen wird, ist zu untersuchen, ob die Ausführung den Bestimmungen der erteilten Genehmigung entspricht. Wer vor dem Empfange der hierüber auszufertigenden Bescheinigung den Betrieb beginnt, hat die im § 147 angedrohte Strafe verwirkt.

(4) Die vorstehenden Bestimmungen gelten auch für bewegliche Dampfkessel.

(5) Für den Rekurs und das Verfahren über denselben gelten die Vorschriften der §§ 20 und 21.

[Geltungsdauer der Genehmigung]

§ 25.

(1) Die Genehmigung zu einer der in den §§ 16 und 24 bezeichneten Anlagen bleibt so lange in Kraft, als keine Änderung in der Lage oder Beschaffenheit der Betriebsstätte vorgenommen wird, und bedarf unter dieser Voraussetzung auch dann, wenn die Anlage an einen neuen Erwerber übergeht, einer Erneuerung nicht. Sobald aber eine Veränderung der Betriebsstätte vorgenommen wird, ist dazu die Genehmigung der zuständigen Behörde nach Maßgabe der §§ 17 bis 23 einschließlich beziehungsweise des § 24 notwendig. Eine gleiche Genehmigung ist erforderlich bei wesentlichen Veränderungen in dem Betrieb einer der im § 16 genannten Anlagen. Die zuständige Behörde kann jedoch auf Antrag des Unternehmers von der Bekanntmachung (§ 17) Abstand nehmen, wenn sie die

---

[1]) Vgl. Anm. 1 zu § 16.

Überzeugung gewinnt, daß die beabsichtigte Veränderung für die Besitzer oder Bewohner benachbarter Grundstücke oder das Publikum überhaupt neue oder größere Nachteile, Gefahren oder Belästigungen, als mit der vorhandenen Anlage verbunden sind, nicht herbeiführen werde.

(2) Diese Bestimmungen finden auch auf gewerbliche Anlagen (§§ 16 und 24) Anwendung, welche bereits vor Erlaß dieses Gesetzes bestanden haben.

[Nachbarrechte]

§ 26.

Soweit die bestehenden Rechte zur Abwehr benachteiligender Einwirkungen, welche von einem Grundstück aus auf ein benachbartes Grundstück geübt werden, dem Eigentümer oder Besitzer des letzteren eine Privatklage gewähren, kann diese Klage einer mit obrigkeitlicher Genehmigung errichteten gewerblichen Anlage gegenüber niemals auf Einstellung des Gewerbebetriebs, sondern nur auf Herstellung von Einrichtungen, welche die benachteiligende Einwirkung ausschließen, oder, wo solche Einrichtungen untunlich oder mit einem gehörigen Betriebe des Gewerbes unvereinbar sind, auf Schadloshaltung gerichtet werden.

[Betrieb mit ungewöhnlichem Geräusch]

§ 27.

Die Errichtung oder Verlegung solcher Anlagen, deren Betrieb mit ungewöhnlichem Geräusche verbunden ist, muß, sofern sie nicht schon nach den Vorschriften der §§ 16 bis 25 der Genehmigung bedarf, der Ortspolizeibehörde angezeigt werden. Letztere hat, wenn in der Nähe der gewählten Betriebsstätte Kirchen, Schulen oder andere öffentliche Gebäude, Krankenhäuser oder Heilanstalten vorhanden sind, deren bestimmungsmäßige Benutzung durch den Gewerbebetrieb auf dieser Stelle eine erhebliche Störung erleiden würde, die Entscheidung der höheren Verwaltungsbehörde darüber einzuholen, ob die Ausübung des Gewerbes an der gewählten Betriebsstätte zu untersagen oder nur unter Bedingungen zu gestatten sei.

[Windtriebwerke]

§ 28.

Die höheren Verwaltungsbehörden sind befugt, über die Entfernung, welche bei Errichtung von durch Wind bewegten Triebwerken von benachbarten fremden Grundstücken und von öffentlichen Wegen innezuhalten ist, durch Polizeiverordnungen Bestimmung zu treffen.

2. Gewerbetreibende, welche einer besonderen Genehmigung bedürfen.

[Approbationszwang für Apotheker und Ärzte]

§ 29.

(1) Einer Approbation, welche auf Grund eines Nachweises der Befähigung erteilt wird, bedürfen Apotheker und diejenigen Personen, welche sich als Ärzte (Wundärzte, Augenärzte, Geburtshelfer, Zahnärzte und Tierärzte) oder mit gleichbedeutenden Titeln bezeichnen oder seitens des Staates oder einer Gemeinde als solche anerkannt oder mit amtlichen Funktionen betraut werden sollen. Es darf die Approbation jedoch von der vorherigen akademischen Doktorpromotion nicht abhängig gemacht werden.

(2) [Der Bundesrat] Die Reichsregierung[1]) bezeichnet mit Rücksicht auf das vorhandene Bedürfnis in verschiedenen Teilen des Reichs die Behörden, welche für das ganze Reich gültige Approbationen zu erteilen befugt sind, und erläßt die Vorschriften über den Nachweis der Befähigung. Die Namen der Approbierten werden von der Behörde, welche die Approbation erteilt, in den [vom Bundesrate] von der Reichsregierung[1]) zu bestimmenden amtlichen Blättern veröffentlicht[2]).

(3) Personen, welche eine solche Approbation erlangt haben, sind innerhalb des Reichs in der Wahl des Ortes, wo sie ihr Gewerbe betreiben wollen, vorbehaltlich der Bestimmungen über die Errichtung und Verlegung von Apotheken (§ 6), nicht beschränkt.

(4) [Dem Bundesrate][1]) Der Reichsregierung bleibt vorbehalten, zu bestimmen, unter welchen Voraussetzungen Personen wegen wissenschaftlich erprobter Leistungen von der vorgeschriebenen Prüfung ausnahmsweise zu entbinden sind.

(5) Personen, welche vor Verkündigung dieses Gesetzes in einem Bundesstaate die Berechtigung zum Gewerbebetriebe als Ärzte, Wundärzte, Zahnärzte, Geburtshelfer, Apotheker oder Tierärzte bereits erlangt haben, gelten als für das ganze Reich approbiert.

[Privat-Kranken-, Entbindungs- u. Irrenanstalten]

§ 30.

(1) Unternehmer von Privat-Kranken-, Privat-Entbindungs- und Privat-Irrenanstalten bedürfen einer Konzession der höhe-

---

[1]) Vgl. hierzu die Anm. 1 zu § 16.

[2]) Der zweite Satz des Absatz 2 im § 29 ist durch die Verordnung v. 10. April 1924 (RGBl. I S. 405) bis auf weiteres außer Kraft gesetzt.

ren Verwaltungsbehörde. Die Konzession ist nur dann zu versagen:

a) wenn Tatsachen vorliegen, welche die Unzuverlässigkeit des Unternehmers in Beziehung auf die Leitung oder Verwaltung der Anstalt dartun,

b) wenn nach den von dem Unternehmer einzureichenden Beschreibungen und Plänen die baulichen und die sonstigen technischen Einrichtungen der Anstalt den gesundheitspolizeilichen Anforderungen nicht entsprechen,

c) wenn die Anstalt nur in einem Teile eines auch von anderen Personen bewohnten Gebäudes untergebracht werden soll und durch ihren Betrieb für die Mitbewohner dieses Gebäudes erhebliche Nachteile oder Gefahren hervorrufen kann,

d) wenn die Anstalt zur Aufnahme von Personen mit ansteckenden Krankheiten oder von Geisteskranken bestimmt ist und durch ihre örtliche Lage für die Besitzer oder Bewohner der benachbarten Grundstücke erhebliche Nachteile oder Gefahren hervorrufen kann.

(2) Vor Erteilung der Konzession sind über die Fragen zu c und d die Ortspolizei- und die Gemeindebehörden zu hören.

(3) Hebammen bedürfen eines Prüfungszeugnisses der nach den Landesgesetzen zuständigen Behörde.

[Hufbeschlaggewerbe]

§ 30 a.

Der Betrieb des Hufbeschlaggewerbes kann durch die Landesgesetzgebung von der Beibringung eines Prüfungszeugnisses abhängig gemacht werden. Das erteilte Prüfungszeugnis gilt für den ganzen Umfang des Reichs.

[Befähigungszeugnis für Seeschiffer usw.]

§ 31.

(1) Seeschiffer, Seesteuerleute, Maschinisten der Seedampfschiffe und Lotsen müssen sich über den Besitz der erforderlichen Kenntnisse durch ein Befähigungszeugnis der zuständigen Verwaltungsbehörde ausweisen.

(2) [Der Bundesrat] Die Reichsregierung[1]) erläßt die Vorschriften über den Nachweis der Befähigung. Die auf Grund dieses Nachweises erteilten Zeugnisse gelten für das ganze Reich, bei Lotsen für das im Zeugnis angeführte Fahrwasser.

(3) Soweit in betreff der Schiffer und Lotsen auf Strömen infolge von Staatsverträgen besondere Anordnungen getroffen sind, behält es dabei sein Bewenden.

---

[1]) Vgl. hierzu Anm. 1 zu § 16.

[Schauspielunternehmungen][1]

§ 32.

(1) Schauspielunternehmer bedürfen zum Betrieb ihres Gewerbes der Erlaubnis. Dieselbe gilt nur für das bei Erteilung der Erlaubnis bezeichnete Unternehmen. Zum Betrieb eines anderen oder eines wesentlich veränderten Unternehmens bedarf es einer neuen Erlaubnis.

(2) Die Erlaubnis ist zu versagen, wenn der Nachsuchende den Besitz der zu dem Unternehmen nötigen Mittel nicht nachzuweisen vermag oder wenn die Behörde auf Grund von Tatsachen die Überzeugung gewinnt, daß derselbe die zu dem beabsichtigten Gewerbebetrieb erforderliche Zuverlässigkeit insbesondere in sittlicher, artistischer und finanzieller Hinsicht nicht besitzt.

§ 33.

[Gestrichen durch das unter Nr. 47 abgedruckte Gaststättengesetz vom 28. April 1930 (RGBl. I S. 146) mit Wirkung vom 1. Juli 1930.]

[Tingel-Tangel-Konzession]

§ 33 a.

(1) Wer gewerbsmäßig Singspiele, Gesangs- und deklamatorische Vorträge, Schaustellungen von Personen oder theatralische Vorstellungen, ohne daß ein höheres Interesse der Kunst oder Wissenschaft dabei obwaltet, in seinen Wirtschafts- oder sonstigen Räumen öffentlich veranstalten oder zu deren öffentlicher Veranstaltung seine Räume benutzen lassen will, bedarf zum Betriebe dieses Gewerbes der Erlaubnis ohne Rücksicht auf die etwa bereits erwirkte Erlaubnis zum Betriebe des Gewerbes als Schauspielunternehmer.

(2) Die Erlaubnis ist nur dann zu versagen:

1. wenn gegen den Nachsuchenden Tatsachen vorliegen, welche die Annahme rechtfertigen, daß die beabsichtigten Veranstaltungen den Gesetzen oder guten Sitten zuwiderlaufen werden;
2. wenn das zum Betriebe des Gewerbes bestimmte Lokal wegen seiner Beschaffenheit oder Lage den polizeilichen Anforderungen nicht genügt;

---

[1]) Siehe hierzu die VO. vom 3. August 1917 (RGBl. S. 681):

§ 1. Die Erlaubnis zum Betriebe des Gewerbes als Schauspielunternehmer ist außer aus den im § 32 der Gewerbeordnung angegebenen Gründen zu versagen, wenn ein Bedürfnis nicht nachgewiesen ist.

§ 2. Die Verordnung tritt sofort in Kraft. Den Zeitpunkt des Außerkrafttretens bestimmt der Reichskanzler.

3. wenn der den Verhältnissen des Gemeindebezirkes entsprechenden Anzahl von Personen die Erlaubnis bereits erteilt ist.

(3) Aus den unter Ziffer 1 angeführten Gründen kann die Erlaubnis zurückgenommen und Personen, welche vor dem Inkrafttreten dieses Gesetzes den Gewerbebetrieb begonnen haben, derselbe untersagt werden.

[Darbieten von Lustbarkeiten im Umherziehen]

§ 33b.

Wer gewerbsmäßig Musikaufführungen, Schaustellungen, theatralische Vorstellungen oder sonstige Lustbarkeiten, ohne daß ein höheres Interesse der Kunst oder Wissenschaft dabei obwaltet, von Haus zu Haus oder auf öffentlichen Wegen, Straßen, Plätzen darbieten will, bedarf der vorgängigen Erlaubnis der Ortspolizeibehörde.

[Tanzlustbarkeiten]

§ 33c.

Die Abhaltung von Tanzlustbarkeiten richtet sich nach den landesrechtlichen Bestimmungen.

[Pfandleihgewerbe]

§ 34.

(1) Wer das Geschäft eines Pfandleihers, Pfandvermittlers, [Gesindevermieters oder Stellenvermittlers][1]) betreiben will, bedarf dazu der Erlaubnis. Diese ist zu versagen, wenn Tatsachen vorliegen, welche die Unzuverlässigkeit des Nachsuchenden in bezug auf den beabsichtigten Gewerbebetrieb dartun. Die Landesregierungen sind befugt, außerdem zu bestimmen, daß in Ortschaften, für welche dies durch Ortsstatut (§ 142) festgesetzt wird, die Erlaubnis zum Betriebe des Pfandleihgewerbes von dem Nachweis eines vorhandenen Bedürfnisses abhängig sein solle.

(2) Als Pfandleihgewerbe gilt auch der gewerbsmäßige Ankauf beweglicher Sachen mit Gewährung des Rückkaufsrechts.

(3) Die Landesgesetze können vorschreiben, daß zum Handel mit Giften und zum Betriebe des Lotsengewerbes besondere Genehmigung erforderlich ist, imgleichen, daß das Gewerbe der Markscheider nur von Personen betrieben werden darf, welche als solche geprüft und konzessioniert sind.

---

[1]) Gestrichen durch § 19 des Stellenvermittlergesetzes v. 2. Juni 1910 (RGBl. S. 860).

[Bewachungsgewerbe] **§ 34 a[1]).**

(1) Wer gewerbsmäßig Leben oder Eigentum fremder Personen bewachen will (Bewachungsgewerbe), bedarf der Erlaubnis.

(2) Die Erlaubnis ist zu versagen, wenn Tatsachen vorliegen, welche die Annahme rechtfertigen, daß der Nachsuchende die zum beabsichtigten Gewerbebetrieb erforderliche Zuverlässigkeit nicht besitzt, oder wenn der Nachsuchende die für den Gewerbebetrieb nötigen Mittel nicht nachzuweisen vermag.

[Untersagbare Gewerbe] **§ 35.**

(1) Die Erteilung von Tanz-, Turn- und Schwimmunterricht als Gewerbe, sowie der Betrieb von Badeanstalten ist zu untersagen, wenn Tatsachen vorliegen, welche die Unzuverlässigkeit des Gewerbetreibenden in bezug auf diesen Gewerbebetrieb dartun.

(2) Unter derselben Voraussetzung sind zu untersagen: der Handel mit lebenden Vögeln, der Trödelhandel (Handel mit gebrauchten Kleidern, gebrauchten Betten oder gebrauchter Wäsche, Kleinhandel mit altem Metallgeräte, mit Metallbruch oder dergleichen)[2]) sowie der Kleinhandel mit Garnabfällen oder Dräumen von Seide, Wolle, Baumwolle oder Leinen, der Handel mit Dynamit oder anderen Sprengstoffen und der Handel mit Losen von Lotterien und Ausspielungen, oder mit Bezugs- und Anteilsscheinen auf solche Lose.

(3) Dasselbe gilt von der gewerbsmäßigen Besorgung fremder Rechtsangelegenheiten und bei Behörden wahrzunehmender Geschäfte, insbesondere der Abfassung der darauf bezüglichen schriftlichen Aufsätze, von der gewerbsmäßigen Auskunfterteilung über Vermögensverhältnisse oder persönliche Angelegenheiten, von dem gewerbsmäßigen Betriebe der Viehverstellung (Viehpacht), des Viehhandels[3]) und des Handels mit ländlichen Grundstücken, von dem Geschäfte der gewerbsmäßigen Vermittlungsagenten für Immobiliarverträge, Darlehen und Heiraten sowie vom Geschäfte eines Auktionators. Denjenigen, welche gewerbsmäßig das Geschäft eines Auktionators betreiben, ist es

---

[1]) § 34a ist eingefügt durch das G. v. 7. Febr. 1927 (RGBl. I S. 57).

[2]) Siehe hierzu das Gesetz über den Verkehr mit unedlen Metallen v. 23. Juli 1926 (RGBl. I S. 415).

[3]) Siehe hierzu das Gesetz über den Verkehr mit Vieh und Fleisch i. d. F. d. Bek. v. 10. Aug. 1925 (RGBl. I S. 186).

verboten, Immobilien zu versteigern, wenn sie nicht von den dazu befugten Staats- oder Kommunalbehörden oder Korporationen als solche angestellt sind (§ 36).

(4) Der Handel mit Drogen und chemischen Präparaten, welche zu Heilzwecken dienen, ist zu untersagen, wenn die Handhabung des Gewerbebetriebs Leben und Gesundheit von Menschen gefährdet[1]).

(5) Der Betrieb des Gewerbes als Bauunternehmer und Bauleiter sowie der Betrieb einzelner Zweige des Baugewerbes ist zu untersagen, wenn Tatsachen vorliegen, welche die Unzuverlässigkeit des Gewerbetreibenden in bezug auf diesen Gewerbebetrieb dartun. Der Untersagung muß nach näherer Bestimmung der Landeszentralbehörde die Anhörung von Sachverständigen vorangehen, welche zur Abgabe von Gutachten dieser Art nach Bedarf im voraus von der höheren Verwaltungsbehörde ernannt sind. Soweit es sich um die Begutachtung für handwerksmäßige Gewerbebetriebe handelt, erfolgt die Ernennung nach Anhörung der Handwerkskammer (§ 103) des Bezirkes[2]).

(6) Ist die Untersagung erfolgt, so kann die Landeszentralbehörde oder eine andere von ihr zu bestimmende Behörde die Wiederaufnahme des Gewerbebetriebs gestatten, sofern seit der Untersagung mindestens ein Jahr verflossen ist.

(7) Personen, welche die in diesem Paragraphen bezeichneten Gewerbe beginnen, haben bei Eröffnung ihres Gewerbebetriebs der zuständigen Behörde hiervon Anzeige zu machen.

[Betrieb eines Baugewerbes] **§ 35 a[2]).**

(1) Mangel an theoretischer Vorbildung kann als eine Tatsache im Sinne des § 35 Abs. 5 gegenüber Bauunternehmern, Bauleitern oder Personen, die einzelne Zweige des Baugewerbes betreiben, nicht geltend gemacht werden, wenn sie das Zeugnis über die Ablegung einer Prüfung für den höheren oder mittleren bautechnischen Staatsdienst oder das Prüfungs- oder Reifezeugnis einer staatlichen oder von der zuständigen Landesbehörde gleichgestellten baugewerklichen Fachschule besitzen oder wenn sie Diplomingenieure sind.

(2) Mangel an theoretischer oder praktischer Vorbildung

---

[1]) § 35 Abs. 4 Satz 2 gestrichen durch § 32 des Gaststättengesetzes v. 28. April 1930 (unten Nr. 47).

[2]) § 35 Abs. 5 und § 35a sind durch das G. v. 7. Jan. 1907 (RGBl. S. 3) eingeschaltet worden.

kann als eine Tatsache im Sinne des § 35 Abs. 5 nicht geltend gemacht werden gegenüber Bauunternehmern und Bauleitern, wenn sie gemäß § 133 die Meisterprüfung im Maurer-, Zimmerer- oder Steinmetzgewerbe bestanden haben, sowie gegenüber Personen, die einzelne Zweige des Baugewerbes betreiben, wenn sie gemäß § 133 die Meisterprüfung in dem von ihnen ausgeübten Gewerbe bestanden haben.

(3) Die Landeszentralbehörden sind befugt, zu bestimmen, welche Prüfungen und Zeugnisse den im Abs. 1 bezeichneten gleichzustellen sind.

[Vereidigte Gewerbetreibende] **§ 36[1]).**

(1) Das Gewerbe der Feldmesser, Auktionatoren, Bücherrevisoren, derjenigen, welche den Feingehalt edler Metalle, oder die Beschaffenheit, Menge oder richtige Verpackung von Waren irgendeiner Art feststellen, der Güterbestätiger, Schaffer, Wäger, Messer, Bracker, Schauer, Stauer usw. darf zwar frei betrieben werden, es sind jedoch die nach Landesrecht dazu befugten Staats- oder Kommunalbehörden oder Korporationen berechtigt, Personen, welche diese Gewerbe betreiben wollen, auf die Beobachtung der bestehenden Vorschriften zu beeidigen und öffentlich anzustellen.

(2) Die Bestimmungen der Gesetze, welche den Handlungen der genannten Gewerbetreibenden eine besondere Glaubwürdigkeit beilegen oder an diese Handlungen besondere rechtliche Wirkungen knüpfen, sind nur auf die von den nach Landesrecht dazu befugten Staats- oder Kommunalbehörden oder Korporationen angestellten Personen zu beziehen.

(3) Die Reichsregierung ist ermächtigt, mit Zustimmung des Reichsrats zu bestimmen, daß auch Personen, die andere als die im Abs. 1 genannten Gewerbe betreiben, oder die nicht selbständige Gewerbetreibende sind, durch die nach Landesrecht dazu befugten Staats- oder Kommunalbehörden oder Korporationen beeidigt und öffentlich angestellt werden können

[Regelung des Straßenverkehrs] **§ 37.**

Der Regelung durch die Ortspolizeibehörde unterliegt die Unterhaltung des öffentlichen Verkehrs innerhalb der Orte durch

---

[1]) § 36 in der Fassung des Kap. VI des 7. Teils der zweiten Verordnung des Reichspräsidenten zur Sicherung von Wirtschaft und Finanzen vom 5. Juni 1931 (RGBl. I S. 279). — Siehe hierzu auch das Gesetz über den Verkehr mit Edelmetallen, Edelsteinen und Perlen vom 11. Juni 1923 in der Fassung des Gesetzes vom 29. Juni 1926 (RGBl. I S. 321).

Wagen aller Art, Gondeln, Sänften, Pferde und andere Transportmittel sowie das Gewerbe derjenigen Personen, welche auf öffentlichen Straßen oder Plätzen ihre Dienste anbieten.

[Geschäftsbetrieb der Pfandleiher] § 38[1]).

(1) Die Zentralbehörden sind befugt, über den Umfang der Befugnisse und Verpflichtungen sowie über den Geschäftsbetrieb der Pfandleiher, Pfandvermittler, Unternehmer des Bewachungsgewerbes, Gesindevermieter, Stellenvermittler[2]) und Auktionatoren, soweit darüber die Landesgesetze nicht Bestimmungen treffen, Vorschriften zu erlassen.

(2) Die in dieser Beziehung hinsichtlich der Pfandleiher bestehenden landesgesetzlichen Bestimmungen finden auf den im § 34 Abs. 2 bezeichneten Geschäftsbetrieb Anwendung. Soweit es sich um diesen Geschäftsbetrieb handelt, gilt die Zahlung des Kaufpreises als Hingabe des Darlehens, der Unterschied zwischen dem Kaufpreis und dem verabredeten Rückkaufspreis als bedungene Vergütung für das Darlehen und die Übergabe der Sache als Verpfändung derselben für das Darlehen.

(3) Hinsichtlich der Gesindevermieter und Stellenvermittler sind die Zentralbehörden insbesondere befugt, die Ausübung des Gewerbes im Umherziehen sowie die gleichzeitige Ausübung des Gast- und Schankwirtschaftsgewerbes zu beschränken oder zu untersagen.

(4) Die Zentralbehörden sind ferner befugt, Vorschriften darüber zu erlassen, in welcher Weise die im § 35 Abs. 2, 3 verzeichneten Gewerbetreibenden ihre Bücher zu führen und welcher polizeilichen Kontrolle über den Umfang und die Art ihres Geschäftsbetriebs sie sich zu unterwerfen haben.

[Schornsteinfegerkehrbezirke] § 39.

Die Landesgesetze können die Einrichtung von Kehrbezirken für Schornsteinfeger gestatten. Jedoch ist, wo Kehrbezirke bestehen oder eingerichtet werden, die höhere Verwaltungsbehörde, soweit nicht Privatrechte entgegenstehen, befugt, die Kehrbezirke aufzuheben oder zu verändern, ohne daß deshalb den Bezirksschornsteinfegern ein Widerspruchsrecht oder ein Anspruch auf Entschädigung zusteht.

---

[1]) § 38 Abs. 1 in der Fassung des G. v. 7. Febr. 1927 (RGBl. I S. 57).

[2]) Gestrichen durch § 19 des Stellenvermittlergesetzes v. 2. Juni 1910 (RGBl. S. 860).

[Unwiderruflichkeit der Genehmigungen usw. — Rekurs]

§ 40[1]).

(1) Die in den §§ 29 bis 32, 33a, 34 und 34a erwähnten Approbationen und Genehmigungen dürfen weder auf Zeit erteilt, noch vorbehaltlich der Bestimmungen in den §§ 33a, 53 und 143 widerrufen werden.

(2) Gegen Versagung der Genehmigung zum Betrieb eines der in den §§ 30, 30a, 32, 33a, 34 und 34a, sowie gegen Untersagung des Betriebs der in den §§ 33a, 35 und 37 erwähnten Gewerbe ist der Rekurs zulässig. Wegen des Verfahrens und der Behörden gelten die Vorschriften der §§ 20 und 21.

III. Umfang, Ausübung und Verlust der Gewerbebefugnisse.

[Freiheit in der Wahl des Hilfspersonals]

§ 41.

(1) Die Befugnis zum selbständigen Betrieb eines stehenden Gewerbes begreift das Recht in sich, in beliebiger Zahl Gesellen, Gehilfen, Arbeiter jeder Art und, soweit die Vorschriften des gegenwärtigen Gesetzes nicht entgegenstehen, Lehrlinge anzunehmen. In der Wahl des Arbeits- und Hilfspersonals finden keine anderen Beschränkungen statt, als die durch das gegenwärtige Gesetz festgestellten.

(2) In betreff der Berechtigung der Apotheker, Gehilfen und Lehrlinge anzunehmen, bewendet es bei den Bestimmungen der Landesgesetze.

[Ladenschluß an Sonn- oder Festtagen]

§ 41a.

(1) Soweit nach den Bestimmungen der §§ 105b bis 105h Gehilfen, Lehrlinge und Arbeiter im Handelsgewerbe an Sonn- und Festtagen nicht beschäftigt werden dürfen, darf in offenen Verkaufsstellen ein Gewerbebetrieb an diesen Tagen nicht stattfinden. Diese Bestimmung findet auf den Geschäftsbetrieb von Konsum- und anderen Vereinen entsprechende Anwendung.

(2) Weitergehenden landesgesetzlichen Beschränkungen des Gewerbebetriebs an Sonn- und Festtagen steht diese Bestimmung nicht entgegen.

[Ausnahmen von der Sonntagsruhe]

§ 41b.

(1) Auf Antrag von mindestens zwei Dritteln der beteiligten Gewerbetreibenden kann für eine Gemeinde oder mehrere örtlich

---

[1]) § 40 in der Fassung des G. v. 7. Febr. 1927 (RGBl. I S. 57) und des Gaststättengesetzes v. 28. April 1930 (unten Nr. 47).

zusammenhängende Gemeinden durch die höhere Verwaltungsbehörde vorgeschrieben werden, daß an Sonn- und Festtagen in bestimmten Gewerben, deren vollständige oder teilweise Ausübung zur Befriedigung täglicher oder an diesen Tagen besonders hervortretender Bedürfnisse der Bevölkerung erforderlich ist, ein Betrieb nur insoweit stattfinden darf, als Ausnahmen von den im § 105b Abs. 1 getroffenen Bestimmungen zugelassen sind.

(2) [Der Bundesrat][1]) Die Reichsregierung ist befugt, Bestimmungen darüber zu erlassen, welche Gewerbetreibende als beteiligt anzusehen sind und in welchem Verfahren die erforderliche Zahl von Gewerbetreibenden festzustellen ist.

[Freier Gewerbebetrieb innerhalb und außerhalb des Niederlassungsorts]

§ 42.

(1) Wer zum selbständigen Betriebe eines stehenden Gewerbes befugt ist, darf dasselbe innerhalb und unbeschadet der Bestimmungen des dritten Titels auch außerhalb des Gemeindebezirkes seiner gewerblichen Niederlassung ausüben.

(2) Eine gewerbliche Niederlassung gilt nicht als vorhanden, wenn der Gewerbetreibende im Inland ein zu dauerndem Gebrauch eingerichtetes, beständig oder doch in regelmäßiger Wiederkehr von ihm benutztes Lokal für den Betrieb seines Gewerbes nicht besitzt.

[Vom anbietenden Handel ausgeschlossene Gegenstände]

§ 42a.

(1) Gegenstände, welche von dem Ankauf oder Feilbieten im Umherziehen ausgeschlossen sind, dürfen auch innerhalb des Gemeindebezirkes des Wohnorts oder der gewerblichen Niederlassung von Haus zu Haus oder auf öffentlichen Wegen, Straßen, Plätzen oder an anderen öffentlichen Orten nicht feilgeboten oder zum Wiederverkauf angekauft werden, mit Ausnahme von Bier und Wein in Fässern und Flaschen und vorbehaltlich des nach § 33 erlaubten Gewerbebetriebs.

(2) Die zuständige Landesregierung ist befugt, soweit ein Bedürfnis dazu obwaltet, anzuordnen, daß und inwiefern weitere Ausnahmen von diesem Verbote stattfinden sollen.

(3) Das Feilbieten geistiger Getränke kann von der Ortspolizeibehörde im Falle besonderen Bedürfnisses vorübergehend gestattet werden

---

[1]) Vgl. Anm. 1 zu § 16.

[Genehmigungszwang für den ambulanten Gewerbebetrieb] **§ 42 b.**

(1) Durch die höhere Verwaltungsbehörde nach Anhörung der Gemeindebehörde oder durch Beschluß der Gemeindebehörde mit Genehmigung der höheren Verwaltungsbehörde kann für einzelne Gemeinden bestimmt werden, daß Personen, welche in dem Gemeindebezirk einen Wohnsitz oder eine gewerbliche Niederlassung besitzen und welche innerhalb des Gemeindebezirkes auf öffentlichen Wegen, Straßen, Plätzen oder an anderen öffentlichen Orten, oder ohne vorgängige Bestellung von Haus zu Haus

1. Waren feilbieten, oder
2. Waren bei anderen Personen als bei Kaufleuten oder solchen Personen, welche die Waren produzieren, oder an anderen Orten als in offenen Verkaufsstellen zum Wiederverkauf ankaufen, oder Warenbestellungen bei Personen, in deren Gewerbebetriebe Waren der angebotenen Art keine Verwendung finden, aufsuchen, oder
3. gewerbliche Leistungen, hinsichtlich deren dies nicht Landesgebrauch ist, anbieten wollen,

der Erlaubnis bedürfen. Diese Bestimmung kann auf einzelne Teile des Gemeindebezirkes sowie auf gewisse Gattungen von Waren und Leistungen beschränkt werden.

(2) Auf die Erteilung, Versagung und Zurücknahme der Erlaubnis finden die Vorschriften der §§ 57 bis 58 und des § 63 Abs. 1, und auf die Ausübung des Gewerbebetriebs die Vorschriften der §§ 60b, 60c, des § 60d Abs. 1, 2 und des § 63 Abs. 2 entsprechende Anwendung.

(3) In betreff der im § 59 Ziffer 1 und 2 bezeichneten Erzeugnisse und Waren, auch wenn dieselben nicht zu den selbstgewonnenen oder selbstverfertigten gehören, ferner in betreff der Druckschriften, anderen Schriften und Bildwerke, insoweit der Gewerbebetrieb hiermit von Haus zu Haus stattfindet, sowie in betreff der [vom Bundesrat][1]) von der Reichsregierung in Gemäßheit des § 44 Abs. 2 gestatteten Ausnahmen darf der betreffende Gewerbebetrieb in dem Gemeindebezirke des Wohnsitzes oder der gewerblichen Niederlassung von einer Erlaubnis nicht abhängig gemacht werden. In betreff der im § 59 Ziffer 1 und 2 bezeichneten Erzeugnisse und Waren kann jedoch der Gewerbebetrieb unter den im § 57 Ziffer 1 bis 4 erwähnten Voraussetzungen untersagt sowie nach Maßgabe des § 60b Abs. 2 und des § 60c Abs. 2 beschränkt und gemäß § 60b Abs. 3 ver-

---

[1]) Siehe Anm. 1 zu § 16.

boten werden. Auf die Untersagung dieses Gewerbebetriebs finden die Vorschriften des § 63 Abs. 1, auf die Beschränkung desselben die Vorschriften des § 63 Abs. 2 entsprechende Anwendung.

(4) Die höhere Verwaltungsbehörde ist befugt, die [vom Bundesrate][1]) von der Reichsregierung gemäß § 56d getroffenen Bestimmungen auf diejenigen Ausländer entsprechend anzuwenden, welche innerhalb des Gemeindebezirkes ihres Wohnorts oder ihrer gewerblichen Niederlassung auf öffentlichen Wegen, Straßen, Plätzen oder an anderen öffentlichen Orten oder ohne vorgängige Bestellung von Haus zu Haus eins der unter Ziffer 1 bis 3 bezeichneten Gewerbe betreiben wollen.

(5) Kinder unter vierzehn Jahren dürfen, auch wenn eine Bestimmung nach Abs. 1 nicht getroffen ist, auf öffentlichen Wegen, Straßen, Plätzen oder an öffentlichen Orten oder ohne vorgängige Bestellung von Haus zu Haus Gegenstände nicht feilbieten. In Orten, wo ein derartiges Feilbieten durch Kinder herkömmlich ist, darf die Ortspolizeibehörde ein solches für bestimmte Zeitabschnitte, welche in einem Kalenderjahre zusammen vier Wochen nicht überschreiten dürfen, gestatten.

[Handel mit Druckschriften] **§ 43.**

(1) Wer gewerbsmäßig Druckschriften oder andere Schriften oder Bildwerke auf öffentlichen Wegen, Straßen, Plätzen oder an anderen öffentlichen Orten ausrufen, verkaufen, verteilen, anheften oder anschlagen will, bedarf dazu einer Erlaubnis der Ortspolizeibehörde und hat den über diese Erlaubnis auszustellenden, auf seinen Namen lautenden Legitimationsschein bei sich zu führen.

(2) Auf die Erteilung und Versagung der Erlaubnis finden die Vorschriften des § 57 Ziffer 1, 2, 4, der §§ 57a, 57b Ziffer 1 und 2 und des § 63 Abs. 1 entsprechende Anwendung. Auf das bloße Anheften und Anschlagen findet der Versagungsgrund der abschreckenden Entstellung keine Anwendung.

(3) Zur Verteilung von Stimmzetteln und Druckschriften zu Wahlzwecken bei der Wahl zu gesetzgebenden Körperschaften ist eine polizeiliche Erlaubnis in der Zeit von der amtlichen Bekanntmachung des Wahltags bis zur Beendigung des Wahlakts nicht erforderlich.

(4) Dasselbe gilt auch bezüglich der nichtgewerbsmäßigen Verteilung von Stimmzetteln und Druckschriften zu Wahlzwecken.

---

[1]) Siehe Anm. 1 zu § 16.

(5) In geschlossenen Räumen ist zur nichtgewerbsmäßigen Verteilung von Druckschriften oder anderen Schriften oder Bildwerken eine Erlaubnis nicht erforderlich.

(6) An die Stelle des im § 5 Abs. 1 des Preßgesetzes vom 7. Mai 1874 angezogenen § 57 der Gewerbeordnung treten die Bestimmungen des § 57 Ziffer 1, 2, 4, der §§ 57a, 57b Ziffer 1 und 2 des gegenwärtigen Gesetzes.

[Geschäftsreisende]

§ 44[1]).

(1) Wer ein stehendes Gewerbe betreibt, ist befugt, auch außerhalb des Gemeindebezirkes seiner gewerblichen Niederlassung persönlich oder durch in seinem Dienste stehende Reisende für die Zwecke seines Gewerbebetriebs Waren aufzukaufen und Bestellungen auf Waren zu suchen. Diese Vorschrift gilt auch für Handlungsagenten, die ein stehendes Gewerbe betreiben, in Ansehung der Befugnis, als Vermittler oder Vertreter des Geschäftsherrn den Ankauf von Waren vorzunehmen oder Bestellungen auf Waren zu suchen.

(2) Die aufgekauften Waren dürfen nur behufs deren Beförderung nach dem Bestimmungsorte mitgeführt werden; von den Waren, auf welche Bestellungen gesucht werden, dürfen nur Proben und Muster mitgeführt werden, soweit nicht [der Bundesrat][2]) die Reichsregierung für bestimmte Waren, welche im Verhältnisse zu ihrem Umfang einen hohen Wert haben und übungsgemäß an die Wiederverkäufer im Stücke abgesetzt werden, zum Zwecke des Absatzes an Personen, welche damit Handel treiben, Ausnahmen zuläßt.

(3) Das Aufkaufen darf ferner nur bei Kaufleuten oder solchen Personen, welche die Waren produzieren, oder in offenen Verkaufsstellen erfolgen. Imgleichen darf das Aufsuchen von Bestellungen auf Waren, mit Ausnahme von Druckschriften, anderen Schriften und Bildwerken und, soweit nicht [der Bundesrat][2]) die Reichsregierung noch für andere Waren oder Gegenden oder Gruppen von Gewerbetreibenden Ausnahmen zuläßt, ohne vorgängige ausdrückliche Aufforderung nur bei Kaufleuten in deren Geschäftsräumen, oder bei solchen Personen geschehen, in deren Geschäftsbetriebe Waren der angebotenen Art Verwendung finden.

---

[1]) § 44 in der Fassung des Gesetzes v. 14. Okt. 1905 (RGBl. S. 759).

[2]) Siehe Anm. 1 zu § 16.

(4) Hinsichtlich des Aufsuchens von Bestellungen auf Druckschriften, andere Schriften und Bildwerke finden die Vorschriften des § 56 Abs. 3 entsprechende Anwendung.

[Legitimationskarte] **§ 44a[1]).**

(1) Wer in Gemäßheit des § 44 Warenbestellungen aufsucht oder Waren aufkauft, bedarf hierzu einer Legitimationskarte, welche auf den Antrag des Inhabers des stehenden Gewerbebetriebs von der für dessen Niederlassungsort zuständigen Verwaltungsbehörde für die Dauer des Kalenderjahrs und den Umfang des Reichs ausgestellt wird. Die Legitimationskarte enthält den Namen des Inhabers derselben, den Namen der Person oder der Firma, in deren Diensten er handelt, und die nähere Bezeichnung des Gewerbebetriebs.

(2) Der Inhaber der Legitimationskarte ist verpflichtet, dieselbe während der Ausübung des Gewerbebetriebs bei sich zu führen, auf Erfordern der zuständigen Behörden oder Beamten vorzuzeigen und, sofern er hierzu nicht imstande ist, auf deren Geheiß den Betrieb bis zur Herbeischaffung der Legitimationskarte einzustellen.

(3) Die Legitimationskarte ist zu versagen, wenn bei demjenigen, für welchen sie beantragt wird, eine der im § 57 Ziffer 1 bis 4 bezeichneten Voraussetzungen zutrifft, außerdem darf sie nur dann versagt werden, wenn die im § 57b Ziffer 2 bezeichnete Voraussetzung vorliegt.

(4) Die Legitimationskarte kann durch die Behörde, welche sie ausgestellt hat, zurückgenommen werden, wenn sich ergibt, daß eine der im § 57 Ziffer 1 bis 4 bezeichneten Voraussetzungen zur Zeit der Erteilung derselben vorhanden gewesen, der Behörde aber unbekannt geblieben, oder nach Erteilung derselben eingetreten ist, oder wenn bei dem Geschäftsbetriebe die im § 44 gezogenen Schranken überschritten werden.

(5) Wegen des Verfahrens gelten die Vorschriften des § 63 Abs. 1.

(6) Einer Legitimationskarte bedürfen diejenigen Gewerbetreibenden nicht, welche durch die in den Zollvereins- oder Handelsverträgen vorgesehene Gewerbelegitimationskarte bereits legitimiert sind. In betreff dieser Gewerbetreibenden finden die vorstehenden Bestimmungen über die Verpflichtung zum Mitführen der Legitimationskarte, über die Folgen der Nicht-

---

[1]) Siehe hierzu das Gesetz über den Verkehr mit unedlen Metallen v. 23. Juli 1926 (RGBl. I S. 415).

erfüllung dieser Verpflichtung sowie über die Versagung und Zurücknahme der Karte entsprechende Anwendung.

[Ausübung des Gewerbes durch Stellvertreter]

§ 45.

Die Befugnisse zum stehenden Gewerbebetriebe können durch Stellvertreter ausgeübt werden; diese müssen jedoch den für das in Rede stehende Gewerbe insbesondere vorgeschriebenen Erfordernissen genügen.

[Gewerbebetrieb für Rechnung der Witwe]

§ 46.

Nach dem Tode eines Gewerbetreibenden darf das Gewerbe für Rechnung der Witwe während des Witwenstandes, oder, wenn minderjährige Erben vorhanden sind, für deren Rechnung durch einen nach § 45 qualifizierten Stellvertreter betrieben werden, insofern die über den Betrieb einzelner Gewerbe bestehenden besonderen Vorschriften nicht ein anderes anordnen. Dasselbe gilt während der Dauer einer Kuratel oder Nachlaßregulierung.

[Stellvertretung für die Ausübung einzelner Gewerbezweige]

§ 47[1]).

(1) Inwiefern für die nach den §§ 34, 34a und 36 konzessionierten oder angestellten Personen eine Stellvertretung zulässig ist, hat in jedem einzelnen Falle die Behörde zu bestimmen, welcher die Konzessionierung oder Anstellung zusteht.

(2) Dasselbe gilt in Beziehung auf diejenigen Schornsteinfeger, denen ein Kehrbezirk zugewiesen ist (§ 39).

[Realgewerbeberechtigungen]

§ 48.

Realgewerbeberechtigungen können auf jede, nach den Vorschriften dieses Gesetzes zum Betriebe des Gewerbes befähigte Person in der Art übertragen werden, daß der Erwerber die Gewerbeberechtigung für eigene Rechnung ausüben darf.

[Fristungen]

§ 49[2]).

(1) Bei Erteilung der Genehmigung zu einer Anlage der in den §§ 16 und 24 bezeichneten Arten, imgleichen zur Anlegung von Privat-Kranken-, Privat-Entbindungs- und Privat-

---

[1]) § 47 in der Fassung des G. v. 7. Febr. 1927 (RGBl. I S. 57).

[2]) § 49 in der Fassung des G. v. 7. Febr. 1927 (RGBl. I S. 57) und des Gaststättengesetzes v. 28. April 1930 (unten Nr. 47).

Irrenanstalten, zu Schauspielunternehmungen sowie zum Betriebe der im § 34a gedachten Gewerbe kann von der genehmigenden Behörde den Umständen nach eine Frist festgesetzt werden, binnen welcher die Anlage oder das Unternehmen bei Vermeidung des Erlöschens der Genehmigung begonnen und ausgeführt und der Gewerbebetrieb angefangen werden muß. Ist eine solche Frist nicht bestimmt, so erlischt die erteilte Genehmigung, wenn der Inhaber nach Empfang derselben ein ganzes Jahr verstreichen läßt, ohne davon Gebrauch zu machen.

(2) Eine Verlängerung der Frist kann von der Behörde bewilligt werden, sobald erhebliche Gründe nicht entgegenstehen.

(3) Hat der Inhaber einer solchen Genehmigung seinen Gewerbebetrieb während eines Zeitraums von drei Jahren eingestellt, ohne eine Fristung nachgesucht und erhalten zu haben, so erlischt dieselbe[1]).

(4) Für die im § 16 aufgeführten Anlagen darf die nachgesuchte Fristung so lange nicht versagt werden, als wegen einer durch Erbfall oder Konkurserklärung entstandenen Ungewißheit über das Eigentum an einer Anlage oder, infolge höherer Gewalt, der Betrieb entweder gar nicht oder nur mit erheblichem Nachteile für den Inhaber oder Eigentümer der Anlage stattfinden kann.

(5) Das Verfahren für die Fristung ist dasselbe wie für die Genehmigung neuer Anlagen.

[Übergangsvorschrift] **§ 50.**

Auf die Inhaber der bereits vor dem Erscheinen des gegenwärtigen Gesetzes erteilten Genehmigungen finden die im § 49 bestimmten Fristen ebenfalls Anwendung, jedoch mit der Maßgabe, daß diese Fristen von dem Tage der Verkündigung des Gesetzes an zu laufen anfangen.

[Untersagung der ferneren Benutzung einer gewerblichen Anlage] **§ 51.**

(1) Wegen überwiegender Nachteile und Gefahren für das Gemeinwohl kann die fernere Benutzung einer jeden gewerblichen Anlage durch die höhere Verwaltungsbehörde zu jeder Zeit untersagt werden. Doch muß dem Besitzer alsdann für den erweislichen Schaden Ersatz geleistet werden.

(2) Gegen die untersagende Verfügung ist der Rekurs zulässig; wegen der Entschädigung steht der Rechtsweg offen.

---

[1]) Die Zeit des Krieges wird bei der Berechnung der dreijährigen Frist nicht mitgerechnet (siehe die VO. v. 3. Aug. 1917 (RGBl. S. 680).

[Übergangsvorschrift]

§ 52.

Die Bestimmung des § 51 findet auch auf die zur Zeit der Verkündigung des gegenwärtigen Gesetzes bereits vorhandenen gewerblichen Anlagen Anwendung; doch entspringt aus der Untersagung der ferneren Benutzung kein Anspruch auf Entschädigung, wenn bei der früher erteilten Genehmigung ausdrücklich vorbehalten worden ist, dieselbe ohne Entschädigung zu widerrufen.

[Zurücknahme von Genehmigungen, Approbationen usw.]

§ 53[1]).

(1) Die in dem § 29 bezeichneten Approbationen können von der Verwaltungsbehörde nur dann zurückgenommen werden, wenn die Unrichtigkeit der Nachweise dargetan wird, auf Grund deren solche erteilt worden sind, oder wenn dem Inhaber der Approbation die bürgerlichen Ehrenrechte aberkannt sind, im letzteren Falle jedoch nur für die Dauer des Ehrenverlustes.

(2) Außer aus diesen Gründen können die in den §§ 30, 30a, 32, 34, 34a und 36 bezeichneten Genehmigungen und Bestallungen in gleicher Weise zurückgenommen werden, wenn aus Handlungen oder Unterlassungen des Inhabers der Mangel derjenigen Eigenschaften, welche bei der Erteilung der Genehmigung oder Bestallung nach der Vorschrift dieses Gesetzes vorausgesetzt werden mußten, klar erhellt. Inwiefern durch die Handlungen oder Unterlassungen eine Strafe verwirkt ist, bleibt der richterlichen Entscheidung vorbehalten.

(3) Pfandleihern, welche vor dem Inkrafttreten des Gesetzes vom 23. Juli 1879 (Reichsgesetzbl. S. 267) den Gewerbebetrieb begonnen haben, sowie Pfandvermittlern, Gesindevermietern und Stellenvermittlern[2]), welche vor dem 1. Oktober 1900 den Gewerbebetrieb begonnen haben, kann derselbe untersagt werden, wenn Tatsachen vorliegen, welche die Unzuverlässigkeit des Gewerbetreibenden in bezug auf den Gewerbebetrieb dartun. Ebenso kann Personen, die den Betrieb des Bewachungsgewerbes schon vor dem Inkrafttreten der Vorschrift des § 34a begonnen haben, die Ausübung dieses Gewerbes untersagt werden, wenn Tatsachen vorliegen, welche die Unzuverlässigkeit des Gewerbetreibenden in bezug auf den Gewerbebetrieb dartun. Ist die Untersagung erfolgt, so kann die

---

[1]) § 53 in der Fassung des G. v. 7. Febr. 1927 (RGBl. I S. 57) und des Gaststättengesetzes v. 28. April 1930 (unten Nr. 47).

[2]) Gestrichen durch das Stellenvermittlergesetz v. 2. Juni 1910 (RGBl. S. 860).

Landeszentralbehörde oder eine andere von ihr zu bestimmende Behörde die Wiederaufnahme des Gewerbebetriebs gestatten, sofern seit der Untersagung mindestens ein Jahr verflossen ist.

[Bauleiter, Bauunternehmer] **§ 53a**[1]).

(1) Die unteren Verwaltungsbehörden können bei solchen Bauten, zu deren sachgemäßer Ausführung nach dem Ermessen der Behörde ein höherer Grad praktischer Erfahrung oder technischer Vorbildung erforderlich ist, im Einzelfalle die Ausführung oder Leitung des Baues durch bestimmte Personen untersagen, wenn Tatsachen vorliegen, aus denen sich ergibt, daß diese Personen wegen Unzuverlässigkeit zur Ausführung oder Leitung des beabsichtigten Baues ungeeignet sind.

(2) Landesrechtliche Vorschriften, welche den Baupolizeibehörden weitergehende Befugnisse einräumen, bleiben unberührt.

[Verfahren für die Zurücknahme und Untersagung von Genehmigungen] **§ 54**[2]).

(1) Wegen des Verfahrens und der Behörden, welche in bezug auf die untersagte Benutzung einer gewerblichen Anlage (§ 51), auf die Untersagung eines Gewerbebetriebs (§ 35), und die Zurücknahme einer Approbation, Genehmigung oder Bestallung (§§ 33a, 53) maßgebend sind, gelten die Vorschriften der §§ 20 und 21.

(2) Gegen die Untersagung der Ausführung oder Leitung eines Baues (§ 53a) findet innerhalb einer Frist von zwei Wochen nach der Zustellung der Einspruch bei der unteren Verwaltungsbehörde statt, dessen Erhebung keine aufschiebende Wirkung hat. Die Erteilung des Bescheids auf den Einspruch, welcher die Anhörung von Sachverständigen gemäß § 35 Abs. 5 vorangehen muß, soll spätestens innerhalb drei Wochen nach der Erhebung des Einspruchs erfolgen. Der Bescheid, der die Untersagung der Ausführung oder Leitung eines Baues gegenüber dem erhobenen Einspruch aufrecht erhält, kann im Wege des Rekurses gemäß §§ 20, 21 angefochten werden. Die Landesregierungen können bestimmen, daß die Anfechtung im Verwaltungsstreitverfahren zu erfolgen hat. Die Einlegung von Rechtsmitteln hat keine aufschiebende Wirkung.

[1]) § 53a ist durch das G. v. 7. Jan. 1907 (RGBl. S. 3) eingefügt.

[2]) § 54 Abs. 2 ist durch das G. v. 7. Jan. 1907 (RGBl. S. 3) angefügt.

Titel III. Gewerbebetrieb im Umherziehen.

[Genehmigungszwang]

§ 55.

(1) Wer außerhalb des Gemeindebezirkes seines Wohnorts oder der durch besondere Anordnung der höheren Verwaltungsbehörde dem Gemeindebezirke des Wohnorts gleichgestellten nächsten Umgebung desselben ohne Begründung einer gewerblichen Niederlassung und ohne vorgängige Bestellung in eigener Person

1. Waren feilbieten,
2. Warenbestellungen aufsuchen oder Waren bei anderen Personen als bei Kaufleuten, oder an anderen Orten als in offenen Verkaufsstellen zum Wiederverkauf ankaufen,
3. gewerbliche Leistungen anbieten,
4. Musikaufführungen, Schaustellungen, theatralische Vorstellungen oder sonstige Lustbarkeiten, ohne daß ein höheres Interesse der Kunst oder der Wissenschaft dabei obwaltet, darbieten will,

bedarf eines Wandergewerbescheins, soweit nicht für die in Ziffer 2 bezeichneten Fälle in Gemäßheit des § 44a eine Legitimationskarte genügt.

(2) In dem Falle der Ziffer 4 ist auch für den Marktverkehr (§ 64) ein Wandergewerbeschein erforderlich.

[Sonntagsruhe]

§ 55a.

(1) An Sonn- und Festtagen (§ 105a Abs. 2) ist der Gewerbebetrieb im Umherziehen, soweit er unter § 55 Abs. 1 Ziffer 1 bis 3 fällt, sowie der Gewerbebetrieb der im § 42b bezeichneten Personen verboten.

(2) Ausnahmen können von der unteren Verwaltungsbehörde zugelassen werden. [Der Bundesrat][1]) Die Reichsregierung ist ermächtigt, über die Voraussetzungen und Bedingungen, unter denen Ausnahmen zugelassen werden dürfen, Bestimmungen zu erlassen.

[Vom Wandergewerbe ausgeschlossene Gegenstände]

§ 56[2]).

(1) Beschränkungen, vermöge deren gewisse Waren von dem Feilhalten im stehenden Gewerbebetriebe ganz oder teilweise

---

[1]) Siehe Anm. 1 zu § 16.

[2]) Siehe hierzu das Gesetz über den Verkehr mit Edelmetallen, Edelsteinen und Perlen v. 11. Juni 1923 in der Fassung des G. v. 29. Juni 1926 (RGBl. I S. 321).

ausgeschlossen sind, gelten auch für deren Feilbieten im Umherziehen.

(2) Ausgeschlossen vom Ankauf oder Feilbieten im Umherziehen sind:

1. geistige Getränke, soweit nicht das Feilbieten derselben von der Ortspolizeibehörde im Falle besonderen Bedürfnisses vorübergehend gestattet ist;
2. gebrauchte Kleider, gebrauchte Wäsche, gebrauchte Betten und gebrauchte Bettstücke, insbesondere Bettfedern, Menschenhaare, Garnabfälle, Enden und Dräumen von Seide, Wolle, Leinen oder Baumwolle;
3. Gold- und Silberwaren, Bruchgold und Bruchsilber sowie Taschenuhren;
4. Spielkarten;
5. Staats- und sonstige Wertpapiere, Lotterielose, Bezugs- und Anteilsscheine auf Wertpapiere und Lotterielose;
6. explosive Stoffe, insbesondere Feuerwerkskörper, Schießpulver und Dynamit;
7. solche mineralische und andere Öle, welche leicht entzündlich sind, insbesondere Petroleum, sowie Spiritus;
8. Stoß-, Hieb- und Schußwaffen;
9. Gifte und gifthaltige Waren, Arznei- und Geheimmittel sowie Bruchbänder;
10. Bäume aller Art, Sträucher, Schnitt-, Wurzel-Reben, Futtermittel und Sämereien, mit Ausnahme von Gemüse- und Blumensamen;
11. Schmucksachen, Bijouterien, Brillen und optische Instrumente.

(3) Ausgeschlossen vom Feilbieten und Aufsuchen von Bestellungen im Umherziehen sind ferner:

12. Druckschriften, andere Schriften und Bildwerke, insofern sie in sittlicher oder religiöser Beziehung Ärgernis zu geben geeignet sind, oder mittels Zusicherung von Prämien oder Gewinnen vertrieben werden, oder in Lieferungen erscheinen, wenn nicht der Gesamtpreis auf jeder einzelnen Lieferung an einer in die Augen fallenden Stelle bestimmt verzeichnet ist.

(4) Wer Druckschriften, andere Schriften oder Bildwerke im Umherziehen feilbieten will, hat ein Verzeichnis derselben der zuständigen Verwaltungsbehörde seines Wohnorts zur Genehmigung vorzulegen. Die Genehmigung ist nur zu versagen, soweit das Verzeichnis Druckschriften, andere Schriften oder Bildwerke der vorbezeichneten Art enthält. Der Gewerbetreibende darf nur die in dem genehmigten Verzeichnis enthaltenen Druck-

schriften, anderen Schriften oder Bildwerke bei sich führen, und ist verpflichtet, das Verzeichnis während der Ausübung des Gewerbebetriebs bei sich zu führen, auf Erfordern der zuständigen Behörden oder Beamten vorzuzeigen und, sofern er hierzu nicht imstande ist, auf deren Geheiß den Betrieb bis zur Herbeischaffung des Verzeichnisses einzustellen.

[Vom Wandergewerbe ausgeschlossene Tätigkeiten] **§ 56a.**

Ausgeschlossen vom Gewerbebetrieb im Umherziehen sind ferner:

1. die Ausübung der Heilkunde, insoweit der Ausübende für dieselbe nicht approbiert ist;
2. das Aufsuchen sowie die Vermittlung von Darlehnsgeschäften und von Rückkaufsgeschäften ohne vorgängige Bestellung, ferner das Aufsuchen von Bestellungen auf Staats- und sonstige Wertpapiere, Lotterielose und Bezugs- und Anteilsscheine auf Wertpapiere und Lotterielose;
3. das Aufsuchen von Bestellungen auf Branntwein und Spiritus bei Personen, in deren Gewerbebetriebe dieselben keine Verwendung finden;
4. das Feilbieten von Waren sowie das Aufsuchen von Bestellungen auf Waren, wenn solche gegen Teilzahlungen unter dem Vorbehalte veräußert werden, daß der Veräußerer wegen Nichterfüllung der dem Erwerber obliegenden Verpflichtungen von dem Vertrage zurücktreten kann (§§ 1 und 6 des Gesetzes, betreffend die Abzahlungsgeschäfte, vom 16. Mai 1894).

[Weitere Einschränkungen des Wandergewerbebetriebs] **§ 56b.**

(1) [Der Bundesrat][1]) Die Reichsregierung ist befugt, soweit ein Bedürfnis obwaltet, anzuordnen, daß und inwiefern der Ankauf oder das Feilbieten von einzelnen der im § 56 Abs. 2 ausgeschlossenen Waren im Umherziehen gestattet sein soll. Die gleiche Befugnis steht den Landesregierungen für ihr Gebiet oder Teile desselben hinsichtlich der im § 56 Abs. 2 Ziffer 10 bezeichneten Gegenstände zu.

(2) Aus Gründen der öffentlichen Sicherheit sowie zur Abwehr oder Unterdrückung von Seuchen kann durch Beschluß [des Bundesrats] der Reichsregierung und in dringenden Fällen durch Anordnung [des Reichskanzlers nach Einvernehmen mit dem Aus-

[1]) Siehe Anm. 1 zu § 16.

schusse des Bundesrats für Handel und Verkehr] des Reichsministers des Innern[1]) für den Umfang des Reichs oder für Teile desselben bestimmt werden, daß und inwiefern außer den in den §§ 56 und 56a aufgeführten Gegenständen und Leistungen auch noch andere Gegenstände und Leistungen auf bestimmte Dauer von dem Gewerbebetriebe im Umherziehen ausgeschlossen sein sollen. Die Anordnung ist dem Reichstage sofort, oder, wenn derselbe nicht versammelt ist, bei seinem nächsten Zusammentritte mitzuteilen. Dieselbe ist außer Kraft zu setzen, wenn der Reichstag die Zustimmung nicht erteilt.

(3) Durch die Landesregierungen kann das Umherziehen mit Zuchthengsten zur Deckung von Stuten untersagt werden. Desgleichen kann zur Abwehr oder Unterdrückung von Seuchen der Handel mit Rindvieh, Schweinen, Schafen, Ziegen oder Geflügel im Umherziehen Beschränkungen unterworfen oder auf bestimmte Dauer untersagt werden[2]).

[Verbotene Verkaufsweisen] **§ 56c.**

(1) Das Feilbieten von Waren im Umherziehen in der Art, daß dieselben versteigert oder im Wege des Glücksspiels oder der Ausspielung (Lotterie) abgesetzt werden, ist nicht gestattet. Ausnahmen von diesem Verbote dürfen von der zuständigen Behörde zugelassen werden, hinsichtlich der Wanderversteigerungen jedoch nur bei Waren, welche dem raschen Verderben ausgesetzt sind.

(2) Öffentliche Ankündigungen des Gewerbebetriebs dürfen nur unter dem Namen des Gewerbetreibenden mit Hinzufügung seines Wohnorts erlassen werden. Wird für den Gewerbebetrieb eine Verkaufsstelle benutzt, so muß an derselben in einer für jedermann erkennbaren Weise ein den Namen und Wohnort des Gewerbetreibenden angebender Aushang angebracht werden. Das gilt insbesondere von den Wanderlagern.

[Ausländer] **§ 56d.**

Ausländern kann der Gewerbebetrieb im Umherziehen gestattet werden. [Der Bundesrat][3]) Die Reichsregierung ist befugt, die deshalb nötigen Bestimmungen zu treffen.

---

[1]) An die Stelle des Reichskanzlers sind gem. Art. 179 RV. in Verb. mit § 5 des Übergangsgesetzes (oben Nr. 1d) die Reichsminister getreten.

[2]) Siehe auch das Reichsviehseuchengesetz v. 26. Juni 1909 (Verwaltungsgesetze Nr. 41).

[3]) Siehe Anm. 1 zu § 16.

[Zwingende Versagungsgründe
für Wandergewerbescheine]

§ 57[1]).

Der Wandergewerbeschein ist zu versagen:
1. wenn der Nachsuchende mit einer abschreckenden oder ansteckenden Krankheit behaftet oder in einer abschreckenden Weise entstellt ist;
2. wenn er unter Polizeiaufsicht steht;
3. wenn er wegen strafbarer Handlungen aus Gewinnsucht, gegen das Eigentum, gegen die Sittlichkeit, wegen vorsätzlicher Angriffe auf das Leben und die Gesundheit der Menschen, wegen Land- oder Hausfriedensbruchs, wegen Widerstandes gegen die Staatsgewalt, wegen vorsätzlicher Brandstiftung, wegen Zuwiderhandlungen gegen Verbote oder Sicherungsmaßregeln, betreffend Einführung oder Verbreitung ansteckender Krankheiten oder Viehseuchen, zu einer Freiheitsstrafe von mindestens drei Monaten verurteilt ist, und seit Verbüßung der Strafe drei Jahre noch nicht verflossen sind;
4. wenn er wegen gewohnheitsmäßiger Arbeitsscheu, Bettelei, Landstreicherei, Trunksucht übelberüchtigt ist;
5. in dem Falle des § 55 Ziffer 4, sobald der den Verhältnissen des Verwaltungsbezirkes der zuständigen Verwaltungsbehörde entsprechenden Anzahl von Personen Wandergewerbescheine erteilt oder ausgedehnt sind (§ 60 Abs. 2).

[Regelmäßige Versagungsgründe
für Wandergewerbescheine]

§ 57 a.

Der Wandergewerbeschein ist in der Regel zu versagen:
1. wenn der Nachsuchende das fünfundzwanzigste Lebensjahr noch nicht vollendet hat.

   Im Falle der Ziffer 1 ist dem Nachsuchenden der Wandergewerbeschein zu erteilen, wenn er der Ernährer einer Familie ist und bereits vier Jahre im Wandergewerbe tätig gewesen ist;
2. wenn er blind, taub oder stumm ist, oder an Geistesschwäche leidet.

[Weitere Versagungsgründe
für Wandergewerbescheine]

§ 57 b.

Der Wandergewerbeschein darf außerdem nur dann versagt werden:

---

[1]) Hierzu siehe auch das Gesetz über den Verkehr mit unedlen Metallen v. 23. Juli 1926 (RGBl. I S. 415).

1. wenn der Nachsuchende im Inland einen festen Wohnsitz nicht hat;
2. wenn er wegen strafbarer Handlungen aus Gewinnsucht, gegen das Eigentum, gegen die Sittlichkeit, wegen vorsätzlicher Angriffe auf das Leben und die Gesundheit der Menschen, wegen Hausfriedensbruchs, wegen Widerstandes gegen die Staatsgewalt, wegen vorsätzlicher Brandstiftung, wegen Zuwiderhandlungen gegen Verbote oder Sicherungsmaßregeln, betreffend Einführung oder Verbreitung ansteckender Krankheiten oder Viehseuchen, zu einer Freiheitsstrafe von mindestens einer Woche verurteilt ist, und seit der Verbüßung der Strafe fünf Jahre noch nicht verflossen sind;
3. wenn er wegen Verletzung der auf den Gewerbebetrieb im Umherziehen bezüglichen Vorschriften im Laufe der letzten drei Jahre wiederholt bestraft ist;
4. wenn er ein oder mehrere Kinder besitzt, für deren Unterhalt und, sofern sie im schulpflichtigen Alter stehen, für deren Unterricht nicht genügend gesorgt ist.

[Zurücknahme eines Wandergewerbescheins]

§ 58.

Der Wandergewerbeschein kann zurückgenommen werden, wenn sich ergibt, daß eine der im § 57 Ziffer 1 bis 4, § 57a oder § 57b bezeichneten Voraussetzungen entweder zur Zeit der Erteilung desselben bereits vorhanden gewesen, der Behörde aber unbekannt geblieben, oder erst nach Erteilung des Scheines eingetreten ist[1]).

[Handel ohne Wandergewerbeschein]

§ 59.

(1) Eines Wandergewerbescheins bedarf nicht:
1. wer selbstgewonnene oder rohe Erzeugnisse der Land- und Forstwirtschaft, des Garten- und Obstbaues, der Geflügel- und Bienenzucht sowie selbstgewonnene Erzeugnisse der Jagd und Fischerei feilbietet;
2. wer in der Umgegend seines Wohnorts bis zu 15 Kilometer Entfernung von demselben selbstverfertigte Waren, welche zu den Gegenständen des Wochenmarktverkehrs gehören, feilbietet oder gewerbliche Leistungen, hinsichtlich deren dies Landesgebrauch ist, anbietet;

---

[1]) Siehe hierzu das Gesetz über den Verkehr mit unedlen Metallen v. 23. Juli 1926 (RGBl. I S. 415).

3. wer selbstgewonnene Erzeugnisse oder selbstverfertigte Waren, hinsichtlich deren dies Landesgebrauch ist, zu Wasser anfährt und von dem Fahrzeuge aus feilbietet;
4. wer bei öffentlichen Festen, Truppenzusammenziehungen oder anderen außergewöhnlichen Gelegenheiten mit Erlaubnis der Ortspolizeibehörde die von derselben zu bestimmenden Waren feilbietet.

(2) Die Landesregierungen können in weiterem Umfange den Gewerbebetrieb im Umherziehen mit Gegenständen des gemeinen Verbrauchs ohne Wandergewerbeschein innerhalb ihres Gebiets gestatten.

[Untersagung des Gewerbebetriebs]

§ 59 a.

In den Fällen des § 59 Ziffer 1 bis 3 kann der Gewerbebetrieb untersagt werden, wenn die Voraussetzungen des § 57 Ziffer 1 bis 4 vorliegen.

[Berechtigung aus einem Wandergewerbeschein]

§ 60.

(1) Der Wandergewerbeschein wird für die Dauer des Kalenderjahrs erteilt, er berechtigt den Inhaber, in dem ganzen Gebiete des Reichs das bezeichnete Gewerbe nach Entrichtung der darauf haftenden Landessteuern zu betreiben. Soweit nach § 56 Ziffer 1 das Feilbieten von geistigen Getränken im Falle besonderen Bedürfnisses vorübergehend gestattet wird, ist die räumliche und zeitliche Beschränkung dieser Erlaubnis im Wandergewerbeschein anzugeben.

(2) Ein Wandergewerbeschein für den Betrieb der im § 55 Ziffer 4 bezeichneten Gewerbe gewährt die Befugnis zum Gewerbebetrieb in einem anderen als dem Bezirke derjenigen Verwaltungsbehörde, welche ihn ausgestellt hat, nur dann, wenn er auf den anderen Bezirk von dessen Verwaltungsbehörde ausgedehnt ist. Sowohl die Ausstellung als auch die Ausdehnung eines derartigen Wandergewerbescheins kann für eine kürzere Dauer, als das Kalenderjahr, oder für bestimmte Tage während des Kalenderjahrs erfolgen. Die Ausdehnung ist zu versagen, sobald für die den Verhältnissen des Bezirkes entsprechende Anzahl von Personen Wandergewerbescheine bereits ausgestellt oder ausgedehnt sind.

(3) Die Verwaltungsbehörde kann die von ihr bewilligte Ausdehnung nach Maßgabe des § 58 zurücknehmen.

(4) Der Wandergewerbeschein enthält die Personalbeschreibung des Inhabers und die nähere Bezeichnung des Geschäfts-

betriebs. Das Formular der Wandergewerbescheine bestimmt [der Bundesrat][1]) die Reichsregierung.

[Vorgängige polizeiliche Erlaubnis]

§ 60 a.

Wer die im § 55 Ziffer 4 bezeichneten Gewerbe an einem Orte von Haus zu Haus oder auf öffentlichen Wegen, Straßen, Plätzen oder an anderen öffentlichen Orten ausüben will, bedarf der vorgängigen Erlaubnis der Ortspolizeibehörde.

[Minderjährige]

§ 60 b.

(1) Minderjährigen Personen kann in dem Wandergewerbescheine die Beschränkung auferlegt werden, daß sie das Gewerbe nicht nach Sonnenuntergang, und minderjährigen Personen weiblichen Geschlechts kann außerdem die Beschränkung auferlegt werden, daß sie dasselbe nur auf öffentlichen Wegen, Straßen und Plätzen, nicht aber von Haus zu Haus betreiben dürfen.

(2) Desgleichen kann von der Ortspolizeibehörde minderjährigen Personen verboten werden, daß sie innerhalb des Polizeibezirkes die im § 59 Ziffer 1 und 2 aufgeführten Gegenstände nach Sonnenuntergang, und minderjährigen Personen weiblichen Geschlechts, daß sie dieselben Gegenstände von Haus zu Haus feilbieten.

(3) Das Feilbieten der im § 59 Ziffer 1 und 2 bezeichneten Gegenstände durch Kinder unter vierzehn Jahren kann von der Ortspolizeibehörde verboten werden.

[Ausweispflicht bei Ausübung des Wandergewerbes]

§ 60 c.

(1) Der Inhaber eines Wandergewerbescheins ist verpflichtet, diesen während der Ausübung des Gewerbebetriebs bei sich zu führen, auf Erfordern der zuständigen Behörden oder Beamten vorzuzeigen und, sofern er hierzu nicht imstande ist, auf deren Geheiß den Betrieb bis zur Herbeischaffung des Wandergewerbescheins einzustellen. Auf gleiches Erfordern hat er die von ihm geführten Waren vorzulegen.

(2) Zum Zwecke des Gewerbebetriebs ist ohne vorgängige Erlaubnis der Eintritt in fremde Wohnungen sowie zur Nachtzeit das Betreten fremder Häuser und Gehöfte nicht gestattet.

(3) Denselben Bestimmungen (Abs. 2) unterliegt das Feilbieten der im § 59 Ziffer 1 und 2 aufgeführten Gegenstände.

---

[1]) Siehe Anm. 1 zu § 16.

[Nichtübertragbarkeit — gemeinsame Wandergewerbescheine] **§ 60 d.**

(1) Der Wandergewerbeschein darf einem anderen nicht zur Benutzung überlassen werden.

(2) Wer für einen anderen ein Gewerbe im Umherziehen zu betreiben beabsichtigt, unterliegt für seine Person den Bestimmungen dieses Gesetzes.

(3) Wenn mehrere Personen die im § 55 Ziffer 4 bezeichneten Gewerbe in Gemeinschaft miteinander zu betreiben beabsichtigen, so kann auf ihren Antrag ein gemeinsamer Wandergewerbeschein für die Gesellschaft als solche ausgestellt werden, in welchem jedes einzelne Mitglied aufzuführen ist. Werden für die einzelnen Mitglieder besondere Wandergewerbescheine ausgestellt, so kann in die letzteren ein Vermerk aufgenommen werden, nach welchem dem Inhaber der Gewerbebetrieb nur im Verbande einer bestimmten Gesellschaft, oder einer Gesellschaft überhaupt, gestattet sein soll.

(4) Umherziehenden Schauspielergesellschaften wird der Wandergewerbeschein nur dann erteilt, wenn der Unternehmer die im § 32 vorgeschriebene Erlaubnis besitzt. In dem Wandergewerbescheine für den Unternehmer einer Schauspielergesellschaft ist ausdrücklich zu vermerken, daß der Gewerbetreibende als Unternehmer auftreten will.

[Zuständige Behörde] **§ 61.**

(1) Die Erteilung des Wandergewerbescheins erfolgt durch die für den Wohnort oder Aufenthaltsort des Nachsuchenden zuständige höhere Verwaltungsbehörde. Die Verwaltungsbehörde des Aufenthaltsorts kann den Nachsuchenden an die Behörde seines Wohnorts verweisen.

(2) In dem Falle des § 55 Ziffer 4 erfolgt die Erteilung des Wandergewerbescheins durch die höhere Verwaltungsbehörde, in deren Bezirke das Gewerbe betrieben werden soll.

(3) Die Zurücknahme des Wandergewerbescheins erfolgt durch die für den Wohnort oder Aufenthaltsort des Inhabers zuständige höhere Verwaltungsbehörde.

[Mitführen anderer Personen] **§ 62.**

(1) Wer beim Gewerbebetrieb im Umherziehen andere Personen von Ort zu Ort mit sich führen will, bedarf der Erlaubnis derjenigen Behörde, welche den Wandergewerbeschein erteilt hat, oder in deren Bezirke sich der Nachsuchende befindet. Die Erlaubnis wird in dem Wandergewerbeschein unter näherer Bezeichnung dieser Personen vermerkt.

(2) Die Erlaubnis ist zu versagen, soweit bei ihnen eine der im § 57 bezeichneten Voraussetzungen zutrifft, oder wenn für sie die nach der Reichsversicherungsordnung erforderlichen Krankenkassenbeiträge nicht entrichtet oder gestundet sind; außerdem darf sie nur dann versagt werden, soweit eine der in den §§ 57a, 57b bezeichneten Voraussetzungen vorliegt. Die Erlaubnis wird nach Maßgabe des § 58 durch eine für ihre Erteilung zuständige Behörde zurückgenommen[1]).

(3) Die Mitführung von Kindern unter vierzehn Jahren zu gewerblichen Zwecken ist verboten.

(4) Die Erlaubnis zur Mitführung von Kindern, welche schulpflichtig sind, ist zu versagen und die bereits erteilte Erlaubnis zurückzunehmen, wenn nicht für einen ausreichenden Unterricht der Kinder gesorgt ist.

(5) Die Erlaubnis zur Mitführung von Kindern unter vierzehn Jahren kann versagt und von der für die Erteilung derselben zuständigen Behörde zurückgenommen werden. Dasselbe gilt von der Erlaubnis zur Mitführung von Personen anderen Geschlechts mit Ausnahme der Ehegatten und der über vierzehn Jahre alten eigenen Kinder und Enkel.

[Versagung oder Zurücknahme des Wandergewerbescheins]

§ 63.

(1) Wird der Wandergewerbeschein versagt oder zurückgenommen, oder wird die erfolgte Ausdehnung desselben zurückgenommen, so ist dies dem Beteiligten mittels schriftlichen Bescheids unter Angabe der Gründe zu eröffnen. Gegen den Bescheid ist der Rekurs zulässig, jedoch ohne aufschiebende Wirkung. Wegen des Verfahrens und der Behörden gelten die Vorschriften der §§ 20 und 21. Dasselbe gilt von der Versagung der Genehmigung des Druckschriftenverzeichnisses (§ 56 Abs. 4), von der Untersagung des Gewerbebetriebs gemäß § 59a und der Versagung oder Zurücknahme der Erlaubnis in den Fällen des § 62 Abs. 2.

(2) Die in Gemäßheit des § 57 Ziffer 5 erfolgte Versagung des Wandergewerbescheins sowie die auf Grund des § 60 Abs. 2, der §§ 60b und 62 Abs. 4, 5 getroffenen Verfügungen können nur im Wege der Beschwerde an die unmittelbar vorgesetzte Aufsichtsbehörde angefochten werden.

---

[1]) § 62 Abs. II in der Fassung des Art. 103 des Einführungsgesetzes zur Reichsversicherungsordnung vom 19. Juli 1911 (RGBl. S. 839).

Titel IV. Marktverkehr.

[Freiheit des Marktverkehrs] **§ 64.**

(1) Der Besuch der Messen, Jahr- und Wochenmärkte sowie der Kauf und Verkauf auf denselben steht einem jeden mit gleichen Befugnissen frei.

(2) Wo jedoch nach der bisherigen Ortsgewohnheit gewisse Handwerkerwaren, welche nicht zu den im § 66 bezeichneten Gegenständen gehören, nur von Bewohnern des Marktorts auf dem Wochenmarkte verkauft werden durften, kann die höhere Verwaltungsbehörde auf Antrag der Gemeindebehörde den einheimischen Verkäufern die Fortsetzung des herkömmlichen Wochenmarktverkehrs mit jenen Handwerkerwaren gestatten, ohne auswärtige Verkäufer derselben Waren auf dem Wochenmarkte zuzulassen.

(3) Beschränkungen des Marktverkehrs der Ausländer als Erwiderung der im Auslande gegen Reichsangehörige angeordneten Beschränkungen bleiben [dem Bundesrate][1]) der Reichsregierung vorbehalten

[Marktzeiten] **§ 65.**

(1) Die Zahl, Zeit und Dauer der Messen, Jahr- und Wochenmärkte wird von der zuständigen Verwaltungsbehörde festgesetzt.

(2) Dem Marktberechtigten steht gegen eine solche Anordnung kein Widerspruch zu; ein Entschädigungsanspruch gebührt demselben nur dann, wenn durch die Anordnung die Zahl der bis dahin abgehaltenen Märkte vermindert wird, und eine größere Zahl ausdrücklich und unwiderruflich verliehen war. Gemeinden, welche einen Entschädigungsanspruch geltend machen wollen, müssen außerdem nachweisen, daß ihr Recht auf einen speziellen lästigen Titel sich gründet.

[Gegenstände des Wochenmarktverkehrs] **§ 66.**

(1) Gegenstände des Wochenmarktverkehrs sind:

1. rohe Naturerzeugnisse mit Ausschluß des größeren Viehes;
2. Fabrikate, deren Erzeugung mit der Land- und Forstwirtschaft, dem Garten- und Obstbau oder der Fischerei in unmittelbarer Verbindung steht oder zu den Nebenbeschäftigungen der Landleute der Gegend gehört, oder

---

[1]) Siehe Anm. 1 zu § 16.

durch Tagelöhnerarbeit bewirkt wird, mit Ausschluß der geistigen Getränke;

3. frische Lebensmittel aller Art.

(2) Die zuständige Verwaltungsbehörde ist auf Antrag der Gemeindebehörde befugt, zu bestimmen, welche Gegenstände außerdem nach Ortsgewohnheit und Bedürfnis in ihrem Bezirk überhaupt, oder an gewissen Orten zu den Wochenmarktartikeln gehören.

[Gegenstände des Jahrmarktverkehrs]

§ 67.

(1) Auf Jahrmärkten dürfen außer den im § 66 benannten Gegenständen Verzehrungsgegenstände und Fabrikate aller Art feilgehalten werden.

(2) Zum Verkaufe von geistigen Getränken zum Genuß auf der Stelle bedarf es jedoch der Genehmigung der Ortspolizeibehörde.

[Marktabgaben]

§ 68.

(1) Der Marktverkehr darf in keinem Falle mit anderen als solchen Abgaben belastet werden, welche eine Vergütung für den überlassenen Raum und den Gebrauch von Buden und Gerätschaften bilden. In den Bestimmungen darüber, ob und in welchem Umfange Abgaben dieser Art erhoben werden dürfen, wird durch gegenwärtiges Gesetz nichts geändert. Ein Unterschied zwischen Einheimischen und Fremden bezüglich der Zahlung der Abgaben darf nicht stattfinden.

(2) Bei Messen dürfen jedoch Beiträge für die im Interesse der Beteiligten geleistete Werbe- und Verwaltungstätigkeit gefordert werden. Die Art und Höhe der Beiträge und ihre Einziehung bestimmt mit Genehmigung der Landesregierung die öffentlich-rechtliche Person, die Trägerin der Messe ist[1]).

[Marktordnung]

§ 69.

In den Grenzen der Bestimmungen der §§ 65 bis 68 kann die Ortspolizeibehörde im Einverständnisse mit der Gemeindebehörde die Marktordnung nach dem örtlichen Bedürfnisse festsetzen, namentlich auch für das Feilbieten von gleichartigen Gegenständen den Platz, und für das Feilbieten im Umhertragen, mit oder ohne Ausruf, die Tageszeit und die Gattung der Waren bestimmen.

---

[1]) § 68 Abs. 2 in der Fassung des G. v. 9. Dez. 1922 (RGBl. I S. 929).

[Sondermärkte]

§ 70.

(1) In betreff der Märkte, welche bei besonderen Gelegenheiten oder für bestimmte Gattungen von Gegenständen gehalten werden, bewendet es bei den bestehenden Anordnungen.

(2) Erweiterungen dieses Marktverkehrs können von der zuständigen Behörde mit Zustimmung der Gemeindebehörde angeordnet werden.

[Verkauf außerhalb der Marktzeit]

§ 71.

Beschränkungen des Verkehrs mit den zu Messen und Märkten gebrachten, aber unverkauft gebliebenen Gegenständen werden hierdurch aufgehoben. Der Einzelverkauf solcher Gegenstände außer der Marktzeit ist jedoch nur unter denselben Bedingungen zulässig, unter welchen derselbe statthaft sein würde, wenn die Gegenstände nicht auf den Markt gebracht wären.

Titel V. Taxen.

[Polizeiliche Taxen]

§ 72.

Polizeiliche Taxen sollen, soweit nicht ein anderes nachstehend angeordnet worden, künftig nicht vorgeschrieben werden; da, wo sie gegenwärtig bestehen, sind sie in einer von der Ortspolizeibehörde zu bestimmenden, höchstens einjährigen Frist aufzuheben.

[Preise für Backwaren]

§ 73.

(1) Die Bäcker und die Verkäufer von Backwaren können durch die Ortspolizeibehörde angehalten werden, die Preise und das Gewicht ihrer verschiedenen Backwaren für gewisse von derselben zu bestimmende Zeiträume durch einen von außen sichtbaren Anschlag am Verkaufslokale zur Kenntnis des Publikums zu bringen.

(2) Dieser Anschlag ist kostenfrei mit dem polizeilichen Stempel zu versehen und täglich während der Verkaufszeit auszuhängen.

[Nachwiegen der verkauften Backwaren]

§ 74.

Wo der Verkauf von Backwaren nur nach den von den Bäckern und Verkäufern an ihren Verkaufslokalen angeschlagenen Preisen erlaubt ist, kann die Ortspolizeibehörde die Bäcker und Verkäufer zugleich anhalten, im Verkaufslokal eine Waage mit den erforderlichen geeichten Gewichten aufzustellen und die Benutzung derselben zum Nachwiegen der verkauften Backwaren zu gestatten.

[Preise der Gastzimmer] **§ 75.**

Die Gastwirte können durch die Ortspolizeibehörde angehalten werden, das Verzeichnis der von ihnen gestellten Preise einzureichen und in den Gastzimmern anzuschlagen. Diese Preise dürfen zwar jederzeit abgeändert werden, bleiben aber solange in Kraft, bis die Abänderung der Polizeibehörde angezeigt und das abgeänderte Verzeichnis in den Gastzimmern angeschlagen ist. Auf Beschwerden Reisender wegen Überschreitung der verzeichneten Preise steht der Ortspolizeibehörde eine vorläufige Entscheidung vorbehaltlich des Rechtswegs zu.

§ 75a.

[Gestrichen durch § 19 des Stellenvermittlergesetzes v. 2. Juni 1910 (RGBl. S. 860).]

[Taxen für das Verkehrsgewerbe] **§ 76.**

Die Ortspolizeibehörde ist in Übereinstimmung mit der Gemeindebehörde befugt, für Lohnbediente und andere Personen, welche auf öffentlichen Straßen und Plätzen oder in Wirtshäusern ihre Dienste anbieten (§ 37) sowie für die Benutzung von Wagen, Pferden, Sänften, Gondeln und anderen Transportmitteln, welche öffentlich zum Gebrauch aufgestellt sind, Taxen festzusetzen.

[Taxen für Schornsteinfeger] **§ 77.**

Ebenso können für Schornsteinfeger, wenn ihnen Bezirke ausschließlich zugewiesen sind, von der Ortspolizeibehörde, im Einverständnisse mit der Gemeindebehörde, oder, wenn der zugewiesene Bezirk mehr als eine Ortschaft umfaßt, von der unteren Verwaltungsbehörde Taxen aufgestellt werden.

[Taxen für öffentlich angestellte Gewerbetreibende] **§ 78.**

Hinsichtlich der Taxen für solche gewerbetreibende Personen, welche nach den Bestimmungen im § 36 von den Behörden zu beeidigen und anzustellen sind, wird durch das gegenwärtige Gesetz nichts geändert. Die nach § 36 zuständigen Behörden sind befugt, für diese Personen auch da Taxen einzuführen, wo dergleichen bisher nicht bestanden.

[Ermäßigung der festgestellten Preise] **§ 79.**

Die in den §§ 73 bis 78 genannten Gewerbetreibenden sind berechtigt, die festgestellten Preise und Taxen zu ermäßigen.

[Taxen für Ärzte und Apotheker] **§ 80.**

(1) Die Taxen für die Apotheker können durch die Zentralbehörden festgesetzt werden, Ermäßigungen derselben durch freie Vereinbarungen sind jedoch zulässig.

(2) Die Bezahlung der approbierten Ärzte usw. (§ 29 Abs. 1) bleibt der Vereinbarung überlassen. Als Norm für streitige Fälle im Mangel einer Vereinbarung können jedoch für dieselben Taxen von den Zentralbehörden festgesetzt werden.

Titel VI. Innungen, Innungsausschüsse, Handwerkskammern, Innungsverbände.

I. Innungen.

a) Allgemeine Vorschriften.

[Errichtung einer Innung] **§ 81.**

Diejenigen, welche ein Gewerbe selbständig betreiben, können zur Förderung der gemeinsamen gewerblichen Interessen zu einer Innung zusammentreten.

[Aufgabe der Innungen] **§ 81 a[1]).**

Aufgabe der Innungen ist:

1. die Pflege des Gemeingeistes sowie die Aufrechterhaltung und Stärkung der Standesehre unter den Innungsmitgliedern;
2. die Förderung eines gedeihlichen Verhältnisses zwischen Meistern und Gesellen (Gehilfen) sowie die Fürsorge für das Herbergswesen;
3. die nähere Regelung des Lehrlingswesens und die Fürsorge für die technische, gewerbliche und sittliche Ausbildung der Lehrlinge, vorbehaltlich der §§ 103e, 126 bis 132a;
4. die Entscheidung von Streitigkeiten zwischen den Innungsmitgliedern und ihren Lehrlingen.

[Besondere Veranstaltungen und Einrichtungen der Innungen] **§ 81 b[2]).**

(1) Die Innungen sind befugt, ihre Wirksamkeit auf andere, den Innungsmitgliedern gemeinsame gewerbliche Interessen als die im § 81a bezeichneten auszudehnen. Insbesondere steht

---

[1]) § 81a in der Fassung des Art. 103 des Einführungsgesetzes zur Reichsversicherungsordnung v. 19. Juli 1911 (RGBl. S. 839), des Arbeitsnachweisgesetzes v. 22. Mai 1922 (RGBl. I S. 657) und des Arbeitsgerichtsgesetzes v. 23. Dez. 1926 (RGBl. I S. 507).

[2]) § 81 b in der Fassung des Art. 103 des Einführungsgesetzes zur Reichsversicherungsordnung v. 19. Juli 1911 (RGBl. S. 839).

ihnen neben der Errichtung von Innungskrankenkassen (Abs. 2) zu:

1. Veranstaltungen zur Förderung der gewerblichen, technischen und sittlichen Ausbildung der Meister, Gesellen (Gehilfen) und Lehrlinge zu treffen, insbesondere Schulen zu unterstützen, zu errichten und zu leiten, sowie über die Benutzung und den Besuch der von ihnen errichteten Schulen Vorschriften zu erlassen;
2. Gesellen- und Meisterprüfungen zu veranstalten und über die Prüfungen Zeugnisse auszustellen;
3. zur Unterstützung ihrer Mitglieder und deren Angehörigen, ihrer Gesellen (Gehilfen), Lehrlinge und Arbeiter in Fällen der Krankheit, des Todes, der Arbeitsunfähigkeit oder sonstiger Bedürftigkeit Kassen zu errichten;
4. [Aufgehoben durch § 110 des Arbeitsgerichtsgesetzes vom 23. Dezember 1926 (RGBl. I S. 507)];
5. zur Förderung des Gewerbebetriebs der Innungsmitglieder einen gemeinschaftlichen Geschäftsbetrieb einzurichten.

(2) Die Errichtung und die Rechtsverhältnisse der Innungskrankenkassen richten sich nach der Reichsversicherungsordnung.

[Bezirk der Innung] **§ 82.**

(1) Der Bezirk, für welchen eine Innung errichtet wird, soll in der Regel nicht über den Bezirk der höheren Verwaltungsbehörde, in welchem die Innung ihren Sitz nimmt, hinausgehen. Ausnahmen bedürfen der Genehmigung der Landeszentralbehörde.

(2) Soll der Bezirk, für welchen eine Innung errichtet wird, über das Gebiet eines Bundesstaats hinaus erstreckt werden, so ist hierzu die Genehmigung der beteiligten Landeszentralbehörden erforderlich. Wird die Genehmigung erteilt, so sind die den Behörden übertragenen Befugnisse, soweit nicht eine anderweite Vereinbarung getroffen wird, von den Behörden desjenigen Bundesstaats wahrzunehmen, in welchem die Innung ihren Sitz hat.

(3) Bei der Errichtung ist der Innung ein Name zu geben, welcher von dem aller anderen, an demselben Orte oder in derselben Gemeinde befindlichen Innungen verschieden ist. Die landesüblichen Benennungen (Ämter, Gilden und dergleichen) können beibehalten werden.

[Statut der Innungen] **§ 83.**

(1) Die Aufgaben der Innung, die Einrichtung ihrer Verwaltung und die Rechtsverhältnisse ihrer Mitglieder sind, soweit das Gesetz nicht darüber bestimmt, durch das Statut zu regeln.

(2) Dasselbe muß Bestimmung treffen über:

1. Namen, Sitz und Bezirk der Innung sowie die Gewerbszweige, für welche die Innung errichtet ist;
2. die Aufgaben der Innung sowie die dauernden Einrichtungen zur Erfüllung dieser Aufgaben, insbesondere hinsichtlich der Regelung des Lehrlingswesens;
3. Aufnahme, Austritt und Ausschließung der Mitglieder;
4. die Rechte und Pflichten der Mitglieder, insbesondere den Maßstab, nach welchem die Mitgliederbeiträge erhoben werden;
5. die Bildung des Vorstandes, den Umfang seiner Befugnisse und die Formen seiner Geschäftsführung;
6. die Zusammensetzung und Berufung der Innungsversammlung, das Stimmrecht in derselben, die Art der Beschlußfassung und, sofern die Innungsversammlung aus Vertretern besteht (§ 92 Abs. 3), die Zahl und die Wahl der Vertreter;
7. die Beurkundung der Beschlüsse der Innungsversammlung und des Vorstandes;
8. die Aufstellung und Prüfung der Jahresrechnung;
9. die Bildung und die Geschäftsführung des Gesellenausschusses;
10. die Überwachung der Beobachtung der für die Beschäftigung der Gesellen (Gehilfen), Lehrlinge und Arbeiter, den Besuch der Fortbildungs- oder Fachschule und die Regelung des Lehrlingswesens erlassenen Bestimmungen;
11. die Bildung des Organs und das Verfahren zur Entscheidung der im § 81a Ziffer 4 bezeichneten Streitigkeiten;
12. die Voraussetzungen und die Form der Verhängung von Ordnungsstrafen;
13. die Voraussetzungen und die Form einer Abänderung des Statuts und den Erlaß und die Abänderung der Nebenstatuten;
14. die Voraussetzungen und die Form der Auflösung der Innung;
15. die öffentlichen Blätter, in welchen die Bekanntmachungen der Innung zu erfolgen haben.

(3) Das Statut darf keine Bestimmung enthalten, welche mit den in diesem Gesetze bezeichneten Aufgaben der Innung nicht in Verbindung steht oder gesetzlichen Vorschriften zuwiderläuft.

(4) Bestimmungen über Einrichtungen zur Erfüllung der im § 81b Ziffer 3, 4 und 5 bezeichneten Aufgaben dürfen nicht in das Innungsstatut aufgenommen werden.

[Genehmigung des Statuts] **§ 84.**

(1) Das Innungsstatut bedarf der Genehmigung durch die höhere Verwaltungsbehörde desjenigen Bezirkes, in welchem die Innung ihren Sitz nimmt. Die Einreichung geschieht durch die Aufsichtsbehörde (§ 96).

(2) Die Genehmigung ist zu versagen:

1. wenn das Innungsstatut den gesetzlichen Anforderungen nicht entspricht;
2. wenn die durch das Innungsstatut vorgesehene Begrenzung des Innungsbezirkes die nach § 82 Abs. 1 oder Abs. 2 erforderliche Genehmigung nicht erhalten hat.

(3) Außerdem darf die Genehmigung nur versagt werden, wenn in dem durch das Innungsstatut vorgesehenen Innungsbezirke für die gleichen Gewerbe eine Innung bereits besteht.

(4) In dem die Genehmigung versagenden Bescheide sind die Gründe anzugeben; gegen denselben findet der Rekurs statt; wegen des Verfahrens und der Behörden gelten die Vorschriften der §§ 20 und 21, soweit nicht landesgesetzlich das Verfahren in streitigen Verwaltungssachen Platz greift.

(5) Abänderungen des Innungsstatuts unterliegen den gleichen Vorschriften.

[Nebenstatuten] **§ 85.**

(1) Soll in der Innung eine Einrichtung der im § 81b Ziffer 3, 4 und 5 vorgesehenen Art getroffen werden, so sind die dafür erforderlichen Bestimmungen in Nebenstatuten zusammenzufassen. Dieselben bedürfen der Genehmigung der höheren Verwaltungsbehörde. Vor der Genehmigung ist die Gemeindebehörde des Ortes, an welchem die Innung ihren Sitz hat, sowie die Aufsichtsbehörde zu hören. Die Genehmigung kann nach Ermessen unter Angabe der Gründe versagt werden. Gegen die Verfügung der höheren Verwaltungsbehörde steht den Beteiligten binnen vier Wochen die Beschwerde an die Landeszentralbehörde zu. Abänderungen der Nebenstatuten unterliegen den gleichen Vorschriften.

(2) Über die Einnahmen und Ausgaben der im § 81b Ziffer 3 und 5 bezeichneten Einrichtungen ist getrennt Rechnung zu führen und das hierfür bestimmte Vermögen gesondert von dem übrigen Innungsvermögen zu verwalten. Verwendungen für andere Zwecke dürfen aus demselben nicht gemacht werden. Die Gläubiger haben das Recht auf gesonderte Befriedigung aus dem getrennt verwalteten Vermögen.

[Rechtsfähigkeit der Innungen] **§ 86.**

Die Innungen können unter ihrem Namen Rechte erwerben und Verbindlichkeiten eingehen, vor Gericht klagen und verklagt werden. Für ihre Verbindlichkeiten haftet den Gläubigern nur ihr Vermögen.

[Aufnahme von Innungsmitgliedern] **§ 87.**

(1) Als Innungsmitglieder können nur aufgenommen werden:

1. diejenigen, welche ein Gewerbe, für welches die Innung errichtet ist, in dem Innungsbezirke selbständig betreiben;
2. diejenigen, welche in einem dem Gewerbe angehörenden Großbetrieb als Werkmeister oder in ähnlicher Stellung beschäftigt sind;
3. diejenigen, welche in dem Gewerbe als selbständige Gewerbetreibende oder als Werkmeister oder in ähnlicher Stellung tätig gewesen sind, diese Tätigkeit aber aufgegeben haben und eine andere gewerbliche Tätigkeit nicht ausüben;
4. die in landwirtschaftlichen oder gewerblichen Betrieben gegen Entgelt beschäftigten Handwerker.

(2) Andere Personen können als Ehrenmitglieder aufgenommen werden.

(3) Von der Ablegung einer Prüfung kann die Aufnahme nur abhängig gemacht werden, wenn Art und Umfang derselben durch das Statut geregelt sind; die Prüfung darf nur den Nachweis der Befähigung zur selbständigen Ausführung der gewöhnlichen Arbeiten des Gewerbes bezwecken.

(4) Ist die Aufnahme von der Zurücklegung einer Lehrlings- oder Gesellenzeit oder von der Ablegung einer Prüfung abhängig gemacht, so ist eine Ausnahme von der Erfüllung dieser Anforderungen nur unter bestimmten, im Statute festgestellten Voraussetzungen zulässig. Von einem Aufnahmesuchenden, welcher bereits vor einer anderen Innung desselben Gewerbes eine Aufnahmeprüfung bestanden hat, kann eine solche nicht nochmals verlangt werden.

(5) Gewerbetreibenden, welche den gesetzlichen und statutarischen Anforderungen entsprechen, darf die Aufnahme in die Innung nicht versagt werden.

(6) Von der Erfüllung der gesetzlichen und statutarischen Bedingungen kann zugunsten einzelner nicht abgesehen werden.

[Austritt aus der Innung] **§ 87a.**

(1) Der Austritt aus der Innung ist, wenn das Innungsstatut eine vorherige Anzeige darüber nicht verlangt, am Schlusse jedes Rechnungsjahrs gestattet. Eine Anzeige über den Austritt kann frühestens sechs Monate vor dem letzteren verlangt werden.

(2) Ausscheidende Mitglieder verlieren alle Ansprüche an das Innungsvermögen und, soweit nicht statutarisch abweichende Bestimmungen getroffen sind, an die von der Innung errichteten Nebenkassen; sie bleiben zur Zahlung derjenigen Beiträge verpflichtet, deren Umlegung am Tage ihres Austritts bereits erfolgt war. Vertragsmäßige Verbindlichkeiten, welche sie der Innung gegenüber eingegangen sind, werden durch den Austritt nicht berührt.

(3) Wird nach dem Tode eines Innungsmitglieds dessen Gewerbe für Rechnung der Witwe oder minderjähriger Erben fortgesetzt, so gehen die Befugnisse und Obliegenheiten des Verstorbenen mit Ausnahme des Stimmrechts auf die Witwe während des Witwenstandes beziehungsweise auf die minderjährigen Erben für die Dauer der Minderjährigkeit über. Durch das Statut kann der Witwe oder dem Stellvertreter das Stimmrecht eingeräumt werden.

[Begrenzung der Pflichten der Mitglieder] **§ 88.**

(1) Den Innungsmitgliedern darf die Verpflichtung zu Handlungen oder Unterlassungen, welche mit den Aufgaben der Innung in keiner Verbindung stehen, nicht auferlegt werden.

(2) Zu anderen Zwecken als der Erfüllung der statutarisch oder durch das Gesetz bestimmten Aufgaben der Innung sowie der Deckung der Kosten der Innungsverwaltung dürfen weder Beiträge von den Innungsmitgliedern oder von den Gesellen derselben erhoben werden, noch Verwendungen aus dem Vermögen der Innung erfolgen.

(3) Die Innungen sind befugt, für die Benutzung der von ihnen getroffenen Einrichtungen, Fachschulen, Herbergen und dergleichen Gebühren zu erheben[1]).

[Beitragspflicht] **§ 89.**

(1) Die aus der Errichtung und der Tätigkeit der Innung und ihres Gesellenausschusses (§ 95) erwachsenden Kosten sind,

---

[1]) § 88 Abs. 3 in der Fassung des § 71 Ziff. II des Arbeitsnachweisgesetzes v. 22. Juli 1922 (RGBl. I S. 657).

soweit sie aus den Erträgen des vorhandenen Vermögens oder aus sonstigen Einnahmen keine Deckung finden, von den Innungsmitgliedern aufzubringen.

(2) Die Verpflichtung zur Zahlung von Beiträgen beginnt mit dem Anfange des auf den Eintritt folgenden Monats.

(3) Die auf Grund des Statuts oder der Nebenstatuten umgelegten Beiträge sowie die für die Benutzung der Innungseinrichtungen zu entrichtenden Gebühren (§ 88 Abs. 3) werden auf Antrag des Innungsvorstandes auf dem für die Beitreibung der Gemeindeabgaben landesrechtlich vorgesehenen Wege zwangsweise eingezogen. Das gleiche gilt für die Einziehung von Ordnungsstrafen (§ 92 c).

(4) Streitigkeiten wegen Entrichtung von Beiträgen und Gebühren entscheidet die Aufsichtsbehörde. Die Entscheidung kann binnen zwei Wochen durch Beschwerde bei der höheren Verwaltungsbehörde angefochten werden; diese entscheidet endgültig.

[Kassenführung]

§ 89 a[1]).

(1) Die Einnahmen und Ausgaben der Innung sind von allen ihren Zwecken fremden Vereinnahmungen und Verausgabungen getrennt festzustellen; ihre Bestände sind gesondert zu verwahren.

(2) Die Bestände und zeitweilig verfügbaren Gelder müssen in der durch die §§ 1807 und 1808 des Bürgerlichen Gesetzbuchs bezeichneten Weise angelegt werden. Sofern der Bezirk der Innung sich nicht über das Gebiet eines Landes hinaus erstreckt, kann die Anlegung auch in der nach Artikel 212 des Einführungsgesetzes zum Bürgerlichen Gesetzbuch zugelassenen Weise erfolgen. Die Aufsichtsbehörde kann der Innung eine andere Anlegung gestatten.

(3) Über die Aufbewahrung von Wertpapieren trifft die Aufsichtsbehörde Bestimmung.

[Genehmigung von Rechtsgeschäften]

§ 89 b.

Die Innung bedarf der Genehmigung der Aufsichtsbehörde bei:

1. dem Erwerbe, der Veräußerung oder der dinglichen Belastung von Grundeigentum;
2. Anleihen, sofern ihr Betrag nicht nur zur vorübergehenden Aushilfe dient und aus den Überschüssen der laufenden Einnahmen über die Ausgaben einer Voranschlagsperiode zurückerstattet werden kann;

---

[1]) § 89a in der Fass. d. G. v. 11. Febr. 1929 (RGBl. I S. 21).

3. der Veräußerung von Gegenständen, welche einen geschichtlichen, wissenschaftlichen oder Kunstwert haben.

§ 90.

[Gestrichen durch Art. 102 des EinfGes. zur RVO. vom 19. Juli 1911, RGBl. S. 839.]

§§ 91, 91 a.

[Gestrichen durch § 110 des Arbeitsgerichtsgesetzes vom 23. Dez. 1926 (RGBl. I S. 507).]

[Ausschuß zur Beilegung von Streitigkeiten]

§ 91 b[1]).

(1) Als das gemäß § 83 Abs. 2 Nr. 11 für die Verhandlung von Streitigkeiten nach § 81 a Nr. 4 zuständige Organ hat die Innung einen Ausschuß zu bilden, dem Arbeitgeber und Arbeitnehmer in gleicher Zahl angehören müssen.

(2) Wird der von diesem Ausschuß gefällte Spruch nicht innerhalb einer Woche von beiden Parteien anerkannt, so kann binnen zwei Wochen nach ergangenem Spruche Klage beim zuständigen Arbeitsgericht erhoben werden. Der Klage muß in allen Fällen die Verhandlung vor dem Ausschuß vorangegangen sein.

(3) Aus Vergleichen, die vor dem Ausschuß geschlossen sind, und aus Sprüchen des Ausschusses, die von beiden Parteien anerkannt sind, findet die Zwangsvollstreckung statt. Die §§ 104 und 105 des Arbeitsgerichtsgesetzes gelten entsprechend.

[Organe der Innung]

§ 92.

(1) Die Angelegenheiten der Innung werden von der Innungsversammlung und dem Vorstande wahrgenommen.

(2) Zur Wahrnehmung einzelner Angelegenheiten können Ausschüsse gebildet werden.

(3) Die Innungsversammlung besteht nach Bestimmung des Statuts entweder aus allen Innungsmitgliedern oder aus Vertretern, welche von jenen aus ihrer Mitte gewählt werden.

(4) Der Vorstand wird von der Innungsversammlung auf bestimmte Zeit mittels geheimer Wahl gewählt. Die Wahl durch Zuruf ist zulässig, wenn niemand widerspricht.

(5) Die Wahlen der Vertreter und des Innungsvorstandes finden unter Leitung des Innungsvorstandes statt. Die erste Wahl nach Errichtung der Innung sowie spätere Wahlen, bei denen ein Vorstand nicht vorhanden ist, werden von einem Beauftragten der Aufsichts-

---

[1]) In der Fassung des § 111 des Arbeitsgerichtsgesetzes v. 23. Dez. 1926 (RGBl. I S. 507).

behörde geleitet. Über die Wahlhandlung ist ein Protokoll aufzunehmen.

[Aufgabe des Vorstands] **§ 92a.**

(1) Der Vorstand hat nach näherer Bestimmung des Statuts die laufende Verwaltung zu führen.

(2) Er hat über jede Änderung in seiner Zusammensetzung und über das Ergebnis jeder Wahl der Aufsichtsbehörde binnen einer Woche Anzeige zu erstatten. Ist die Anzeige nicht erfolgt, so kann die Änderung dritten Personen nur dann entgegengehalten werden, wenn bewiesen wird, daß sie letzteren bekannt war.

[Vertretung der Innung] **§ 92b.**

(1) Die Innungen werden durch ihren Vorstand gerichtlich und außergerichtlich vertreten. Die Vertretung erstreckt sich auch auf diejenigen Geschäfte und Rechtshandlungen, für welche nach den Gesetzen eine Spezialvollmacht erforderlich ist. Durch das Statut kann einem Mitglied oder mehreren Mitgliedern des Vorstandes die Vertretung nach außen übertragen werden.

(2) Zur Legitimation des Vorstandes genügt bei allen Rechtsgeschäften die Bescheinigung der Aufsichtsbehörde, daß die darin bezeichneten Personen zurzeit den Vorstand bilden.

(3) Die Mitglieder des Vorstandes haften für pflichtmäßige Verwaltung wie Vormünder ihren Mündeln.

[Ordnungsstrafrecht der Innungen] **§ 92c.**

Der Vorstand ist berechtigt, über Innungsmitglieder bei Verstößen gegen statutarische Vorschriften Ordnungsstrafen, insbesondere Geldstrafen bis zum Betrage von zwanzig Mark[1]) zu verhängen. Über

---

[1]) Auf Grund der Verordnung über Vermögensstrafen und Bußen vom 6. Febr. 1924 (RGBl. I S. 44) sind die Innungen berechtigt, Ordnungsstrafen bis zum Betrage von 1000 RM zu verhängen. Eine Einschränkung dieser weitgehenden Befugnis enthält die 2. Verordnung des Reichspräsidenten zur Sicherung von Wirtschaft und Finanzen vom 5. Juni 1931 (RGBl. I S. 279) im 7. Teil:

Kapitel VIII

Innungswesen

Die Reichsregierung wird bis auf weiteres ermächtigt, im Benehmen mit den Spitzenorganisationen des Handwerks Richtlinien über die Handhabung des Ordnungsstrafrechts der Innungen und Zwangsinnungen in Ansehung solcher Ordnungsstrafen aufzustellen, die wegen Wettbewerbshandlungen der Mitglieder verhängt werden. Die zustän-

Beschwerden entscheidet die Aufsichtsbehörde. Der Betrag der Geldstrafen fließt in die Innungskasse.

[Zuständigkeit der Innungsversammlung]

§ 93.

(1) Die Innungsversammlung beschließt über alle Angelegenheiten der Innung, deren Wahrnehmung nicht nach Vorschrift des Gesetzes oder des Statuts dem Vorstand obliegt.

(2) Der Innungsversammlung muß vorbehalten bleiben:

1. die Feststellung des Haushaltsplans;
2. die Prüfung und Abnahme der Jahresrechnung;
3. die Bewilligung von Ausgaben, welche im Haushaltsplane nicht vorgesehen sind;
4. die Verfolgung von Ansprüchen, welche der Innung gegen Vorstandsmitglieder aus deren Amtsführung erwachsen, durch Beauftragte;
5. der Erlaß von Vorschriften zur näheren Regelung des Lehrlingswesens;
6. die Beschlußfassung über:
   a) den Erwerb, die Veräußerung oder die dingliche Belastung von Grundeigentum;
   b) die Veräußerung von Gegenständen, welche einen geschichtlichen, wissenschaftlichen oder Kunstwert haben;
   c) die Aufnahme von Anleihen;
7. [Gestrichen durch § 110 des Arbeitsgerichtsgesetzes v. 23. Dez. 1926 (RGBl. I S. 507);]
8. die Wahl der Mitglieder der Prüfungsausschüsse, soweit sie aus der Zahl der Innungsmitglieder zu entnehmen sind (§ 131a);
9. die Beschlußfassung über Abänderung des Statuts sowie über Errichtung und Abänderung von Nebenstatuten;
10. die Beschlußfassung über die Auflösung der Innung.

[Aktives Wahlrecht zur Innungsversammlung]

§ 93a[1]).

Berechtigt zur Wahl der Vertreter zur Innungsversammlung und stimmberechtigt in der Innungsversammlung sind die der Innung angehörenden natürlichen und juristischen Personen; erstere und die ge-

---

digen Landesbehörden haben über die Einhaltung der Richtlinien zu wachen und die zu ihrer Durchführung erforderlichen Maßnahmen zu treffen; sie können erforderlichenfalls die sich aus den §§ 92c, 81a Nr. 1 und 100c der Gewerbeordnung ergebende Befugnis, Ordnungsstrafen wegen der genannten Handlungen zu verhängen, zeitweilig, allgemein, bezirklich oder für einzelne Innungen außer Kraft setzen, unbeschadet des Rechtes der Innungen und Zwangsinnungen, das sich aus der Vorsetzlichen Vertreter juristischer Personen müssen das 21. Lebensjahr vollendet haben. Für eine juristische Person kann nur eine Stimme abgegeben werden, auch wenn mehrere gesetzliche Vertreter vorhanden sind.

[Ausschluß vom Wahlrecht] **§ 93b[1]).**

Berechtigt zur Wahl der Vertreter zur Innungsversammlung und stimmberechtigt in der Innungsversammlung sind solche Personen nicht,

1. denen die bürgerlichen Ehrenrechte oder die Fähigkeit zur Bekleidung öffentlicher Ämter aberkannt worden sind,
2. gegen die das Hauptverfahren wegen eines Verbrechens oder Vergehens eröffnet ist, das die Aberkennung der bürgerlichen Ehrenrechte oder der Fähigkeit zur Bekleidung öffentlicher Ämter zur Folge haben kann,
3. die infolge gerichtlicher Anordnung in der Verfügung über ihr Vermögen beschränkt sind.

[Behinderung in der Ausübung des Wahlrechts] **§ 93c[1]).**

An der Ausübung des Wahl- und Stimmrechts ist behindert,

1. wer wegen Geisteskrankheit oder Geistesschwäche in einer Heil- oder Pflegeanstalt untergebracht ist,
2. wer sich in Straf- oder Untersuchungshaft befindet, und
3. wer infolge gerichtlicher oder polizeilicher Anordnung in Verwahrung gehalten wird.

[Passives Wahlrecht] **§ 93d[1]).**

Wählbar zu Mitgliedern des Vorstandes und der Ausschüsse sowie zu Mitgliedern des im § 83 Abs. 2 Ziffer 11 bezeichneten Organs sind nur diejenigen wahlberechtigten Innungsmitglieder oder diejenigen gesetzlichen Vertreter einer der Innung angehörenden juristischen Person, welche zum Amte eines Schöffen fähig sind (§§ 31, 32 des Gerichtsverfassungsgesetzes).

[Rückständige Beiträge] **§ 93e[1]).**

(1) Durch das Statut kann bestimmt werden, daß Innungsmitglieder und, falls sie juristische Personen sind, ihre gesetzlichen Vertreter von der Teilnahme an den Geschäften der Innung für gewisse Zeit ausgeschlossen und weder wahlberechtigt noch wählbar sind, wenn sie mit der Zahlung von mehreren aufeinanderfolgenden Beiträgen im Rückstand geblieben sind.

---

schrift des § 13 des Gesetzes gegen den unlauteren Wettbewerb vom 7. Juni 1909 (Reichsgesetzbl. S. 499) ergibt.

[1]) §§ 93a—f in der Fassung des Ges. v. 11. Febr. 1929 (RGBl. I S. 21).

(2) In gleicher Weise kann bestimmt werden, daß Innungsmitglieder und, falls sie juristische Personen sind, ihre gesetzlichen Vertreter, welche sich nicht im Besitze der bürgerlichen Ehrenrechte befinden oder durch gerichtliche Anordnung in der Verfügung über ihr Vermögen beschränkt sind, von der Teilnahme an den Geschäften der Innung ausgeschlossen sind.

[Übertragung des Stimmrechts]

§ 93f[1]).

(1) Die nach § 93a Berechtigten können, sofern es sich um einen der Innung angehörenden Nebenbetrieb im Sinne des § 104o Abs. 2 handelt, ihr Wahl- und Stimmrecht auf ihre Betriebsleiter übertragen, falls diese die Pflichten übernehmen, die ihren Vollmachtgebern gegenüber der Innung obliegen. Auf die Betriebsleiter finden die Vorschriften der §§ 93a bis e entsprechende Anwendung.

(2) Das Statut kann die Übertragung der im Abs. 1 bezeichneten Rechte unter den dort gesetzten Voraussetzungen auch in anderen Ausnahmefällen zulassen.

(3) Die Übertragung wie die Übernahme der Rechte bedarf der schriftlichen Erklärung gegenüber der Innung.

[Beschwerden gegen die Rechtsgültigkeit der Wahlen]

§ 94.

Beschwerden gegen die Rechtsgültigkeit der Wahlen sind nur binnen vier Wochen nach der Wahl zulässig. Sie werden durch die Aufsichtsbehörde endgültig entschieden. Dieselbe hat auf erhobene Beschwerde Wahlen, welche gegen das Gesetz oder auf Grund des Gesetzes erlassene Wahlvorschriften verstoßen, für ungültig zu erklären.

[Innungsämter — Ehrenämter]

§ 94a.

(1) Die Mitglieder der Innungsvorstände, Prüfungsausschüsse und Gesellenausschüsse sowie der Organe zur Entscheidung der im § 81a Ziffer 4 bezeichneten Streitigkeiten verwalten ihr Amt als Ehrenamt unentgeltlich, doch kann ihnen nach näherer Bestimmung des Statuts Ersatz barer Auslagen und eine Entschädigung für Zeitversäumnis gewährt werden.

(2) Die Annahme der Wahl kann nur aus Gründen verweigert werden, aus denen die Wahl zum Beisitzer eines Gewerbegerichts (§ 18 des Gewerbegerichtsgesetzes[2]) abgelehnt werden kann. Ablehnungsgründe des Gewählten sind nur zu berücksichtigen, wenn sie binnen zwei Wochen, nachdem der Gewählte von seiner Wahl in Kenntnis gesetzt ist,

---

[1]) Siehe Anm. 1 zu § 93a.

[2]) Jetzt § 24 des Arbeitsgerichtsgesetzes v. 23. Dez. 1926 (RGBl. I S. 507).

schriftlich geltend gemacht werden. Über den Ablehnungsantrag entscheidet die Aufsichtsbehörde endgültig. Diese Bestimmungen finden auf die Mitglieder der Innungsschiedsgerichte entsprechende Anwendung.

[Nachträgliches Ausscheiden von Inhabern von Innungsämtern] **§ 94b.**

Mitglieder der Innungsvorstände, der Ausschüsse der Innungen, der Gesellenausschüsse sowie der Organe zur Entscheidung der im § 81a Ziffer 4 [und § 81b Ziffer 4] bezeichneten Streitigkeiten, hinsichtlich deren Umstände eintreten oder bekannt werden, welche die Wählbarkeit ausschließen, haben aus dem Amte auszuscheiden. Im Falle der Weigerung erfolgt die Enthebung des Beteiligten vom Amte durch die Aufsichtsbehörde nach Anhörung des Beteiligten und der Körperschaft, welcher er angehört. Gegen die Verfügung der Aufsichtsbehörde ist binnen vier Wochen die Beschwerde zulässig. Die Entscheidung über die Beschwerde ist endgültig.

[Beauftragte der Innung] **§ 94c.**

(1) Die Innungen sind befugt, durch Beauftragte die Befolgung der gesetzlichen und statutarischen Vorschriften in den zur Innung gehörigen Betrieben zu überwachen und von der Einrichtung der Betriebsräume und der für die Unterkunft der Lehrlinge bestimmten Räume Kenntnis zu nehmen.

(2) Die Verpflichteten haben den als solchen legitimierten Beauftragten der beteiligten Innungen auf Erfordern während der Betriebszeit den Zutritt zu den Werkstätten und Unterkunftsräumen sowie zu den sonst in Betracht kommenden Räumlichkeiten zu gestatten und ihnen Auskunft über alle Gegenstände zu geben, welche für die Erfüllung ihres Auftrags von Bedeutung sind; sie können hierzu auf Antrag der Beauftragten von der Ortspolizeibehörde angehalten werden.

(3) Namen und Wohnsitz der Beauftragten sind von der Innung der Aufsichtsbehörde anzuzeigen.

(4) Die Beauftragten sind verpflichtet, den im § 139b bezeichneten Beamten auf Erfordern über ihre Überwachungstätigkeit und deren Ergebnisse Mitteilung zu machen.

(5) Befürchtet der Betriebsunternehmer von der Besichtigung des Betriebs durch den Beauftragten der Innung eine Schädigung seiner Geschäftsinteressen, so kann er die Besichtigung durch einen anderen Sachverständigen beanspruchen. In diesem Falle hat er dem Vorstande der Innung, sobald er den Namen des Beauftragten erfährt, eine entsprechende Mitteilung zu machen und einige geeignete Personen zu bezeichnen, welche auf seine Kosten die erforderlichen Besichtigungen vorzunehmen und dem Vorstande die erforderliche Auskunft über die vorgefundenen Verhältnisse zu geben bereit sind. In Ermangelung einer

Verständigung zwischen dem Betriebsunternehmer und dem Vorstand entscheidet auf Ansuchen des letzteren die Aufsichtsbehörde.

(6) Auf Räume, welche Bestandteile landwirtschaftlicher oder fabrikmäßiger Betriebe sind, finden die vorstehenden Bestimmungen keine Anwendung.

[Gesellenausschuß] **§ 95.**

(1) Die bei den Innungsmitgliedern beschäftigten Gesellen (Gehilfen) nehmen an der Erfüllung der Aufgaben der Innung und an ihrer Verwaltung teil, soweit dies durch Gesetz oder Statut bestimmt ist. Sie wählen zu diesem Zwecke den Gesellenausschuß.

(2) Der Gesellenausschuß ist bei der Regelung des Lehrlingswesens und bei der Gesellenprüfung sowie bei der Begründung und Verwaltung aller Einrichtungen zu beteiligen, für welche die Gesellen (Gehilfen) Beiträge entrichten oder eine besondere Mühewaltung übernehmen, oder welche zu ihrer Unterstützung bestimmt sind.

(3) Die nähere Regelung dieser Beteiligung hat durch das Statut mit der Maßgabe zu erfolgen, daß

1. bei der Beratung und Beschlußfassung des Innungsvorstandes mindestens ein Mitglied des Gesellenausschusses mit vollem Stimmrechte zuzulassen ist;
2. bei der Beratung und Beschlußfassung der Innungsversammlung seine sämtlichen Mitglieder mit vollem Stimmrechte zuzulassen sind;
3. bei der Verwaltung von Einrichtungen, für welche die Gesellen (Gehilfen) Aufwendungen zu machen haben, abgesehen von der Person des Vorsitzenden, Gesellen, welche vom Gesellenausschusse gewählt werden, in gleicher Zahl zu beteiligen sind wie die Innungsmitglieder.

(4) Zur Ausführung von Beschlüssen der Innungsversammlung in den im Abs. 2 bezeichneten Angelegenheiten bedarf es der Zustimmung des Gesellenausschusses. Wird die Zustimmung versagt, so kann die Aufsichtsbehörde sie ergänzen. Die Teilnahme des Gesellenausschusses an den Angelegenheiten der Innungskrankenkassen richtet sich nach der Reichsversicherungsordnung[1]).

[Wahlrecht der Gesellen] **§ 95a.**

(1) Zur Teilnahme an der Wahl des Gesellenausschusses sind die bei einem Innungsmitgliede beschäftigten volljährigen Gesellen (Gehilfen) berechtigt, welche sich im Besitze der bürgerlichen Ehrenrechte befinden.

---

[1]) § 95 Abs. 4 in der Fassung des Art. 103 des Einführungsgesetzes zur Reichsversicherungsordnung v. 19. Juli 1911 (RGBl. S. 839).

(2) Wählbar ist jeder wahlberechtigte Geselle, welcher nach §§ 31, 32 des Gerichtsverfassungsgesetzes zum Amte eines Schöffen fähig ist[1]).

(3) Die Wahl zum Gesellenausschusse leitet ein Mitglied des Innungsvorstandes, wenn ein solches nicht vorhanden ist, ein Vertreter der Aufsichtsbehörde.

[Ersatzmänner] **§ 95 b.**

Für die Mitglieder des Gesellenausschusses sind Ersatzmänner zu wählen, welche für dieselben in Behinderungsfällen oder im Falle des Ausscheidens für den Rest der Wahlperiode in der Reihenfolge der Wahl einzutreten haben. Wird dessenungeachtet der Gesellenausschuß nicht vollzählig, so hat er sich für den Rest der Wahlzeit durch Zuwahl zu ergänzen.

[Dauer der Mitgliedschaft] **§ 95 c[2]).**

Mitglieder des Gesellenausschusses behalten, auch wenn sie nicht mehr bei Innungsmitgliedern beschäftigt sind, solange sie im Bezirke der Innung verbleiben, die Mitgliedschaft noch bis zum Ende der Wahlperiode, jedoch höchstens für ein Jahr.

[Aufsicht über die Innungen] **§ 96.**

(1) Die Innungen unterliegen der Aufsicht der unteren Verwaltungsbehörde, in deren Bezirke sie ihren Sitz haben.

(2) Die Aufsichtsbehörde überwacht insbesondere die Befolgung der gesetzlichen und statutarischen Vorschriften und kann sie durch Androhung, Festsetzung und Vollstreckung von Ordnungsstrafen gegen die Inhaber der Innungsämter, gegen die Innungsmitglieder und gegen deren Gesellen, soweit diese an den Geschäften der Innung teilnehmen, erzwingen. Die Geldstrafen fließen in die Innungskasse.

(3) Die Aufsichtsbehörde ist befugt, der Innung, wenn sie es unterläßt, ihr zustehende Ansprüche geltend zu machen, einen Vertreter zur gerichtlichen Verfolgung der Angelegenheit zu bestellen.

(4) Sie entscheidet Streitigkeiten über die Aufnahme und Ausschließung der Mitglieder, über die Wahlen zu den Innungsämtern sowie unbeschadet der Rechte Dritter über die Rechte und Pflichten der Inhaber dieser Ämter.

(5) Sie hat das Recht, einen Vertreter zu den Prüfungen zu entsenden. Sie beruft und leitet die Innungsversammlung, wenn der Innungsvorstand dieselbe zu berufen sich weigert.

---

[1]) § 95 a Abs. 2 in der Fassung des G. v. 11. Febr. 1929 (RGBl. I S. 21).

[2]) § 95 c und § 96 Abs. 6 in der Fassung des G. v. 11. Febr. 1929 (RGBl. I S. 21).

(6) Über die Auflösung der Innung kann von der Innungsversammlung nur im Beisein eines Vertreters der Aufsichtsbehörde beschlossen werden[1]).

(7) Gegen die Anordnungen und Entscheidungen der Aufsichtsbehörde ist binnen vier Wochen die Beschwerde zulässig. Die Entscheidung über die Beschwerde ist endgültig.

[Schließung einer Innung] **§ 97.**

(1) Die Schließung einer Innung kann erfolgen;

1. wenn sich ergibt, daß nach § 84 die Genehmigung hätte versagt werden müssen und die erforderliche Änderung des Statuts innerhalb einer zu setzenden Frist nicht bewirkt wird;
2. wenn die Innung wiederholter Aufforderung der Aufsichtsbehörde ungeachtet die Erfüllung der ihr durch § 81a gesetzten Aufgaben vernachlässigt;
3. wenn die Innung sich gesetzwidriger Handlungen oder Unterlassungen schuldig macht, durch welche das Gemeinwohl gefährdet wird, oder wenn sie andere als die gesetzlich zulässigen Zwecke verfolgt;
4. wenn die Zahl ihrer Mitglieder so weit zurückgeht, daß die Erfüllung ihrer gesetzlichen Aufgaben dauernd gefährdet erscheint.

(2) Die Schließung wird durch die höhere Verwaltungsbehörde ausgesprochen.

(3) Gegen die die Schließung aussprechende Verfügung findet der Rekurs statt; wegen des Verfahrens und der Behörden gelten die Vorschriften der §§ 20 und 21, soweit nicht landesgesetzlich das Verfahren in streitigen Verwaltungssachen Platz greift.

(4) Die Eröffnung des Konkursverfahrens über das Vermögen einer Innung hat die Schließung kraft Gesetzes zur Folge.

[Abwicklung der Geschäfte bei Auflösung] **§ 98.**

(1) Bei der Auflösung einer Innung wird die Abwicklung der Geschäfte, sofern die Innungsversammlung nicht anderweitig beschließt, durch den Vorstand unter Aufsicht der Aufsichtsbehörde vollzogen. Genügt der Vorstand seiner Verpflichtung nicht, oder tritt die Schließung der Innung ein, so erfolgt die Abwicklung der Geschäfte durch die Aufsichtsbehörde oder Beauftragte derselben.

(2) Von dem Zeitpunkte der Auflösung oder Schließung ab bleiben die Innungsmitglieder noch für diejenigen Zahlungen verhaftet, zu welchen sie für den Fall eigenen Ausscheidens aus den Innungsverhältnissen verpflichtet sind.

---

[1]) Siehe Anmerkung 2 auf Seite 627.

(3) Sind mit der Innung andere Unterstützungskassen als Innungskrankenkassen verbunden gewesen, so kann ihnen die höhere Verwaltungsbehörde nach der Auflösung oder Schließung der Innung Korporationsrechte verleihen; in diesem Falle verbleiben den Kassen ihre Bestände[1]).

[Verteilung des Vermögens] **§ 98a.**

(1) Das bei der Auflösung oder Schließung vorhandene Vermögen ist zunächst zur Berichtigung der vorhandenen Schulden und zur Erfüllung der sonstigen Verpflichtungen der Innung zu verwenden.

(2) Eine Verteilung des hiernach verbleibenden Reinvermögens unter die Mitglieder kann die Innung nur soweit beschließen, als dasselbe aus Beiträgen dieser Mitglieder entstanden ist. Keinem Anspruchsberechtigten darf mehr als der Gesamtbetrag der von ihm geleisteten Beiträge ausgezahlt werden.

(3) Der Rest des Vermögens wird, sofern in dem Statut oder in den Landesgesetzen nicht ein anderes ausdrücklich bestimmt ist, der Gemeinde, in welcher die Innung ihren Sitz hatte, zur Benutzung für gewerbliche Zwecke überwiesen.

(4) Streitigkeiten zwischen der Gemeinde und der Innung, welche bei der Ausführung der vorstehenden Bestimmungen entstehen, entscheidet die höhere Verwaltungsbehörde.

[Gebührenfreiheit der Statuten usw.] **§ 99.**

Die Statuten und Nebenstatuten der Innungen, die Bescheinigung über die Legitimation der Vorstände sowie die Ausfertigung der Vollmachten der Beauftragten sind kosten- und stempelfrei.

b) Zwangsinnungen.

[Bildung einer Zwangsinnung] **§ 100.**

(1) **Zur Wahrung der gemeinsamen gewerblichen Interessen der Handwerke gleicher oder verwandter Art ist durch die höhere Verwaltungsbehörde auf Antrag Beteiligter (§ 100f Abs. 1) anzuordnen, daß innerhalb eines bestimmten Bezirkes sämtliche in der Handwerksrolle (§ 104o)[2]) eingetragenen Gewerbetreibende, welche das gleiche Handwerk oder verwandte Handwerke ausüben, einer neu zu errichtenden Innung (Zwangsinnung) als Mitglieder anzugehören haben, wenn**

[1]) § 98 Abs. 3 in der Fassung des Art. 103 des Einführungsgesetzes zur Reichsversicherungsordnung v. 19. Juli 1911 (RGBl. S. 839).

[2]) Siehe hierzu die Übergangsbestimmung im § 2 Abs. 3 des Art. IX des Gesetzes zur Änderung der Gewerbeordnung v. 11. Febr. 1929. (Art. IX ist als Anmerkung zu § 104p abgedruckt.)

1. die Mehrheit der beteiligten Gewerbetreibenden der Einführung des Beitrittszwanges zustimmt,
2. der Bezirk der Innung so abgegrenzt ist, daß kein Mitglied durch die Entfernung seines Wohnorts vom Sitze der Innung behindert wird, am Genossenschaftsleben teilzunehmen und die Innungseinrichtungen zu benutzen, und
3. die Zahl der im Bezirke vorhandenen beteiligten Handwerker zur Bildung einer leistungsfähigen Innung ausreicht[1]).

(2) Der Antrag kann auch darauf gerichtet werden, die im Abs. 1 bezeichnete Anordnung nur für diejenigen daselbst bezeichneten Gewerbetreibenden zu erlassen, welche der Regel nach Gesellen oder Lehrlinge halten.

(3) Der Antrag kann von einer für das betreffende Handwerk bestehenden Innung oder von Handwerkern gestellt werden, welche zu einer neuen Innung zusammentreten wollen.

(4) Ohne Herbeiführung einer Abstimmung (§ 100a) kann der Antrag abgelehnt werden, wenn die Antragsteller einen verhältnismäßig nur kleinen Bruchteil der beteiligten Handwerker bilden, oder ein gleicher Antrag bei einer innerhalb der letzten drei Jahre stattgefundenen Abstimmung von der Mehrheit der Beteiligten abgelehnt worden ist, oder durch andere Einrichtungen als diejenige einer Innung für die Wahrnehmung der gemeinsamen gewerblichen Interessen der beteiligten Handwerke ausreichende Fürsorge getroffen ist.

[Abstimmung der beteiligten Gewerbetreibenden]

§ 100 a.

Um festzustellen, ob die Mehrheit zustimmt (§ 100 Abs. 1 Ziffer 1), hat die höhere Verwaltungsbehörde die beteiligten Gewerbetreibenden durch besondere Mitteilung zu einer Äußerung für oder gegen die Einführung des Beitrittszwanges aufzufordern. Es entscheidet die Mehrheit der Abstimmenden. Die Form der besonderen Mitteilung unterliegt dem Ermessen der höheren Verwaltungsbehörde[1]).

[Anordnung der höheren Verwaltungsbehörde]

§ 100 b.

(1) Die Verfügung, durch welche die im § 100 Abs. 1 bezeichnete Anordnung getroffen wird, muß den Zeitpunkt des Eintritts ihrer Wirksamkeit bezeichnen und den Namen und den Sitz der Innung, die Abgrenzung ihres Bezirkes und die Be-

---

[1]) § 100 Abs. 1 und § 100 a in der Fassung des G. v. 11. Febr. 1929 (RGBl. I S. 21).

zeichnung derjenigen Gewerbe enthalten, für welche sie errichtet wird.

(2) Die höhere Verwaltungsbehörde hat die Verfügung durch das zu ihren amtlichen Bekanntmachungen bestimmte Blatt zu veröffentlichen.

(3) Gegen den Erlaß der Anordnung oder deren Versagung steht den beteiligten Gewerbetreibenden binnen vier Wochen die Beschwerde an die Landeszentralbehörde zu, welche endgültig entscheidet. Die Frist läuft im Falle des Erlasses der Anordnung vom Tage der Veröffentlichung, im Falle der Versagung vom Tage der Eröffnung des Bescheids ab.

(4) Nach Erlaß der Anordnung sind die für die gleichen Gewerbszweige bestehenden Innungen, deren Sitz sich im Bezirke der Zwangsinnung befindet, zu schließen.

(5) Innungen, welche außer diesen noch andere Gewerbszweige umfassen, bleiben bestehen. Diejenigen Mitglieder, welche der Zwangsinnung anzugehören haben, scheiden aus der bisherigen Innung aus, es sei denn, daß sie einen entgegenstehenden Willen ausdrücklich erklären[1]).

[Allgemeine Vorschriften] **§ 100c.**

Auf Innungen, für welche die im § 100 bezeichnete Anordnung getroffen ist, finden die Vorschriften der §§ 81a bis 99 mit den aus den §§ 100d bis 100u sich ergebenden Änderungen Anwendung.

[Genehmigung des Statuts] **§ 100d.**

(1) Gegen die Versagung der Genehmigung des Innungsstatuts und seiner Abänderungen ist binnen vier Wochen die Beschwerde an die Landeszentralbehörde zulässig; diese entscheidet endgültig.

(2) Wird die Genehmigung des Statuts wiederholt versagt, so hat die höhere Verwaltungsbehörde dasselbe mit rechtsverbindlicher Kraft zu erlassen.

(3) Ergibt sich, daß dem Statut oder seinen Abänderungen die Genehmigung hätte versagt werden müssen, so hat die höhere Verwaltungsbehörde die erforderliche Abänderung anzuordnen; der die Abänderung anordnende Bescheid kann auf dem im Abs. 1 bezeichneten Wege angefochten werden. Unterläßt die Innung, die endgültig angeordnete Abänderung zu beschließen, so hat die Aufsichtsbehörde die Beschlußfassung anzuordnen und, falls dieser

---

[1]) § 100b Abs. 5 in der Fassung des G. v. 11. Febr. 1929 (RGBl. S. 21).

Anordnung keine Folge gegeben wird, die erforderliche Abänderung des Statuts von Amts wegen mit rechtsverbindlicher Wirkung zu vollziehen.

[Bekanntgabe des Statuts] **§ 100e.**

Das Statut ist in geeigneter Weise zur Kenntnis der Beteiligten zu bringen.

[Mitglieder einer Zwangsinnung] **§ 100f.**

(1) Als Mitglieder gehören der Innung alle in der Handwerksrolle (§ 104o) eingetragenen Personen an, die das Gewerbe betreiben, für welches die Innung errichtet ist. Ist die im § 100 Abs. 1 bezeichnete Anordnung nur für solche Gewerbetreibenden getroffen worden, welche der Regel nach Gesellen oder Lehrlinge halten, so sind diejenigen Personen ausgenommen, welche der Regel nach weder Gesellen noch Lehrlinge halten[1]).

(2) Inwieweit Handwerker, welche in landwirtschaftlichen oder gewerblichen Betrieben gegen Entgelt beschäftigt sind und der Regel nach Gesellen oder Lehrlinge halten, der Innung anzugehören haben, wird mit Genehmigung der höheren Verwaltungsbehörde durch das Statut bestimmt. Vor der Genehmigung ist den bezeichneten Personen Gelegenheit zur Äußerung zu geben[1]).

(3) Gewerbetreibende, welche mehrere Gewerbe betreiben, gehören derjenigen Innung als Mitglieder an, welche für das hauptsächlich von ihnen betriebene Gewerbe errichtet ist.

(4) Die Mitgliedschaft beginnt für diejenigen, welche zur Zeit der Errichtung der Innung das Gewerbe betreiben, mit diesem Zeitpunkte, für diejenigen, welche den Betrieb des Gewerbes später beginnen, mit dem Zeitpunkte der Eröffnung des Betriebs.

[Freiwillige Mitglieder] **§ 100g.**

(1) [1]) Berechtigt, der für ihr Gewerbe errichteten Innung für ihre Person beizutreten, sind:

1. die im § 87 Abs. 1 Ziffer 2 und 3 bezeichneten Personen sowie die in landwirtschaftlichen oder gewerblichen Betrieben gegen Entgelt beschäftigten Handwerker, welche

---

[1]) § 100f Abs. 1, 2 und § 100g Abs. 1 in der Fassung des G. v. 11. Febr. 1929 (RGBl. I S. 21). Siehe auch die Übergangsbestimmungen im § 2 Abs. 3 des Art. IX des Gesetzes zur Änderung der Gewerbeordnung v. 11. Febr. 1929 (Art. IX ist als Anmerkung zu § 104p abgedruckt).

der Regel nach weder Gesellen noch Lehrlinge halten, und Hausgewerbetreibende;

2. mit Zustimmung der Innungsversammlung diejenigen, welche das Gewerbe fabrikmäßig betreiben;
3. in dem Falle des § 100f Abs. 1 Ziffer 2 diejenigen Gewerbetreibenden, welche der Regel nach weder Gesellen noch Lehrlinge halten.

(2) Die nähere Regelung der Rechte dieser Personen erfolgt durch das Statut.

(3) Diesen Personen ist der Austritt aus der Innung am Schlusse jedes Rechnungsjahrs gestattet. Eine vorherige Anzeige kann frühestens sechs Monate vor dem Austritte verlangt werden.

[Streitigkeiten über die Zugehörigkeit zur Innung]

§ 100h.

Streitigkeiten darüber, ob jemand der Innung als Mitglied angehört, sowie darüber, ob jemand der Innung beizutreten berechtigt ist, entscheidet die Aufsichtsbehörde. Die Entscheidung kann binnen zwei Wochen durch Beschwerde bei der höheren Verwaltungsbehörde angefochten werden; diese entscheidet endgültig.

[Kosten der Innungen]

§ 100i.

Die durch Errichtung der Innung erwachsenden Kosten sind auf Antrag der Beteiligten von der Landeszentralbehörde vorzuschießen.

[Vermögensauseinandersetzung mit einer freien Innung]

§ 100k.

(1) Wird infolge der Errichtung einer Zwangsinnung eine Innung geschlossen (§ 100b Abs. 4), so geht das Vermögen dieser Innung, vorbehaltlich der Bestimmungen der §§ 100l bis 100n, mit Rechten und Pflichten auf die Zwangsinnung mit der Maßgabe über, daß die letztere die daran zu machenden Forderungen nur soweit zu vertreten hat, als das Vermögen reicht.

(2) Scheidet infolge der Errichtung einer Zwangsinnung aus einer bestehenden Innung ein Teil der Mitglieder aus (§ 100b Abs. 5), so ist der Zwangsinnung ein entsprechender Teil des Vermögens zu überweisen. Dabei ist das Verhältnis der Zahl der ausscheidenden zu der Zahl der in der Innung verbleibenden Mitglieder zu berücksichtigen. Kommt hierüber eine Einigung unter den Innungen nicht zustande, so entscheidet die höhere Verwaltungsbehörde, welcher die bestehende Innung untersteht. Gegen die Entscheidung steht den Beteiligten binnen vier Wochen die Beschwerde an die Landeszentralbehörde zu. Diese entscheidet endgültig.

[Unterstützungskassen] **§ 100 l[1]).**

Sind mit einer Innung, die infolge der Errichtung einer Zwangsinnung geschlossen wird, andere Unterstützungskrankenkassen als Innungskrankenkassen verbunden gewesen, so sind die §§ 98, 98a anzuwenden. Sofern nicht statutarische Bestimmungen oder landesgesetzliche Vorschriften entgegenstehen, kann die Zwangsinnung mit Zustimmung der Vertretung der Unterstützungskasse diese Kasse mit allen Rechten und Verbindlichkeiten übernehmen. In letzterem Falle bleiben die vorhandenen Mitglieder dieser Kasse berechtigt, ihr anzugehören, auch wenn sie der Zwangsinnung nicht angehören.

[Mitgliedschaft bei einer Unterstützungskasse] **§ 100 m[1]).**

Scheiden infolge der Errichtung einer Zwangsinnung aus einer bestehenden Innung, mit der eine andere Unterstützungskasse als eine Innungskrankenkasse verbunden ist, Mitglieder aus (§ 100b Abs. 5), so können sie dieser Kasse auch ferner angehören.

[Kein Zwang zur Mitgliedschaft bei Unterstützungskassen] **§ 100 n[1]).**

(1) Zur Teilnahme an anderen Unterstützungskassen als Innungskrankenkassen dürfen Innungsmitglieder gegen ihren Willen nicht verpflichtet werden.

(2) Gemeinsame Geschäftsbetriebe (§ 81b Ziffer 5) dürfen von der Innung nicht errichtet werden; dagegen ist dieselbe befugt, Veranstaltungen zur Förderung der gemeinsamen, gewerblichen und wirtschaftlichen Interessen ihrer Mitglieder, wie die Errichtung von Vorschußkassen, gemeinsamen Ein- und Verkaufsgeschäften und dergleichen anzuregen und durch Aufwendungen aus dem angesammelten Vermögen zu unterstützen. Beiträge dürfen zu diesem Zwecke nicht erhoben werden.

(3) Werden bei der Errichtung einer Zwangsinnung gemeinschaftliche Geschäftsbetriebe einer nach § 100b Abs. 4 geschlossenen Innung binnen sechs Monaten nach der Veröffentlichung der im § 100 Abs. 1 bezeichneten Anordnung in Erwerbs- und Wirtschaftsgenossenschaften nach Maßgabe des Gesetzes vom 1. Mai 1889 (Reichsgesetzbl. S. 55 ff.) umgewandelt, so geht der für sie ausgesonderte Teil des Innungsvermögens auf die Genossenschaften mit Rechten und Pflichten über. Gemeinsame Geschäftsbetriebe, deren Erhaltung im öffentlichen Interesse wünschenswert ist, können von der Zwangsinnung mit Genehmigung der höheren Verwaltungsbehörde beibehalten werden. Im übrigen sind solche Betriebe durch die höhere Verwaltungsbehörde aufzulösen; mit dem Vermögen ist nach Maßgabe der statutarischen Vorschriften zu verfahren.

---

[1]) §§ 100 l, 100 m u. 100 n in der Fassung des Art. 103 des EinfG. RVO. v. 19. Juli 1911 (RGBl. S. 839).

[Haushaltsplan der Innungen]

§ 100 o.

(1) Die Innung hat über den zur Erfüllung ihrer gesetzlichen und statutarischen Aufgaben erforderlichen Kostenaufwand alljährlich einen Haushaltsplan aufzustellen. Der Haushaltsplan ist der Aufsichtsbehörde einzureichen. Dasselbe gilt von Beschlüssen über Aufwendungen für solche Zwecke, welche im Haushaltsplane nicht vorgesehen sind. Wird dem Haushaltsplan oder den bezeichneten Beschlüssen von einem Viertel der Innungsmitglieder widersprochen, so ist die Entscheidung der Aufsichtsbehörde einzuholen.

(2) Die Jahresrechnungen sind der Aufsichtsbehörde einzureichen.

[Regelung des Lehrlingswesens]

§ 100 p.

Die von der Innung gemäß § 93 Abs. 2 Ziffer 5 erlassenen Vorschriften zur näheren Regelung des Lehrlingswesens bedürfen der Genehmigung der höheren Verwaltungsbehörde. Diese hat vor der Beschlußfassung die Handwerkskammer zu hören.

[Keine Preisbindung durch die Innungen]

§ 100 q.

(1) Die Innung darf ihre Mitglieder in der Festsetzung der Preise ihrer Waren oder Leistungen oder in der Annahme von Kunden nicht beschränken.

(2) Entgegenstehende Beschlüsse sind ungültig.

[Zusammensetzung des Vorstandes usw.]

§ 100 r.

(1) Von den Mitgliedern des Vorstandes und der Ausschüsse müssen mindestens zwei Drittel das Recht zur Anleitung von Lehrlingen besitzen und der Regel nach Gesellen (Gehilfen) oder Lehrlinge beschäftigen. Die Mitglieder derjenigen Ausschüsse, welchen die Fürsorge für die Durchführung der auf die Regelung des Lehrlingswesens bezüglichen Bestimmungen obliegt, müssen sämtlich diesen Anforderungen genügen.

(2) Zur Teilnahme an den Geschäften der Innung, welche die Regelung des Lehrlingswesens und die Durchführung der hierüber erlassenen Bestimmungen zum Gegenstande haben, sollen nur solche Gesellen (Gehilfen) herangezogen werden, die mindestens 21 Jahre alt sind und eine Gesellen- (Gehilfen-) prüfung abgelegt haben[1]).

[Beitragsfuß für Zwangsinnungen]

§ 100 s.

(1) Für die Aufbringung der aus der Errichtung und Tätigkeit der Innung und des Gesellenausschusses erwachsenden Kosten (§ 89) ist der

---

[1]) § 100 r Abs. 2 in der Fassung d. G. v. 11. Febr. 1929 (RGBl. I S. 21).

Beitragsfuß in der Weise im Statute festzusetzen, daß die Heranziehung der einzelnen Betriebe unter Berücksichtigung ihrer Leistungsfähigkeit zu erfolgen hat. Wo eine Gewerbesteuer erhoben wird, kann die Landes-Zentralbehörde genehmigen, daß die Beiträge durch Zuschläge zu dieser Steuer erhoben werden.

(2) Durch Statut kann bestimmt werden, daß Innungsmitglieder, welche der Regel nach weder Gesellen noch Lehrlinge beschäftigen, von der Verpflichtung zur Zahlung von Beiträgen befreit oder mit geringeren Beiträgen, und Personen, welche der Innung freiwillig beitreten, nach festen Sätzen zu Beiträgen heranzuziehen sind.

(3) Gewerbetreibende, welche neben dem Handwerke, hinsichtlich dessen sie der Innung angehören, noch ein anderes Handwerk oder ein Handelsgeschäft betreiben, sind zu den Beiträgen an die Innung nur nach dem Verhältnisse der Einnahmen aus dem zu der Innung gehörenden Handwerksbetrieb, und soweit die Beiträge durch Zuschläge zu der Gewerbesteuer erhoben werden, nur nach dem Verhältnisse der auf diesen Handwerksbetrieb treffenden Steuer heranzuziehen.

(4) Den Gewerbesteuern im Sinne der Abs. 1, 3 stehen die Steuern auf das Einkommen aus Gewerben gleich.

(5) Eintrittsgelder dürfen nicht erhoben werden.

(6) Die Erhebung von Gebühren für die Benutzung der von der Innung getroffenen Einrichtungen (§ 88 Abs. 3) unterliegt der Genehmigung der Aufsichtsbehörde.

[Zurücknahme der Zwangsanordnung]

§ 100 t.

(1) **Die im § 100 Abs. 1 bezeichnete Anordnung ist von der höheren Verwaltungsbehörde zurückzunehmen, wenn dies auf Grund eines Beschlusses der Innungsversammlung beantragt wird. Zur Gültigkeit dieses Beschlusses ist erforderlich:**

1. **daß er von einem Viertel derjenigen Innungsmitglieder, welche der Innung anzugehören verpflichtet sind, bei dem Vorstande beantragt worden ist,**
2. **daß die Einladung zu der Innungsversammlung, in der die Abstimmung über den Antrag erfolgen soll, mindestens vier Wochen vorher ordnungsmäßig ergangen ist,**
3. **daß drei Viertel der in Ziffer 1 bezeichneten Innungsmitglieder dem Antrage zustimmen.**

(2) **Waren in der Innungsversammlung, in welcher die Abstimmung über den Antrag erfolgen soll, weniger als drei Viertel der im Abs. 1 Ziffer 1 bezeichneten Innungsmitglieder erschienen, so ist zur Abstimmung über den Antrag binnen vier Wochen eine zweite Innungsversammlung einzuberufen, in welcher die Zurücknahme von drei Viertel der im Abs. 1 Ziffer 1**

bezeichneten und erschienenen Mitglieder beschlossen werden kann. Auf diese Folge ist bei der Einberufung hinzuweisen.

(3) Wird die Zurücknahme der Anordnung auf Grund eines gültigen Beschlusses beantragt, so ist die Innung spätestens mit dem Ablaufe des Rechnungsjahrs von der höheren Verwaltungsbehörde zu schließen.

(4) Auf die Schließung finden die Bestimmungen der §§ 98 und 98a mit der Maßgabe entsprechende Anwendung, daß eine Verteilung von Reinvermögen unter die bisherigen Mitglieder unstatthaft ist, und der Rest des Vermögens nach Bestimmung der Aufsichtsbehörde entweder den bei der Innung bisher vorhandenen Unterstützungskassen oder einer freien Innung, welche für die an der bisherigen Zwangsinnung beteiligten Gewerbszweige errichtet wird, oder der Handwerkskammer zu überweisen ist. Die Handwerkskammer hat über das Vermögen in einer den bisherigen Zwecken am meisten entsprechenden Weise zu verfügen. Die Verfügung bedarf der Genehmigung der höheren Verwaltungsbehörde.

(5) Gegen die Verfügung der höheren Verwaltungsbehörde ist binnen zwei Wochen die Beschwerde an die Landeszentralbehörde zulässig. Diese entscheidet endgültig.

(6) Wird die Innung aus einem der im § 97 bezeichneten Gründe geschlossen, so tritt die Anordnung außer Kraft.

[Ausdehnung des Bezirks]

§ 100 u.

(1) Die Ausdehnung einer Zwangsinnung auf einen größeren Bezirk oder auf andere als die bereits einbezogenen, verwandte Gewerbszweige oder auf die Handwerker, die der Regel nach weder Gesellen noch Lehrlinge halten, ist von der höheren Verwaltungsbehörde anzuordnen, wenn die Innungsversammlung sie beschließt, die Mehrheit der in die Innung einzubeziehenden Gewerbetreibenden zustimmt, und die im § 100 Abs. 1 Ziffer 2 bezeichnete Voraussetzung im Falle dieser Ausdehnung noch zutrifft. Hierbei finden die §§ 100a, 100b, 100d, 100e, 100k bis 100n entsprechende Anwendung.

(2) Die Ausscheidung eines Teiles des Bezirkes einer Zwangsinnung oder eines in diese einbezogenen Gewerbszweigs kann durch die höhere Verwaltungsbehörde verfügt werden, wenn die Ausscheidung zum Zwecke der Zuweisung der Auszuscheidenden zu einer anderen Zwangsinnung erfolgt, außerdem nur dann, wenn die Innungsversammlung oder die Mehrheit der auszuscheidenden Innungsmitglieder es beantragt. In letzterem Falle ist vor Erlaß der Verfügung die Innungsversammlung zu hören. Werden die Ausscheidenden Mitglieder einer anderen Innung, so finden hinsichtlich der vermögensrechtlichen Wirkungen der § 100k Abs. 2 und der § 100m entsprechende Anwendung.

(3) Auf die nach Abs. 1 oder 2 ergehenden Verfügungen der höheren Verwaltungsbehörde finden die Bestimmungen des § 100 b entsprechende Anwendung. Die erforderlichen Abänderungen des Statuts können von der höheren Verwaltungsbehörde angeordnet werden. In diesem Falle findet § 100 d Abs. 3 Anwendung.

II. Innungsausschüsse.

[Errichtung und Rechtsfähigkeit]

§ 101.

(1) Für alle oder mehrere derselben Aufsichtsbehörde unterstehende Innungen kann ein gemeinsamer Innungsausschuß gebildet werden. Diesem liegt die Vertretung der gemeinsamen Interessen der beteiligten Innungen ob. Außerdem können ihm Rechte und Pflichten der beteiligten Innungen übertragen werden.

(2) Die Errichtung des Innungsausschusses erfolgt durch ein Statut, welches von den Innungsversammlungen der beteiligten Innungen zu beschließen ist. Das Statut bedarf der Genehmigung der höheren Verwaltungsbehörde. In dem die Genehmigung versagenden Bescheide sind die Gründe anzugeben. Gegen die Versagung kann binnen vier Wochen Beschwerde an die Landeszentralbehörde eingelegt werden. Abänderungen des Statuts unterliegen den gleichen Vorschriften.

(3) Durch die Landeszentralbehörde kann dem Innungsausschusse die Fähigkeit beigelegt werden, unter seinem Namen Rechte zu erwerben, Verbindlichkeiten einzugehen, vor Gericht zu klagen und verklagt zu werden. In solchem Falle haftet den Gläubigern für alle Verbindlichkeiten des Innungsausschusses nur das Vermögen desselben.

(4) Auf die Beaufsichtigung der Innungsausschüsse finden die Bestimmungen des § 96 entsprechende Anwendung.

[Schließung]

§ 102.

(1) Die Schließung eines Innungsausschusses kann erfolgen, wenn der Ausschuß seinen statutarischen Verpflichtungen nicht nachkommt oder wenn er Beschlüsse faßt, welche über seine statutarischen Rechte hinausgehen.

(2) Die Schließung wird durch die höhere Verwaltungsbehörde ausgesprochen.

(3) Gegen die die Schließung aussprechende Verfügung findet der Rekurs statt. Wegen des Verfahrens und der Behörden gelten die entsprechenden Bestimmungen des § 97 Abs. 3.

(4) Die Eröffnung des Konkursverfahrens über das Vermögen eines Innungsausschusses hat die Schließung kraft Gesetzes zur Folge.

(5) Vom Zeitpunkte der Auflösung oder Schließung eines Innungsausschusses ab bleiben die beteiligten Innungen noch für diejenigen Zahlungen verhaftet, zu welchen sie statutarisch für den Fall eigenen Ausscheidens aus dem Innungsausschusse verpflichtet sind.

(6) Auf die Verwendung des Vermögens finden die Vorschriften des § 98 Abs. 1 und des § 98a entsprechende Anwendung.

(7) Soweit das Statut nicht ein anderes bestimmt, ist der Austritt aus dem Innungsausschusse jeder Innung mit Ablauf des Rechnungsjahrs gestattet, sofern die Anzeige des Austritts mindestens drei Monate vorher erfolgt.

III. Handwerkskammern.

[Errichtung und Bezirk]

§ 103.

(1) Zur Vertretung der Interessen des Handwerkes sind Handwerkskammern zu errichten.

(2) Die Errichtung erfolgt durch eine Verfügung der Landeszentralbehörde, in welcher der Bezirk der Handwerkskammer zu bestimmen ist. Dabei kann die Bildung von Abteilungen für einzelne Teile des Bezirkes oder für Gewerbegruppen angeordnet werden.

(3) Durch Verfügung der Landeszentralbehörde kann der Bezirk der Handwerkskammer abgeändert werden. In diesem Falle hat eine Vermögensauseinandersetzung unter entsprechender Anwendung des § 100k Abs. 2 zu erfolgen.

(4) Mehrere Bundesstaaten können sich zur Errichtung gemeinsamer Handwerkskammern vereinigen. In diesem Falle sind die den Behörden übertragenen Befugnisse, soweit nicht eine anderweite Vereinbarung getroffen wird, von den Behörden desjenigen Bundesstaats wahrzunehmen, in welchem die Handwerkskammer ihren Sitz hat.

[Zusammensetzung]

§ 103a[1]).

(1) Die Handwerkskammer besteht aus gewählten Vertretern. Die Zahl der Mitglieder wird durch das Statut (§ 103 m) bestimmt. Dieses

---

[1]) §§ 103 a—c g in der Fassung d. G. v. 11. Febr. 1929 (RGBl. I S. 21); s. dazu die Übergangsbestimmung in § 2 des Art. IX dieses Gesetzes (Art. IX ist unten als Anm. zu § 104 p abgedruckt).

trifft ferner über die Zahl der Stellvertreter, die im Behinderungsfall und im Falle des Ausscheidens der Mitglieder für den Rest der Wahlzeit einzutreten haben, sowie über die Reihenfolge ihres Eintritts Bestimmung; auf die Stellvertreter finden die für Mitglieder geltenden Vorschriften entsprechende Anwendung.

(2) Das Statut hat die Zahl der Mitglieder auf die im Bezirke der Kammer vertretenen Handwerkszweige und auf die einzelnen Teile des Bezirks zu verteilen.

[Wahlrecht] **§ 103 b.**

Wahlberechtigt sind die in der Handwerksrolle (§ 104 o) eingetragenen natürlichen und juristischen Personen; erstere und die gesetzlichen Vertreter juristischer Personen müssen am Wahltag das 21. Lebensjahr vollendet haben.

[Ausschluß vom Wahlrecht] **§ 103 b a.**

Wahlberechtigt sind solche Personen nicht,
1. denen die bürgerlichen Ehrenrechte oder die Fähigkeit zur Bekleidung öffentlicher Ämter aberkannt worden sind,
2. gegen die das Hauptverfahren wegen eines Verbrechens oder Vergehens eröffnet ist, das die Aberkennung der bürgerlichen Ehrenrechte oder der Fähigkeit zur Bekleidung öffentlicher Ämter zur Folge haben kann,
3. die infolge gerichtlicher Anordnung in der Verfügung über ihr Vermögen beschränkt sind.

[Behinderung] **§ 103 b b.**

An der Ausübung des Wahlrechts ist behindert,
1. wer wegen Geisteskrankheit oder Geistesschwäche in einer Heil- oder Pflegeanstalt untergebracht ist,
2. wer sich in Straf- oder Untersuchungshaft befindet, und
3. wer infolge gerichtlicher oder polizeilicher Anordnung in Verwahrung gehalten wird.

[Passives Wahlrecht] **§ 103 b c.**

(1) Wählbar sind
1. die wahlberechtigten natürlichen Personen, sofern sie
   a) im Bezirke der Handwerkskammer seit mindestens drei Jahren ohne Unterbrechung ein Handwerk selbständig betreiben,
   b) Inhaber von Handwerksbetrieben sind, in denen Lehrlinge ausgebildet werden dürfen,
   c) am Wahltag das 30. Lebensjahr vollendet haben und
   d) Reichsangehörige sind,
2. die gesetzlichen Vertreter der wahlberechtigten juristischen Personen, sofern

a) sie im Bezirke der Handwerkskammer seit mindestens drei Jahren ohne Unterbrechung gesetzliche Vertreter einer in der Handwerksrolle eingetragenen juristischen Person sind, am Wahltag das 30. Lebensjahr vollendet haben und Reichsangehörige sind,

b) die von ihnen gesetzlich vertretene juristische Person im Bezirke der Handwerkskammer seit mindestens drei Jahren ein Handwerk selbständig betreibt.

(2) Für die Berechnung der Fristen in Ziffer 1 a und Ziffer 2 a sind die Tätigkeiten als selbständige Handwerker und als gesetzliche Vertreter einer in der Handwerksrolle (§ 104 o) eingetragenen juristischen Person gegenseitig anrechenbar.

[Übertragung des Wahlrechts]

§ 103 bd.

(1) Die nach § 103 b Berechtigten können, sofern es sich um einen in der Handwerksrolle eingetragenen Nebenbetrieb im Sinne des § 104 o Abs. 2 handelt, ihr Wahlrecht auf ihre Betriebsleiter übertragen, falls diese die Pflichten übernehmen, die ihren Vollmachtgebern im Falle der Wahl obliegen. Auf die Betriebsleiter finden die Vorschriften der §§ 103 b bis 103 b c entsprechende Anwendung.

(2) Die Übertragung wie die Übernahme der Rechte bedarf der schriftlichen Erklärung gegenüber der Handwerkskammer.

[Wahlverfahren]

§ 103 c.

(1) Die Mitglieder der Handwerkskammer und ihre Stellvertreter werden durch Listen in allgemeiner, gleicher, unmittelbarer und geheimer Wahl gewählt. Für eine in der Handwerksrolle eingetragene juristische Person kann nur eine Stimme abgegeben werden, auch wenn mehrere gesetzliche Vertreter vorhanden sind. Das Ergebnis der Wahl ist öffentlich bekanntzugeben.

(2) Die Reichsregierung erläßt mit Zustimmung des Reichsrats und eines Ausschusses des Reichstags eine Wahlordnung[1]); im übrigen wird das Wahlverfahren durch die oberste Landesbehörde geregelt.

[Wahlprüfung]

§ 103 c a.

Die Handwerkskammer prüft die Berechtigung ihrer Mitglieder von Amts wegen. Erklärt sie die Wahl für ungültig, so steht dem Betroffenen binnen zwei Wochen seit Bekanntgabe der Entscheidung an ihn die Beschwerde an die Aufsichtsbehörde zu.

---

[1]) Ergangen ist die Wahlordnung für die Wahlen der Mitglieder der Handwerkskammern unterm 16. Mai 1929 (RGBl. I S. 102).

[Einspruchsrecht der Wahlberechtigten]

§ 103 cb.

(1) Gegen die Rechtsgültigkeit der Wahl kann jeder Wahlberechtigte Einspruch erheben.

(2) Der Einspruch gegen die Wahl eines Gewählten kann nur auf eine Verletzung der Vorschriften der §§ 103 b a und 103 b c gestützt werden. Wird der Einspruch für begründet erklärt, so steht dem Betroffenen, andernfalls dem Einsprechenden, binnen zwei Wochen seit Bekanntgabe der Entscheidung an ihn die Beschwerde an die Aufsichtsbehörde zu.

(3) Richtet sich der Einspruch gegen die Wahl insgesamt, so ist er binnen vier Wochen nach Bekanntgabe des Wahlergebnisses (§ 103 c Abs. 1 Satz 3) bei der Aufsichtsbehörde anzubringen. Er kann nur darauf gestützt werden, daß

1. gegen das Gesetz oder gegen die auf dessen Grund erlassenen Wahlvorschriften verstoßen worden ist und
2. der Verstoß geeignet war, das Ergebnis der Wahl zu beeinflussen.

[Ablehnung]

§ 103 cc.

(1) Der Gewählte kann die Wahl nur ablehnen, wenn er

1. das 60. Lebensjahr vollendet hat oder
2. durch Krankheit oder Gebrechen verhindert ist, das Amt ordnungsmäßig zu führen.

(2) Ablehnungsgründe sind jedoch nur zu berücksichtigen, wenn sie binnen zwei Wochen seit der Bekanntgabe des Wahlergebnisses (§ 103 c Abs. 1 Satz 3) bei der Handwerkskammer geltend gemacht worden sind. Erklärt diese die Ablehnung nicht für begründet, so kann der Betroffene gegen diesen Beschluß binnen zwei Wochen seit Bekanntgabe an ihn Beschwerde bei der Aufsichtsbehörde erheben.

(3) Lehnt der Gewählte die Wahl verspätet oder ohne zulässigen Grund ab und weigert er sich, das Amt anzutreten, so kann er auf Antrag des Vorstandes der Handwerkskammer von der Aufsichtsbehörde mit einer Ordnungsstrafe bis zu zweihundert Reichsmark bestraft werden.

[Wahldauer]

§ 103 cd.

Die Wahl zu der Handwerkskammer und ihren Organen erfolgt auf fünf Jahre. Eine Wiederwahl ist zulässig. Nach Ablauf der Wahlzeit bleiben die Gewählten so lange im Amte, bis ihre Nachfolger eintreten.

[Keine Bindung an Aufträge]

§ 103 ce.

Die Mitglieder der Handwerkskammer sind Vertreter des gesamten im Bezirke der Kammer ansässigen Handwerkes und als solche an Aufträge und Anweisungen nicht gebunden. Sie verwalten ihr Amt als Ehrenamt.

Das Statut kann bestimmen, daß bare Auslagen ersetzt und daß für Zeitversäumnis Pauschbeträge als Entschädigung gewährt werden.

[Amtsniederlegung] **§ 103 cf.**

Mitglieder der Handwerkskammer können nach Vollendung des 60. Lebensjahrs ihr Amt niederlegen.

[Ausscheiden der Mitglieder] **§ 103 cg.**

(1) Mitglieder der Handwerkskammer haben aus dem Amte auszuscheiden, wenn sie

1. durch Krankheit oder Gebrechen verhindert sind, das Amt ordnungsmäßig zu führen,
2. die Reichsangehörigkeit verloren haben,
3. die Befugnis zur Anleitung von Lehrlingen verloren haben,
4. in der Handwerksrolle gelöscht worden sind,
5. infolge gerichtlicher Anordnung in der Verfügung über ihr Vermögen beschränkt sind,
6. die bürgerlichen Ehrenrechte oder die Fähigkeit zur Bekleidung öffentlicher Ämter verloren haben.

(2) Gesetzliche Vertreter juristischer Personen haben ferner aus dem Amte auszuscheiden,

1. wenn sie die Vertretungsbefugnis verloren haben,
2. wenn die juristische Person in der Handwerksrolle gelöscht worden ist,
3. wenn die juristische Person durch gerichtliche Anordnung in der Verfügung über ihr Vermögen beschränkt ist.

(3) Weigert sich das Mitglied auszuscheiden, so ist es von der Aufsichtsbehörde nach Anhörung der Handwerkskammer seines Amtes zu entheben.

[Cooptationsrecht] **§ 103 d.**

(1) Die Handwerkskammer kann sich nach näherer Bestimmung des Statuts bis zu einem Fünftel ihrer Mitgliederzahl durch Zuwahl von sachverständigen Personen ergänzen und zu ihren Verhandlungen Sachverständige mit beratender Stimme zuziehen.

(2) Die Handwerkskammer ist berechtigt, aus ihrer Mitte Ausschüsse zu bilden und mit besonderen regelmäßigen oder vorübergehenden Aufgaben zu betrauen. Die Ausschüsse können zu ihren Verhandlungen Sachverständige mit beratender Stimme zuziehen.

[Aufgaben der Handwerkskammer] **§ 103 e.**

(1) **Der Handwerkskammer liegt insbesondere ob:**

1. **die nähere Regelung des Lehrlingswesens;**

2. die Durchführung der für das Lehrlingswesen geltenden Vorschriften zu überwachen;
3. die Staats- und Gemeindebehörden in der Förderung des Handwerkes durch tatsächliche Mitteilungen und Erstattung von Gutachten über Fragen zu unterstützen, welche die Verhältnisse des Handwerkes berühren;
4. Wünsche und Anträge, welche die Verhältnisse des Handwerkes berühren, zu beraten und den Behörden vorzulegen sowie Jahresberichte über ihre die Verhältnisse des Handwerkes betreffenden Wahrnehmungen zu erstatten;
5. die Bildung von Prüfungsausschüssen zur Abnahme der Gesellenprüfung (§ 131 Abs. 2);
6. die Bildung von Ausschüssen zur Entscheidung über Beanstandungen von Beschlüssen der Prüfungsausschüsse (§ 132).

(2) Die Handwerkskammer soll in allen wichtigen, die Gesamtinteressen des Handwerkes oder die Interessen einzelner Zweige desselben berührenden Angelegenheiten gehört werden.

(3) Sie ist befugt, Veranstaltungen zur Förderung der gewerblichen, technischen und sittlichen Ausbildung der Meister, Gesellen (Gehilfen) und Lehrlinge zu treffen sowie Fachschulen zu errichten und zu unterstützen.

(4) Sie ist ferner befugt, Sachverständige zur Erstattung von Gutachten über die Güte der von Handwerkern gelieferten Waren und bewirkten Leistungen und über die Angemessenheit der von ihnen dafür geforderten Preise zu beeidigen und öffentlich anzustellen; Vorschriften, welche die Handwerkskammer für die hiernach angestellten Personen erläßt, bedürfen der Genehmigung der Landeszentralbehörde[1]).

[Innungen und Handwerkskammer]

§ 103 f.

(1) Die Innungen und Innungsausschüsse sind verpflichtet, den von der Handwerkskammer innerhalb ihrer Zuständigkeit erlassenen Anordnungen Folge zu leisten.

(2) Soweit die Bestimmungen des Statuts der Innungen und der Innungsausschüsse oder die von der Innungsversammlung zur näheren Regelung des Lehrlingswesens erlassenen Vorschriften (§ 93 Abs. 2 Ziffer 5) mit den Anordnungen, welche von der Handwerkskammer in Ausübung ihrer gesetzlichen Befugnisse getroffen werden, in Widerspruch treten, sind sie unverbindlich.

---

[1]) Abs. 4 des § 103 e ist durch G. v. 11. Febr. 1929 (RGBl. I S. 21) angefügt.

[Vorstand der Handwerkskammer]

§ 103 g.

(1) Die Handwerkskammer hat aus ihrer Mitte einen Vorstand zu wählen, welchem nach näherer Bestimmung des Statuts die laufende Verwaltung und Geschäftsführung obliegt.

(2) Auf den Vorstand finden die Bestimmungen des § 92 a Abs. 2 und des § 92 b entsprechende Anwendung.

(3) Der Beschlußfassung der Gesamtheit der Handwerkskammer bleibt mindestens vorbehalten:

1. die Wahl des Vorstandes und der Ausschüsse;
2. die Feststellung des Haushaltsplans, die Prüfung und Abnahme der Jahresrechnung, die Bewilligung von Ausgaben, welche im Haushaltsplane nicht vorgesehen sind, sowie die Aufnahme von Anleihen;
3. die Abgabe von Gutachten und Anbringung von Anträgen bei den Behörden und gesetzgebenden Körperschaften über Gegenstände, welche die Gesamtinteressen, insbesondere die Gesetzgebung über die Verhältnisse des Handwerkes, betreffen;
4. der Erlaß von Vorschriften zur Regelung des Lehrlingswesens;
5. die Wahl des Sekretärs. Soll die Anstellung für mehr als sechs Jahre erfolgen, so ist die Genehmigung der Aufsichtsbehörde erforderlich.

(4) Die Vorschriften zur Regelung des Lehrlingswesens bedürfen der Genehmigung der Landeszentralbehörde und sind zu veröffentlichen.

§ 103 h.

[Ist durch G. v. 11. Febr. 1929 (RGBl. I S. 21) gestrichen worden.]

[Gesellenausschuß bei der Handwerkskammer]

§ 103 i.

(1) Bei der Handwerkskammer ist ein Gesellenausschuß zu bilden.

(2) Die Zahl seiner Mitglieder und ihre Verteilung auf die einzelnen Gesellenausschüsse des Bezirkes wird durch das Statut der Handwerkskammer bestimmt.

(3) Für die Mitglieder sind Ersatzmänner zu wählen, welche für dieselben in Behinderungsfällen und im Falle des Ausscheidens für den Rest der Wahlzeit in der Reihenfolge ihrer Wahl einzutreten haben.

(4) Die Mitglieder und Stellvertreter werden unter Leitung der Aufsichtsbehörde mittels schriftlicher Abstimmung von den Gesellenausschüssen der Innungen gewählt.

(5) Durch die Landeszentralbehörde kann angeordnet werden, daß und in welcher Anzahl dem Gesellenausschuß auch Vertreter derjenigen Gesellen angehören sollen, welche von den nach § 103 b wahlberechtigten Mitgliedern der nachbezeichneten Gewerbevereine und sonstigen Vereini-

gungen beschäftigt werden; in diesem Falle ist von der Landeszentralbehörde auch die Wahl dieser Vertreter zu regeln. Gewerbevereine oder sonstige Vereinigungen im Sinne des vorstehenden Satzes sind nur solche, welche die Förderung der gewerblichen Interessen des Handwerkes verfolgen, mindestens zur Hälfte ihrer Mitglieder aus Handwerkern bestehen und im Bezirke der Handwerkskammer ihren Sitz haben. Mitglieder der bezeichneten Gewerbevereine oder sonstiger Vereinigungen, welche einer Innung angehören oder nicht Handwerker sind, gelten nicht als wahlberechtigte Mitglieder im Sinne des Satzes 1.

(6) Die Vorschriften der §§ 94 bis 94 b, 95 a Abs. 1, 2, 95 c finden entsprechende Anwendung.

(7) Der Gesellenausschuß kann sich nach näherer Bestimmung des Statuts bis zu einem Fünftel seiner Mitgliederzahl durch Zuwahl von sachverständigen Personen ergänzen und zu seinen Verhandlungen Sachverständige mit beratender Stimme zuziehen[1]).

[Sein Mitwirkungsrecht]

§ 103 k.

(1) Der Gesellenausschuß muß mitwirken:

1. beim Erlasse von Vorschriften, welche die Regelung des Lehrlingswesens zum Gegenstande haben;

2. bei Abgabe von Gutachten über sozialpolitische Fragen und bei Erstattung von Berichten über Angelegenheiten, welche die Verhältnisse der Gesellen (Gehilfen) und Lehrlinge berühren[2]);

3. bei der Entscheidung über Beanstandungen von Beschlüssen der Prüfungsausschüsse (§ 132).

(2) Mit dieser Maßgabe finden die Vorschriften des § 95 Abs. 3 entsprechende Anwendung; im Falle der Ziffer 2 ist der Gesellenausschuß berechtigt, ein besonderes Gutachten abzugeben oder einen besonderen Bericht zu erstatten.

[Kostentragung]

§ 103 l.

(1) Die aus der Errichtung und Tätigkeit der Handwerkskammern erwachsenden Kosten werden, soweit sie nicht anderweit Deckung finden, von den Gemeinden des Handwerkskammerbezirkes nach näherer Bestimmung der höheren Verwaltungsbehörde getragen. Die Gemeinden sind ermächtigt, die auf sie entfallenden Anteile nach einem von der höheren Verwaltungsbehörde zu bestimmenden Verteilungsmaßstab auf die einzelnen in der Handwerksrolle (§ 104 o) eingetragenen Handwerks-

---

[1]) § 103 i in der Fassung d. G. v. 11. Febr. 1929 (RGBl. I S. 21).

[2]) § 103 k Abs. 1 Ziff. 2 und § 103 l Abs. 1 Satz 2 in der Fassung d. G. v. 11. Febr. 1929 (RGBl. I S. 21).

betriebe umzulegen. Werden Veranstaltungen der im § 103e Abs. 3 bezeichneten Art für einzelne Gewerbszweige getroffen, so können die hieraus entstehenden Kostenanteile von den Gemeinden nur auf solche Betriebe umgelegt werden, welche diesen Gewerbszweigen angehören[1]).

(2) Die Landeszentralbehörde kann bestimmen, daß die Kosten der Handwerkskammer von weiteren Kommunalverbänden statt von den Gemeinden aufgebracht werden. Die Kommunalverbände sind ermächtigt, die Kosten der auf Grund des § 103e Abs. 3 für einzelne Gewerbszweige getroffenen Veranstaltungen nach einem von der höheren Verwaltungsbehörde zu bestimmenden Verteilungsmaßstab auf die diesen Gewerbszweigen angehörenden Handwerksbetriebe umzulegen.

(3) Bei der Umlegung der Kosten kann bestimmt werden, daß Personen, welche der Regel nach weder Gesellen noch Lehrlinge halten, von der Verpflichtung zur Zahlung von Beiträgen befreit sind.

(4) Die Gemeinden und die Kommunalverbände können von der Handwerkskammer als Ersatz für die ihnen durch die Erhebung der Umlagen entstehenden Kosten eine angemessene Vergütung beanspruchen, deren Höhe im Streitfall von der Aufsichtsbehörde der Handwerkskammer endgültig festgesetzt wird[2]).

[Statut] **§ 103m.**

(1) Für die Handwerkskammer ist von der Landeszentralbehörde ein Statut zu erlassen. Über Abänderungen des Statuts beschließt die Handwerkskammer. Der Beschluß bedarf der Genehmigung der Landeszentralbehörde.

(2) Das Statut muß Bestimmung treffen über:

1. Namen, Sitz und Bezirk der Handwerkskammer;
2. die Zahl der Mitglieder der Handwerkskammer und ihre Verteilung auf die im Bezirke der Kammer vertretenen Handwerkszweige und auf die einzelnen Teile des Bezirkes[3]);
3. die Ergänzung der Handwerkskammer durch Zuwahl;
4. die Form der Beschlußfassung;
5. die Wahl und die Befugnisse des Vorstandes;
6. die Form und die Voraussetzungen für die Zusammenberufung der Handwerkskammer und ihrer Organe;

---

[1]) S. Anm. zu § 103k.

[2]) Abs. 4 des § 103l ist durch G. v. 11. Febr. 1929 (RGBl. I S. 21) angefügt worden.

[3]) § 103m Abs. 2 Ziff. 2 in der Fassung d. G. v. 11. Febr. 1929 (RGBl. I S. 21).

7. die Beurkundung der Beschlüsse der Handwerkskammer und des Vorstandes;
8. die Aufstellung und Genehmigung des Haushaltsplans;
9. die Aufstellung und Abnahme der Jahresrechnung;
10. die Voraussetzungen und die Form einer Abänderung des Statuts;
11. die Bildung von Prüfungsausschüssen;
12. die öffentlichen Blätter, durch welche die Bekanntmachungen der Handwerkskammer zu erfolgen haben.

(3) Die Vorschriften des § 83 Abs. 3 und des § 100 d Abs. 3 finden entsprechende Anwendung.

(4) Das Statut und seine Abänderungen sind in den Blättern bekanntzumachen, welche für die amtlichen Veröffentlichungen der höheren Verwaltungsbehörden bestimmt sind, über deren Bezirke sich der Bezirk der Handwerkskammer erstreckt.

[Allgemeine Vorschriften]

§ 103 n.

(1) Auf die Handwerkskammern finden die Bestimmungen der §§ 86, 88, 89 Abs. 3 und 4 Satz 1 und der §§ 89 a, 89 b, 94 c, 99 entsprechende Anwendung[1]).

(2) Die Handwerkskammer ist befugt, Zuwiderhandlungen gegen die von ihr innerhalb ihrer Zuständigkeit erlassenen Vorschriften mit Geldstrafen bis zu zwanzig Mark[2]) zu bedrohen. Die Festsetzung dieser Geldstrafen erfolgt auf Antrag des Vorstandes oder eines Beauftragten (§ 94 c) der Handwerkskammer von der unteren Verwaltungsbehörde. Gegen die Festsetzung steht dem Verurteilten binnen zwei Wochen die Beschwerde an die unmittelbar vorgesetzte Aufsichtsbehörde zu. Diese entscheidet endgültig.

(3) Der Haushaltsplan der Handwerkskammer bedarf der Genehmigung der Aufsichtsbehörde.

(4) Die durch die Errichtung der Handwerkskammer erwachsenden Kosten sind von der Landeszentralbehörde vorzuschießen.

[Aufsicht]

§ 103 o[3]).

Die Handwerkskammer unterliegt der Aufsicht der Landeszentralbehörde. Diese kann die Aufsicht einer anderen Behörde übertragen.

---

[1]) § 103 n Abs. 1 in der Fassung d. G. v. 11. Febr. 1929 (RGBl. I S. 21).

[2]) Auf Grund der Verordnung über Vermögensstrafen und Bußen v. 6. Febr. 1924 (RGBl. I S. 44) sind die Handwerkskammern berechtigt, Ordnungsstrafen bis zum Betrage von 1000 RM zu verhängen.

[3]) § 103 o in der Fassung d. G. v. 11. Febr. 1929 (RGBl. I S. 21).

[Auflösung] **§ 103oa[1]).**

Wenn die Handwerkskammer wiederholter Aufforderung der Aufsichtsbehörde ungeachtet die Erfüllung ihrer Aufgaben vernachlässigt oder sich gesetzwidriger Handlungen oder Unterlassungen schuldig macht, durch welche das Gemeinwohl gefährdet wird, oder wenn sie andere als die gesetzlich zulässigen Zwecke verfolgt, so kann die Landeszentralbehörde sie auflösen und Neuwahlen anordnen.

[Rechtshilfepflichten] **§ 103p.**

Die Behörden sind innerhalb ihrer Zuständigkeit verpflichtet, den im Vollzuge dieses Gesetzes an sie ergehenden Ersuchen der Handwerkskammern und ihrer Organe zu entsprechen. Die gleiche Verpflichtung liegt den Organen der Handwerkskammern untereinander ob. Die höhere Verwaltungsbehörde kann bestimmen, inwieweit die durch die Erfüllung dieser Verpflichtung entstehenden Kosten von der Handwerkskammer als eigene Verwaltungskosten zu erstatten sind.

[Ersatzkammern] **§ 103q.**

Die Landeszentralbehörden derjenigen Bundesstaaten, in welchen andere gesetzliche Einrichtungen (Handels- und Gewerbekammern, Gewerbekammern) zur Vertretung der Interessen des Handwerkes vorhanden sind, können diesen Körperschaften die Wahrnehmung der Rechte und Pflichten der Handwerkskammer übertragen, wenn ihre Mitglieder, soweit sie mit der Vertretung der Interessen des Handwerkes betraut sind, aus Wahlen von Handwerkern des Kammerbezirkes hervorgehen und eine gesonderte Abstimmung der dem Handwerk angehörenden Mitglieder gesichert ist.

[Spitzenorganisation] **§ 103r[2]).**

(1) Die Handwerkskammern und diejenigen gesetzlichen Einrichtungen, denen gemäß § 103q die Wahrnehmung der Rechte und Pflichten der Handwerkskammern übertragen ist, bilden eine Körperschaft des öffentlichen Rechtes unter dem Namen: „Deutscher Handwerks- und Gewerbekammertag“[3]).

---

[1]) § 103oa in der Fassung d. G. v. 11. Febr. 1929 (RGBl. I S. 21).

[2]) § 103r ist durch d. G. v. 16. Dez. 1922 (RGBl. I S. 927) eingefügt worden. Absatz 4 ist in der Fassung d. G. v. 11. Febr. 1929 (RGBl. I S. 21) wiedergegeben.

[3]) Sein Sitz ist Hannover.

(2) Dem Deutschen Handwerks- und Gewerbekammertage liegt die Vertretung der gemeinsamen Angelegenheiten der ihm angehörenden Handwerkskammern und sonstigen Körperschaften ob.

(3) Organe des Deutschen Handwerks- und Gewerbekammertags sind:

1. die Vertreterversammlung und
2. der Vorstand.

(4) Die Mitglieder der Vertreterversammlung werden durch die im Deutschen Handwerks- und Gewerbekammertage zusammengefaßten Körperschaften gewählt. Die zahlenmäßige Verteilung der Vertreter auf die einzelnen Wahlkörper, die Wahl von Ersatzmännern sowie das Wahlverfahren regelt die Satzung des Deutschen Handwerks- und Gewerbekammertags. Auf die Wählbarkeit findet § 103 b c Ziffer 1 b bis d und Ziffer 2 entsprechende Anwendung. Die Wahl erfolgt auf die Dauer von drei Jahren. Eine Zuwahl ist unter entsprechender Anwendung von § 103 d Abs. 1 möglich.

(5) Für die Tätigkeit der Vertreterversammlung gilt § 103 g Abs. 3 Ziffer 1, 2 entsprechend. Der Vertreterversammlung liegt auch die Entscheidung über die Anstellungsverträge ob, sofern diese sich auf mehr als drei Jahre erstrecken. Anstellungsverträge auf die Dauer von mehr als sechs Jahren bedürfen zu ihrer Wirksamkeit der Genehmigung des Reichswirtschaftsministers.

(6) Auf den Vorstand findet § 103 g Abs. 1, 2 entsprechende Anwendung. Für die Bildung und die Tätigkeit von Ausschüssen gilt § 103 d Abs. 2 entsprechend.

(7) Im übrigen regelt der Deutsche Handwerks- und Gewerbekammertag seine Tätigkeit durch seine Satzung. Änderungen der Satzung bedürfen der Genehmigung des Reichswirtschaftsministers. Auf den Inhalt der Satzung finden § 103 m Abs. 2, § 83 Abs. 3 entsprechende Anwendung.

(8) Der Deutsche Handwerks- und Gewerbekammertag untersteht der Aufsicht des Reichswirtschaftsministers. § 89 b, § 103 n Abs. 3, § 103 o Abs. 3 Satz 1 gelten entsprechend.

(9) Die dem Deutschen Handwerks- und Gewerbekammertag aus der Erfüllung seiner Aufgaben erwachsenden Kosten werden, soweit sie nicht durch sonstige Einnahmen gedeckt werden, durch Umlage auf die beteiligten Körperschaften aufgebracht. Der Maßstab der Umlage ist in der Satzung festzustellen. § 88, § 89 Abs. 4 Satz 1, § 89 a Abs. 1 gelten entsprechend. Die auf Grund der Satzung umgelegten Beiträge sowie die für die Benutzung von Einrichtungen des Handwerks- und Gewerbekammertags zu entrichtenden Gebühren werden auf Antrag des Vorstandes in dem in der Reichsabgabenordnung vorgesehenen Wege beigetrieben.

(10) § 99, § 103 p Satz 1 gelten entsprechend.

IV. Innungsverbände.

[Errichtung]

§ 104[1]).

(1) Innungen, welche nicht derselben Aufsichtsbehörde unterstehen, können zu Verbänden zusammentreten; der Beitritt ist durch die Innungsversammlung zu beschließen. Einem Innungsverbande können auch Innungsverbände als Mitglieder angehören, deren Bezirk sich auf einen Teil des Bezirkes dieses Innungsverbandes erstreckt.

(2) Die Innungsverbände haben die Aufgabe, zur Wahrnehmung der Interessen der in ihnen vertretenen Gewerbe die Innungen, Innungsausschüsse, Innungsverbände und Handwerkskammern in der Verfolgung ihrer gesetzlichen Aufgaben sowie die Behörden durch Vorschläge und Anregungen zu unterstützen; sie sind befugt, den Arbeitsnachweis zu regeln sowie Fachschulen zu errichten und zu unterstützen.

[Statut]

§ 104a.

(1) Für den Innungsverband ist ein Statut zu errichten, welches Bestimmungen enthalten muß:

a) über Namen, Zweck und Bezirk des Verbandes;
b) über die Bedingungen der Aufnahme in den Verband und des Ausscheidens aus demselben;
c) über Bildung, Sitz und Befugnisse des Vorstandes;
d) über die Vertretung des Verbandes und ihre Befugnisse;
e) über die Beiträge zu den Ausgaben des Innungsverbandes;
f) über die Voraussetzungen und die Formen einer Abänderung des Statuts;
g) über die Voraussetzungen und die Formen einer Auflösung des Verbandes.

(2) Durch Statut kann bestimmt werden, daß einzelne Gewerbetreibende dem Innungsverband ihres Gewerbes mit den Rechten und Pflichten der Mitglieder der ihm angehörenden Innungen beizutreten berechtigt sind.

(3) Das Statut darf keine Bestimmung enthalten, welche mit den gesetzlichen Zwecken des Verbandes nicht in Verbindung steht oder gesetzlichen Vorschriften zuwiderläuft.

[Seine Genehmigung]

§ 104b[1]).

(1) Das Verbandsstatut bedarf der Genehmigung

a) für Innungsverbände, deren Bezirk nicht über den Bezirk einer höheren Verwaltungsbehörde hinausgreift, durch die letztere;

---

[1]) §§ 104 u. 104b in der Fassung d. G. v. 11. Febr. 1929 (RGBl. I S. 21).

b) für Innungsverbände, deren Bezirk sich in die Bezirke mehrerer höherer Verwaltungsbehörden desselben Landes erstreckt, durch die Landeszentralbehörde;

c) für Innungsverbände, deren Bezirk sich auf mehrere Länder erstreckt, durch die Reichsregierung.

(2) Die Genehmigung ist zu versagen:

1. wenn die Zwecke des Verbandes sich nicht in den gesetzlichen Grenzen halten;
2. wenn das Verbandsstatut den gesetzlichen Anforderungen nicht entspricht.

(3) Außerdem darf die Genehmigung nur versagt werden, wenn die Zahl der dem Verbande beigetretenen Innungen oder Innungsverbände nicht hinreichend erscheint, um die Zwecke des Verbandes wirksam zu verfolgen, oder wenn ein auf das gleiche Gebiet sich erstreckender Innungsverband für dasselbe Handwerk besteht, der den Bedürfnissen dieses Handwerkes genügt.

(4) Gegen die Versagung der Genehmigung ist, sofern sie durch eine höhere Verwaltungsbehörde erfolgt, die Beschwerde zulässig.

(5) Änderungen des Statuts unterliegen den gleichen Vorschriften.

[Mitgliederverzeichnis]

§ 104c.

(1) Der Verbandsvorstand hat alljährlich im Monat Januar ein Verzeichnis derjenigen Innungen, welche dem Verband angehören, der höheren Verwaltungsbehörde, in deren Bezirk er seinen Sitz hat, einzureichen.

(2) Die Zusammensetzung des Vorstandes und Veränderungen in derselben sind dieser Behörde anzuzeigen. Eine gleiche Anzeige hat zu erfolgen, wenn der Sitz des Vorstandes an einen anderen Ort verlegt wird. Liegt letzterer nicht in dem Bezirke der vorbezeichneten Behörde, so ist die Anzeige an diese und an die höhere Verwaltungsbehörde, in deren Bezirke der Sitz verlegt wird, gleichzeitig zu richten.

[Versammlungen]

§ 104d.

(1) Versammlungen des Verbandsvorstandes und der Vertretung des Verbandes dürfen nur innerhalb des Verbandsbezirkes abgehalten werden.

(2) Sie sind der höheren Verwaltungsbehörde, in deren Bezirke der Vorstand seinen Sitz hat, sowie der höheren Verwaltungsbehörde, in deren Bezirke die Versammlung abgehalten werden soll, unter Einreichung der Tagesordnung mindestens eine Woche vorher anzuzeigen. Der letzteren steht das Recht zu,

a) die Versammlung zu untersagen, wenn die Tagesordnung Gegenstände umfaßt, welche zu den Zwecken des Verbandes nicht in Beziehung stehen;

b) in die Versammlung einen Vertreter zu entsenden und durch diesen die Versammlung zu schließen, wenn die Verhandlungen auf Gegenstände sich erstrecken, welche zu den Zwecken des Verbandes nicht in Beziehung stehen, oder wenn Anträge oder Vorschläge erörtert werden, welche eine Aufforderung oder Anreizung zu strafbaren Handlungen enthalten.

[Allgemeine Aufgaben]

§ 104e.

(1) Die Verbandsvorstände sind befugt, in betreff der Verhältnisse der in dem Verbande vertretenen Gewerbe an die für die Genehmigung des Verbandsstatuts zuständige Stelle Bericht zu erstatten und Anträge zu richten.

(2) Sie sind verpflichtet, auf Erfordern dieser Stelle Gutachten über gewerbliche Fragen abzugeben.

[Schließung]

§ 104f.

(1) Die Innungsverbände können geschlossen werden,

1. wenn sich ergibt, daß nach § 104b Ziffer 1 und 2 die Genehmigung hätte versagt werden müssen und die erforderliche Änderung des Statuts innerhalb einer zu setzenden Frist nicht bewirkt wird;
2. wenn den auf Grund des § 104d erlassenen Verfügungen nicht Folge geleistet ist;
3. wenn der Verbandsvorstand oder die Vertretung des Verbandes sich gesetzwidriger Handlungen schuldig machen, welche das Gemeinwohl gefährden, oder wenn sie andere als die gesetzlich zulässigen Zwecke verfolgen.

(2) Die Schließung erfolgt durch Beschluß der für die Genehmigung des Verbandsstatuts zuständigen Stelle.

(3) Gegen den Beschluß der höheren Verwaltungsbehörde ist die Beschwerde zulässig.

[Beilegung der Rechtsfähigkeit]

§ 104g.

(1) Durch Beschluß [des Bundesrats][1]) der Reichsregierung kann Innungsverbänden die Fähigkeit beigelegt werden, unter ihren Namen Rechte zu erwerben, Verbindlichkeiten einzugehen, vor Gericht zu klagen oder verklagt zu werden. In solchem Falle haftet dem Gläubiger für alle Verbindlichkeiten des Innungsverbandes nur das Vermögen desselben.

(2) Der Beschluß [des Bundesrats][1]) der Reichsregierung ist durch den Reichsanzeiger zu veröffentlichen. Auf diejenigen Innungsverbände, welchen die gedachte Fähigkeit beigelegt ist, finden die Bestimmungen der §§ 104h bis 104n Anwendung.

---

[1]) Siehe Anm. 1 zu § 16.

[Vertretung nach außen] **§ 104h.**

(1) Der Innungsverband wird bei gerichtlichen wie bei außergerichtlichen Verhandlungen durch seinen Vorstand vertreten. Die Befugnis zur Vertretung erstreckt sich auch auf diejenigen Geschäfte und Rechtshandlungen, für welche nach den Gesetzen eine Spezialvollmacht erforderlich ist. Durch das Statut kann einem Mitglied oder mehreren Mitgliedern des Vorstandes die Vertretung des Innungsverbandes nach außen übertragen werden.

(2) Zur Legitimation der Vertreter des Innungsverbandes genügt bei allen Rechtsgeschäften die Bescheinigung der höheren Verwaltungsbehörde, in deren Bezirke der Vorstand seinen Sitz hat, daß die bezeichneten Personen zur Vertretung des Verbandes befugt sind.

[Unterstützungskassen] **§ 104i.**

(1) Der Innungsverband ist befugt, für die Mitglieder der ihm angeschlossenen Innungen und deren Angehörige zur Unterstützung in Fällen der Krankheit, des Todes, der Arbeitsunfähigkeit oder sonstiger Bedürftigkeit Kassen zu errichten. Die dafür erforderlichen Bestimmungen sind in Nebenstatuten zusammenzufassen; diese sowie Abänderungen derselben bedürfen der Genehmigung durch den [Reichskanzler][1]) zuständigen Reichsminister.

(2) Auf die von dem Innungsverband errichteten Unterstützungskassen finden dieselben Vorschriften Anwendung, welche für gleichartige von einer Zwangsinnung errichtete Kassen gelten.

[Aufsicht] **§ 104k.**

(1) Der Innungsverband unterliegt, vorbehaltlich der Vorschrift des § 104d, der Aufsicht der höheren Verwaltungsbehörde, in deren Bezirke der Vorstand seinen Sitz hat.

(2) Die Aufsichtsbehörde überwacht die Befolgung der gesetzlichen und statutarischen Vorschriften und kann dieselben durch Androhung, Festsetzung und Vollstreckung von Ordnungsstrafen gegen die Inhaber der Ämter des Verbandes erzwingen.

(3) Sie entscheidet Streitigkeiten über die Aufnahme und Ausschließung von Verbandsmitgliedern, die Beiträge zu den Ausgaben des Innungsverbandes, die Wahlen zu den Verbandsämtern sowie, unbeschadet der Rechte Dritter, über die Rechte und Pflichten der Inhaber derselben.

(4) Der Aufsichtsbehörde ist jährlich ein Rechnungsabschluß nebst Vermögensausweis vorzulegen.

---

[1]) An die Stelle des Reichskanzlers ist gem. § 5 des Übergangsgesetzes (oben Nr. 1d) in Verbindung mit Art. 179 RV. der zuständige Reichsminister getreten.

[Eröffnung des Konkurses]

§ 104 l.

Die Eröffnung des Konkursverfahrens über das Vermögen des Innungsverbandes hat die Schließung des letzteren kraft Gesetzes zur Folge. Der Vorstand des Innungsverbandes hat jedoch die während des Konkursverfahrens dem Gemeinschuldner zustehenden Rechte wahrzunehmen.

[Abwicklung der Geschäfte bei Auflösung]

§ 104 m.

(1) Bei der statutmäßig beschlossenen Auflösung eines Innungsverbandes wird die Abwickelung der Geschäfte, sofern die Verbandsvertretung nicht anderweitig beschließt, durch den Vorstand unter Aufsicht der im § 104k bezeichneten Behörde vollzogen. Genügt der Vorstand seiner Verpflichtung nicht oder tritt die Schließung auf Grund des § 104f oder des § 104 l ein, so erfolgt die Abwickelung der Geschäfte durch einen Beauftragten der Aufsichtsbehörde.

(2) Von dem Zeitpunkte der Auflösung oder Schließung ab bleiben die Verbandsmitglieder noch für diejenigen Zahlungen verhaftet, zu welchen sie statutarisch für den Fall eigenen Ausscheidens aus den Verbandsverhältnissen verpflichtet sind. Das Recht, diese Beiträge auszuschreiben und einzuziehen, steht dem mit Abwickelung der Geschäfte Beauftragten zu.

[Liquidation]

§ 104 n.

(1) Im Falle der Auflösung oder Schließung des Innungsverbandes muß sein Vermögen zuvörderst zur Berichtigung seiner Schulden und zur Erfüllung seiner sonstigen Verbindlichkeiten verwendet werden. War dasselbe bisher ganz oder teilweise zur Fundierung von Unterrichtsanstalten oder zu anderen öffentlichen Zwecken bestimmt, so darf der nach Berichtigung der Schulden übrigbleibende Teil des Vermögens dieser Bestimmung nicht entzogen werden; über seine fernere Verwendung wird von der im § 104b Abs. 1 bezeichneten Behörde Anordnung getroffen.

(2) Bedarf es zum Fortbestande der von dem Innungsverband errichteten Unterrichtsanstalten oder Unterstützungskassen als selbständiger Anstalten der Genehmigung des Landesherrn oder einer Behörde des Staates, in welchem die fernere Verwaltung der Anstalt stattfinden soll, so hat die im vorstehenden Absatze bezeichnete Behörde diese Genehmigung herbeizuführen.

(3) Das hiernach verbleibende Reinvermögen des Innungsverbandes wird, soweit die Verbandsvertretung nicht anders beschließt, unter die Innungen, welche dem Verbande zur Zeit der Auflösung oder Schließung angehört haben, nach dem Verhältnisse der von ihnen an den Verband in dem der Auflösung oder Schließung vorangegangenen Jahre geleisteten Beiträge verteilt. Streitigkeiten hierüber werden von der im § 104k bezeichneten Stelle endgültig entschieden.

Titel VIa[1]). Handwerksrolle.

[Aufstellung] **§ 104o.**

(1) Die Handwerkskammer hat ein Verzeichnis zu führen, in das diejenigen Gewerbetreibenden einzutragen sind, die in dem Bezirke der Handwerkskammer selbständig ein Handwerk als stehendes Gewerbe ausüben (Handwerksrolle).

(2) Ein Handwerksbetrieb, der mit einem Unternehmen der Industrie, des Handels oder der Landwirtschaft verbunden ist, wird nur dann in die Handwerksrolle eingetragen, wenn er dem Gesamtunternehmen gegenüber insoweit selbständig ist, daß in ihm nicht überwiegend Neuanfertigungen, Änderungen und Reparaturen für das Gesamtunternehmen ausgeführt, sondern überwiegend Waren zum Absatz an Dritte auf Bestellung hergestellt oder handwerkliche Leistungen auf Bestellung Dritter bewirkt werden.

(3) Aktiengesellschaften und Kommanditgesellschaften auf Aktien werden nicht in die Handwerksrolle eingetragen, es sei denn, daß es sich um Nebenbetriebe handelt, die nach Abs. 2 einzutragen sind.

(4) Die Einsicht in die Handwerksrolle ist jedem gestattet.

(5) Die Reichsregierung erläßt mit Zustimmung des Reichsrats Vorschriften darüber, wie die Handwerksrolle einzurichten ist.

[Mitteilung, Einspruch] **§ 104p[1]).**

(1) Die Handwerkskammer hat dem Gewerbetreibenden und der gesetzlichen Berufsvertretung von Industrie und Handel die beabsichtigte Eintragung schriftlich mitzuteilen.

---

[1]) Titel VIa ist durch d. G. v. 11. Febr. 1929 (RGBl. I S. 21) eingefügt worden. Siehe hierzu die Übergangsbestimmungen in Art. IX des Gesetzes zur Änderung der Gewerbeordnung v. 11. Febr. 1929 (Art. IX ist unten als Anmerkung bei § 104p abgedruckt).

[1]) Hierzu siehe die Übergangsbestimmungen des

Gesetzes zur Änderung der Gewerbeordnung (Handwerksnovelle).

Vom 11. Febr. 1929 (RGBl. I S. 21)

in der Fassung d. G. v. 1. März 1930 (RGBl. I S. 31).

Artikel IX. Übergangsbestimmungen.

§ 1. Für die erste Anlegung der Handwerksrolle durch die Handwerkskammer gelten die Vorschriften des § 104p nur mit folgender Maßgabe:

(1) Die Handwerkskammer hat ein alphabetisches Verzeichnis derjenigen Gewerbetreibenden, die sie in die Handwerksrolle einzutragen beabsichtigt, während eines Monats öffentlich auszulegen und die Auslegung mit dem Hinweis dreimal öffentlich bekanntzugeben, daß die Eintragung in die Handwerksrolle erfolgen werde, wenn nicht binnen

(2) Die Eintragung kann nicht erfolgen, wenn binnen einer Frist von zwei Monaten seit dem Empfang der Mitteilung der Gewerbetreibende oder die gesetzliche Berufsvertretung von Industrie und Handel bei der Handwerkskammer gegen die beabsichtigte Eintragung Einspruch erhebt.

(3) Die Mitteilung der Handwerkskammer an den Gewerbetreibenden muß den Hinweis enthalten, daß die Eintragung erfolgen könne, wenn nicht innerhalb der im Abs. 2 genannten Frist Einspruch eingelegt werde.

---

einer Frist von drei Monaten seit der Beendigung der Auslegung Einspruch bei der Handwerkskammer eingelegt werde.

(2) Das Verzeichnis ist den gesetzlichen Berufsvertretungen von Industrie und Handel, deren Bezirk sich ganz oder zum Teil mit dem Bezirke der Handwerkskammer deckt, mitzuteilen. Das Einverständnis der gesetzlichen Berufsvertretung von Industrie und Handel mit der Eintragung gilt als erklärt, wenn innerhalb einer Frist von drei Monaten seit Mitteilung des Verzeichnisses kein Einspruch bei der Handwerkskammer eingelegt worden ist.

(3) Soweit es sich um Gewerbetreibende handelt, die im Zeitpunkt des Inkrafttretens dieses Gesetzes zu einer Handwerkskammer oder einer Zwangsinnung beitragspflichtig gewesen sind, steht ein von der gesetzlichen Berufsvertretung von Industrie und Handel erhobener Einspruch der Eintragung des Gewerbetreibenden in die Handwerksrolle nicht entgegen, es sei denn, daß der Gewerbetreibende binnen zwei Wochen nach Inkrafttreten dieses Gesetzes der Handwerkskammer die Zustimmung zu dem Einspruch erklärt.

(4) Wird durch rechtskräftige Entscheidung gemäß §§ 104q, 104r der Einspruch für begründet erklärt, so ist der Gewerbetreibende in der Handwerksrolle zu löschen. Die Entscheidung hat keine rückwirkende Kraft.

(5) Die Reichsregierung erläßt mit Zustimmung des Reichsrats die erforderlichen Ausführungsbestimmungen.

§ 2. (1) Die Reichsregierung bestimmt mit Zustimmung des Reichsrats den Zeitpunkt, bis zu dem die Neuwahlen zu den Handwerkskammern nach den Vorschriften der §§ 103a ff. der Gewerbeordnung zu erfolgen haben.

(2) Die bisherigen Mitglieder der Handwerkskammer bleiben bis zur Erledigung der Neuwahl im Amte.

(3) Die Reichsregierung bestimmt ferner den Zeitpunkt, in dem die Handwerksrolle als angelegt gilt [gem. Verord. v. 4. März 1930 (RGBl. I S. 33) am 1. April 1930]. Bis dahin behalten dort, wo die Eintragung in die Handwerksrolle die Voraussetzung für die Zugehörigkeit zu einer Körperschaft oder für die Ausübung von Rechten oder die Übernahme von Pflichten bildet, die bisherigen Vorschriften Geltung.

[Entscheidung über einen Einspruch]

§ 104q.

(1) Erkennt die Handwerkskammer den Einspruch nicht als begründet an, so entscheiden nach Maßgabe der Vorschriften des § 21 Ziffer 1 bis 3 und 5 und des § 21a auf Antrag der Handwerkskammer die von der Landeszentralbehörde bestimmten Behörden. Als beteiligt in dem Verfahren gelten der Gewerbetreibende, die Handwerkskammer und die gesetzliche Berufsvertretung von Industrie und Handel.

(2) Die durch einen unbegründeten Einspruch erwachsenden Kosten fallen dem Einsprechenden, alle übrigen Kosten, die durch das Verfahren entstehen, der Handwerkskammer zur Last.

[Beschwerde gegen den Einspruchsbescheid]

§ 104r.

(1) Gegen die Entscheidung der gemäß § 104q zuständigen Landesbehörde in letzter Instanz steht jedem Beteiligten binnen vier Wochen seit der Bekanntgabe an ihn die Beschwerde an das Reichsverwaltungsgericht zu, das endgültig entscheidet. Bis zur Errichtung des Reichsverwaltungsgerichts tritt an seine Stelle das Reichswirtschaftsgericht.

(2) Die Beschwerde kann nur darauf gestützt werden, daß eine Rechtsfrage oder eine andere Frage von grundsätzlicher Bedeutung nicht oder nicht zutreffend entschieden worden ist.

[Wirkungen der Eintragung]

§ 104s.

(1) Ist ein Gewerbetreibender in die Handwerksrolle eingetragen worden, ohne daß ein Einspruch gemäß § 104p Abs. 2 erhoben worden ist, so kann der Gewerbetreibende oder die gesetzliche Berufsvertretung von Industrie und Handel bei der Handwerkskammer eine Löschung aus dem Grunde, daß der eingetragene Betrieb kein Handwerksbetrieb ist, erst nach Ablauf eines Jahres seit der Eintragung beantragen. Gegen die Ablehnung des Antrags kann der Antragsteller binnen einer Frist von zwei Monaten seit dem Empfange der Mitteilung von der Ablehnung bei der Handwerkskammer Einspruch einlegen.

(2) Wird Einspruch eingelegt, so finden die Vorschriften der §§ 104q, 104r entsprechende Anwendung.

[Zurückgewiesener Einspruch]

§ 104t.

(1) Ist in einer gemäß §§ 104q, 104r ergangenen rechtskräftigen Entscheidung der Einspruch zurückgewiesen worden, so kann der Gewerbetreibende oder die gesetzliche Berufsvertretung von Industrie und Handel bei der Handwerkskammer eine Löschung aus dem Grunde, daß der Betrieb nunmehr ein Industrie- oder Handelsbetrieb sei, erst nach Ablauf von einem Jahre seit der Rechtskraft und nur dann beantragen, wenn seit der Entscheidung eine erhebliche Veränderung in den für die Eintragung maßgebenden Verhältnissen eingetreten ist.

(2) Ist in einer gemäß §§ 104q, 104r ergangenen Entscheidung der Einspruch für begründet erklärt worden, so gilt das gleiche, wenn eine Eintragung des Gewerbetreibenden in die Handwerksrolle deshalb erfolgen soll, weil der Betrieb nunmehr ein handwerksmäßiger sei.

(3) Wird im Falle des Abs. 1 der Antrag auf Löschung von der Handwerkskammer abgelehnt, so finden die Vorschriften der §§ 104q, 104r entsprechende Anwendung.

[**Anzeigepflichten der Handwerksbetriebe**]

§ 104u.

Wer selbständig ein Handwerk ausübt, hat unbeschadet der Vorschrift des § 14 der Handwerkskammer, in deren Bezirk er seine gewerbliche Niederlassung hat, unverzüglich den Beginn und die Beendigung seines Betriebs sowie die Bestellung oder Abberufung eines Bevollmächtigten nach § 103bd schriftlich anzuzeigen; bei juristischen Personen gilt dies auch für die Namen der zur gesetzlichen Vertretung befugten Personen.

Titel VII. **Gewerbliche Arbeiter (Gesellen, Gehilfen, Lehrlinge, Betriebsbeamte, Werkmeister, Techniker, Fabrikarbeiter).**

I. Allgemeine Verhältnisse.

[**Vertragsfreiheit**]

§ 105.

Die Festsetzung der Verhältnisse zwischen den selbständigen Gewerbetreibenden und den gewerblichen Arbeitern ist, vorbehaltlich der durch Reichsgesetz begründeten Beschränkungen, Gegenstand freier Übereinkunft.

[**Sonntagsruhe (§§ 105a—105i).**]

[**Allgemeines**]

§ 105a.

(1) Zum Arbeiten an Sonn- und Festtagen können die Gewerbetreibenden die Arbeiter nicht verpflichten. Arbeiten, welche nach den Bestimmungen dieses Gesetzes auch an Sonn- und Festtagen vorgenommen werden dürfen, fallen unter die vorstehende Bestimmung nicht.

(2) Welche Tage als Festtage gelten, bestimmen unter Berücksichtigung der örtlichen und konfessionellen Verhältnisse die Landesregierungen.

[**Hauptbestimmung**]

§ 105b[1]).

(1) Im Betriebe von Bergwerken, Salinen, Aufbereitungsanstalten, Brüchen und Gruben, von Hüttenwerken, Fabriken und Werkstätten, von Zimmerplätzen und anderen Bauhöfen, von Werften und Ziegeleien sowie bei Bauten aller Art dürfen Arbeiter an Sonn- und Festtagen nicht be-

---

[1]) Abs. 2, 3 des § 105b in der Fassung der VO. v. 5. Febr. 1919 (RGBl. S. 176).

schäftigt werden. Die den Arbeitern zu gewährende Ruhe hat mindestens für jeden Sonn- und Festtag vierundzwanzig, für zwei aufeinanderfolgende Sonn- und Festtage sechsunddreißig, für das Weihnachts-, Oster- und Pfingstfest achtundvierzig Stunden zu dauern. Die Ruhezeit ist von zwölf Uhr nachts zu rechnen und muß bei zwei aufeinanderfolgenden Sonn- und Festtagen bis sechs Uhr abends des zweiten Tages dauern. In Betrieben mit regelmäßiger Tag- und Nachtschicht kann die Ruhezeit frühestens um sechs Uhr abends des vorhergehenden Werktags, spätestens um sechs Uhr morgens des Sonn- oder Festtags beginnen, wenn für die auf den Beginn der Ruhezeit folgenden vierundzwanzig Stunden der Betrieb ruht.

(2) Im Handelsgewerbe dürfen Gehilfen, Lehrlinge und Arbeiter an Sonn- und Festtagen nicht beschäftigt werden. Die Polizeibehörde kann für sechs Sonn- und Festtage, die höhere Verwaltungsbehörde für weitere vier Sonn- und Festtage im Jahre, an denen besondere Verhältnisse einen erweiterten Geschäftsverkehr erforderlich machen, für alle oder für einzelne Geschäftszweige eine Beschäftigung bis zu acht Stunden, jedoch nicht über sechs Uhr abends hinaus, zulassen und die Beschäftigungsstunden unter Berücksichtigung der für den öffentlichen Gottesdienst bestimmten Zeit festsetzen.

(3) Für das Speditions- und das Schiffsmaklergewerbe sowie für andere Gewerbebetriebe, soweit es sich um Abfertigung und Expedition von Gütern handelt, kann die höhere Verwaltungsbehörde eine Beschäftigung bis zu zwei Stunden zulassen.

(4) Die Bestimmungen des Abs. 2 finden auf die Beschäftigung von Gehilfen, Lehrlingen und Arbeitern im Geschäftsbetriebe von Konsum- und anderen Vereinen entsprechende Anwendung.

[Ausgenommene Arbeiten] **§ 105c.**

(1) Die Bestimmungen des § 105b finden keine Anwendung:

1. auf Arbeiten, welche in Notfällen oder im öffentlichen Interesse unverzüglich vorgenommen werden müssen;
2. für einen Sonntag auf Arbeiten zur Durchführung einer gesetzlich vorgeschriebenen Inventur;
3. auf die Bewachung der Betriebsanlagen, auf Arbeiten zur Reinigung und Instandhaltung, durch welche der regelmäßige Fortgang des eigenen oder eines fremden Betriebs bedingt ist, sowie auf Arbeiten, von welchen die Wiederaufnahme des vollen werktägigen Betriebs abhängig ist, sofern nicht diese Arbeiten an Werktagen vorgenommen werden können;
4. auf Arbeiten, welche zur Verhütung des Verderbens von Rohstoffen oder des Mißlingens von Arbeitserzeugnissen erforderlich sind, sofern nicht diese Arbeiten an Werktagen vorgenommen werden können;

5. auf die Beaufsichtigung des Betriebs, soweit er nach Ziffer 1 bis 4 an Sonn- und Festtagen stattfindet.

(2) Gewerbetreibende, welche Arbeiter an Sonn- und Festtagen mit Arbeiten der unter Ziffer 1 bis 5 erwähnten Art beschäftigen, sind verpflichtet, ein Verzeichnis anzulegen, in welches für jeden einzelnen Sonn- und Festtag die Zahl der beschäftigten Arbeiter, die Dauer ihrer Beschäftigung sowie die Art der vorgenommenen Arbeiten einzutragen sind. Das Verzeichnis ist auf Erfordern der Ortspolizeibehörde sowie dem im § 139 b bezeichneten Beamten jederzeit zur Einsicht vorzulegen.

(3) Bei den unter Ziffer 3 und 4 bezeichneten Arbeiten, sofern dieselben länger als drei Stunden dauern, oder die Arbeiter am Besuche des Gottesdienstes hindern, sind die Gewerbetreibenden verpflichtet, jeden Arbeiter entweder an jedem dritten Sonntage volle sechsunddreißig Stunden, oder an jedem zweiten Sonntage mindestens in der Zeit von sechs Uhr morgens bis sechs Uhr abends von der Arbeit frei zu lassen.

(4) Ausnahmen von den Vorschriften des vorstehenden Absatzes darf die untere Verwaltungsbehörde gestatten, wenn die Arbeiter am Besuche des sonntäglichen Gottesdienstes nicht gehindert werden und ihnen an Stelle des Sonntags eine vierundzwanzigstündige Ruhezeit an einem Wochentage gewährt wird.

[Ausgenommene Betriebe]

§ 105 d.

(1) Für bestimmte Gewerbe, insbesondere für Betriebe, in denen Arbeiten vorkommen, welche ihrer Natur nach eine Unterbrechung oder einen Aufschub nicht gestatten, sowie für Betriebe, welche ihrer Natur nach auf bestimmte Jahreszeiten beschränkt sind, oder welche in gewissen Zeiten des Jahres zu einer außergewöhnlich verstärkten Tätigkeit genötigt sind, können durch Beschluß [des Bundesrats][1]) der Reichsregierung Ausnahmen von der Bestimmung des § 105 b Abs. 1 zugelassen werden.

(2) Die Regelung der an Sonn- und Festtagen in diesen Betrieben gestatteten Arbeiten und der Bedingungen, unter welchen sie gestattet sind, erfolgt für alle Betriebe derselben Art gleichmäßig und unter Berücksichtigung der Bestimmung des § 105 c Abs. 3.

(3) Die [vom Bundesrate][1]) von der Reichsregierung getroffenen Bestimmungen sind durch das Reichsgesetzblatt zu veröffentlichen und dem Reichstage bei seinem nächsten Zusammentritte zur Kenntnisnahme vorzulegen.

[Bedürfnisbetriebe]

§ 105 e.

(1) Für Gewerbe, deren vollständige oder teilweise Ausübung an Sonn- und Festtagen zur Befriedigung täglicher oder an diesen Tagen besonders hervortretender Bedürfnisse der Bevölkerung erforderlich ist, sowie für Betriebe, welche ausschließlich oder vorwiegend mit durch Wind

---

[1]) Siehe Anm. 1 zu § 16.

oder unregelmäßige Wasserkraft bewegten Triebwerken arbeiten, können durch Verfügung der höheren Verwaltungsbehörde Ausnahmen von den im § 105 b getroffenen Bestimmungen zugelassen werden. Die Regelung dieser Ausnahmen hat unter Berücksichtigung der Bestimmungen des § 105 c Abs. 3 zu erfolgen.

(2) [Der Bundesrat][1]) Die Reichsregierung trifft über die Voraussetzungen und Bedingungen der Zulassung von Ausnahmen nähere Bestimmungen; dieselben sind dem Reichstage bei seinem nächsten Zusammentritte zur Kenntnisnahme mitzuteilen.

(3) Das Verfahren auf Anträge wegen Zulassung von Ausnahmen für Betriebe, welche ausschließlich oder vorwiegend mit durch Wind oder unregelmäßige Wasserkraft bewegten Triebwerken arbeiten, unterliegt den Vorschriften der §§ 20 und 21.

[Vorübergehende Ausnahmen] § 105 f.

(1) Wenn zur Verhütung eines unverhältnismäßigen Schadens ein nicht vorherzusehendes Bedürfnis der Beschäftigung von Arbeitern an Sonn- und Festtagen eintritt, so können durch die untere Verwaltungsbehörde Ausnahmen von der Bestimmung des § 105 b Abs. 1 für bestimmte Zeit zugelassen werden.

(2) Die Verfügung der unteren Verwaltungsbehörde ist schriftlich zu erlassen und muß von dem Unternehmer auf Erfordern dem für die Revision zuständigen Beamten an der Betriebsstelle zur Einsicht vorgelegt werden. Eine Abschrift der Verfügung ist innerhalb der. Betriebsstätte an einer den Arbeitern leicht zugänglichen Stelle auszuhängen.

(3) Die untere Verwaltungsbehörde hat über die von ihr gestatteten Ausnahmen ein Verzeichnis zu führen, in welchem die Betriebsstätte, die gestatteten Arbeiten, die Zahl der in dem Betriebe beschäftigten und der an den betreffenden Sonn- und Festtagen tätig gewesenen Arbeiter, die Dauer ihrer Beschäftigung sowie die Dauer und die Gründe der Erlaubnis einzutragen sind.

[Ausdehnung des Verbots] § 105 g.

Das Verbot der Beschäftigung von Arbeitern an Sonn- und Festtagen kann durch [Kaiserliche] Verordnung des Reichspräsidenten[2]) mit Zustimmung des [Bundesrats] Reichsrats[3]) auf andere Gewerbe ausgedehnt werden. Diese Verordnungen sind dem Reichstage bei seinem nächsten Zusammentritte zur Kenntnisnahme vorzulegen. Auf die von dem Verbote zuzulassenden Ausnahmen finden die Bestimmungen der §§ 105 c bis 105 f entsprechende Anwendung.

---

[1]) Siehe Anm. 1 zu § 16.

[2]) Gem. Art. 179 RV. in Verb. mit § 4 des Übergangsgesetzes (oben Nr. 1 d) ist an die Stelle des Kaisers der Reichspräsident getreten.

[3]) Gem. Art. 179 RV. in Verb. mit § 3 des Übergangsgesetzes (oben Nr. 1 d) ist an die Stelle des Bundesrats der Reichsrat getreten.

[Landesgesetzliche Beschränkungen]

§ 105h.

(1) Die Bestimmungen der §§ 105 a bis 105 g stehen weitergehenden landesgesetzlichen Beschränkungen der Arbeit an Sonn- und Festtagen nicht entgegen.

(2) Den Landeszentralbehörden bleibt vorbehalten, für einzelne Festtage, welche nicht auf einen Sonntag fallen, Abweichungen von der Vorschrift des § 105 b Abs. 1 zu gestatten. Auf das Weihnachts-, Neujahrs-, Oster-, Himmelfahrts- und Pfingstfest findet diese Bestimmung keine Anwendung.

[Gewerbezweige ohne Sonntagsruhe]

§ 105i.

(1) Der § 105 a Abs. 1 und die §§ 105 b bis 105 g finden auf Gast- und Schankwirtschaftsgewerbe, Musikaufführungen, Schaustellungen, theatralische Vorstellungen oder sonstige Lustbarkeiten sowie auf Verkehrsgewerbe keine Anwendung.

(2) Die Gewerbetreibenden können die Arbeiter in diesen Gewerben nur zu solchen Arbeiten an Sonn- und Festtagen verpflichten, welche nach der Natur des Gewerbebetriebs einen Aufschub oder eine Unterbrechung nicht gestatten.

[Anleitung Jugendlicher]

§ 106.

(1) Gewerbetreibende, welchen die bürgerlichen Ehrenrechte aberkannt sind, dürfen, solange ihnen diese Rechte entzogen bleiben, mit der Anleitung von Arbeitern unter achtzehn Jahren sich nicht befassen.

(2) Die Entlassung der dem vorstehenden Verbote zuwider beschäftigten Arbeiter kann polizeilich erzwungen werden.

[Arbeitsbuch für Minderjährige]

§ 107.

(1) Minderjährige Personen dürfen, soweit reichsgesetzlich nicht ein anderes zugelassen ist, als Arbeiter nur beschäftigt werden, wenn sie mit einem Arbeitsbuche versehen sind. Bei der Annahme solcher Arbeiter hat der Arbeitgeber das Arbeitsbuch einzufordern. Er ist verpflichtet, dasselbe zu verwahren, auf amtliches Verlangen vorzulegen und nach rechtmäßiger Lösung des Arbeitsverhältnisses wieder auszuhändigen. Die Aushändigung erfolgt an den gesetzlichen Vertreter, sofern dieser es verlangt, oder der Arbeiter das sechzehnte Lebensjahr noch nicht vollendet hat, anderenfalls an den Arbeiter selbst. Mit Genehmigung der Gemeindebehörde des im § 108 bezeichneten Ortes kann die Aushändigung des Arbeitsbuchs auch an die zur gesetzlichen Vertretung nicht berechtigte Mutter oder einen sonstigen Angehörigen oder unmittelbar an den Arbeiter erfolgen.

(2) Auf Kinder, welche zum Besuche der Volksschule verpflichtet sind, finden vorstehende Bestimmungen keine Anwendung.

[Ausstellung des Arbeitsbuchs] **§ 108.**

Das Arbeitsbuch wird dem Arbeiter durch die Polizeibehörde desjenigen Ortes, an welchem er zuletzt seinen dauernden Aufenthalt gehabt hat, wenn aber ein solcher im Gebiete des Deutschen Reichs nicht stattgefunden hat, von der Polizeibehörde des von ihm zuerst erwählten deutschen Arbeitsorts kosten- und stempelfrei ausgestellt. Die Ausstellung erfolgt auf Antrag oder mit Zustimmung des gesetzlichen Vertreters. Ist die Erklärung des gesetzlichen Vertreters nicht zu beschaffen oder verweigert dieser die Zustimmung ohne genügenden Grund und zum Nachteile des Arbeiters, so kann die Gemeindebehörde die Zustimmung ergänzen. Vor der Ausstellung ist nachzuweisen, daß der Arbeiter zum Besuche der Volksschule nicht mehr verpflichtet ist, und glaubhaft zu machen, daß bisher ein Arbeitsbuch für ihn noch nicht ausgestellt war.

[Ersetzung eines Arbeitsbuchs] **§ 109.**

(1) Wenn das Arbeitsbuch vollständig ausgefüllt oder nicht mehr brauchbar, oder wenn es verloren gegangen oder vernichtet ist, so wird an Stelle desselben ein neues Arbeitsbuch ausgestellt. Die Ausstellung erfolgt durch die Polizeibehörde desjenigen Ortes, an welchem der Inhaber des Arbeitsbuchs zuletzt seinen dauernden Aufenthalt gehabt hat. Das ausgefüllte oder nicht mehr brauchbare Arbeitsbuch ist durch einen amtlichen Vermerk zu schließen.

(2) Wird das neue Arbeitsbuch an Stelle eines nicht mehr brauchbaren, eines verloren gegangenen oder vernichteten Arbeitsbuchs ausgestellt, so ist dies darin zu vermerken. Für die Ausstellung kann in diesem Falle eine Gebühr bis zu fünfzig Reichspfennig erhoben werden[1]).

[Einrichtung der Arbeitsbücher] **§ 110.**

(1) Das Arbeitsbuch (§ 108) muß den Namen des Arbeiters, Ort, Jahr und Tag seiner Geburt, Namen und letzten Wohnort seines gesetzlichen Vertreters und die Unterschrift des Arbeiters enthalten. Die Ausstellung erfolgt unter dem Siegel und der Unterschrift der Behörde. Letztere hat über die von ihr ausgestellten Arbeitsbücher ein Verzeichnis zu führen.

(2) Die Einrichtung der Arbeitsbücher wird durch den [Reichskanzler][2]) zuständigen Reichsminister bestimmt.

[Eintragungen] **§ 111.**

(1) Bei dem Eintritte des Arbeiters in das Arbeitsverhältnis hat der Arbeitgeber an der dafür bestimmten Stelle des Arbeitsbuchs die Zeit

[1]) § 109 Abs. 2 in der Fassung d. G. v. 16. Juli 1925 (RGBl. I S. 145).

[2]) Siehe Anm. 1 zu § 104i.

des Eintritts und die Art der Beschäftigung, am Ende des Arbeitsverhältnisses die Zeit des Austritts und, wenn die Beschäftigung Änderungen erfahren hat, die Art der letzten Beschäftigung des Arbeiters einzutragen.

(2) Die Eintragungen sind mit Tinte zu bewirken und von dem Arbeitgeber oder dem dazu bevollmächtigten Betriebsleiter zu unterzeichnen.

(3) Die Eintragungen dürfen nicht mit einem Merkmale versehen sein, welches den Inhaber des Arbeitsbuchs günstig oder nachteilig zu kennzeichnen bezweckt.

(4) Die Eintragung eines Urteils über die Führung oder die Leistungen des Arbeiters und sonstige durch dieses Gesetz nicht vorgesehene Eintragungen oder Vermerke in oder an dem Arbeitsbuche sind unzulässig.

[**Unbrauchbare Arbeitsbücher**] **§ 112.**

(1) Ist das Arbeitsbuch bei dem Arbeitgeber unbrauchbar geworden, verloren gegangen oder vernichtet, oder sind von dem Arbeitgeber unzulässige Merkmale, Eintragungen oder Vermerke in oder an dem Arbeitsbuche gemacht, oder wird von dem Arbeitgeber ohne rechtmäßigen Grund die Aushändigung des Arbeitsbuchs verweigert, so kann die Ausstellung eines neuen Arbeitsbuchs auf Kosten des Arbeitgebers beansprucht werden.

(2) Ein Arbeitgeber, welcher das Arbeitsbuch seiner gesetzlichen Verpflichtung zuwider nicht rechtzeitig ausgehändigt oder die vorschriftsmäßigen Eintragungen zu machen unterlassen oder unzulässige Merkmale, Eintragungen oder Vermerke gemacht hat, ist dem Arbeiter entschädigungspflichtig. Der Anspruch auf Entschädigung erlischt, wenn er nicht innerhalb vier Wochen nach seiner Entstehung im Wege der Klage oder Einrede geltend gemacht ist.

[**Anspruch auf ein Zeugnis**] **§ 113.**

(1) Beim Abgange können die Arbeiter ein Zeugnis über die Art und Dauer ihrer Beschäftigung fordern.

(2) Dieses Zeugnis ist auf Verlangen der Arbeiter auch auf ihre Führung und ihre Leistungen auszudehnen.

(3) Den Arbeitgebern ist untersagt, die Zeugnisse mit Merkmalen zu versehen, welche den Zweck haben, den Arbeiter in einer aus dem Wortlaute des Zeugnisses nicht ersichtlichen Weise zu kennzeichnen.

(4) Ist der Arbeiter minderjährig, so kann das Zeugnis von dem gesetzlichen Vertreter gefordert werden. Dieser kann verlangen, daß das Zeugnis an ihn, nicht an den Minderjährigen ausgehändigt werde. Mit Genehmigung der Gemeindebehörde des im § 108 bezeichneten Ortes kann auch gegen den Willen des gesetzlichen Vertreters die Aushändigung unmittelbar an den Arbeiter erfolgen.

[Kostenlose Beglaubigungen] **§ 114.**

Auf Antrag des Arbeiters hat die Ortspolizeibehörde die Eintragung in das Arbeitsbuch und das dem Arbeiter etwa ausgestellte Zeugnis kosten- und stempelfrei zu beglaubigen.

[Lohnbücher und Arbeitszettel] **§ 114a[1]).**

(1) Für bestimmte Gewerbe kann [der Bundesrat][2]) die Reichsregierung Lohnbücher oder Arbeitszettel vorschreiben und die zur Ausführung erforderlichen Bestimmungen erlassen. In die Lohnbücher oder Arbeitszettel sind von dem Arbeitgeber oder einem dazu bevollmächtigten Betriebsbeamten einzutragen

1. der Zeitpunkt der Übertragung von Arbeit, Art und Umfang der Arbeit, bei Akkordarbeit die Stückzahl,
2. die Lohnsätze,
3. die Bedingungen für die Lieferung von Werkzeugen und Stoffen zu den Arbeiten,
4. der Zeitpunkt der Ablieferung sowie Art und Umfang der abgelieferten Arbeit,
5. der Lohnbetrag unter Angabe der etwa vorgenommenen Abzüge,
6. der Tag der Lohnzahlung.

(2) [Der Bundesrat][1]) Die Reichsregierung kann bestimmen, daß in die Lohnbücher oder Arbeitszettel auch die Bedingungen für die Gewährung von Kost und Wohnung eingetragen werden, sofern Kost oder Wohnung als Lohn oder Teil des Lohnes gewährt werden soll.

(3) Im übrigen sind noch solche Eintragungen zulässig, welche sich auf Namen, Firma und Niederlassungsort des Arbeitgebers, Namen und Wohnort des Arbeiters, die übertragenen Arbeiten und die dafür vereinbarten oder gezahlten Löhne beziehen.

(4) Für die Eintragungen gelten entsprechend § 111 Abs. 3, 4, § 113 Abs. 3.

[Eintragungen] **§ 114b[3]).**

(1) Das Lohnbuch oder der Arbeitszettel ist von dem Arbeitgeber auf seine Kosten zu beschaffen und dem Arbeiter sofort nach Vollziehung der vorgeschriebenen Eintragungen kostenfrei auszuhändigen. Die Eintragungen sind von dem Arbeitgeber oder einem dazu bevollmächtigten Betriebsbeamten zu unterzeichnen. [Der Bundesrat][2]) Die Reichsregierung kann bestimmen, daß die Lohnbücher in der Betriebsstätte verbleiben, wenn die Arbeitgeber glaubhaft machen, daß die Wahrung von

---

[1]) § 114a ist neugefaßt durch d. G. v. 27. Dez. 1911 (RGBl. 1912 S. 139).

[2]) Siehe Anm. 1 zu § 16.

[3]) §§ 114b, 114c sind eingefügt durch d. G. v. 27. Dez. 1911 (RGBl. 1912 S. 139).

Fabrikationsgeheimnissen diese Maßnahme erheischt. Den beteiligten Arbeitern ist Gelegenheit zu geben, sich vor Erlaß dieser Bestimmung zu äußern.

(2) Sofern nicht [der Bundesrat][1]) die Reichsregierung anders bestimmt, sind die Eintragungen gemäß § 114a Abs. 1 Nr. 1 bis 3 vor oder bei der Übergabe der Arbeit, die gemäß § 114a Abs. 1 Nr. 4 bei der Abnahme der Arbeit, die gemäß § 114a Abs. 1 Nr. 5, 6 bei der Lohnzahlung mit Tinte zu bewirken und zu unterzeichnen.

(3) In den Lohnbüchern sind die §§ 115 bis 119a Abs. 1, § 119b abzudrucken.

[Regelung durch Polizeiverordnung]

§ 114c[2]).

Soweit [der Bundesrat][1]) die Reichsregierung Bestimmungen auf Grund des § 114a Abs. 1, 2 nicht erläßt, kann die Landeszentralbehörde oder nach Anhören beteiligter Gewerbetreibender und Arbeiter die zuständige Polizeibehörde durch Polizeiverordnung sie erlassen. Für diesen Fall kann die Landeszentralbehörde oder die zuständige Polizeibehörde auch Bestimmungen auf Grund des § 114b Abs. 2 erlassen.

§ 114d[2]).

[Bundesrat][1]) Reichsregierung und Landeszentralbehörde können die Bestimmungen auf Grund der §§ 114a bis 114c auch für einzelne Bezirke erlassen.

§ 114e[2]).

Für die Bestimmungen [des Bundesrats][1]) der Reichsregierung gilt § 120g entsprechend.

[Barzahlung]

§ 115.

(1) Die Gewerbetreibenden sind verpflichtet, die Löhne ihrer Arbeiter in Reichswährung zu berechnen und bar auszuzahlen.

[Verbot des Trucksystems]

(2) Sie dürfen den Arbeitern keine Waren kreditieren. Doch ist es gestattet, den Arbeitern Lebensmittel für den Betrag der Anschaffungskosten, Wohnung und Landnutzung gegen die ortsüblichen Miet- und Pachtpreise, Feuerung, Beleuchtung, regelmäßige Beköstigung, Arzneien und ärztliche Hilfe sowie Werkzeuge und Stoffe zu den ihnen übertragenen Arbeiten für den Betrag der durchschnittlichen Selbstkosten unter Anrechnung bei der Lohnzahlung zu verabfolgen. Zu einem höheren Preise

---

1) Siehe Anm. 1 zu § 16.

2) §§ 114c, 114d, 114e sind eingefügt durch d. G. v. 27. Dez. 1911 (RGBl. 1912 S. 139).

ist die Verabfolgung von Werkzeugen und Stoffen für Akkordarbeiten zulässig, wenn derselbe den ortsüblichen nicht übersteigt und im voraus vereinbart ist.

[Ort der Lohnzahlungen]

§ 115a.

Lohn- und Abschlagszahlungen dürfen in Gast- und Schankwirtschaften oder Verkaufsstellen nicht ohne Genehmigung der unteren Verwaltungsbehörde erfolgen; sie dürfen an Dritte nicht erfolgen auf Grund von Rechtsgeschäften oder Urkunden über Rechtsgeschäfte, welche nach § 2 des Gesetzes, betreffend die Beschlagnahme des Arbeits- oder Dienstlohns, vom 21. Juni 1869 (Bundes-Gesetzbl. S. 242)[1]) rechtlich unwirksam sind.

[§§ 116—119: Folgen unzulässiger Lohnzahlungen]

§ 116.

Arbeiter, deren Forderungen in einer dem § 115 zuwiderlaufenden Weise berichtigt worden sind, können zu jeder Zeit Zahlung nach Maßgabe des § 115 verlangen, ohne daß ihnen eine Einrede aus dem an Zahlungs Statt Gegebenen entgegengesetzt werden kann. Letzteres fällt, soweit es noch bei dem Empfänger vorhanden oder dieser daraus bereichert ist, derjenigen Hilfskasse zu, welcher der Arbeiter angehört, in Ermangelung einer solchen einer anderen zum Besten der Arbeiter an dem Orte bestehenden, von der Gemeindebehörde zu bestimmenden Kasse und in deren Ermangelung der Ortsarmenkasse.

§ 117.

(1) Verträge, welche dem § 115 zuwiderlaufen, sind nichtig.

(2) Dasselbe gilt von Verabredungen zwischen den Gewerbetreiben-

---

[1]) Aus dem Lohnbeschlagnahmegesetz vom 21. Juni 1869:

§ 1.

Die Vergütung (Lohn, Gehalt, Honorar usw.) für Arbeiten oder Dienste, welche auf Grund eines Arbeits- oder Dienstverhältnisses geleistet werden, darf, sofern dieses Verhältnis die Erwerbstätigkeit des Vergütungsberechtigten vollständig oder hauptsächlich in Anspruch nimmt, zum Zwecke der Sicherstellung oder Befriedigung eines Gläubigers erst dann mit Beschlag belegt werden, nachdem die Leistung der Arbeiten oder Dienste erfolgt und nachdem der Tag, an welchem die Vergütung gesetzlich, vertrags- oder gewohnheitsmäßig zu entrichten war, abgelaufen ist, ohne daß der Vergütungsberechtigte dieselbe eingefordert hat.

§ 2.

Die Bestimmungen des § 1 können nicht mit rechtlicher Wirkung durch Vertrag ausgeschlossen oder beschränkt werden.

Soweit nach diesen Bestimmungen die Beschlagnahme unzulässig ist, ist auch jede Verfügung durch Zession, Anweisung, Verpfändung oder durch ein anderes Rechtsgeschäft ohne rechtliche Wirkung.

den und den von ihnen beschäftigten Arbeitern über die Entnahme der Bedürfnisse der letzteren aus gewissen Verkaufsstellen sowie überhaupt über die Verwendung des Verdienstes derselben zu einem anderen Zwecke als zur Beteiligung an Einrichtungen zur Verbesserung der Lage der Arbeiter oder ihrer Familien.

§ 118.

Forderungen für Waren, welche dem § 115 zuwider kreditiert worden sind, können von dem Gläubiger weder eingeklagt, noch durch Anrechnung oder sonst geltend gemacht werden, ohne Unterschied, ob sie zwischen den Beteiligten unmittelbar entstanden oder mittelbar erworben sind. Dagegen fallen dergleichen Forderungen der im § 116 bezeichneten Kasse zu.

§ 119.

Den Gewerbetreibenden im Sinne der §§ 115 bis 118 sind gleichzuachten deren Familienglieder, Gehilfen, Beauftragte, Geschäftsführer, Aufseher und Faktoren sowie andere Gewerbetreibende, bei deren Geschäft eine der hier erwähnten Personen unmittelbar oder mittelbar beteiligt ist.

[**Vertragsstrafen und Schadensersatz**]

§ 119a.

(1) Lohneinbehaltungen, welche von Gewerbeunternehmern zur Sicherung des Ersatzes eines ihnen aus der widerrechtlichen Auflösung des Arbeitsverhältnisses erwachsenden Schadens oder einer für diesen Fall verabredeten Strafe ausbedungen werden, dürfen bei den einzelnen Lohnzahlungen ein Viertel des fälligen Lohnes, im Gesamtbetrage den Betrag eines durchschnittlichen Wochenlohns nicht übersteigen.

(2) Durch statutarische Bestimmung einer Gemeinde oder eines weiteren Kommunalverbandes (§ 142) kann für alle Gewerbebetriebe oder gewisse Arten derselben festgesetzt werden:

1. daß Lohn- und Abschlagszahlungen in festen Fristen erfolgen müssen, welche nicht länger als einen Monat und nicht kürzer als eine Woche sein dürfen;
2. daß der von minderjährigen Arbeitern verdiente Lohn an die Eltern oder Vormünder und nur mit deren schriftlicher Zustimmung oder nach deren Bescheinigung über den Empfang der letzten Lohnzahlung unmittelbar an die Minderjährigen gezahlt wird;
3. daß die Gewerbetreibenden den Eltern oder Vormündern innerhalb gewisser Fristen Mitteilung von den an minderjährige Arbeiter gezahlten Lohnbeträgen zu machen haben.

[**Hausgewerbetreibende**]

§ 119b.

Unter den in §§ 114a bis 119a bezeichneten Arbeitern werden auch diejenigen Personen verstanden, welche für bestimmte Gewerbetreibende außerhalb der Arbeitsstätten der letzteren mit der Anfertigung gewerblicher Erzeugnisse beschäftigt sind, und zwar auch dann, wenn sie die Roh- und Hilfsstoffe selbst beschaffen.

[Fortbildungsschulpflicht] **§ 120[1]).**

(1) Die Gewerbeunternehmer sind verpflichtet, ihren Arbeitern unter achtzehn Jahren, welche eine von der Gemeindebehörde oder vom Staate als Fortbildungsschule anerkannte Unterrichtsanstalt besuchen, hierzu die erforderlichen Falles von der zuständigen Behörde festzusetzende Zeit zu gewähren. Am Sonntage darf der Unterricht nur stattfinden, wenn die Unterrichtsstunden so gelegt werden, daß die Schüler nicht gehindert werden, den Hauptgottesdienst oder einen mit Genehmigung der kirchlichen Behörden für sie eingerichteten besonderen Gottesdienst ihrer Konfession zu besuchen. Ausnahmen von dieser Bestimmung kann die Zentralbehörde für bestehende Fortbildungsschulen, zu deren Besuche keine Verpflichtung besteht, bis zum 1. Oktober 1894 gestatten.

(2) Als Fortbildungsschulen im Sinne dieser Bestimmung gelten auch Anstalten, in welchen Unterricht in weiblichen Hand- und Hausarbeiten erteilt wird.

(3) Die Pflicht zum Besuch einer Fortbildungsschule kann, soweit sie nicht nach Landesgesetz besteht, durch statutarische Bestimmung einer Gemeinde oder eines weiteren Kommunalverbandes (§ 142) für die im Abs. 1 bezeichneten Arbeiter eingeführt werden. Diese Pflicht besteht dann auch für die Zeit ihrer Arbeitslosigkeit. Auf demselben Wege können die zur Durchführung dieser Verpflichtung erforderlichen Bestimmungen getroffen werden. Insbesondere können durch statutarische Bestimmung die zur Sicherung eines regelmäßigen Schulbesuchs den Schulpflichtigen sowie deren Eltern, Vormündern und Arbeitgebern obliegenden Verpflichtungen bestimmt und diejenigen Vorschriften erlassen werden, durch welche die Ordnung in der Fortbildungsschule und ein gebührliches Verhalten der Schüler gesichert wird. Von der durch statutarische Bestimmung begründeten Verpflichtung zum Besuch einer Fortbildungsschule sind diejenigen befreit, welche eine Innungs- oder andere Fortbildungs- oder Fachschule besuchen, sofern der Unterricht dieser Schule von der höheren Verwaltungsbehörde als ein ausreichender Ersatz des allgemeinen Fortbildungsschulunterrichts anerkannt wird.

(4) Die im Abs. 3 Satz 1 ausgesprochene Pflicht kann für eine Gemeinde oder einen weiteren Kommunalverband durch Anordnung der höheren Verwaltungsbehörde eingeführt werden, wenn ungeachtet einer von ihr auf Antrag beteiligter Arbeitgeber oder Arbeiter an die Gemeinde oder den weiteren Kommunalverband erlassenen Aufforderung innerhalb der gesetzten Frist das Statut nicht erlassen worden ist. Die im Abs. 3 vorgesehenen Bestimmungen werden in diesem Falle von der

[1]) § 120 in der Fassung d. G. v. 27. Dez. 1911 (RGBl. 1912 S. 139).

höheren Verwaltungsbehörde getroffen. Gegen die Aufforderung und die Anordnungen der höheren Verwaltungsbehörde ist Beschwerde an die Landeszentralbehörde zulässig.

(5) Die Unterrichtszeiten werden von der hierfür nach Landesrecht zuständigen Behörde festgesetzt und bekanntgemacht.

[Einrichtung der Betriebsstätten (§§ 120 a—g).]

[Allgemeines]

§ 120 a.

(1) Die Gewerbeunternehmer sind verpflichtet, die Arbeitsräume, Betriebsvorrichtungen, Maschinen und Gerätschaften so einzurichten und zu unterhalten und den Betrieb so zu regeln, daß die Arbeiter gegen Gefahren für Leben und Gesundheit soweit geschützt sind, wie es die Natur des Betriebs gestattet.

(2) Insbesondere ist für genügendes Licht, ausreichenden Luftraum und Luftwechsel, Beseitigung des bei dem Betrieb entstehenden Staubes, der dabei entwickelten Dünste und Gase sowie der dabei entstehenden Abfälle Sorge zu tragen.

(3) Ebenso sind diejenigen Vorrichtungen herzustellen, welche zum Schutze der Arbeiter gegen gefährliche Berührungen mit Maschinen oder Maschinenteilen oder gegen andere in der Natur der Betriebsstätte oder des Betriebs liegende Gefahren, namentlich auch gegen die Gefahren, welche aus Fabrikbränden erwachsen können, erforderlich sind.

(4) Endlich sind diejenigen Vorschriften über die Ordnung des Betriebs und das Verhalten der Arbeiter zu erlassen, welche zur Sicherung eines gefahrlosen Betriebs erforderlich sind.

[Wahrung von Sitte und Anstand]

§ 120 b.

(1) Die Gewerbeunternehmer sind verpflichtet, diejenigen Einrichtungen zu treffen und zu unterhalten und diejenigen Vorschriften über das Verhalten der Arbeiter im Betriebe zu erlassen, welche erforderlich sind, um die Aufrechterhaltung der guten Sitten und des Anstandes zu sichern.

(2) Insbesondere muß, soweit es die Natur des Betriebs zuläßt, bei der Arbeit die Trennung der Geschlechter durchgeführt werden, sofern nicht die Aufrechterhaltung der guten Sitten und des Anstandes durch die Einrichtung des Betriebs ohnehin gesichert ist.

(3) In Anlagen, deren Betrieb es mit sich bringt, daß die Arbeiter sich umkleiden und nach der Arbeit sich reinigen, müssen ausreichende, nach Geschlechtern getrennte Ankleide- und Waschräume vorhanden sein.

(4) Die Bedürfnisanstalten müssen so eingerichtet sein, daß sie für die Zahl der Arbeiter ausreichen, daß den Anforderungen der Gesundheitspflege entsprochen wird und daß ihre Benutzung ohne Verletzung von Sitte und Anstand erfolgen kann.

[Jugendliche Arbeiter] **§ 120c.**

Gewerbeunternehmer, welche Arbeiter unter achtzehn Jahren beschäftigen, sind verpflichtet, bei der Einrichtung der Betriebsstätte und bei der Regelung des Betriebs diejenigen besonderen Rücksichten auf Gesundheit und Sittlichkeit zu nehmen, welche durch das Alter dieser Arbeiter geboten sind.

[Polizeiliche Maßnahmen] **§ 120d.**

(1) Die zuständigen Polizeibehörden sind befugt, im Wege der Verfügung für einzelne Anlagen die Ausführung derjenigen Maßnahmen anzuordnen, welche zur Durchführung der in §§ 120a bis 120c enthaltenen Grundsätze erforderlich und nach der Beschaffenheit der Anlage ausführbar erscheinen. Sie können anordnen, daß den Arbeitern zur Einnahme von Mahlzeiten außerhalb der Arbeitsräume angemessene, in der kalten Jahreszeit geheizte Räume unentgeltlich zur Verfügung gestellt werden.

(2) Soweit die angeordneten Maßregeln nicht die Beseitigung einer dringenden, das Leben oder die Gesundheit bedrohenden Gefahr bezwecken, muß für die Ausführung eine angemessene Frist gelassen werden.

(3) Den bei Erlaß dieses Gesetzes bereits bestehenden Anlagen gegenüber können, solange nicht eine Erweiterung oder ein Umbau eintritt, nur Anforderungen gestellt werden, welche zur Beseitigung erheblicher, das Leben, die Gesundheit oder die Sittlichkeit der Arbeiter gefährdender Mißstände erforderlich oder ohne unverhältnismäßige Aufwendungen ausführbar erscheinen.

(4) Gegen die Verfügung der Polizeibehörde steht dem Gewerbeunternehmer binnen zwei Wochen die Beschwerde an die höhere Verwaltungsbehörde zu. Gegen die Entscheidung der höheren Verwaltungsbehörde ist binnen vier Wochen die Beschwerde an die Zentralbehörde zulässig; diese entscheidet endgültig. Widerspricht die Verfügung den von der zuständigen Berufsgenossenschaft erlassenen Vorschriften zur Verhütung von Unfällen, so ist zur Einlegung der vorstehend bezeichneten Rechtsmittel binnen der dem Gewerbeunternehmer zustehenden Frist auch der Vorstand der Berufsgenossenschaft befugt.

[Erlaß von Vorschriften] **§ 120e[1]).**

(1) Durch Beschluß [des Bundesrats][2]) der Reichsregierung können Vorschriften darüber erlassen werden, welchen Anforderungen in bestimmten Arten von Anlagen zur Durchführung der in den §§ 120a bis 120c enthaltenen Grundsätze zu genügen ist. In diese Bestimmungen

---

[1]) § 120e in der Fassung des G. v. 27. Dez. 1911 (RGBl. 1912 S. 139).

[2]) Siehe Anm. 1 zu § 16.

können auch Anordnungen über das Verhalten der Arbeiter im Betriebe zum Schutze von Leben und Gesundheit aufgenommen werden. Eine Abschrift oder ein Abdruck der Anordnungen ist an geeigneter, allen beteiligten Arbeitern zugänglicher Stelle auszuhängen und in lesbarem Zustand zu erhalten.

(2) Soweit solche Vorschriften durch Beschluß des Bundesrats nicht erlassen sind, können dieselben durch Anordnung der Landeszentralbehörden oder durch Polizeiverordnungen der zuständigen Polizeibehörden erlassen werden. Vor dem Erlasse solcher Anordnungen und Polizeiverordnungen ist den Vorständen der beteiligten Berufsgenossenschaften oder Berufsgenossenschaftssektionen Gelegenheit zu einer gutachtlichen Äußerung zu geben. Auf diese finden die Bestimmungen des § 113 Abs. 2, 4 und des § 115 Abs. 4 Satz 1 des Gewerbe-Unfallversicherungsgesetzes (Reichsgesetzbl. 1900 S. 573, 585) Anwendung[1].

[Bei übermäßiger Dauer der Arbeitszeit]

§ 120f[2]).

(1) Für solche Gewerbe, in welchen durch übermäßige Dauer der täglichen Arbeitszeit die Gesundheit der Arbeiter gefährdet wird, kann [der Bundesrat][3]) die Reichsregierung und, soweit [er] sie nicht Bestimmungen erläßt, die Landeszentralbehörde oder nach Anhören beteiligter Gewerbetreibender und Arbeiter die zuständige Polizeibehörde durch Polizeiverordnung Dauer, Beginn und Ende der zulässigen täglichen Arbeitszeit und der zu gewährenden Pausen regeln und die zur Durchführung erforderlichen Anordnungen erlassen.

(2) Soweit solche Bestimmungen nicht erlassen sind, kann auf Antrag oder nach Anhören des Gewerbeaufsichtsbeamten (§ 139b) und nach Anhören beteiligter Gewerbetreibender und Arbeiter die zuständige Polizeibehörde für einzelne Betriebe, in denen durch übermäßige Dauer der täglichen Arbeitszeit die Gesundheit der Arbeiter gefährdet wird, im Wege der Verfügung Bestimmungen und Anordnungen dieser Art erlassen. § 120d Abs. 4 gilt entsprechend.

§ 120g[2]).

Die Bestimmungen [des Bundesrats][3]) der Reichsregierung auf Grund der §§ 120e, 120f sind durch das Reichsgesetzblatt zu veröffentlichen und dem Reichstag zur Kenntnisnahme vorzulegen.

---

[1]) Jetzt §§ 853, 855, 864 Abs. 2 Reichsversicherungsordnung.

[2]) Die §§ 120f und 120g sind eingefügt durch das G. v. 27. Dez. 1911 (RGBl. 1912 S. 139).

[3]) Siehe Anm. 1 zu § 16.

II. Verhältnisse der Gesellen und Gehilfen.

[Gehorsamspflicht] **§ 121.**

Gesellen und Gehilfen sind verpflichtet, den Anordnungen der Arbeitgeber in Beziehung auf die ihnen übertragenen Arbeiten und auf die häuslichen Einrichtungen Folge zu leisten; zu häuslichen Arbeiten sind sie nicht verbunden.

[Kündigung des Arbeitsverhältnisses] **§ 122.**

Das Arbeitsverhältnis zwischen den Gesellen oder Gehilfen und ihren Arbeitgebern kann, wenn nicht ein anderes verabredet ist, durch eine jedem Teile freistehende vierzehn Tage vorher erklärte Aufkündigung gelöst werden. Werden andere Aufkündigungsfristen vereinbart, so müssen sie für beide Teile gleich sein. Vereinbarungen, welche dieser Bestimmung zuwiderlaufen, sind nichtig.

[Fristlose Kündigungen der Arbeitgeber] **§ 123.**

(1) Vor Ablauf der vertragsmäßigen Zeit und ohne Aufkündigung können Gesellen und Gehilfen entlassen werden:

1. wenn sie bei Abschluß des Arbeitsvertrags den Arbeitgeber durch Vorzeigung falscher oder verfälschter Arbeitsbücher oder Zeugnisse hintergangen oder ihn über das Bestehen eines anderen, sie gleichzeitig verpflichtenden Arbeitsverhältnisses in einen Irrtum versetzt haben;
2. wenn sie eines Diebstahls, einer Entwendung, einer Unterschlagung, eines Betrugs oder eines liederlichen Lebenswandels sich schuldig machen;
3. wenn sie die Arbeit unbefugt verlassen haben oder sonst den nach dem Arbeitsvertrag ihnen obliegenden Verpflichtungen nachzukommen beharrlich verweigern;
4. wenn sie der Verwarnung ungeachtet mit Feuer und Licht unvorsichtig umgehen;
5. wenn sie sich Tätlichkeiten oder grobe Beleidigungen gegen den Arbeitgeber oder seine Vertreter oder gegen die Familienangehörigen des Arbeitgebers oder seiner Vertreter zuschulden kommen lassen;
6. wenn sie einer vorsätzlichen und rechtswidrigen Sachbeschädigung zum Nachteile des Arbeitgebers oder eines Mitarbeiters sich schuldig machen;
7. wenn sie Familienangehörige des Arbeitgebers oder seiner Vertreter oder Mitarbeiter zu Handlungen verleiten oder zu verleiten versuchen oder mit Familienangehörigen des Arbeitgebers oder seiner Vertreter Handlungen begehen, welche wider die Gesetze oder die guten Sitten verstoßen;

8. wenn sie zur Fortsetzung der Arbeit unfähig oder mit einer abschreckenden Krankheit behaftet sind.

(2) In den unter Ziffer 1 bis 7 gedachten Fällen ist die Entlassung nicht mehr zulässig, wenn die zugrunde liegenden Tatsachen dem Arbeitgeber länger als eine Woche bekannt sind.

(3) Inwiefern in den unter Ziffer 8 gedachten Fällen dem Entlassenen ein Anspruch auf Entschädigung zustehe, ist nach dem Inhalte des Vertrags und nach den allgemeinen gesetzlichen Vorschriften zu beurteilen.

[Fristlose Kündigungen der Arbeitnehmer]

§ 124.

(1) Vor Ablauf der vertragsmäßigen Zeit und ohne Aufkündigung können Gesellen und Gehilfen die Arbeit verlassen:

1. wenn sie zur Fortsetzung der Arbeit unfähig werden;
2. wenn der Arbeitgeber oder seine Vertreter sich Tätlichkeiten oder grobe Beleidigungen gegen die Arbeiter oder gegen ihre Familienangehörigen zuschulden kommen lassen;
3. wenn der Arbeitgeber oder seine Vertreter oder Familienangehörige derselben die Arbeiter oder deren Familienangehörige zu Handlungen verleiten oder zu verleiten versuchen oder mit den Familienangehörigen der Arbeiter Handlungen begehen, welche wider die Gesetze oder die guten Sitten laufen;
4. wenn der Arbeitgeber den Arbeitern den schuldigen Lohn nicht in der bedungenen Weise auszahlt, bei Stücklohn nicht für ihre ausreichende Beschäftigung sorgt, oder wenn er sich widerrechtlicher Übervorteilungen gegen sie schuldig macht;
5. wenn bei Fortsetzung der Arbeit das Leben oder die Gesundheit der Arbeiter einer erweislichen Gefahr ausgesetzt sein würde, welche bei Eingehung des Arbeitsvertrags nicht zu erkennen war.

(2) In den unter Ziffer 2 gedachten Fällen ist der Austritt aus der Arbeit nicht mehr zulässig, wenn die zugrunde liegenden Tatsachen dem Arbeiter länger als eine Woche bekannt sind.

[Sonstige Kündigungsgründe]

§ 124a.

Außer den in §§ 123 und 124 bezeichneten Fällen kann jeder der beiden Teile aus wichtigen Gründen vor Ablauf der vertragsmäßigen Zeit und ohne Innehaltung einer Kündigungsfrist die Aufhebung des Arbeitsverhältnisses verlangen, wenn dasselbe mindestens auf vier Wochen oder wenn eine längere als vierzehntägige Kündigungsfrist vereinbart ist.

[Schadensersatzpflicht der Arbeitnehmer]

§ 124b.

Hat ein Geselle oder Gehilfe rechtswidrig die Arbeit verlassen, so kann der Arbeitgeber als Entschädigung für den Tag des Vertragsbruchs und jeden folgenden Tag der vertragsmäßigen oder gesetzlichen Arbeitszeit, höchstens aber für eine Woche, den Betrag des ortsüblichen Tagelohns (§ 8 des Krankenversicherungsgesetzes vom 15. Juni 1883[1]), Reichsgesetzbl. S. 73) fordern. Diese Forderung ist an den Nachweis eines Schadens nicht gebunden. Durch ihre Geltendmachung wird der Anspruch auf Erfüllung des Vertrags und auf weiteren Schadensersatz ausgeschlossen. Dasselbe Recht steht dem Gesellen oder Gehilfen gegen den Arbeitgeber zu, wenn er von diesem vor rechtmäßiger Beendigung des Arbeitsverhältnisses entlassen worden ist.

[Schadensersatzpflicht der Arbeitgeber]

§ 125.

(1) Ein Arbeitgeber, welcher einen Gesellen oder Gehilfen verleitet, vor rechtmäßiger Beendigung des Arbeitsverhältnisses die Arbeit zu verlassen, ist dem früheren Arbeitgeber für den entstandenen Schaden oder den nach § 124 b an die Stelle des Schadensersatzes tretenden Betrag als Selbstschuldner mitverhaftet. In gleicher Weise haftet ein Arbeitgeber, welcher einen Gesellen oder Gehilfen annimmt, von dem er weiß, daß derselbe einem anderen Arbeitgeber zur Arbeit noch verpflichtet ist.

(2) In dem im vorstehenden Absatze bezeichneten Umfang ist auch derjenige Arbeitgeber mitverhaftet, welcher einen Gesellen oder Gehilfen, von dem er weiß, daß derselbe einem anderen Arbeitgeber zur Arbeit noch verpflichtet ist, während der Dauer dieser Verpflichtung in der Beschäftigung behält, sofern nicht seit der unrechtmäßigen Lösung des Arbeitsverhältnisses bereits vierzehn Tage verflossen sind.

(3) Den Gesellen und Gehilfen stehen im Sinne der vorstehenden Bestimmungen die im § 119 b bezeichneten Personen gleich.

III. Lehrlingsverhältnisse.

A. Allgemeine Bestimmungen.

[Befugnis zur Lehrlingshaltung]

§ 126.

Die Befugnis zum Halten oder zur Anleitung von Lehrlingen steht Personen, welche sich nicht im Besitze der bürgerlichen Ehrenrechte befinden, nicht zu.

[Entziehung der Befugnis]

§ 126 a.

(1) Die Befugnis zum Halten und zur Anleitung von Lehrlingen kann solchen Personen ganz oder auf Zeit entzogen werden, welche sich wiederholt grober Pflichtverletzungen gegen die ihnen anvertrauten Lehrlinge schuldig gemacht haben, oder gegen welche Tatsachen vorliegen, die sie in sittlicher Beziehung zum Halten oder zur Anleitung von Lehrlingen ungeeignet erscheinen lassen.

---

[1]) Jetzt §§ 149—151 der Reichsversicherungsordnung.

(2) Die Befugnis zur Anleitung von Lehrlingen kann ferner solchen Personen entzogen werden, welche wegen geistiger oder körperlicher Gebrechen zur sachgemäßen Anleitung eines Lehrlinges nicht geeignet sind.

(3) Die Entziehung erfolgt durch Verfügung der unteren Verwaltungsbehörde; gegen die Verfügung findet der Rekurs statt. Wegen des Verfahrens und der Behörden gelten die Vorschriften der §§ 20 und 21, soweit nicht landesgesetzlich das Verfahren in streitigen Verwaltungssachen Platz greift.

(4) Durch die höhere Verwaltungsbehörde kann die entzogene Befugnis nach Ablauf eines Jahres wieder eingeräumt werden.

[Lehrvertrag]

§ 126 b.

(1) Der Lehrvertrag ist binnen vier Wochen nach Beginn der Lehre schriftlich abzuschließen. Derselbe muß enthalten:

1. die Bezeichnung des Gewerbes oder des Zweiges der gewerblichen Tätigkeit, in welchem die Ausbildung erfolgen soll;
2. die Angabe der Dauer der Lehrzeit;
3. die Angabe der gegenseitigen Leistungen;
4. die gesetzlichen und sonstigen Voraussetzungen, unter welchen die einseitige Auflösung des Vertrags zulässig ist.

(2) Der Lehrvertrag ist von dem Gewerbetreibenden oder seinem Stellvertreter, dem Lehrling und dem gesetzlichen Vertreter des Lehrlings zu unterschreiben und in einem Exemplare dem gesetzlichen Vertreter des Lehrlings auszuhändigen. Der Lehrherr ist verpflichtet, der Ortspolizeibehörde auf Erfordern den Lehrvertrag einzureichen.

(3)[1] Auf Lehrlinge in staatlich anerkannten Lehrwerkstätten finden diese Bestimmungen keine Anwendung. Das gleiche gilt für Lehrverhältnisse zwischen Eltern und Kindern, falls der Handwerkskammer das Bestehen des Lehrverhältnisses, der Tag seines Beginns, das Gewerbe oder der Zweig der gewerblichen Tätigkeit, in welchem die Ausbildung erfolgen soll, und die Dauer der Lehrzeit schriftlich angezeigt wird.

(4) Der Lehrvertrag ist kosten- und stempelfrei.

[Ausbildungspflicht des Lehrherrn]

§ 127.

(1) Der Lehrherr ist verpflichtet, den Lehrling in den bei seinem Betriebe vorkommenden Arbeiten des Gewerbes dem Zwecke der Ausbildung entsprechend zu unterweisen, ihn zum Besuche der Fortbildungs- oder Fachschule anzuhalten und den Schulbesuch zu überwachen. Er muß entweder selbst oder durch einen geeigneten, ausdrücklich dazu bestimmten Vertreter die Ausbildung des Lehrlings leiten, den Lehrling zur Arbeitsamkeit und zu guten Sitten anhalten und vor Ausschweifungen bewah-

---

[1]) § 126 b Abs. 3 in der Fassung d. G. v. 30. Mai 1908 (RGBl. S. 356).

ren, er hat ihn gegen Mißhandlungen seitens der Arbeits- und Hausgenossen zu schützen und dafür Sorge zu tragen, daß dem Lehrlinge nicht Arbeitsverrichtungen zugewiesen werden, welche seinen körperlichen Kräften nicht angemessen sind.

(2) Er darf dem Lehrlinge die zu seiner Ausbildung und zum Besuche des Gottesdienstes an Sonn- und Festtagen erforderliche Zeit und Gelegenheit nicht entziehen. Zu häuslichen Dienstleistungen dürfen Lehrlinge, welche im Hause des Lehrherrn weder Kost noch Wohnung erhalten, nicht herangezogen werden.

[Erziehungsrecht des Lehrherrn]

§ 127a.

(1) Der Lehrling ist der väterlichen Zucht des Lehrherrn unterworfen und dem Lehrherrn sowie demjenigen, welcher an Stelle des Lehrherrn die Ausbildung zu leiten hat, zur Folgsamkeit und Treue, zu Fleiß und anständigem Betragen verpflichtet.

(2) Übermäßige und unanständige Züchtigungen sowie jede die Gesundheit des Lehrlings gefährdende Behandlung sind verboten.

[Probezeit]

§ 127b.

(1) Das Lehrverhältnis kann, wenn eine längere Frist nicht vereinbart ist, während der ersten vier Wochen nach Beginn der Lehrzeit durch einseitigen Rücktritt aufgelöst werden. Eine Vereinbarung, wonach diese Probezeit mehr als drei Monate betragen soll, ist nichtig.

(2) Nach Ablauf der Probezeit kann der Lehrling vor Beendigung der verabredeten Lehrzeit entlassen werden, wenn einer der im § 123 vorgesehenen Fälle auf ihn Anwendung findet oder wenn er die ihm im § 127a auferlegten Pflichten wiederholt verletzt oder den Besuch der Fortbildungs- oder Fachschule vernachlässigt.

(3) Von seiten des Lehrlings kann das Lehrverhältnis nach Ablauf der Probezeit aufgelöst werden, wenn:

1. einer der im § 124 unter Ziffer 1, 3 bis 5 vorgesehenen Fälle vorliegt;
2. der Lehrherr seine gesetzlichen Verpflichtungen gegen den Lehrling in einer die Gesundheit, die Sittlichkeit oder die Ausbildung des Lehrlings gefährdenden Weise vernachlässigt, oder das Recht der väterlichen Zucht mißbraucht, oder zur Erfüllung der ihm vertragsmäßig obliegenden Verpflichtungen unfähig wird.

(4) Der Lehrvertrag wird durch den Tod des Lehrlings aufgehoben. Durch den Tod des Lehrherrn gilt der Lehrvertrag als aufgehoben, sofern die Aufhebung binnen vier Wochen geltend gemacht wird.

[Lehrzeugnis]

§ 127c.

(1) Bei Beendigung des Lehrverhältnisses hat der Lehrherr dem Lehrling unter Angabe des Gewerbes, in welchem der Lehrling unter-

wiesen worden ist, über die Dauer der Lehrzeit und die während derselben erworbenen Kenntnisse und Fertigkeiten sowie über sein Betragen ein Zeugnis auszustellen, welches von der Gemeindebehörde kosten- und stempelfrei zu beglaubigen ist.

(2) An Stelle dieser Zeugnisse treten, wo Innungen oder andere Vertretungen der Gewerbetreibenden bestehen, die von diesen ausgestellten Lehrbriefe.

[**Bruch des Lehrvertrags**] **§ 127d.**

Verläßt der Lehrling in einem durch dies Gesetz nicht vorgesehenen Falle ohne Zustimmung des Lehrherrn die Lehre, so kann letzterer den Anspruch auf Rückkehr des Lehrlings nur geltend machen, wenn der Lehrvertrag schriftlich geschlossen ist. Die Polizeibehörde kann in diesem Falle auf Antrag des Lehrherrn den Lehrling anhalten, solange in der Lehre zu verbleiben, als durch gerichtliches Urteil das Lehrverhältnis nicht für aufgelöst erklärt ist, oder dem Lehrlinge durch einstweilige Verfügung eines Gerichts gestattet ist, der Lehre fernzubleiben. Der Antrag ist nur zulässig, wenn er binnen einer Woche nach dem Austritte des Lehrlings gestellt ist. Im Falle unbegründeter Weigerung der Rückkehr hat die Polizeibehörde den Lehrling zwangsweise zurückführen zu lassen oder durch Androhung von Geldstrafe bis zu fünfzig Mark[1]) oder Haft bis zu fünf Tagen zur Rückkehr anzuhalten.

[**Übertritt in ein anderes Gewerbe**] **§ 127e.**

(1) Wird von dem gesetzlichen Vertreter für den Lehrling oder, sofern der letztere volljährig ist, von ihm selbst dem Lehrherrn die schriftliche Erklärung abgegeben, daß der Lehrling zu einem anderen Gewerbe oder anderen Beruf übergehen werde, so gilt das Lehrverhältnis, wenn der Lehrling nicht früher entlassen wird, nach Ablauf von vier Wochen als aufgelöst. Den Grund der Auflösung hat der Lehrherr in dem Arbeitsbuche zu vermerken.

(2) Binnen neun Monaten nach der Auflösung darf der Lehrling in demselben Gewerbe von einem anderen Arbeitgeber ohne Zustimmung des früheren Lehrherrn nicht beschäftigt werden.

[**Entschädigungsansprüche**] **§ 127f.**

(1) Erreicht das Lehrverhältnis vor Ablauf der verabredeten Lehrzeit sein Ende, so kann von dem Lehrherrn oder von dem Lehrling ein Anspruch auf Entschädigung nur geltend gemacht werden, wenn der Lehrvertrag schriftlich geschlossen ist. In den Fällen des § 127b Abs. 1, 4

---

[1]) Auf Grund d. VO. über Vermögensstrafen und Bußen v. 6. Febr. 1924 (RGBl. I S. 44) sind die Polizeibehörden berechtigt, Ordnungsstrafen bis zum Betrage von 1000 *RM* zu verhängen.

kann der Anspruch nur geltend gemacht werden, wenn dieses in dem Lehrvertrag unter Festsetzung der Art und Höhe der Entschädigung vereinbart ist.

(2) Der Anspruch der Entschädigung erlischt, wenn er nicht innerhalb vier Wochen nach Auflösung des Lehrverhältnisses im Wege der Klage oder Einrede geltend gemacht ist.

[Höhe]

§ 127g.

(1) Ist von dem Lehrherrn das Lehrverhältnis aufgelöst worden, weil der Lehrling die Lehre unbefugt verlassen hat, so ist die von dem Lehrherrn beanspruchte Entschädigung, wenn in dem Lehrvertrage nicht ein geringerer Betrag ausbedungen ist, auf einen Betrag festzusetzen, welcher für jeden auf den Tag des Vertragsbruchs folgenden Tag der Lehrzeit, höchstens aber für sechs Monate, bis auf die Hälfte des in dem Gewerbe des Lehrherrn den Gesellen oder Gehilfen ortsüblich gezahlten Lohnes sich belaufen darf.

(2) Für die Zahlung der Entschädigung sind als Selbstschuldner mitverhaftet der Vater des Lehrlings, sofern er die Sorge für die Person des Lehrlings hat, sowie derjenige Arbeitgeber, welcher den Lehrling zum Verlassen der Lehre verleitet oder welcher ihn in Arbeit genommen hat, obwohl er wußte, daß der Lehrling zur Fortsetzung eines Lehrverhältnisses noch verpflichtet war. Hat der Entschädigungsberechtigte erst nach Auflösung des Lehrverhältnisses von der Person des Arbeitgebers, welcher den Lehrling verleitet oder in Arbeit genommen hat, Kenntnis erhalten, so erlischt gegen diese der Entschädigungsanspruch erst, wenn derselbe nicht innerhalb vier Wochen nach erhaltener Kenntnis geltend gemacht ist.

[Übermäßige Zahl von Lehrlingen]

§ 128.

(1) Wenn der Lehrherr eine im Mißverhältnisse zu dem Umfang oder der Art seines Gewerbebetriebs stehende Zahl von Lehrlingen hält und dadurch die Ausbildung der Lehrlinge gefährdet erscheint, so kann dem Lehrherrn von der unteren Verwaltungsbehörde die Entlassung eines entsprechenden Teiles der Lehrlinge auferlegt und die Annahme von Lehrlingen über eine bestimmte Zahl hinaus untersagt werden. Die Bestimmungen des § 126a Abs. 3 finden hierbei entsprechende Anwendung.

(2) Unbeschadet der vorstehenden Bestimmung können durch Beschluß [des Bundesrats][1]) der Reichsregierung für einzelne Gewerbszweige Vorschriften über die höchste Zahl der Lehrlinge erlassen werden, welche in Betrieben dieser Gewerbszweige gehalten werden darf. Soweit solche Vorschriften nicht erlassen sind, können sie durch Anordnung der Landeszentralbehörde erlassen werden.

---

[1]) Siehe Anm. 1 zu § 16.

B. Besondere Bestimmungen für Handwerker.

[Befugnis zur Anlernung] **§ 129[1]).**

(1) In Handwerksbetrieben steht die Befugnis zur Anleitung von Lehrlingen nur denjenigen Personen zu, welche das vierundzwanzigste Lebensjahr vollendet und eine Meisterprüfung (§ 133) bestanden haben. Haben solche Personen die Meisterprüfung nicht für dasjenige Gewerbe oder denjenigen Zweig des Gewerbes bestanden, in welchem die Anleitung der Lehrlinge erfolgen soll, so haben sie die Befugnis dann, wenn sie in diesem Gewerbe oder Gewerbszweige

entweder die Lehrzeit (§ 130 a) zurückgelegt und die Gesellenprüfung bestanden haben,

oder fünf Jahre hindurch persönlich das Handwerk selbständig ausgeübt haben oder während einer gleich langen Zeit als Werkmeister oder in ähnlicher Stellung tätig gewesen sind.

(2) Die höhere Verwaltungsbehörde kann Personen, welche diesen Anforderungen nicht entsprechen, die Befugnis zur Anleitung von Lehrlingen widerruflich verleihen. Vor der Entscheidung über die Erteilung der Befugnis oder den Widerruf ist die Handwerkskammer und, wenn die Person einer Innung angehört oder an ihrem Wohnorte für ihren Gewerbszweig eine Innung besteht, außerdem die Innung zu hören.

(3) In Handwerksbetrieben, welche nach dem Tode des Gewerbetreibenden für Rechnung der Witwe oder minderjähriger Erben fortgesetzt werden, sind bis zum Ablauf eines Jahres nach dem Tode des Lehrherrn als Vertreter (§ 127 Abs. 1) zur Anleitung von Lehrlingen auch Personen befugt, welche eine Meisterprüfung nicht bestanden haben, sofern sie im übrigen den Anforderungen des Abs. 1 Satz 2 entsprechen. Die untere Verwaltungsbehörde kann solchen Personen als Vertretern des Lehrherrn auch in anderen Fällen bis zur Dauer eines Jahres die Befugnis zur Anleitung von Lehrlingen erteilen. Die hiernach zulässige Dauer der Vertretung kann von der höheren Verwaltungsbehörde nach Anhörung der Handwerkskammer entsprechend dem Bedürfnisse des einzelnen Falles verlängert werden.

(4) Die Unterweisung des Lehrlinges in einzelnen technischen Handgriffen und Fertigkeiten durch einen Gesellen fällt nicht unter die im Abs. 1 vorgesehenen Bestimmungen.

(5) Die Zurücklegung der Lehrzeit kann auch in einem dem Gewerbe angehörenden Großbetrieb erfolgen und durch den Besuch einer staatlichen, staatlich unterstützten oder vom Staate anerkannten Lehrwerkstätte oder sonstigen gewerblichen Unterrichtsanstalt ersetzt werden. Vor der Anerkennung einer sonstigen gewerblichen Unterrichtsanstalt soll der zuständigen Handwerkskammer Gelegenheit gegeben werden, sich gutachtlich zu äußern.

---

[1]) § 129 in der Fassung d. G. v. 30. Mai 1908 (RGBl. S. 356).

(6) Die Landeszentralbehörden können den Prüfungszeugnissen von Lehrwerkstätten, gewerblichen Unterrichtsanstalten oder von Prüfungsbehörden, welche vom Staate für einzelne Gewerbe oder zum Nachweise der Befähigung zur Anstellung in staatlichen Betrieben eingesetzt sind, die Wirkung der Verleihung der im Abs. 1 bezeichneten Befugnis für bestimmte Gewerbszweige beilegen. Der Eintritt dieser Wirkung ist davon abhängig zu machen, daß der Besitzer des Prüfungszeugnisses in dem Gewerbe oder in dem Zweige des Gewerbes, in welchem die Anleitung der Lehrlinge erfolgen soll, eine bestimmte, auf nicht mehr als drei Jahre festzusetzende Zeit hindurch persönlich tätig gewesen ist.

(7) [Der Bundesrat][1]) Die Reichsregierung ist befugt, für einzelne Gewerbe nach Anhörung der Handwerkskammern Ausnahmen von den Bestimmungen im Abs. 1 zuzulassen.

[Betrieb mehrerer Gewerbe] **§ 129 a[2]).**

(1) Wer für einen gesondert betriebenen Zweig eines Gewerbes den Voraussetzungen des § 129 entspricht, ist berechtigt, auch in den übrigen Zweigen dieses Gewerbes Lehrlinge anzuleiten.

(2) Wer für ein Gewerbe den Voraussetzungen des § 129 entspricht, ist berechtigt, auch in den diesem verwandten Gewerben Lehrlinge anzuleiten. Welche Gewerbe als verwandte Gewerbe im Sinne dieser Bestimmung anzusehen sind, bestimmt die Handwerkskammer.

(3) Dem Unternehmer eines Betriebs, in welchem mehrere Gewerbe vereinigt sind, kann die untere Verwaltungsbehörde nach Anhörung der Handwerkskammer die Befugnis erteilen, in allen zu dem Betriebe vereinigten Gewerben oder in mehreren dieser Gewerbe Lehrlinge anzuleiten, wenn er für eines der Gewerbe den Voraussetzungen des § 129 entspricht. Zu Arbeiten in denjenigen Gewerben seines Betriebs, für welche er zur Anleitung von Lehrlingen nicht befugt ist, darf er die Lehrlinge nur insoweit heranziehen, als es dem Zwecke der Ausbildung in ihrem Gewerbe nicht widerspricht.

[Abschrift des Lehrvertrags für die Innung] **§ 129 b.**

(1) Gehört der Lehrherr einer Innung an, so ist er verpflichtet, eine Abschrift des Lehrvertrags binnen vierzehn Tagen nach Abschluß desselben der Innung einzureichen; er kann hierzu durch die Ortspolizeibehörde angehalten werden.

(2) Die Innungen können bestimmen, daß der Abschluß des Lehrvertrags vor der Innung erfolgen soll. In diesem Falle ist dem Lehrherrn und dem Vater oder Vormunde des Lehrlinges eine Abschrift des Lehrvertrags auszuhändigen.

---

[1]) Siehe Anm. 1 zu § 16.

[2]) § 129a in der Fassung d. G. v. 30. Mai 1908 (RGBl. S. 356).

[Vorschriften über die Zahl der Lehrlinge]

§ 130.

Soweit durch [den Bundesrat][1]) die Reichsregierung oder die Landeszentralbehörde auf Grund des § 128 Abs. 2 Vorschriften über die zulässige Zahl von Lehrlingen nicht erlassen sind, ist die Handwerkskammer und die Innung zum Erlasse solcher Vorschriften befugt.

[Lehrzeit]

§ 130 a.

(1) Die Lehrzeit soll in der Regel drei Jahre dauern, sie darf den Zeitraum von vier Jahren nicht übersteigen.

(2) Von der Handwerkskammer kann mit Genehmigung der höheren Verwaltungsbehörde die Dauer der Lehrzeit für die einzelnen Gewerbe oder Gewerbszweige nach Anhörung der beteiligten Innungen und der im § 103 a Abs. 3 Ziffer 2 bezeichneten Vereinigungen festgesetzt werden.

(3) Die Handwerkskammer ist befugt, Lehrlinge in Einzelfällen von der Innehaltung der festgesetzten Lehrzeit zu entbinden.

[Gesellenprüfung]

§ 131 [2]).

(1) Den Lehrlingen ist Gelegenheit zu geben, sich nach Ablauf der Lehrzeit der Gesellenprüfung (§ 129 Abs. 1) zu unterziehen.

(2) Die Landeszentralbehörden können den Prüfungszeugnissen von Lehrwerkstätten, gewerblichen Unterrichtsanstalten oder von Prüfungsbehörden, welche vom Staate für einzelne Gewerbe oder zum Nachweise der Befähigung zur Anstellung in staatlichen Betrieben eingesetzt sind, die Wirkung der Zeugnisse über das Bestehen der Gesellenprüfung beilegen.

(3) Die Abnahme der Gesellenprüfungen (Abs. 1) erfolgt durch Prüfungsausschüsse. Bei jeder Zwangsinnung wird ein Prüfungsausschuß gebildet, bei anderen Innungen nur dann, wenn ihnen die Ermächtigung zur Abnahme der Prüfungen von der Handwerkskammer erteilt ist. Soweit für die Abnahme der Prüfungen für die einzelnen Gewerbe nicht durch Prüfungsausschüsse der Innungen und die im Abs. 2 bezeichneten Lehrwerkstätten, gewerblichen Unterrichtsanstalten und Prüfungsbehörden gesorgt ist, hat die Handwerkskammer die erforderlichen Prüfungsausschüsse zu errichten.

[Prüfungsausschüsse]

§ 131 a.

(1) Die Prüfungsausschüsse bestehen aus einem Vorsitzenden und mindestens zwei Beisitzern.

(2) Der Vorsitzende des Prüfungsausschusses wird von der Handwerkskammer bestellt. Von den Beisitzern wird bei dem Prüfungsausschuß einer Innung die Hälfte durch diese, die andere Hälfte aus der

---

[1]) Siehe Anm. 1 zu § 16.

[2]) § 131 in der Fassung d. G. v. 30. Mai 1908 (RGBl. S. 356).

Zahl der Gesellen, welche eine Gesellenprüfung bestanden haben, durch den Gesellenausschuß bestellt. Bei den von der Handwerkskammer errichteten Prüfungsausschüssen werden auch die Beisitzer von der Handwerkskammer bestellt; die Hälfte der Beisitzer muß aus Gesellen bestehen.

(3) Die Bestellung der Mitglieder der Prüfungsausschüsse erfolgt in der Regel auf drei Jahre.

(4) Während der ersten sechs Jahre nach dem Inkrafttreten dieser Bestimmungen können auch Gesellen (Gehilfen), welche die Gesellenprüfung nicht abgelegt haben, gewählt werden, wenn sie eine Lehrzeit von mindestens zwei Jahren zurückgelegt haben.

[Ziel und Gang der Prüfung] **§ 131 b.**

(1) Die Prüfung hat den Nachweis zu erbringen, daß der Lehrling die in seinem Gewerbe gebräuchlichen Handgriffe und Fertigkeiten mit genügender Sicherheit ausübt und sowohl über den Wert, die Beschaffung, Aufbewahrung und Behandlung der zu verarbeitenden Rohmaterialien, als auch über die Kennzeichen ihrer guten oder schlechten Beschaffenheit unterrichtet ist.

(2) Im übrigen werden das Verfahren vor dem Prüfungsausschusse, der Gang der Prüfung und die Höhe der Prüfungsgebühren durch eine Prüfungsordnung geregelt, welche von der höheren Verwaltungsbehörde im Einvernehmen mit der Handwerkskammer erlassen wird. Kommt ein Einvernehmen nicht zustande, so entscheidet die Landeszentralbehörde.

(3) Durch die Prüfungsordnung kann bestimmt werden, daß die Prüfung auch in der Buch- und Rechnungsführung zu erfolgen hat. In diesem Falle ist der Prüfungsausschuß befugt, einen besonderen Sachverständigen zuzuziehen, welcher an der Prüfung mit vollem Stimmrechte teilnimmt. Bei Stimmengleichheit gibt die Stimme des Vorsitzenden den Ausschlag.

(4) Die Kosten der Prüfung werden, sofern diese von dem Prüfungsausschuß einer Innung abgehalten wird, von letzterer, im übrigen von der Handwerkskammer getragen. Diesen fließen die Prüfungsgebühren zu.

[Meldung zur Prüfung] **§ 131 c[1]).**

(1) Der Lehrling soll sich nach Ablauf der Lehrzeit der Gesellenprüfung unterziehen. Die Innung und der Lehrherr sollen ihn dazu anhalten.

(2) Das Gesuch um Zulassung zur Prüfung hat der Lehrling an den Prüfungsausschuß zu richten. Dem Gesuche sind das Lehrzeugnis (§ 127 c) und, sofern der Prüfling während der Lehrzeit zum Besuch einer Fortbildungs- oder Fachschule verpflichtet war, die Zeugnisse über den Schulbesuch beizufügen.

---

[1]) § 131 c in der Fassung d. G. v. 30. Mai 1908 (RGBl. S. 356).

(3) Der Prüfungsausschuß hat das Ergebnis der Prüfung auf dem Lehrzeugnis oder Lehrbriefe zu beurkunden. Wird die Prüfung nicht bestanden, so hat der Prüfungsausschuß den Zeitraum zu bestimmen, vor dessen Ablaufe die Prüfung nicht wiederholt werden darf.

(4) Die Prüfungszeugnisse sind kosten- und stempelfrei.

[**Beanstandung von Beschlüssen der Prüfungsausschüsse**] **§ 132.**

Der Vorsitzende ist berechtigt, Beschlüsse des Prüfungsausschusses mit aufschiebender Wirkung zu beanstanden. Über die Beanstandung entscheidet die Handwerkskammer (§ 103 e Ziffer 6).

[**Prüfungsvorschriften**] **§ 132 a.**

Die Landeszentralbehörden sind befugt, die Bestellung der Prüfungsausschüsse, das Verfahren bei der Prüfung, die Gegenstände der Prüfung sowie die Prüfungsgebühren abweichend von den Vorschriften der §§ 131 bis 132 zu regeln, dabei darf jedoch hinsichtlich der bei der Prüfung zu stellenden Anforderungen nicht unter das im § 131b Abs. 1 bestimmte Maß herabgegangen werden.

IIIa. Meistertitel.

[**Berechtigung zur Führung**] **§ 133**[1]**).**

(1) Den Meistertitel in Verbindung mit der Bezeichnung eines Handwerkes dürfen nur Handwerker führen, welche für dieses Handwerk die Meisterprüfung bestanden und das vierundzwanzigste Lebensjahr zurückgelegt haben.

(2) Die Befugnis zur Führung des Meistertitels in Verbindung mit einer anderen Bezeichnung, die auf eine Tätigkeit im Baugewerbe hinweist, insbesondere des Titels Baumeister und Baugewerksmeister, wird durch [den Bundesrat][2]) die Reichsregierung geregelt. Bis zum Inkrafttreten des Bundesratsbeschlusses darf ein solcher Titel nur dann geführt werden, wenn die Landesregierung über die Befugnis zu seiner Führung Vorschriften erlassen hat, und nur von denjenigen Personen, welche diesen Vorschriften entsprechen. [Der Bundesrat][2]) Die Reichsregierung kann ferner Vorschriften über die Führung des Meistertitels in Verbindung mit sonstigen Bezeichnungen erlassen, die auf eine Tätigkeit im Handwerke hinweisen.

(3) Zur Meisterprüfung (Abs. 1) sind in der Regel nur solche Personen zuzulassen, welche eine Gesellenprüfung bestanden haben und in dem Gewerbe, für welches sie die Meisterprüfung ablegen wollen, mindestens drei Jahre als Geselle (Gehilfe) tätig gewesen, oder welche nach

---

[1]) § 133 in der Fassung d. G. v. 30. Mai 1908 (RGBl. S. 356).

[2]) Siehe Anm. 1 zu § 16.

§ 129 Abs. 6 zur Anleitung von Lehrlingen in diesem Gewerbe befugt sind. Die Abnahme der Prüfung erfolgt durch Prüfungskommissionen, welche aus einem Vorsitzenden und vier Beisitzern bestehen.

(4) Die Entscheidung der Prüfungskommission, welche die Zulassung der Meisterprüfung (Abs. 1) ablehnt, kann binnen zwei Wochen durch Beschwerde bei der höheren Verwaltungsbehörde angefochten werden. Diese hat, bevor sie der Beschwerde stattgibt, die Handwerkskammer zu hören.

(5) Die Errichtung der Prüfungskommissionen erfolgt nach Anhörung der Handwerkskammer durch Verfügung der höheren Verwaltungsbehörde, welche auch die Mitglieder ernennt; die Ernennung erfolgt auf drei Jahre.

(6) Die Prüfung hat den Nachweis der Befähigung zur selbständigen Ausführung und Kostenberechnung der gewöhnlichen Arbeiten des Gewerbes sowie der zu dem selbständigen Betriebe desselben sonst notwendigen Kenntnisse, insbesondere auch der Buch- und Rechnungsführung zu erbringen.

(7) Das Verfahren vor der Prüfungskommission, der Gang der Prüfung und die Höhe der Prüfungsgebühren werden durch eine von der Handwerkskammer mit Genehmigung der Landeszentralbehörde zu erlassende Prüfungsordnung geregelt.

(8) Die Kosten der Prüfungskommissionen fallen der Handwerkskammer zur Last, welcher die Prüfungsgebühren zufließen.

(9) Die Prüfungszeugnisse sind kosten- und stempelfrei.

(10) Der Meisterprüfung im Sinne der vorstehenden Bestimmungen können von der Landeszentralbehörde die Prüfungen bei Lehrwerkstätten, gewerblichen Unterrichtsanstalten oder bei Prüfungsbehörden, welche vom Staate für einzelne Gewerbe oder zum Nachweise der Befähigung zur Anstellung im staatlichen Betrieben eingesetzt sind, gleichgestellt werden, sofern bei denselben mindestens die gleichen Anforderungen gestellt werden wie bei den im Abs. 1 vorgesehenen Prüfungen.

IIIb. Verhältnisse der Betriebsbeamten, Werkmeister, Techniker.

[Gesetzliche Kündigungsfrist] **§ 133 a.**

Das Dienstverhältnis der von Gewerbeunternehmern gegen feste Bezüge beschäftigten Personen, welche nicht lediglich vorübergehend mit der Leitung oder Beaufsichtigung des Betriebs oder einer Abteilung desselben beauftragt (Betriebsbeamte, Werkmeister und ähnliche Angestellte) oder mit höheren technischen Dienstleistungen betraut sind (Maschinentechniker, Bautechniker, Chemiker, Zeichner und dergleichen), kann, wenn nicht etwas anderes verabredet ist, von jedem Teile mit Ablauf jedes

Kalendervierteljahrs nach sechs Wochen vorher erklärter Aufkündigung aufgehoben werden[1]).

[Vertragliche Kündigungsfristen] **§ 133 aa.**

(1) Wird durch Vertrag eine kürzere oder längere Kündigungsfrist bedungen, so muß sie für beide Teile gleich sein; sie darf nicht weniger als einen Monat betragen.

(2) Die Kündigung kann nur für den Schluß eines Kalendermonats zugelassen werden.

(3) Die Vorschriften des Abs. 1 finden auch in dem Falle Anwendung, wenn das Dienstverhältnis für bestimmte Zeit mit der Vereinbarung eingegangen wird, daß es in Ermangelung einer vor dem Ablaufe der Vertragszeit erfolgten Kündigung als verlängert gelten soll.

(4) Eine Vereinbarung, die diesen Vorschriften zuwiderläuft, ist nichtig.

[Ausnahmen] **§ 133 ab.**

(1) Die Vorschriften des § 133 aa finden keine Anwendung, wenn der Angestellte ein Gehalt von mindestens fünftausend Mark für das Jahr bezieht.

(2) Sie bleiben ferner außer Anwendung, wenn der Angestellte für eine außereuropäische Niederlassung angenommen ist und nach dem Vertrage der Arbeitgeber für den Fall, daß er das Dienstverhältnis kündigt, die Kosten der Rückreise des Angestellten zu tragen hat.

[Aushilfsangestellte] **§ 133 ac.**

Wird ein Angestellter nur zur vorübergehenden Aushilfe genommen, so finden die Vorschriften des § 133 aa keine Anwendung, es sei denn, daß das Dienstverhältnis über die Zeit von drei Monaten hinaus fortgesetzt wird. Die Kündigungsfrist muß jedoch auch in einem solchen Falle für beide Teile gleich sein.

[Fristlose Kündigung] **§ 133 b.**

Jeder der beiden Teile kann vor Ablauf der vertragsmäßigen Zeit und ohne Innehaltung einer Kündigungsfrist die Aufhebung des Dienstverhältnisses verlangen, wenn ein wichtiger, nach den Umständen des Falles die Aufhebung rechtfertigender Grund vorliegt.

[Kündigungsgründe der Arbeitgeber] **§ 133 c.**

(1) Gegenüber den im § 133 a bezeichneten Personen kann die Aufhebung des Dienstverhältnisses insbesondere verlangt werden:

---

[1]) Siehe hierzu das Gesetz über die Fristen für die Kündigung von Angestellten v. 9. Juli 1926 (RGBl. I S. 399).

1. wenn sie beim Abschlusse des Dienstvertrags den Arbeitgeber durch Vorbringung falscher oder verfälschter Zeugnisse hintergangen oder ihn über das Bestehen eines anderen, sie gleichzeitig verpflichtenden Dienstverhältnisses in einen Irrtum versetzt haben;
2. wenn sie im Dienste untreu sind oder das Vertrauen mißbrauchen;
3. wenn sie ihren Dienst unbefugt verlassen oder den nach dem Dienstvertrag ihnen obliegenden Verpflichtungen nachzukommen, beharrlich verweigern;
4. wenn sie durch anhaltende Krankheit oder durch eine längere Freiheitsstrafe oder Abwesenheit an der Verrichtung ihrer Dienste verhindert werden;
5. wenn sie sich Tätlichkeiten oder Ehrverletzungen gegen den Arbeitgeber oder seinen Vertreter zuschulden kommen lassen;
6. wenn sie sich einem unsittlichen Lebenswandel ergeben.

(2) In dem Falle zu 4 bleibt der Anspruch auf die vertragsmäßigen Leistungen des Arbeitgebers für die Dauer von sechs Wochen in Kraft, wenn die Verrichtung der Dienste durch unverschuldetes Unglück verhindert worden ist. Jedoch mindern sich die Ansprüche in diesem Falle um denjenigen Betrag, welcher dem Berechtigten aus einer auf Grund gesetzlicher Verpflichtung bestehenden Krankenversicherung oder Unfallversicherung zukommt.

[Kündigungsgründe der Arbeitnehmer]

§ 133d.

Die im § 133a bezeichneten Personen können die Auflösung des Dienstverhältnisses insbesondere verlangen:
1. wenn der Arbeitgeber oder seine Vertreter sich Tätlichkeiten oder Ehrverletzungen gegen sie zuschulden kommen lassen;
2. wenn der Arbeitgeber die vertragsmäßigen Leistungen nicht gewährt;
3. wenn bei Fortsetzung des Dienstverhältnisses ihr Leben oder ihre Gesundheit einer erweislichen Gefahr ausgesetzt sein würde, welche bei Eingehung des Dienstverhältnisses nicht zu erkennen war.

[Schadensersatzpflicht]

§ 133e.

Auf die im § 133a bezeichneten Personen finden die Bestimmungen der §§ 124b und 125 Anwendung, dagegen nicht die Bestimmungen des § 119a.

§ 133f.

(1) Eine Vereinbarung zwischen dem Gewerbeunternehmer und einem der im § 133a bezeichneten Angestellten, durch die der Angestellte für die Zeit nach der Beendigung des Dienstverhältnisses in seiner gewerblichen Tätigkeit beschränkt wird, ist für den Angestellten nur insoweit verbindlich, als die Beschränkung nach Zeit, Ort und Gegenstand

nicht die Grenzen überschreitet, durch welche eine unbillige Erschwerung seines Fortkommens ausgeschlossen wird.

(2) Die Vereinbarung ist nichtig, wenn der Angestellte zur Zeit des Abschlusses minderjährig ist.

IV. Besondere Bestimmungen für Betriebe, in denen in der Regel mindestens zehn Arbeiter beschäftigt werden[1]).

[Anwendungsbereich] **§ 133g.**

Die Bestimmungen der §§ 133h bis 139aa finden Anwendung auf Gesellen, Gehilfen, Lehrlinge und sonstige gewerbliche Arbeiter mit Ausnahme der Betriebsbeamten, Werkmeister, Techniker (§§ 133a bis 133f).

A. Bestimmungen für Betriebe, in denen in der Regel mindestens zwanzig Arbeiter beschäftigt werden.

[Allgemeines] **§ 133h.**

Auf Betriebe, in denen in der Regel mindestens zwanzig Arbeiter beschäftigt werden, finden die nachfolgenden Bestimmungen der §§ 134 bis 134h Anwendung. Dies gilt für Betriebe, in denen regelmäßig zu gewissen Zeiten des Jahres ein vermehrtes Arbeitsbedürfnis eintritt, schon dann, wenn zu diesen Zeiten mindestens zwanzig Arbeiter beschäftigt werden.

[Lohnverwirkung] **§ 134[2]).**

(1) Den Unternehmern ist untersagt, für den Fall der rechtswidrigen Auflösung des Arbeitsverhältnisses durch den Arbeiter die Verwirkung des rückständigen Lohnes über den Betrag des durchschnittlichen Wochenlohns hinaus auszubedingen. Auf die Arbeitgeber und Arbeiter in solchen Betrieben finden die Bestimmungen des § 124b keine Anwendung.

(2) Den Arbeitern ist bei der regelmäßigen Lohnzahlung ein schriftlicher Beleg (Lohnzettel, Lohntüte, Lohnbuch usw.) über den Betrag des verdienten Lohnes und der einzelnen Arten der vorgenommenen Abzüge auszuhändigen.

[Arbeitsordnung, §§ 134a—g.]

[Allgemeines] **§ 134a.**

(1) Für jeden Betrieb ist innerhalb vier Wochen nach Inkrafttreten dieses Gesetzes oder nach der Eröffnung des Betriebs eine Ar-

---

[1]) Abschnitt IV in der Fassung d. G. v. 28. Dez. 1908 (RGBl. S. 667).

[2]) § 134 Abs. 2 in der Fassung d. G. v. 27. Dez. 1911 (RGBl. 1912 S. 139).

beitsordnung zu erlassen. Für die einzelnen Abteilungen des Betriebs oder für die einzelnen Gruppen der Arbeiter können besondere Arbeitsordnungen erlassen werden. Der Erlaß erfolgt durch Aushang (§ 134e Abs. 2).

(2) Die Arbeitsordnung muß den Zeitpunkt, mit welchem sie in Wirksamkeit treten soll, angeben und von demjenigen, welcher sie erläßt, unter Angabe des Datums unterzeichnet sein.

(3) Abänderungen ihres Inhalts können nur durch den Erlaß von Nachträgen oder in der Weise erfolgen, daß an Stelle der bestehenden eine neue Arbeitsordnung erlassen wird.

(4) Die Arbeitsordnungen und Nachträge zu denselben treten frühestens zwei Wochen nach ihrem Erlaß in Geltung.

[Inhalt]

§ 134b.

(1) Die Arbeitsordnung muß Bestimmungen enthalten:

1. über Anfang und Ende der regelmäßigen täglichen Arbeitszeit, sowie der für die erwachsenen Arbeiter vorgesehenen Pausen;
2. über Zeit und Art der Abrechnung und Lohnzahlung mit der Maßgabe, daß die regelmäßige Lohnzahlung nicht am Sonntage stattfinden darf. Ausnahmen können von der unteren Verwaltungsbehörde zugelassen werden;
3. sofern es nicht bei den gesetzlichen Bestimmungen bewenden soll, über die Frist der zulässigen Aufkündigung sowie über die Gründe, aus welchen die Entlassung und der Austritt aus der Arbeit ohne Aufkündigung erfolgen darf;
4. sofern Strafen vorgesehen werden, über die Art und Höhe derselben, über die Art ihrer Festsetzung und, wenn sie in Geld bestehen, über deren Einziehung und über den Zweck, für welchen sie verwendet werden sollen;
5. sofern die Verwirkung von Lohnbeträgen nach Maßgabe der Bestimmung des § 134 Abs. 1 durch Arbeitsordnung oder Arbeitsvertrag ausbedungen wird, über die Verwendung der verwirkten Beträge.

(2) Strafbestimmungen, welche das Ehrgefühl oder die guten Sitten verletzen, dürfen in die Arbeitsordnung nicht aufgenommen werden. Geldstrafen dürfen die Hälfte des durchschnittlichen Tagesarbeitsverdienstes nicht übersteigen; jedoch können Tätlichkeiten gegen Mitarbeiter, erhebliche Verstöße gegen die guten Sitten sowie gegen die zur Aufrechthaltung der Ordnung des Betriebs, zur Sicherung eines gefahrlosen Betriebs oder zur Durchführung der Bestimmungen der Gewerbeordnung erlassenen Vorschriften mit Geldstrafen bis zum vollen Betrage des durchschnittlichen Tagesarbeitsverdienstes belegt werden. Alle Strafgelder müssen zum Besten der Arbeiter des Betriebs verwendet werden. Das Recht des Arbeitgebers, Schadensersatz zu fordern, wird durch diese Bestimmung nicht berührt.

(3) Dem Betriebsinhaber bleibt überlassen, neben den im Abs. 1 unter 1 bis 5 bezeichneten, noch weitere die Ordnung des Betriebs und das Verhalten der Arbeiter im Betriebe betreffende Bestimmungen in die Arbeitsordnung aufzunehmen. Mit Zustimmung eines ständigen Arbeiterausschusses können in die Arbeitsordnung Vorschriften über das Verhalten der Arbeiter bei Benutzung der zu ihrem Besten getroffenen mit dem Betriebe verbundenen Einrichtungen sowie Vorschriften über das Verhalten der minderjährigen Arbeiter außerhalb des Betriebs aufgenommen werden.

[Verbindlichkeit]

§ 134c.

(1) Der Inhalt der Arbeitsordnung ist, soweit er den Gesetzen nicht zuwiderläuft, für die Arbeitgeber und Arbeiter rechtsverbindlich.

(2) Andere als die in der Arbeitsordnung oder in den §§ 123 und 124 vorgesehenen Gründe der Entlassung und des Austritts aus der Arbeit dürfen im Arbeitsvertrage nicht vereinbart werden. Andere als die in der Arbeitsordnung vorgesehenen Strafen dürfen über den Arbeiter nicht verhängt werden. Die Strafen müssen ohne Verzug festgesetzt und dem Arbeiter zur Kenntnis gebracht werden.

(3) Die verhängten Geldstrafen sind in ein Verzeichnis einzutragen, welches den Namen des Bestraften, den Tag der Bestrafung sowie den Grund und die Höhe der Strafe ergeben und auf Erfordern dem im § 139b bezeichneten Beamten jederzeit zur Einsicht vorgelegt werden muß.

§ 134d.

[Gestrichen durch § 104 Ziff. V des Betriebsrätegesetzes vom 4. Februar 1920 (RGBl. S. 147).]

[Bekanntgabe]

§ 134e[1]).

(1) Die Arbeitsordnung sowie jeder Nachtrag zu derselben ist binnen drei Tagen nach dem Erlaß in zwei Ausfertigungen der unteren Verwaltungsbehörde einzureichen.

(2) Die Arbeitsordnung ist an geeigneter, allen beteiligten Arbeitern zugänglicher Stelle auszuhängen. Der Aushang muß stets in lesbarem Zustande erhalten werden. Die Arbeitsordnung ist jedem Arbeiter bei seinem Eintritt in die Beschäftigung zu behändigen.

[Bei Vorschriftswidrigkeit]

§ 134f.

(1) Arbeitsordnungen und Nachträge zu denselben, welche nicht vorschriftsmäßig erlassen sind, oder deren Inhalt den gesetzlichen Bestimmungen zuwiderläuft, sind auf Anordnung der unteren Verwaltungs-

---

[1]) § 134e in der Fassung des § 104 des Betriebsrätegesetzes v. 4. Febr. 1920 (RGBl. S. 147).

behörde durch gesetzmäßige Arbeitsordnungen zu ersetzen oder den gesetzlichen Vorschriften entsprechend abzuändern.

(2) Gegen diese Anordnung findet binnen zwei Wochen die Beschwerde an die höhere Verwaltungsbehörde statt.

[Übergangsvorschrift] **§ 134 g.**

Arbeitsordnungen, welche vor dem Inkrafttreten dieses Gesetzes erlassen worden sind, unterliegen den Bestimmungen der §§ 134a bis 134c, 134e Abs. 2 und des § 134f und sind binnen vier Wochen der unteren Verwaltungsbehörde in zwei Ausfertigungen einzureichen. Auf spätere Abänderungen dieser Arbeitsordnungen und auf die seit dem 1. Januar 1891 erstmalig erlassenen Arbeitsordnungen finden die §§ 134d und 134e Abs. 1 Anwendung.

§ 134 h.

[Gestrichen durch § 104 Ziff. V des Betriebsrätegesetzes vom 4. Februar 1920 (RGBl. S. 147).]

B. Bestimmungen für alle Betriebe, in denen in der Regel mindestens zehn Arbeiter beschäftigt werden [§§ 134i—139aa].

[Allgemeines] **§ 134 i.**

Auf Betriebe, in denen in der Regel mindestens zehn Arbeiter beschäftigt werden, finden, unbeschadet des § 133h, die nachfolgenden Bestimmungen der §§ 135 bis 139aa Anwendung. Dies gilt für Betriebe, in denen regelmäßig zu gewissen Zeiten des Jahres ein vermehrtes Arbeitsbedürfnis eintritt, schon dann, wenn zu diesen Zeiten mindestens zehn Arbeiter beschäftigt werden.

[Beschäftigung von Kindern] **§ 135.**

(1) Kinder unter dreizehn Jahren dürfen nicht beschäftigt werden. Kinder über dreizehn Jahre dürfen nur beschäftigt werden, wenn sie nicht mehr zum Besuche der Volksschule verpflichtet sind.

(2) Die Beschäftigung von Kindern unter vierzehn Jahren darf die Dauer von sechs Stunden täglich nicht überschreiten.

(3) Junge Leute zwischen vierzehn und sechzehn Jahren dürfen nicht länger als zehn Stunden täglich beschäftigt werden.

[Arbeitsstunden Jugendlicher] **§ 136.**

(1) Die Arbeitsstunden der jugendlichen Arbeiter (§ 135) dürfen nicht vor sechs Uhr morgens beginnen und nicht über acht Uhr abends dauern. Zwischen den Arbeitsstunden müssen an jedem Arbeitstage regelmäßige Pausen gewährt werden. Für jugendliche Arbeiter, welche nur sechs Stunden täglich beschäftigt werden, muß die Pause mindestens eine halbe Stunde betragen. Den übrigen jugendlichen

Arbeitern muß mindestens mittags eine einstündige sowie vormittags und nachmittags je eine halbstündige Pause gewährt werden. Eine Vor- und Nachmittagspause braucht nicht gewährt zu werden, sofern die jugendlichen Arbeiter täglich nicht länger als acht Stunden beschäftigt werden, und die Dauer ihrer durch eine Pause nicht unterbrochenen Arbeitszeit am Vor- und Nachmittage je vier Stunden nicht übersteigt.

(2) Während der Pausen darf den jugendlichen Arbeitern eine Beschäftigung im Betrieb überhaupt nicht und der Aufenthalt in den Arbeitsräumen nur dann gestattet werden, wenn in denselben diejenigen Teile des Betriebs, in welchen jugendliche Arbeiter beschäftigt sind, für die Zeit der Pausen völlig eingestellt werden oder wenn der Aufenthalt im Freien nicht tunlich und andere geeignete Aufenthaltsräume ohne unverhältnismäßige Schwierigkeiten nicht beschafft werden können.

(3) Nach Beendigung der täglichen Arbeitszeit ist den jugendlichen Arbeitern eine ununterbrochene Ruhezeit von mindestens elf Stunden zu gewähren.

(4) An Sonn- und Festtagen sowie während der von dem ordentlichen Seelsorger für den Katechumenen- und Konfirmanden-, Beicht- und Kommunionunterricht bestimmten Stunden dürfen jugendliche Arbeiter nicht beschäftigt werden.

[Arbeiterinnen] § 137.

(1) Arbeiterinnen dürfen nicht in der Nachtzeit von acht Uhr abends bis sechs Uhr morgens und am Sonnabend sowie an Vorabenden der Festtage nicht nach fünf Uhr nachmittags beschäftigt werden.

(2) Die Beschäftigung von Arbeiterinnen darf die Dauer von zehn Stunden täglich an den Vorabenden der Sonn- und Festtage von acht Stunden, nicht überschreiten.

(3) Zwischen den Arbeitsstunden muß den Arbeiterinnen eine mindestens einstündige Mittagspause gewährt werden.

(4) Nach Beendigung der täglichen Arbeitszeit ist den Arbeiterinnen eine ununterbrochene Ruhezeit von mindestens elf Stunden zu gewähren.

(5) Arbeiterinnen, welche ein Hauswesen zu besorgen haben, sind auf ihren Antrag eine halbe Stunde vor der Mittagspause zu entlassen, sofern diese nicht mindestens ein und eine halbe Stunde beträgt.

(6) [Gestrichen durch das Gesetz vom 16. Juli 1927 (RGBl. S. 184).]

(7) Arbeiterinnen dürfen nicht in Kokereien und nicht zum Transporte von Materialien bei Bauten aller Art verwendet werden.

[Arbeit außerhalb des Betriebs] § 137 a.

(1) Arbeiterinnen und jugendlichen Arbeitern darf für die Tage, an welchen sie in dem Betriebe die gesetzlich zulässige Arbeitszeit hin-

durch beschäftigt waren, Arbeit zur Verrichtung außerhalb des Betriebs vom Arbeitgeber überhaupt nicht übertragen oder für Rechnung Dritter überwiesen werden.

(2) Für die Tage, an welchen die Arbeiterinnen oder jugendlichen Arbeiter in dem Betriebe kürzere Zeit beschäftigt waren, ist diese Übertragung oder Überweisung nur in dem Umfange zulässig, in welchem Durchschnittsarbeiter ihrer Art die Arbeit voraussichtlich in dem Betriebe während des Restes der gesetzlich zulässigen Arbeitszeit würden herstellen können, und für Sonn- und Festtage überhaupt nicht.

(3) Bei Zuwiderhandlungen gegen die Bestimmungen des Abs. 2 kann die zuständige Polizeibehörde auf Antrag oder nach Anhörung des zuständigen Gewerbeaufsichtsbeamten (§ 139b) im Wege der Verfügung für einzelne Betriebe die Übertragung oder Überweisung solcher Arbeit entsprechend den Bestimmungen des Abs. 2 beschränken oder von besonderen Bedingungen abhängig machen. Vor Erlaß solcher Verfügungen hat der Gewerbeaufsichtsbeamte beteiligten Arbeitgebern und Arbeitern, wo ständige Arbeiterausschüsse (§ 134h) bestehen, diesen Gelegenheit zu geben, sich zu äußern.

(4) Gegen die Verfügung der Polizeibehörde steht dem Gewerbeunternehmer binnen zwei Wochen die Beschwerde an die höhere Verwaltungsbehörde zu. Gegen die Entscheidung der höheren Verwaltungsbehörde ist binnen vier Wochen die Beschwerde an die Zentralbehörde zulässig; diese entscheidet endgültig.

[Anzeigepflicht] § 138.

(1) Sollen Arbeiterinnen oder jugendliche Arbeiter beschäftigt werden, so hat der Arbeitgeber vor dem Beginne der Beschäftigung der Ortspolizeibehörde eine schriftliche Anzeige zu machen. In der Anzeige sind der Betrieb, die Wochentage, an welchen die Beschäftigung stattfinden soll, Beginn und Ende der Arbeitszeit und der Pausen sowie die Art der Beschäftigung anzugeben. Eine Änderung hierin darf, abgesehen von Verschiebungen, welche durch Ersetzung behinderter Arbeiter für einzelne Arbeitsschichten notwendig werden, nicht erfolgen, bevor eine entsprechende weitere Anzeige der Behörde gemacht ist.

(2) In jedem Betriebe hat der Arbeitgeber dafür zu sorgen, daß in denjenigen Räumen, in welchen jugendliche Arbeiter beschäftigt werden, an einer in die Augen fallenden Stelle ein Verzeichnis der jugendlichen Arbeiter unter Angabe ihrer Arbeitstage sowie des Beginns und Endes ihrer Arbeitszeit und der Pausen ausgehängt ist. Ebenso hat er dafür zu sorgen, daß in den betreffenden Räumen eine Tafel ausgehängt ist, welche in der von der Zentralbehörde zu bestimmenden Fassung und in deutlicher Schrift einen Auszug aus den Bestimmungen über die Beschäftigung der Arbeiterinnen und jugendlichen Arbeiter enthält.

[Ausnahmen] **§ 138 a.**

(1) Wegen außergewöhnlicher Häufung der Arbeit kann auf Antrag des Arbeitgebers die untere Verwaltungsbehörde auf die Dauer von zwei Wochen die Beschäftigung von Arbeiterinnen über sechzehn Jahre bis neun Uhr abends an den Wochentagen außer Sonnabend unter der Voraussetzung gestatten, daß die tägliche Arbeitszeit zwölf Stunden nicht überschreitet und die zu gewährende ununterbrochene Ruhezeit nicht weniger als zehn Stunden beträgt. Innerhalb eines Kalenderjahrs darf die Erlaubnis einem Arbeitgeber für seinen Betrieb oder für eine Abteilung seines Betriebs für mehr als vierzig Tage nicht erteilt werden.

(2) Für eine zwei Wochen überschreitende Dauer kann die gleiche Erlaubnis nur von der höheren Verwaltungsbehörde und auch von dieser für mehr als vierzig Tage, jedoch nicht für mehr als fünfzig Tage im Jahre nur dann erteilt werden, wenn die Arbeitszeit für den Betrieb oder die betreffende Abteilung des Betriebs so geregelt wird, daß die tägliche Dauer im Durchschnitte der Betriebstage des Jahres die regelmäßige gesetzliche Arbeitszeit nicht überschreitet.

(3) Der Antrag ist schriftlich zu stellen und muß den Grund, aus welchem die Erlaubnis beantragt wird, die Zahl der in Betracht kommenden Arbeiterinnen, das Maß der längeren Beschäftigung sowie den Zeitraum angeben, für welchen dieselbe stattfinden soll. Der Bescheid der unteren Verwaltungsbehörde auf den Antrag ist binnen drei Tagen schriftlich zu erteilen. Gegen die Versagung der Erlaubnis steht die Beschwerde an die vorgesetzte Behörde zu.

(4) Die untere Verwaltungsbehörde hat über die Fälle, in welchen die Erlaubnis erteilt worden ist, ein Verzeichnis zu führen, in welches der Name des Arbeitgebers und die für den schriftlichen Antrag vorgeschriebenen Angaben einzutragen sind.

(5) Die untere Verwaltungsbehörde kann die Beschäftigung von Arbeiterinnen über sechzehn Jahre, welche kein Hauswesen zu besorgen haben und eine Fortbildungsschule nicht besuchen, bei den im § 105 c Abs. 1 unter Ziffer 3 und 4 bezeichneten Arbeiten an Sonnabenden und Vorabenden von Festtagen nachmittags nach fünf Uhr, jedoch nicht über acht Uhr abends hinaus, unter der Voraussetzung gestatten, daß diese Arbeiterinnen am folgenden Sonn- oder Festtage arbeitsfrei bleiben. Die Erlaubnis ist schriftlich zu erteilen. Eine Abschrift derselben ist in denjenigen Räumen, in welchen die Arbeiterinnen beschäftigt werden, an einer in die Augen fallenden Stelle auszuhängen.

[Dringlichkeitsfälle] **§ 139.**

(1) Wenn Naturereignisse oder Unglücksfälle den regelmäßigen Betrieb einer Anlage unterbrochen haben, so können Ausnahmen von den im § 135 Abs. 2, 3, in § 136, § 137 Abs. 1 bis 4 vorgesehenen Beschränkungen auf die Dauer von vier Wochen durch die höhere Ver-

waltungsbehörde, auf längere Zeit durch den [Reichskanzler][1]) zuständigen Reichsminister zugelassen werden. In dringenden Fällen solcher Art sowie zur Verhütung von Unglücksfällen kann die untere Verwaltungsbehörde, jedoch höchstens auf die Dauer von vierzehn Tagen, solche Ausnahmen gestatten.

(2) Wenn die Natur des Betriebs oder Rücksichten auf die Arbeiter in einzelnen Anlagen es erwünscht erscheinen lassen, daß die Arbeitszeit der Arbeiterinnen oder jugendlichen Arbeiter in einer anderen als der durch § 136 Abs. 1, 2, 4, § 137 Abs. 1, 3 vorgesehenen Weise geregelt wird, so kann auf besonderen Antrag eine anderweite Regelung hinsichtlich der Pausen durch die höhere Verwaltungsbehörde, im übrigen durch den [Reichskanzler][1]) zuständigen Reichsminister gestattet werden. Jedoch dürfen in solchen Fällen die jugendlichen Arbeiter nicht länger als sechs Stunden beschäftigt werden, wenn zwischen den Arbeitsstunden nicht Pausen von zusammen mindestens einstündiger Dauer gewährt werden.

(3) Die auf Grund vorstehender Bestimmungen zu treffenden Verfügungen müssen schriftlich erlassen werden. Vor Erlaß von Verfügungen auf Grund des Abs. 2 ist den Arbeitern und, wo ständige Arbeiterausschüsse auf Grund reichsgesetzlicher oder landesgesetzlicher Vorschriften bestehen, diesen Gelegenheit zu geben, sich gutachtlich zu äußern.

[Jugendliche und Arbeiterinnen]

§ 139 a.

(1) [Der Bundesrat][2]) Die Reichsregierung ist ermächtigt:

1. die Verwendung von Arbeiterinnen sowie von jugendlichen Arbeitern für gewisse Gewerbezweige, die mit besonderen Gefahren für Gesundheit oder Sittlichkeit verbunden sind, gänzlich zu untersagen oder von besonderen Bedingungen abhängig zu machen;
2. für Anlagen, die mit ununterbrochenem Feuer betrieben werden, oder die sonst durch die Art des Betriebs auf eine regelmäßige Tag- und Nachtarbeit angewiesen sind sowie für solche Anlagen, deren Betrieb eine Einteilung in regelmäßige Arbeitsschichten von gleicher Dauer nicht gestattet oder seiner Natur nach auf bestimmte Jahreszeiten beschränkt ist, Ausnahmen von den im § 135 Abs. 2, 3, § 136, § 137 Abs. 1 bis 3 vorgesehenen Bestimmungen zuzulassen, soweit § 136 Abs. 3 in Betracht kommt, jedoch nur für männliche jugendliche Arbeiter;
3. für gewisse Gewerbezweige, soweit die Natur des Betriebs oder die Rücksicht auf die Arbeiter es erwünscht erscheinen lassen, die Abkürzung oder den Wegfall der für jugendliche Arbeiter vorgeschriebenen Pausen zu gestatten;

[1]) Siehe Anmerkung 1 zu § 104 i.
[2]) Siehe Anm. 1 zu § 16.

4. für Gewerbezweige, in denen regelmäßig zu gewissen Zeiten des Jahres ein vermehrtes Arbeitsbedürfnis eintritt, auf höchstens vierzig Tage im Kalenderjahr Ausnahmen von den Bestimmungen des § 137 Abs. 1, 2, 4 mit der Maßgabe zuzulassen, daß die tägliche Arbeitszeit zwölf Stunden, an Sonnabenden acht Stunden nicht überschreitet, und die zu gewährende ununterbrochene Ruhezeit nicht weniger als zehn Stunden beträgt. In der ununterbrochenen Ruhezeit müssen die Stunden zwischen zehn Uhr abends und fünf Uhr morgens liegen;
5. für Gewerbezweige, in denen die Verrichtung der Nachtarbeit zur Verhütung des Verderbens von Rohstoffen oder des Mißlingens von Arbeitserzeugnissen dringend erforderlich erscheint, Ausnahmen von den Bestimmungen des § 137 Abs. 1 bis 4 mit der Maßgabe zuzulassen, daß die ununterbrochene Ruhezeit an höchstens sechzig Tagen im Kalenderjahre bis auf achteinhalb Stunden täglich herabgesetzt werden darf.

(2) In den Fällen zu 2 darf die Dauer der wöchentlichen Arbeitszeit für Kinder sechsunddreißig Stunden, für junge Leute sechzig, für Arbeiterinnen achtundfünfzig Stunden nicht überschreiten. Die Nachtarbeit darf in vierundzwanzig Stunden die Dauer von zehn Stunden nicht überschreiten und muß in jeder Schicht durch eine oder mehrere Pausen in der Gesamtdauer von mindestens einer Stunde unterbrochen sein. Die Tagschichten und Nachtschichten müssen wöchentlich wechseln.

(3) In den Fällen zu 3 dürfen die jugendlichen Arbeiter nicht länger als sechs Stunden beschäftigt werden, wenn zwischen den Arbeitsstunden nicht eine oder mehrere Pausen von zusammen mindestens einstündiger Dauer gewährt werden.

(4) In den Fällen zu 4 darf die Erlaubnis zur Überarbeit für mehr als vierzig Tage, jedoch nicht für mehr als fünfzig Tage dann erteilt werden, wenn die Arbeitszeit in der Weise geregelt wird, daß ihre tägliche Dauer im Durchschnitte der Betriebstage des Jahres die regelmäßige gesetzliche Arbeitszeit nicht überschreitet.

(5) Die durch Beschluß [des Bundesrats][1]) der Reichsregierung getroffenen Bestimmungen sind zeitlich zu begrenzen und können auch für bestimmte Bezirke erlassen werden. Sie sind durch das Reichsgesetzblatt zu veröffentlichen und dem Reichstage bei seinem nächsten Zusammentritte zur Kenntnisnahme vorzulegen.

[Allgemeine Vorschriften] **§ 139 a a.**

Auf die Arbeiter in den unter Abschnitt IV fallenden Betrieben finden im übrigen die Bestimmungen der §§ 121 bis 125 oder, wenn sie als Lehrlinge anzusehen sind, die Bestimmungen der §§ 126 bis 128 Anwendung.

---

[1]) Siehe Anm. 1 zu § 16.

V. Aufsicht.

§ 139 b[1]).

(1) Die Aufsicht über die Ausführung der Bestimmungen der §§ 105a, 105b Abs. 1, der §§ 105c bis 105h, 120a bis 120f, 133g bis 139aa ist ausschließlich oder neben den ordentlichen Polizeibehörden besonderen von den Landesregierungen zu ernennenden Beamten zu übertragen. Denselben stehen bei Ausübung dieser Aufsicht alle amtlichen Befugnisse der Ortspolizeibehörden, insbesondere das Recht zur jederzeitigen Revision der Anlagen zu. Sie sind, vorbehaltlich der Anzeige von Gesetzwidrigkeiten, zur Geheimhaltung der amtlich zu ihrer Kenntnis gelangenden Geschäfts- und Betriebsverhältnisse der ihrer Revision unterliegenden Anlagen zu verpflichten.

(2) Die Ordnung der Zuständigkeitsverhältnisse zwischen diesen Beamten und den ordentlichen Polizeibehörden bleibt der verfassungsmäßigen Regelung in den einzelnen Bundesstaaten vorbehalten.

(3) Die erwähnten Beamten haben Jahresberichte über ihre amtliche Tätigkeit zu erstatten. Diese Jahresberichte oder Auszüge aus denselben sind dem [Bundesrat][2]) Reichsrat und dem Reichstage vorzulegen.

(4) Die auf Grund der Bestimmungen der §§ 105a bis 105h, 120a bis 120f, 133g bis 139aa auszuführenden amtlichen Revisionen müssen die Arbeitgeber zu jeder Zeit, namentlich auch in der Nacht, während des Betriebs gestatten.

(5) Die Arbeitgeber sind ferner verpflichtet, den genannten Beamten oder der Polizeibehörde diejenigen statistischen Mitteilungen über die Verhältnisse ihrer Arbeiter zu machen, welche [vom Bundesrat][3]) von der Reichsregierung oder von der Landeszentralbehörde unter Festsetzung der dabei zu beobachtenden Fristen und Formen vorgeschrieben werden.

VI. Gehilfen, Lehrlinge und Arbeiter in offenen Verkaufsstellen.

[Arbeitszeit]

§ 139 c.

(1) In offenen Verkaufsstellen und den dazu gehörenden Schreibstuben (Kontore) und Lagerräumen ist den Gehilfen, Lehrlingen und Arbeitern nach Beendigung der täglichen Arbeitszeit eine ununterbrochene Ruhezeit von mindestens zehn Stunden zu gewähren.

---

[1]) In der Fassung d. G. v. 28. Dez. 1908 (RGBl. S. 667) und 27. Dez. 1911 (RGBl. 1912 S. 139).

[2]) An die Stelle des Bundesrats ist gem. § 3 des Übergangsgesetzes (oben Nr. 1d) in Verbindung mit Art. 179 RV. der Reichsrat getreten.

[3]) Siehe Anm. 1 zu § 16.

(2) In Gemeinden, welche nach der jeweilig letzten Volkszählung mehr als zwanzigtausend Einwohner haben, muß die Ruhezeit in offenen Verkaufsstellen, in denen zwei oder mehr Gehilfen und Lehrlinge beschäftigt werden, für diese mindestens elf Stunden betragen; für kleinere Ortschaften kann diese Ruhezeit durch Ortsstatut vorgeschrieben werden.

(3) Innerhalb der Arbeitszeit muß den Gehilfen, Lehrlingen, und Arbeitern eine angemessene Mittagspause gewährt werden. Für Gehilfen, Lehrlinge und Arbeiter, die ihre Hauptmahlzeit außerhalb des die Verkaufsstelle enthaltenden Gebäudes einnehmen, muß diese Pause mindestens ein und eine halbe Stunde betragen.

[Ausnahmen]

§ 139 d.

Die Bestimmungen des § 139 c finden keine Anwendung

1. auf Arbeiten, die zur Verhütung des Verderbens von Waren unverzüglich vorgenommen werden müssen,
2. für die Aufnahme der gesetzlich vorgeschriebenen Inventur sowie bei Neueinrichtungen und Umzügen,
3. außerdem an jährlich höchstens dreißig von der Ortspolizeibehörde allgemein oder für einzelne Geschäftszweige zu bestimmenden Tagen.

[Ladenschluß]

§ 139 e.

(1) Von neun Uhr abends bis fünf Uhr morgens müssen offene Verkaufsstellen für den geschäftlichen Verkehr geschlossen sein. Die beim Ladenschluß im Laden schon anwesenden Kunden dürfen noch bedient werden.

(2) Über neun Uhr abends dürfen Verkaufsstellen für den geschäftlichen Verkehr geöffnet sein

1. für unvorhergesehene Notfälle,
2. an höchstens vierzig von der Ortspolizeibehörde zu bestimmenden Tagen, jedoch bis spätestens zehn Uhr abends,
3. nach näherer Bestimmung der höheren Verwaltungsbehörde in Städten, welche nach der jeweilig letzten Volkszählung weniger als zweitausend Einwohner haben, sowie in ländlichen Gemeinden, sofern in denselben der Geschäftsverkehr sich vornehmlich auf einzelne Tage der Woche oder auf einzelne Stunden des Tages beschränkt.

(3) Die Bestimmungen der §§ 139 c und 139 d werden durch die vorstehenden Bestimmungen nicht berührt.

(4) Während der Zeit, wo die Verkaufsstellen geschlossen sein müssen, ist das Feilbieten von Waren auf öffentlichen Wegen, Straßen, Plätzen oder an anderen öffentlichen Orten oder ohne vorherige Bestellung von Haus zu Haus im stehenden Gewerbebetriebe (§ 42 b Abs. 1 Ziffer 1) sowie im Gewerbebetrieb im Umherziehen (§ 55 Abs. 1 Ziffer 1) ver-

boten. Ausnahmen können von der Ortspolizeibehörde zugelassen werden. Die Bestimmung des § 55a Abs. 2 Satz 2 findet Anwendung.

[Ausnahmen] **§ 139f.**

(1) Auf Antrag von mindestens zwei Dritteln der beteiligten Geschäftsinhaber kann für eine Gemeinde oder mehrere örtlich unmittelbar zusammenhängende Gemeinden durch Anordnung der höheren Verwaltungsbehörde nach Anhörung der Gemeindebehörden für alle oder einzelne Geschäftszweige angeordnet werden, daß die offenen Verkaufsstellen während bestimmter Zeiträume oder während des ganzen Jahres auch in der Zeit zwischen acht und neun Uhr abends und zwischen fünf und sieben Uhr morgens für den geschäftlichen Verkehr geschlossen sein müssen. Die Bestimmungen der §§ 139c und 139d werden hierdurch nicht berührt.

(2) Auf Antrag von mindestens einem Drittel der beteiligten Geschäftsinhaber hat die höhere Verwaltungsbehörde die beteiligten Geschäftsinhaber durch ortsübliche Bekanntmachung oder besondere Mitteilung zu einer Äußerung für oder gegen die Einführung des Ladenschlusses im Sinne des vorstehenden Absatzes aufzufordern. Erklären sich zwei Drittel der Abstimmenden für die Einführung, so kann die höhere Verwaltungsbehörde die entsprechende Anordnung treffen.

(3) [Der Bundesrat][1]) Die Reichsregierung ist befugt, Bestimmungen darüber zu erlassen, in welchem Verfahren die erforderliche Zahl von Geschäftsinhabern festzustellen ist.

(4) Während der Zeit, wo Verkaufsstellen auf Grund des Abs. 1 geschlossen sein müssen, ist der Verkauf von Waren der in diesen Verkaufsstellen geführten Art sowie das Feilbieten von solchen Waren auf öffentlichen Wegen, Straßen, Plätzen oder an anderen öffentlichen Orten oder ohne vorherige Bestellung von Haus zu Haus im stehenden Gewerbebetriebe (§ 42b Abs. 1 Ziffer 1) sowie im Gewerbebetrieb im Umherziehen (§ 55 Abs. 1 Ziffer 1) verboten. Ausnahmen können von der Ortspolizeibehörde zugelassen werden. Die Bestimmung des § 55a Abs. 2 Satz 2 findet Anwendung.

[Befugnisse der Polizei] **§ 139g.**

(1) Die Polizeibehörden sind befugt, im Wege der Verfügung für einzelne offene Verkaufsstellen diejenigen Maßnahmen anzuordnen, welche zur Durchführung der im § 62 Abs. 1 des Handelsgesetzbuchs enthaltenen Grundsätze in Ansehung der Einrichtung und Unterhaltung der Geschäftsräume und der für den Geschäftsbetrieb bestimmten Vorrichtungen und Gerätschaften sowie in Ansehung der Regelung des Geschäftsbetriebs erforderlich und nach der Beschaffenheit der Anlage ausführbar erscheinen.

---

[1]) Siehe Anm. 1 zu § 16.

(2) Die Bestimmungen im § 120d Abs. 2 bis 4 finden entsprechende Anwendung.

[Einrichtung der Arbeitsräume]

§ 139h[1]).

(1) Durch Beschluß [des Bundesrats][2]) der Reichsregierung können Vorschriften darüber erlassen werden, welchen Anforderungen die Laden-, Arbeits- und Lagerräume und deren Einrichtung sowie die Maschinen und Gerätschaften zum Zwecke der Durchführung der im § 62 Abs. 1 des Handelsgesetzbuchs enthaltenen Grundsätze zu genügen haben. Die Bestimmung im § 120g findet Anwendung.

(2) Soweit solche Vorschriften durch Beschluß [des Bundesrats][2]) der Reichsregierung nicht erlassen sind, können sie durch Anordnung der im § 120e Abs. 2 bezeichneten Behörden erlassen werden.

[Fortbildungsschulpflicht]

§ 139i.

(1) Die durch § 76 Abs. 4 des Handelsgesetzbuchs sowie durch § 120 Abs. 1 begründete Verpflichtung des Geschäftsinhabers findet an Orten, wo eine vom Staate oder der Gemeindebehörde anerkannte Fachschule besteht, hinsichtlich des Besuchs dieser Schule entsprechende Anwendung.

(2) Der Geschäftsinhaber hat die Gehilfen und Lehrlinge unter achtzehn Jahren zum Besuche der Fortbildungs- und Fachschule anzuhalten und den Schulbesuch zu überwachen.

[Arbeitsordnung]

§ 139k.

(1) Für jede offene Verkaufsstelle, in welcher in der Regel mindestens zwanzig Gehilfen und Lehrlinge beschäftigt werden, ist innerhalb vier Wochen nach Inkrafttreten dieses Gesetzes oder nach der Eröffnung des Betriebs eine Arbeitsordnung zu erlassen.

(2) Auf die Arbeitsordnung finden die Vorschriften der §§ 134a, 134b Abs. 1 Ziffer 1 bis 4, Abs. 2, Abs. 3 Satz 1, des § 134c Abs. 1, Abs. 2 Satz 2 und 3 [, des § 134d Abs. 1], und der §§ 134e, 134f entsprechende Anwendung.

(3) Andere als die in der Arbeitsordnung oder in den §§ 71 und 72 des Handelsgesetzbuchs vorgesehenen Gründe der Entlassung und des Austritts aus der Arbeit dürfen im Arbeitsvertrage nicht vereinbart werden.

(4) Die verhängten Geldstrafen sind in ein Verzeichnis einzutragen, welches den Namen des Bestraften, den Tag der Bestrafung sowie den Grund und die Höhe der Strafe ergeben und auf Erfordern der Ortspolizeibehörde jederzeit zur Einsicht vorgelegt werden muß.

---

[1]) In der Fassung d. G. v. 27. Dez. 1911 (RGBl. 1912 S. 139).

[2]) Siehe Anm. 1 zu § 16.

(5) Auf Arbeitsordnungen, welche vor dem Inkrafttreten dieses Gesetzes erlassen worden sind, finden die Bestimmungen der §§ 134a, 134b Abs. 1 Ziffer 1 bis 4, Abs. 2, Abs. 3 Satz 1, des § 134c Abs. 1, Abs. 2 Satz 2 und 3, des § 134e Abs. 2 und des § 134f entsprechende Anwendung. Dieselben sind binnen vier Wochen der unteren Verwaltungsbehörde in zwei Ausfertigungen einzureichen. Auf spätere Abänderungen dieser Arbeitsordnungen und auf die seit dem 1. Oktober 1899 erstmalig erlassenen Arbeitsordnungen finden der § 134d Abs. 1 und der § 134e Abs. 1 entsprechende Anwendung.

[Halten von Lehrlingen] **§ 139 l.**

Auf das Halten von Lehrlingen in offenen Verkaufsstellen sowie in anderen Betrieben des Handelsgewerbes findet die Bestimmung des § 128 Anwendung.

[Konsumvereine] **§ 139 m.**

Die Bestimmungen der §§ 139c bis 139i finden auf den Geschäftsbetrieb der Konsum- und anderer Vereine entsprechende Anwendung.

Titel VIII. Gewerbliche Hilfskassen.

§ 140.

(1) Die durch Ortsstatut oder Anordnung der Verwaltungsbehörde begründete Verpflichtung der selbständigen Gewerbetreibenden, einer mit einer Innung verbundenen oder außerhalb derselben bestehenden Kranken-, Hilfs- oder Sterbekasse für selbständige Gewerbetreibende beizutreten, wird aufgehoben. Im übrigen wird in den Verhältnissen dieser Kassen durch gegenwärtiges Gesetz nichts geändert.

(2) Neue Kassen der selbständigen Gewerbetreibenden für die erwähnten Zwecke erhalten durch die Genehmigung der höheren Verwaltungsbehörde die Rechte juristischer Personen, soweit es zur Erlangung dieser Rechte einer besonderen staatlichen Genehmigung bedarf.

[Die **§§ 141—141f** sind durch Gesetz vom 15. Juni 1883 (RGBl. S. 73) gestrichen worden.]

Titel IX. Statutarische Bestimmungen.

§ 142.

(1) Statutarische Bestimmungen einer Gemeinde oder eines weiteren Kommunalverbandes können die ihnen durch das Gesetz überwiesenen gewerblichen Gegenstände mit verbindlicher Kraft ordnen. Dieselben werden nach Anhörung beteiligter Gewerbetreibender und Arbeiter abgefaßt, bedürfen der Genehmigung der höheren Verwaltungsbehörde und sind in der für Bekannt-

machungen der Gemeinde oder des weiteren Kommunalverbandes vorgeschriebenen oder üblichen Form zu veröffentlichen.

(2) Die Zentralbehörde ist befugt, statutarische Bestimmungen, welche mit den Gesetzen oder den statutarischen Bestimmungen des weiteren Kommunalverbandes in Widerspruch stehen, außer Kraft zu setzen.

Titel X. Strafbestimmungen.

[Keine Entziehung der Gewerbefreiheit]

§ 143.

(1) Die Berechtigung zum Gewerbebetriebe kann, abgesehen von den in den Reichsgesetzen vorgesehenen Fällen ihrer Entziehung, weder durch richterliche, noch administrative Entscheidung entzogen werden.

(2) Ausnahmen von diesem Grundsatze, welche durch die Steuergesetze begründet sind, bleiben so lange aufrecht erhalten, als diese Steuergesetze in Kraft bleiben.

(3) Die Bestimmungen der Landesgesetze, nach welchen die Befugnis zur Herausgabe von Druckschriften und zum Vertriebe derselben innerhalb des Reichsgebiets im Verwaltungsweg entzogen werden darf, werden hierdurch aufgehoben.

[Verstoß gegen Berufspflichten]

§ 144.

(1) Inwiefern, abgesehen von den Vorschriften über die Entziehung des Gewerbebetriebs (§ 143), Zuwiderhandlungen der Gewerbtreibenden gegen ihre Berufspflichten außer den in diesem Gesetz erwähnten Fällen einer Strafe unterliegen, ist nach den darüber bestehenden Gesetzen zu beurteilen.

(2) Jedoch werden aufgehoben die für Medizinalpersonen bestehenden besonderen Bestimmungen, welche ihnen unter Androhung von Strafen einen Zwang zu ärztlicher Hilfe auferlegen.

[Anleitung von Lehrlingen]

§ 144 a.

(1) Personen, welche den Bestimmungen der §§ 126, 126a und 129 entgegen Lehrlinge halten, anleiten oder anleiten lassen, können von der Ortspolizeibehörde durch Zwangsstrafen zur Entlassung der Lehrlinge angehalten werden.

(2) In gleicher Weise kann die Entlassung derjenigen Lehrlinge, welche den auf Grund des § 81a Ziffer 3, des § 128 Abs. 2 und des § 130 erlassenen Vorschriften entgegen angenommen sind, verfügt werden.

[Mindestmaß der Strafen] **§ 145.**

(1) Für das Mindestmaß der Strafen, das Verhältnis von Geldstrafe zur Freiheitsstrafe sowie für die Verjährung der in den §§ 145a, 146 und 153 verzeichneten Vergehen sind die Bestimmungen des Strafgesetzbuchs für das Deutsche Reich maßgebend.

(2) Die übrigen in diesem Titel mit Strafe bedrohten Handlungen verjähren binnen drei Monaten, von dem Tage an gerechnet, an welchem sie begangen sind.

[Sachverständige] **§ 145a.**

(1) Die in den Fällen der §§ 16, 24 und 25 gemäß § 21 Ziffer 1 zugezogenen Sachverständigen werden bestraft,

1. wenn sie unbefugt Betriebsgeheimnisse offenbaren, welche durch das Verfahren zu ihrer Kenntnis gelangt sind, mit Geldstrafe bis zu eintausendfünfhundert Mark oder mit Gefängnis bis zu drei Monaten;
2. wenn sie absichtlich zum Nachteile der Betriebsunternehmer Betriebsgeheimnisse, welche durch das Verfahren zu ihrer Kenntnis gelangt sind, offenbaren oder geheim gehaltene Betriebseinrichtungen oder Betriebsweisen, welche durch das Verfahren zu ihrer Kenntnis gelangt sind, solange als diese Betriebsgeheimnisse sind, nachahmen, mit Gefängnis, neben welchem auf Verlust der bürgerlichen Ehrenrechte erkannt werden kann. Tun sie dies, um sich oder einem anderen einen Vermögensvorteil zu verschaffen, so kann neben der Gefängnisstrafe auf Geldstrafe bis zu dreitausend Mark erkannt werden.

(2) Im Falle der Ziffer 1 tritt die Verfolgung nur auf Antrag des Betriebsunternehmers ein.

[Arbeiterschutzbestimmungen] **§ 146**[1]**.**

(1) Mit Geldstrafe bis zu zweitausend Mark und im Unvermögensfalle mit Gefängnis bis zu sechs Monaten werden bestraft:

1. Gewerbetreibende, welche dem § 115 zuwiderhandeln;
2. Gewerbetreibende, die den §§ 135 bis 137, § 137a Abs. 1, § 139c oder den auf Grund der §§ 120e, 120f, 139, 139a erlassenen Bestimmungen insoweit zuwiderhandeln, als

---

[1] § 146 in der Fassung d. G. v. 28. Dez. 1908 (RGBl. S. 667) und 27. Dez. 1911 (RGBl. 1912 S. 139).

danach die Verwendung der Arbeiter zu bestimmten Beschäftigungen untersagt oder Arbeitszeit, Nachtruhe oder Pausen geregelt sind;

3. Gewerbetreibende, welche dem § 111 Abs. 3, § 113 Abs. 3 oder dem § 114a Abs. 4, soweit daselbst die Bestimmungen des § 111 Abs. 3 und des § 113 Abs. 3 für anwendbar erklärt worden sind, zuwiderhandeln;
4. wer dem § 56 Ziffer 6 zuwiderhandelt.

(2) War in den Fällen des Abs. 1 Nr. 2 der Täter zur Zeit der Begehung der Straftat bereits zweimal wegen einer der dort bezeichneten Zuwiderhandlungen rechtskräftig verurteilt, so tritt, falls die Straftat vorsätzlich begangen wurde, Geldstrafe von einhundert bis dreitausend Mark oder Gefängnisstrafe bis zu sechs Monaten ein. Die Anwendung dieser Vorschrift bleibt ausgeschlossen, wenn seit der Rechtskraft der letzten Verurteilung bis zur Begehung der neuen Straftat drei Jahre verflossen sind.

(3) Die Geldstrafen fließen der im § 116 bezeichneten Kasse zu.

(4) Der § 75 des Gerichtsverfassungsgesetzes[1]) findet Anwendung.

[Sonntagsruhebestimmungen] **§ 146a[2]).**

(1) Mit Geldstrafe bis zu sechshundert Mark, im Unvermögensfalle mit Haft wird bestraft, wer den §§ 105b bis 105g oder den auf Grund derselben erlassenen Anordnungen zuwider Arbeitern an Sonn- und Festtagen Beschäftigung gibt oder den §§ 41a, 55a, 139e, 139f Abs. 4 oder den auf Grund des § 105b Abs. 2 erlassenen statutarischen Bestimmungen oder den auf Grund des § 41b oder des § 139f Abs. 1 getroffenen Anordnungen zuwiderhandelt.

(2) Wer den §§ 105b bis 105g oder den auf Grund dieser Vorschriften erlassenen Anordnungen zuwider Arbeitern an Sonn- und Festtagen Beschäftigung gibt oder den auf Grund des § 105b Abs. 2 erlassenen statutarischen Bestimmungen zuwiderhandelt, nachdem er bereits zweimal wegen einer Zuwiderhandlung gegen die bezeichneten Vorschriften rechtskräftig verurteilt worden ist, wird, falls die Straftat vorsätzlich begangen wurde, mit Geldstrafe von fünfzig bis eintausend Mark oder mit Haft bestraft. § 146 Abs. 2 Satz 2 gilt entsprechend.

---

[1]) Abs. 4 ist bedeutungslos geworden, weil gelegentlich der Neuordnung der Zuständigkeit der Strafgerichte durch d. G. v. 11. März 1921 (RGBl. 229) der § 75 GVG. weggefallen ist.

[2]) § 146a Abs. 2 ist durch d. G. v. 27. Dez. 1911 (RGBl. 1912 S. 139) eingefügt worden.

[Konzessionsbestimmungen] **§ 147**[1]).

(1) Mit Geldstrafe bis zu dreihundert Mark und im Unvermögensfalle mit Haft wird bestraft:

1. wer den selbständigen Betrieb eines stehenden Gewerbes, zu dessen Beginn eine besondere polizeiliche Genehmigung (Konzession, Approbation, Bestallung) erforderlich ist, ohne die vorschriftsmäßige Genehmigung unternimmt oder fortsetzt, oder von den in der Genehmigung festgesetzten Bedingungen abweicht;
2. wer eine gewerbliche Anlage, zu der mit Rücksicht auf die Lage oder Beschaffenheit der Betriebsstätte oder des Lokals eine besondere Genehmigung erforderlich ist (§§ 16 und 24), ohne diese Genehmigung errichtet, oder die wesentlichen Bedingungen, unter welchen die Genehmigung erteilt worden, nicht innehält, oder ohne neue Genehmigung eine wesentliche Veränderung der Betriebsstätte oder eine Verlegung des Lokals oder eine wesentliche Veränderung in dem Betriebe der Anlage vornimmt;
3. wer, ohne hierzu approbiert zu sein, sich als Arzt (Wundarzt, Augenarzt, Geburtshelfer, Zahnarzt, Tierarzt) bezeichnet oder sich einen ähnlichen Titel beilegt, durch den der Glauben erweckt wird, der Inhaber desselben sei eine geprüfte Medizinalperson;
4. wer den auf Grund der §§ 120d, 137a Abs. 3, § 139g endgültig erlassenen Verfügungen oder, abgesehen von den Fällen des § 146 Abs. 1 Nr. 2, § 150a, den auf Grund der §§ 120e, 120f, 139, 139a, 139h erlassenen Bestimmungen zuwiderhandelt;
5. wer eine gewerbliche Anlage betreibt oder eine offene Verkaufsstelle hält, für welche eine Arbeitsordnung (§§ 134a, 139k) nicht besteht, oder wer der endgültigen Anordnung der Behörde wegen Ersetzung oder Abänderung der Arbeitsordnung nicht nachkommt.

(2) Enthält die Handlung zugleich eine Zuwiderhandlung gegen die Steuergesetze, so soll nicht außerdem noch auf eine Steuerstrafe erkannt werden, es ist aber darauf bei Zumessung der Strafe Rücksicht zu nehmen.

(3) In dem Falle zu 2 kann die Polizeibehörde die Wegschaffung der Anlage oder die Herstellung des den Bedingungen entsprechenden Zustandes derselben anordnen.

(4) In dem Falle zu 4 kann die Polizeibehörde bis zur Her-

---

[1]) § 147 in der Fassung d. G. v. 28. Dez. 1908 (RGBl. S. 667) und 27. Dez. 1911 (RGBl. 1912 S. 139).

stellung des der Verfügung oder der Vorschrift entsprechenden Zustandes die Einstellung des Betriebs, soweit derselbe durch die Verfügung oder die Vorschrift getroffen wird, anordnen, falls dessen Fortsetzung erhebliche Nachteile oder Gefahren herbeizuführen geeignet sein würde.

[Sonstige Bestimmungen] **§ 148.**

(1) Mit Geldstrafe bis zu einhundertfünfzig Mark und im Unvermögensfalle mit Haft bis zu vier Wochen wird bestraft:

1. wer außer den im § 147 vorgesehenen Fällen ein stehendes Gewerbe beginnt, ohne dasselbe vorschriftsmäßig anzuzeigen;
2. wer die im § 14 erforderte An- oder Abmeldung einer übernommenen Feuerversicherungsagentur unterläßt;
3. wer die im § 14 erforderten Anzeigen über das Betriebslokal unterläßt;
4. wer der nach § 35 gegen ihn ergangenen Untersagung eines Gewerbebetriebs zuwiderhandelt, oder die im § 35 vorgeschriebene Anzeige unterläßt;

4a. wer außer den Fällen des § 360 Nr. 12, § 367 Nr. 16 des Strafgesetzbuchs den auf Grund des § 38 erlassenen Vorschriften zuwiderhandelt;

5. wer dem § 33b oder außer den im § 149 Ziffer 1 vorgesehenen Fällen den §§ 42a bis 44a zuwiderhandelt, oder seine Legitimationskarte (§ 44a) oder seinen Wandergewerbeschein (§ 55) einem anderen zur Benutzung überläßt;
6. wer zum Zwecke der Erlangung einer Legitimationskarte, eines Wandergewerbescheins oder der im § 62 vorgesehenen Erlaubnis in bezug auf seine Person, oder die Personen, die er mit sich zu führen beabsichtigt, wissentlich unrichtige Angaben macht;
7. wer ein Gewerbe im Umherziehen ohne den gesetzlich erforderlichen Wandergewerbeschein, imgleichen wer eines der im § 59 Ziffer 1 bis 3 bezeichneten Gewerbe der nach § 59a ergangenen Untersagung zuwider betreibt;

7a. wer dem § 56 Abs. 1, Abs. 2 Ziffer 1 bis 5, 7 bis 11, Abs. 3, den §§ 56a oder 56b zuwiderhandelt;

7b. wer den Vorschriften der §§ 56c, 60a, 60b Abs. 2, 3 oder des § 60c Abs. 2, 3 zuwiderhandelt;

7c. wer einer ihm in Gemäßheit des § 60 Abs. 1, § 60b Abs. 1 oder des § 60d Abs. 3 in dem Wandergewerbeschein auferlegten Beschränkung zuwiderhandelt;

7d. wer bei dem Gewerbebetrieb im Umherziehen Kinder unter vierzehn Jahren zu gewerblichen Zwecken mit sich führt, oder zu dem nach § 42b Abs. 5 verbotenen Gewerbebetriebe Kinder unter vierzehn Jahren anleitet oder ausschickt;

7e. ein Ausländer, welcher bei dem Gewerbebetrieb im Umherziehen den in Gemäßheit des § 56d [vom Bundesrate][1]) von der Reichsregierung getroffenen Bestimmungen zuwiderhandelt;

8. wer bei dem Betriebe seines Gewerbes die durch die Obrigkeit oder durch Anzeige bei derselben festgelegten Taxen überschreitet oder es unterläßt, das gemäß § 75 [oder § 75a] vorgeschriebene Verzeichnis einzureichen;

8a.[2]) wer die im § 104u erforderten Anzeigen nicht unverzüglich erstattet;

9. wer die gesetzlichen Pflichten gegen die ihm anvertrauten Lehrlinge verletzt;

9a. wer den §§ 126 und 126a zuwider Lehrlinge hält, anleitet oder anleiten läßt;

9b. wer dem § 129 oder den auf Grund der §§ 128 und 130 erlassenen Vorschriften zuwider Lehrlinge hält, anleitet oder anleiten läßt;

9c. wer unbefugt den Meistertitel führt;

10. wer wissentlich der Bestimmung im § 127c Abs. 2 zuwider einen Lehrling beschäftigt;

11. wer der Bestimmung des § 134c Abs. 2 zuwider gegen Arbeiter Strafen verhängt, welche in der Arbeitsordnung nicht vorgesehen sind oder den gesetzlich zulässigen Betrag übersteigen, oder wer Strafgelder oder die im § 134b Ziffer 5 bezeichneten Beträge in einer in der Arbeitsordnung nicht vorgesehenen Weise verwendet;

12. wer es unterläßt, der durch § 134e Abs. 1, §§ 134g, 139k Abs. 5 für ihn begründeten Verpflichtung zur Einreichung der Arbeitsordnung, ihrer Abänderungen und Nachträge nachzukommen;

13. wer dem § 115a oder den auf Grund des § 119a erlassenen statutarischen Bestimmungen zuwiderhandelt;

14. wer den Vorschriften des § 15a zuwiderhandelt.

(2) In allen diesen Fällen bleibt die Strafe ausgeschlossen, wenn die strafbare Handlung zugleich eine Zuwiderhandlung gegen die Steuergesetze enthält.

[Sonstige Bestimmungen] **§ 149.**

(1) Mit Geldstrafe bis zu dreißig Mark und im Unvermögensfalle mit Haft bis zu acht Tagen wird bestraft:

1. wer den im § 42b vorgesehenen Erlaubnisschein oder den im § 43 vorgesehenen Legitimationsschein während der Ausübung des Gewerbebetriebs nicht bei sich führt, oder den Bestimmungen des § 44a Abs. 2 zuwiderhandelt;

---

1) Siehe Anm. 1 zu § 16.

2) Ziff. 8a des Abs. 1 des § 148 ist durch G. v. 11. Febr. 1929 (RGBl. I S. 21) eingefügt.

2. wer bei dem Gewerbebetrieb im Umherziehen dem letzten Absatze des § 56 oder dem § 60c Abs. 1 zuwiderhandelt;
3. wer ein Gewerbe im Umherziehen, für welches ihm ein auf einen bestimmten Bezirk lautender Wandergewerbeschein erteilt ist, unbefugt in einem anderen Bezirke betreibt;
4. wer ein Gewerbe im Umherziehen mit anderen Warengattungen oder unter Darbietung anderer Leistungen betreibt, als sein Wandergewerbeschein angibt;
5. wer bei dem Gewerbebetrieb im Umherziehen unbefugt Personen mit sich führt, oder einen Gewerbetreibenden, zu welchem er nicht in dem Verhältnis eines Ehegatten, Kindes oder Enkels steht, unbefugt begleitet;
6. wer den polizeilichen Anordnungen wegen des Marktverkehrs zuwiderhandelt;
7. wer es unterläßt, den durch § 105c Abs. 2, § 134e Abs. 2, §§ 138, 138a Abs. 5, § 139b für ihn begründeten Verpflichtungen nachzukommen;

7a. wer es unterläßt, gemäß §§ 75 [75a] das Verzeichnis anzuschlagen [oder dem Stellesuchenden vor Abschluß des Vermittlungsgeschäfts die für ihn zur Anwendung kommende Taxe mitzuteilen].

(2) In allen diesen Fällen bleibt die Strafe ausgeschlossen, wenn die strafbare Handlung zugleich eine Zuwiderhandlung gegen die Steuergesetze enthält.

[Arbeiterschutzbestimmungen] **§ 150[1]).**

(1) Mit Geldstrafe bis zu zwanzig Mark und im Unvermögensfalle mit Haft bis zu drei Tagen für jeden Fall der Verletzung des Gesetzes wird bestraft:

1. wer den Bestimmungen der §§ 106 bis 112 zuwider einen Arbeiter in Beschäftigung nimmt oder behält;
2. wer außer dem im § 146 Ziffer 3 vorgesehenen Falle den Vorschriften dieses Gesetzes in Ansehung der Arbeitsbücher, Lohnbücher oder Arbeitszettel oder den auf Grund dieser Vorschriften erlassenen Bestimmungen oder den Vorschriften des § 134 Abs. 2 zuwiderhandelt;
3. wer vorsätzlich ein auf seinen Namen ausgestelltes Arbeitsbuch unbrauchbar macht oder vernichtet;
4. wer den Bestimmungen des § 120 Abs. 1, des § 139i oder einer auf Grund des § 120 Abs. 3 erlassenen statutarischen Bestimmung zuwiderhandelt;

4a. der Lehrherr, welcher den Lehrvertrag nicht ordnungsmäßig abschließt (§ 103e Abs. 1 Ziffer 1 und § 126b);

---

[1]) § 150 Abs. 1 in der Fassung d. G. v. 27. Dez. 1911 (RGBl. 1912 S. 139).

5. wer es unterläßt, den durch § 134c Abs. 3, § 139k Abs. 4 für ihn begründeten Verpflichtungen nachzukommen.

(2) Landesgesetzliche Vorschriften gegen die Verletzung der Schulpflicht, nach welchen eine höhere Strafe eintritt, werden durch die Bestimmung unter Ziffer 4 nicht berührt.

§ 150a[1]).

Mit Geldstrafe bis zu sechs Mark und im Unvermögensfalle mit Haft von einem Tage für jeden Fall der Verletzung des Gesetzes wird bestraft, wer den auf Grund des § 120e Abs. 1 Satz 2 erlassenen Bestimmungen zuwiderhandelt.

[Bei Stellvertretung]

§ 151.

(1) Sind bei der Ausübung des Gewerbes polizeiliche Vorschriften von Personen übertreten worden, welche der Gewerbetreibende zur Leitung des Betriebs oder eines Teiles desselben oder zur Beaufsichtigung bestellt hatte, so trifft die Strafe diese letzteren. Der Gewerbetreibende ist neben denselben strafbar, wenn die Übertretung mit seinem Vorwissen begangen ist oder wenn er bei der nach den Verhältnissen möglichen eigenen Beaufsichtigung des Betriebs, oder bei der Auswahl oder der Beaufsichtigung der Betriebsleiter oder Aufsichtspersonen es an der erforderlichen Sorgfalt hat fehlen lassen.

(2) Ist an eine solche Übertretung der Verlust der Konzession, Approbation oder Bestallung geknüpft, so findet derselbe auch als Folge der von dem Stellvertreter begangenen Übertretung statt, wenn diese mit Vorwissen des verfügungsfähigen Vertretenen begangen worden. Ist dies nicht der Fall, so ist der Vertretene bei Verlust der Konzession, Approbation usw. verpflichtet, den Stellvertreter zu entlassen.

[Koalitionsfreiheit]

§ 152.

(1) Alle Verbote und Strafbestimmungen gegen Gewerbetreibende, gewerbliche Gehilfen, Gesellen oder Fabrikarbeiter wegen Verabredungen und Vereinigungen zum Behufe der Erlangung günstiger Lohn- und Arbeitsbedingungen, insbesondere mittelst Einstellung der Arbeit oder Entlassung der Arbeiter, werden aufgehoben.

(2) Jedem Teilnehmer steht der Rücktritt von solchen Ver-

---

[1]) § 150a ist eingefügt durch G. v. 27. Dez. 1911 (RGBl. 1912 S. 139).

einigungen und Verabredungen frei, und es findet aus letzteren weder Klage noch Einrede statt[1]).

§ 153.

[Aufgehoben durch Gesetz vom 22. Mai 1918, RGBl. S. 423. Diese geschichtlich wichtige Terrorstrafbestimmung hatte gelautet:

„Wer andere durch Anwendung körperlichen Zwanges, durch Drohungen, durch Ehrverletzung oder durch Verrufserklärung bestimmt oder zu bestimmen versucht, an solchen Verabredungen (§ 152) teilzunehmen, oder ihnen Folge zu leisten, oder andere durch gleiche Mittel hindert oder zu hindern versucht, von solchen Verabredungen zurückzutreten, wird mit Gefängnis bis zu drei Monaten bestraft, sofern nach dem allgemeinen Strafgesetze nicht eine härtere Strafe eintritt."]

Schlußbestimmungen.

[Sonderbestimmungen für Apotheker usw.]

§ 154[2]).

(1) Von den Bestimmungen im Titel VII finden keine Anwendung:

1. die Bestimmungen der §§ 105 bis 139m auf Gehilfen und Lehrlinge in Apotheken;
2. die Bestimmungen der §§ 105, 106 bis 119b sowie, vorbehaltlich des § 139g Abs. 1 und der §§ 139h, 139*l*, 139m, die Bestimmungen der §§ 120a bis 139aa auf Handlungsgehilfen und Handlungslehrlinge;
3. die Bestimmungen der §§ 133g bis 139a auf Arbeiter in Apotheken und auf diejenigen Arbeiter in Handelsgeschäften, welche nicht in einem zu dem Handelsgeschäfte gehörigen Betriebe mit der Herstellung oder Bearbeitung von Waren beschäftigt sind, auf Heilanstalten und Genesungsheime, auf Musikaufführungen, Schaustellungen, theatralische Vorstellungen oder sonstige Lustbarkeiten;
4. die Bestimmungen der §§ 135 bis 139a auf Gärtnereien, auf das Gast- und Schankwirtsgewerbe sowie auf das Verkehrsgewerbe;
5. die Bestimmungen des § 135 Abs. 2, 3, §§ 136, 138 auf männliche jugendliche Arbeiter, die in Bäckereien und solchen Konditoreien, in welchen neben den Konditorwaren auch Bäckerwaren hergestellt werden, unmittelbar bei der Herstellung von Waren beschäftigt sind. Ausgenommen bleiben Betriebe, die in regelmäßigen Tag- und Nachtschichten arbeiten;

---

[1]) Die Geltung des 2. Absatzes des § 152 ist bestritten. Die herrschende Meinung vertritt die Ansicht, daß dieser Absatz im Hinblick auf Art. 159 RV. keine Geltung mehr hat — so auch das Reichsgericht (Bd. 111 S. 99).

[2]) § 154 in der Fassung d. G. v. 28. Dez. 1908 (RGBl. S. 667).

6. das Verbot der Beschäftigung von Arbeiterinnen am Sonnabend sowie an Vorabenden der Festtage nach fünf Uhr nachmittags auf Arbeiterinnen in Badeanstalten.

(2) Die Bestimmungen der §§ 133g, 135 bis 139b finden auf Arbeitgeber und Arbeiter in Hüttenwerken, in Zimmerplätzen und anderen Bauhöfen, in Werften sowie in Werkstätten der Tabakindustrie auch dann entsprechende Anwendung, wenn in ihnen in der Regel weniger als zehn Arbeiter beschäftigt werden; auf Arbeitgeber und Arbeiter in Ziegeleien und über Tage betriebenen Brüchen und Gruben finden die Bestimmungen auch dann entsprechende Anwendung, wenn in diesen Betrieben in der Regel mindestens fünf Arbeiter beschäftigt werden.

(3) Die Bestimmungen der §§ 135 bis 139b finden auf Arbeitgeber und Arbeiter in Werkstätten, in welchen durch elementare Kraft (Dampf, Wind, Wasser, Gas, Luft, Elektrizität usw.) bewegte Triebwerke nicht bloß vorübergehend zur Verwendung kommen, auch wenn in ihnen in der Regel weniger als zehn Arbeiter beschäftigt werden, mit der Maßgabe entsprechende Anwendung, daß [der Bundesrat][1]) die Reichsregierung für gewisse Arten von Betrieben Ausnahmen von den im § 135 Abs. 2, 3, § 136, § 137 Abs. 1 bis 4, § 138 vorgesehenen Bestimmungen nachlassen kann.

(4) Auf andere Werkstätten, in denen in der Regel weniger als zehn Arbeiter beschäftigt werden, und auf Bauten, bei denen in der Regel weniger als zehn Arbeiter beschäftigt werden, können die Bestimmungen der §§ 135 bis 139b durch Beschluß [des Bundesrats][1]) der Reichsregierung ganz oder teilweise ausgedehnt werden.

(5) Die Bestimmungen [des Bundesrats][1]) der Reichsregierung können auch für bestimmte Bezirke erlassen werden. Sie sind durch das Reichsgesetzblatt zu veröffentlichen und dem Reichstage bei seinem nächsten Zusammentritte zur Kenntnisnahme vorzulegen.

[Bergwerke, Salinen usw.]

§ 154a[2]).

(1) Die Bestimmungen des § 114a Abs. 1 Satz 1 und Abs. 4, § 114b Abs. 1, der §§ 114c bis 119a, des § 134 Abs. 2, der §§ 135 bis 139b, 152 und 153 finden auf die Besitzer und Arbeiter von Bergwerken, Salinen, Aufbereitungsanstalten und unterirdisch betriebenen Brüchen oder Gruben entsprechende Anwendung, und zwar auch für den Fall, daß in ihnen in der Regel weniger als zehn Arbeiter beschäftigt werden.

---

[1]) Siehe Anm. 1 zu § 16.

[2]) § 154a in der Fassung d. G. v. 28. Dez. 1908 (RGBl. S. 667) und 27. Dez. 1911 (RGBl. 1912 S. 139).

(2) Arbeiterinnen dürfen in Anlagen der vorbezeichneten Art nicht unter Tage beschäftigt werden. Die Beschäftigung von Arbeiterinnen bei der Förderung, mit Ausnahme der Aufbereitung (Separation, Wäsche), bei dem Transport und der Verladung ist auch über Tage verboten. Zuwiderhandlungen unterliegen der Strafbestimmung des § 146.

[Landesgesetze und -behörden] **§ 155.**

(1) Wo in diesem Gesetz auf die Landesgesetze verwiesen ist, sind unter den letzteren auch die verfassungs- oder gesetzmäßig erlassenen Verordnungen verstanden.

(2) Welche Behörden in jedem Bundesstaat unter der Bezeichnung: höhere Verwaltungsbehörde, untere Verwaltungsbehörde, Gemeindebehörde, Ortsbehörde, Unterbehörde, Polizeibehörde, Ortspolizeibehörde und welche Verbände unter der Bezeichnung weitere Kommunalverbände zu verstehen sind, wird von der Zentralbehörde des Bundesstaats bekanntgemacht.

(3) Für die unter Reichs- und Staatsverwaltung stehenden Betriebe können die den Polizeibehörden, unteren und höheren Verwaltungsbehörden durch § 105b Abs. 2, § 105c Abs. 2, §§ 105e, 105f, 115a, 120d, 134e bis 134g, 138 Abs. 1, §§ 138a, 139, 139b übertragenen Befugnisse und Obliegenheiten auf die der Verwaltung dieser Betriebe vorgesetzten Dienstbehörden übertragen werden.

Gaststättengesetz.

Vom 28. April 1930 (RGBl. I S. 146).

I. Erlaubnis zum Gewerbebetriebe.

[Gegenstand der Erlaubnis] **§ 1.**

(1) Wer Gastwirtschaft, Schankwirtschaft oder Kleinhandel mit Branntwein betreiben will, bedarf dazu der Erlaubnis. Die Erlaubnis kann auch juristischen Personen sowie nichtrechtsfähigen Vereinen erteilt werden.

(2) Die Erlaubnis darf nur erteilt werden, wenn ein Bedürfnis nachgewiesen ist.

(3) Die Reichsregierung kann mit Zustimmung des Reichsrats die Voraussetzungen bestimmen,

a) unter denen ein Bedürfnis (Abs. 2) für die Erlaubniserteilung anzuerkennen oder zu verneinen ist,

b) unter denen der Handel mit Branntwein als Kleinhandel im Sinne dieses Gesetzes anzusehen ist[1]).

Soweit die Reichsregierung Bestimmungen hierüber nicht erlassen hat, können die obersten Landesbehörden sie erlassen.

---

[1]) Die hier vorgesehene, für die Prüfung der Bedürfnisfrage wichtige Verordnung lautet folgendermaßen:

Verordnung zur Ausführung des Gaststättengesetzes.

Vom 21. Juni 1930 (RGBl. I S. 191).

Auf Grund des § 1 Abs. 3 und des § 13 Abs. 3 des Gaststättengesetzes vom 28. April 1930 (Reichsgesetzbl. I S. 146) wird hiermit nach Zustimmung des Reichsrats verordnet:

I. Grundsätze für die Prüfung des Bedürfnisses.

1. Bei Gast- und Schankwirtschaften.

§ 1. Bei Anträgen auf Erteilung der Erlaubnis zum Ausschank nichtgeistiger Getränke, insbesondere von Milch, ist das Bedürfnis in der Regel zu bejahen. Es ist nur zu verneinen, wenn sich aus besonderen Umständen ergibt, daß ein Bedürfnis nicht vorhanden ist.

§ 2. Bei Anträgen auf Erteilung der Erlaubnis zum Ausschank geistiger Getränke ist das Bedürfnis nach strengsten Grundsätzen zu prüfen. Die persönlichen Interessen des Antragstellers oder anderer an der Erteilung der Erlaubnis beteiligter Personen sind bei der Prüfung nicht zu berücksichtigen. Das Bedürfnis

[Versagungsgründe] **§ 2.**

(1) Wird ein Bedürfnis nachgewiesen (§ 1 Abs. 2), so ist die Erlaubnis nur zu versagen,

1. wenn Tatsachen die Annahme rechtfertigen, daß der Antragsteller die für den Gewerbebetrieb erforderliche Zuverlässigkeit nicht besitzt, insbesondere dem Trunke ergeben ist oder das Gewerbe zur Förderung der Schlemmerei, der Völlerei, des Glücksspiels, der Hehlerei, unlauterer Handelsgeschäfte oder der Unsittlichkeit oder zur Ausbeutung Unerfahrener, Leichtsinniger oder Willensschwacher, zur sittlichen oder gesundheitlichen Schädigung Jugendlicher oder zum Vertriebe gesundheitsschädlicher, verfälschter oder verdorbener Nahrungs- oder Genußmittel mißbrauchen wird,

---

muß im Zeitpunkt der Erteilung der Erlaubnis gegenwärtig und darf nicht nur vorübergehend sein. Führt die Prüfung der maßgebenden Umstände nicht überzeugend zur Bejahung des Bedürfnisses, so muß es verneint werden.

§ 3. (1) Die Prüfung ist insbesondere auf folgende Umstände zu richten: Art und örtliche Lage des Betriebs, für den die Erlaubnis beantragt wird; Zahl, Art, örtliche Lage und Entfernung der schon vorhandenen Gast- oder Schankwirtschaften; soziale Schichtung, Lebensgewohnheiten und Dichtigkeit der Bevölkerung; Erfordernisse des Ortsverkehrs und Fremdenverkehrs.

(2) Eine Bestimmung des Bedürfnisses nur nach Maßgabe des Verhältnisses der Zahl der vorhandenen Betriebe zur Einwohnerzahl ist ausgeschlossen.

§ 4. (1) Soweit nach § 1 Abs. 1 des Gaststättengesetzes Personenvereinigungen eine Erlaubnis erteilt werden kann, ist bei Anträgen auf Erteilung der Erlaubnis zum Betrieb einer Gast- oder Schankwirtschaft zu berücksichtigen, daß das Bedürfnis nicht dadurch ausgeschlossen wird, daß es sich auf einen bestimmten Personenkreis beschränkt.

(2) Bei Anträgen auf Erteilung der Erlaubnis zum Ausschank in Unternehmen, die in erster Linie die Darbietung künstlerischer oder wissenschaftlicher Vorführungen zum Gegenstande haben (insbesondere Theater-, Konzert- und Lichtspielvorführungen, Vorträge), ist das Bedürfnis nur anzuerkennen, soweit es durch die regelmäßige Dauer der Veranstaltungen und die Zahl der Besucher, die die Räume des Unternehmens zu fassen vermögen, gerechtfertigt wird.

§ 5. Im Rahmen der in den §§ 2, 3 und 4 enthaltenen Grundsätze ist im besonderen zu beachten:

1. Bei Anträgen auf Erteilung der Erlaubnis zum Betrieb einer

2. wenn Tatsachen die Annahme rechtfertigen, daß der Antragsteller die Vorschriften über die Beschäftigung von Arbeitern und Angestellten nicht einhalten wird, insbesondere wenn der Antragsteller wegen Verstoßes gegen diese Vorschriften erheblich vorbestraft ist,
3. wenn die zum Betriebe des Gewerbes oder die zum Aufenthalte der Arbeiter und Angestellten des Betriebs bestimmten Räume wegen ihrer Beschaffenheit oder Lage den polizeilichen Anforderungen nicht genügen,
4. wenn die Verwendung der Räume für den Betrieb des Gewerbes dem öffentlichen Interesse widerspricht.

Schankwirtschaft mit ausschließlichem oder vorwiegendem Branntweinausschank (zum Beispiel Bars, Likörstuben) darf das Bedürfnis nur in Ausnahmefällen anerkannt werden; dabei sind nicht nur die schon vorhandenen gleichartigen, sondern alle Schankstätten in Betracht zu ziehen, in denen Branntwein ausgeschänkt wird.

2. Bei Anträgen auf Erteilung der Erlaubnis zum Betrieb einer neu zu errichtenden Gast- oder Schankwirtschaft oder zur Erweiterung einer bestehenden Gast- oder Schankwirtschaft auf bisher nicht zugelassene Räume oder Getränke ist ein strengerer Maßstab anzulegen als bei Anträgen auf Erteilung der Erlaubnis zum Betrieb einer schon vorhandenen Gast- oder Schankwirtschaft.
3. Bei Anträgen auf Erteilung der Erlaubnis zum Betrieb einer schon vorhandenen Gast- oder Schankwirtschaft darf, insbesondere bei Betrieben, die einem häufigen Besitzwechsel unterliegen, das Bedürfnis nicht allein schon aus dem bisherigen Vorhandensein des Betriebs gefolgert werden. Auch hier sind alle für die Bedürfnisprüfung maßgebenden Umstände in Betracht zu ziehen. Im übrigen sollen bei Würdigung des Bedürfnisnachweises, unbeschadet des Ziels einer planmäßigen Verminderung der über das Bedürfnis hinaus vorhandenen Schankwirtschaften, die bestehenden Betriebe nur insoweit als gleichwertig angesehen werden, als sie nach Größe und Betriebsart gleichartig sind.
4. Bei Anträgen auf Erteilung der Erlaubnis zum Betrieb einer Gastwirtschaft ist grundsätzlich die Prüfung sowohl auf das Bedürfnis für die Fremdenbeherbergung wie auf das Bedürfnis für den Ausschank der einzelnen Getränkearten zu richten.

2. Beim Kleinhandel mit Branntwein.

§ 6. (1) Bei Anträgen auf Erteilung der Erlaubnis zum Kleinhandel mit Branntwein ist die Zahl der bereits vorhandenen Klein-

5. wenn die zum Betriebe bestimmten Räume in der in Ziffer 1 genannten Art mißbraucht worden sind, sofern nicht anzunehmen ist, daß der Betrieb ordnungsmäßig geführt werden wird.

(2) Bei juristischen Personen oder bei nichtrechtsfähigen Vereinen gelten als Antragsteller im Sinne des Abs. 1 Ziffer 1 und 2 die vertretungsberechtigten Personen.

[Inhalt der Erlaubnis] **§ 3.**

(1) Die Erlaubnis ist bei Gast- und bei Schankwirtschaften für eine bestimmte Betriebsart, für bestimmte Arten von Getränken und für bestimmte Räume zu erteilen. In der Erlaubnis zum Betrieb einer Gastwirtschaft oder zum Ausschank

---

handelsbetriebe, einschließlich der Filialbetriebe, in Betracht zu ziehen, ohne Rücksicht auf die Art des in ihnen gehandelten Branntweins.

(2) Die Bestimmungen der §§ 2, 3, 4 und 5 Ziffer 2 und 3 finden entsprechende Anwendung, soweit sich nicht aus den §§ 7 und 8 etwas anderes ergibt.

§ 7. Bei Anträgen auf Erteilung der Erlaubnis zum Kleinhandel mit Branntwein in fest verschlossenen, mit der Firma des Herstellers oder Händlers versehenen Flaschen ist das Bedürfnis ohne Rücksicht auf die Zahl der vorhandenen Kleinhandelsbetriebe anzuerkennen, wenn der Kleinhandel mit Branntwein einen der herrschenden Übung entsprechenden und notwendigen Bestandteil der Art des in Betracht kommenden Handelsbetriebs darstellt.

§ 8. Bei Anträgen auf Erteilung der Erlaubnis zum Kleinhandel mit Branntwein in Handelsbetrieben, in denen der Branntweinverkauf nicht zu den der herrschenden Übung entsprechenden und notwendigen Bestandteilen gehört, ist das Bedürfnis in der Regel zu verneinen, es sei denn, daß die Zahl der vorhandenen Branntweinkleinhandlungen nicht ausreicht.

II. Abgrenzung des Kleinhandels mit Branntwein.

§ 9. Als Kleinhandel mit Branntwein im Sinne des § 1 Abs. 1 des Gaststättengesetzes gilt jede gewerbsmäßige und in den Fällen des § 23 Abs. 1 des Gaststättengesetzes auch die nicht gewerbsmäßige Abgabe einer Menge von nicht mehr als 3 Liter Branntwein an Verbraucher. Verbraucher im Sinne dieser Vorschrift ist, wer Branntwein zum persönlichen Genuß oder zur Verwendung im eigenen Haushalt bezieht.

III. Abgrenzung des Kleinhandels mit Bier oder Wein.

§ 10. Als Kleinhandel mit Bier oder Wein im Sinne des § 13 Abs. 1 des Gaststättengesetzes gilt jede gewerbsmäßige und in den Fällen des § 23 Abs. 1 des Gaststättengesetzes auch die nicht gewerbsmäßige geistiger Getränke ist die Erlaubnis zum Ausschank nichtgeistiger Getränke enthalten.

(2) Die Erlaubnis zum Kleinhandel mit Branntwein ist für bestimmte Räume zu erteilen. Sie kann mit der Beschränkung erteilt werden, daß der Kleinhandel mit Branntwein dem Antragsteller nur im Betrieb eines von ihm in einer offenen Verkaufsstelle geführten Geschäfts bestimmter Art erlaubt wird.

(3) Die Erlaubnis zum Ausschank von Branntwein schließt die Erlaubnis zum Kleinhandel ein.

(4) Die Erlaubnis darf weder auf Zeit noch auf Widerruf erteilt werden, soweit nicht dieses Gesetz es zuläßt.

[Frist zum Beginn des Betriebs]

§ 4.

(1) Bei der Erteilung der Erlaubnis kann eine Frist bis zur Dauer eines Jahres bestimmt werden, innerhalb deren der Betrieb begonnen sein muß, widrigenfalls die Erlaubnis erlischt. Ist eine Frist nicht bestimmt, so erlischt die Erlaubnis, wenn der Inhaber den Betrieb nicht innerhalb eines Jahres nach Erteilung der Erlaubnis beginnt. Die Fristen können verlängert werden, wenn ein wichtiger Grund vorliegt.

(2) Die Erlaubnis erlischt ferner, wenn der Inhaber seinen Betrieb seit einem Jahre nicht mehr ausgeübt hat, ohne daß ihm darüber hinaus eine Frist gewährt worden ist, innerhalb deren der Betrieb wieder aufgenommen werden muß. Diese Frist beträgt höchstens ein Jahr; sie kann verlängert werden, wenn ein wichtiger Grund vorliegt.

(3) Der Inhaber einer Erlaubnis hat binnen einer Woche der zuständigen Behörde schriftlich anzuzeigen, daß er seinen Betrieb begonnen hat oder nicht mehr ausübt.

[Begrenzte Gültigkeit einer Erlaubnis für juristische Personen]

§ 5.

(1) Die einer juristischen Person oder einem nichtrechtsfähigen Verein erteilte Erlaubnis erlischt mit dem Ablauf von 30 Jahren nach der Erteilung. Erlaubnisse, die vor dem Tage des Inkrafttretens dieses Gesetzes juristischen Personen oder nichtrechtsfähigen Vereinen erteilt worden sind, erlöschen mit dem Ablauf von 30 Jahren nach diesem Tage.

Abgabe von Bier oder Wein unmittelbar an Verbraucher. Verbraucher im Sinne dieser Vorschrift ist, wer Bier oder Wein zum persönlichen Genuß oder zur Verwendung im eigenen Haushalt bezieht.

§ 11. Diese Verordnung tritt am 1. Juli 1930 in Kraft.

(2) Ist die Erlaubnis in einem dieser Fälle erloschen, so kann die zuständige Behörde die Fortsetzung des Gewerbes bis zur Erteilung einer neuen Erlaubnis auf Widerruf zulassen. § 7 Abs. 1 Satz 2 und 3 findet Anwendung.

[Stellvertretungserlaubnis] **§ 6.**

(1) Die Ausübung der im § 1 Abs. 1 bezeichneten Gewerbe durch einen Stellvertreter ist nur mit besonderer Erlaubnis (Stellvertretungserlaubnis) der für die Erteilung der Erlaubnis zum Gewerbebetriebe zuständigen Behörde gestattet.

(2) Die Erlaubnis wird für einen bestimmten Stellvertreter erteilt. Die Vorschriften des § 2 Abs. 1 Ziffer 1 und 2 und des § 4 gelten entsprechend.

(3) Die Stellvertretungserlaubnis ist natürlichen Personen zu erteilen, wenn

1. nach Erteilung der Erlaubnis zum Betriebe des Gewerbes Umstände eingetreten sind, die den Inhaber hindern, das Gewerbe persönlich auszuüben, insbesondere, wenn er in der Verfügung über sein Vermögen beschränkt worden ist;
2. der Betrieb nach dem Ableben des Inhabers für seine Witwe während ihres Witwenstandes oder für seine minderjährigen Erben oder bis zur Beendigung einer Nachlaßauseinandersetzung fortgeführt werden soll.

Sie ist zu versagen, wenn diese Voraussetzungen nicht vorliegen.

(4) Juristische Personen und nichtrechtsfähige Vereine bedürfen einer Stellvertretungserlaubnis gemäß Abs. 1 nur, wenn sie den Betrieb durch andere Personen als die Antragsteller (§ 2 Abs. 2) führen.

[Vorläufige Erlaubnis] **§ 7.**

(1) Die zuständige Behörde kann Personen, die einen der im § 1 Abs. 1 bezeichneten Betriebe von einem anderen übernehmen, zur Ausübung des Gewerbes bis zur Erteilung der Erlaubnis auf Widerruf zulassen. Die Zulassung soll nicht für eine längere Zeit als 3 Monate erfolgen; diese Frist kann verlängert werden, wenn ein wichtiger Grund vorliegt. Die Entscheidungen sind endgültig.

(2) Die Vorschrift des Abs. 1 findet auf die vorläufige Zulassung eines Stellvertreters entsprechende Anwendung.

[Vorübergehende Erlaubnis] **§ 8.**

(1) Bei einem vorübergehenden Bedürfnis kann der Betrieb einer Gast- oder Schankwirtschaft vorübergehend auf Widerruf gestattet werden. Dabei sind ortsansässige Inhaber einer Er-

laubnis im Sinne des § 1 Abs. 1 in der Regel vor anderen zu berücksichtigen. Dem Betriebsinhaber können Auflagen gemacht werden.

(2) Ein vorübergehendes Bedürfnis ist für den Ausschank geistiger Getränke bei Schul- und Jugendfesten sowie bei Sportfesten, an denen überwiegend Jugendliche beteiligt sind, nicht anzuerkennen.

(3) Die oberste Landesbehörde kann die näheren Anordnungen treffen.

[Milchausschank] **§ 9.**

(1) Der Ausschank von Milch in Räumen, die dem Milchverkaufe dienen, bedarf während der für den Milchverkauf festgesetzten Verkaufszeit keiner Erlaubnis.

(2) Der Erlaubnis bedarf ferner nicht der Ausschank von Milch bei außergewöhnlichen Gelegenheiten.

[Ausschank selbsterzeugten Weines] **§ 10.**

(1) Die oberste Landesbehörde oder die von ihr beauftragte Behörde kann bestimmen, daß der Ausschank selbsterzeugten Weines oder Apfelweins für die Dauer von höchstens 4 Monaten und, wo dies bisher nach Landesrecht zulässig war, von höchstens 6 Monaten, und zwar zusammenhängend oder in zwei Zeitabschnitten im Jahre keiner Erlaubnis bedarf.

(2) Personen, die nach Maßgabe des Abs. 1 selbsterzeugten Wein oder Apfelwein ausschenken wollen, haben der Ortspolizeibehörde die Menge des selbsterzeugten und zum Ausschank bestimmten Weines oder Apfelweins sowie den Zeitraum, während dessen der Ausschank erfolgen soll, anzumelden.

[Nachträgliche Auflagen] **§ 11.**

(1) Dem Inhaber einer Gast- oder Schankwirtschaft können von der für die Erlaubniserteilung zuständigen Behörde bei Erteilung oder auf Antrag der Polizeibehörde nach Erteilung der Erlaubnis Auflagen gemacht werden:

a) zum Schutze der Gäste, Angestellten und Arbeiter gegen Gefahren für Leben, Gesundheit oder Sittlichkeit,

b) zum Schutze der Bewohner des Grundstücks und der Nachbargrundstücke sowie der Bevölkerung gegen erhebliche Nachteile oder Belästigungen.

(2) Ist in einem Betriebe der Ausschank geistiger Getränke gestattet, so hat der Betriebsinhaber auch nicht geistige Getränke bereit zu halten.

II. Verlust der Gewerbebefugnis.

[Zurücknahme der Erlaubnis] **§ 12.**

(1) Die Erlaubnis zum Betrieb eines der im § 1 Abs. 1 bezeichneten Gewerbe oder zur Ausübung des Gewerbes durch einen Stellvertreter muß von der für die Erlaubniserteilung zuständigen Behörde zurückgenommen werden, wenn sie der Betriebsinhaber vorsätzlich durch unrichtige Angaben erwirkt hat.

(2) Die Erlaubnis kann zurückgenommen werden:

1. wenn der für die Zurücknahme zuständigen Behörde Tatsachen bekannt werden, welche die Versagung der Erlaubnis nach § 2 Abs. 1 Ziffer 1 oder 2 rechtfertigen würden,
2. wenn sie der Betriebsinhaber durch Angaben erwirkt hat, deren Unrichtigkeit er bei Anwendung der erforderlichen Sorgfalt hätte kennen müssen,
3. wenn die Betriebsart, für welche die Erlaubnis erteilt worden ist, unbefugt geändert wird, oder wenn andere als die zugelassenen Getränke ausgeschenkt oder andere als die zugelassenen Räume zum Betriebe verwendet werden,
4. wenn der Betriebsinhaber seinen Betrieb ohne Erlaubnis durch einen Stellvertreter führen läßt,
5. wenn der Betriebsinhaber oder sein Stellvertreter die gemäß § 11 gemachten Auflagen nicht vollzieht,
6. wenn der Betriebsinhaber oder sein Stellvertreter in dem Betriebe Personen beschäftigt, von denen er weiß oder den Umständen nach annehmen muß, daß ihre Beschäftigung nach § 17 Abs. 1 untersagt ist.

[Untersagung des Kleinhandels mit Bier oder Wein] **§ 13.**

(1) Der Kleinhandel mit Bier oder Wein sowie der Ausschank von Milch im Falle des § 9 können untersagt werden, wenn der Gewerbetreibende den Betrieb einer Schankwirtschaft oder den Kleinhandel mit Branntwein ohne Erlaubnis ausgeübt hat und deshalb innerhalb der letzten 3 Jahre rechtskräftig bestraft worden ist.

(2) Die zuständige Behörde kann die Wiederaufnahme des Gewerbebetriebs gestatten, wenn seit der Untersagung mindestens ein Jahr verflossen ist.

(3) Die Reichsregierung kann mit Zustimmung des Reichsrats die Voraussetzungen bestimmen, unter denen der Handel mit Bier oder Wein als Kleinhandel im Sinne dieses Gesetzes anzusehen ist. Soweit die Reichsregierung Bestimmungen hier-

über nicht erlassen hat, können die obersten Landesbehörden sie erlassen[1]).

III. Umfang der Gewerbebefugnis.

[Polizeistunde]

§ 14.

(1) Die oberste Landesbehörde oder die von ihr bestimmte Behörde hat Bestimmungen über die Festsetzung und Handhabung der Polizeistunde in Gast- oder Schankwirtschaften nach Anhörung der wirtschaftlichen Vereinigungen der Arbeitgeber und Arbeitnehmer des Gast- und Schankwirtschaftsgewerbes zu erlassen, soweit dies nicht schon geschehen ist. Dabei ist anzuordnen, wann die Polizeistunde beginnt und wann sie endet, unter welchen Voraussetzungen sie verlängert oder verkürzt werden darf und wie ihre Einhaltung zu überwachen ist.

(2) Die äußerste Grenze für die Festsetzung der Polizeistunde ist 1 Uhr nachts, sofern nicht besondere örtliche Verhältnisse eine Ausnahme rechtfertigen, worüber die oberste Landesbehörde oder die von ihr bestimmte Behörde entscheidet. Der Ausschank von Branntwein in Gast- oder Schankwirtschaften sowie der Kleinhandel mit Branntwein darf nicht vor 7 Uhr früh beginnen.

[Zeitliche Begrenzung des Verkaufs von Branntwein]

§ 15.

Die oberste Landesbehörde oder die von ihr bestimmte Behörde kann den Ausschank von Branntwein und den Kleinhandel mit Trinkbranntwein für bestimmte Morgenstunden sowie an höchstens zwei Tagen in der Woche, insbesondere an Lohn- oder Gehaltszahlungstagen, Wahltagen für den Reichstag, den Landtag oder die Gemeindevertretung, ganz oder teilweise verbieten oder beschränken. Weitergehende landesrechtliche Bestimmungen bleiben unberührt.

[Beschränkungen des Gewerbebetriebs]

§ 16.

(1) Verboten ist:

1. an Personen, die das 18. Lebensjahr noch nicht vollendet haben, Branntwein oder überwiegend branntweinhaltige Genußmittel im Betrieb einer Gast- oder Schankwirtschaft oder im Kleinhandel zu eigenem Genusse zu verabreichen;

---

[1]) Diese Bestimmungen sind durch die VO. der Reichsregierung v. 21. Juni 1930 (RGBl. I S. 191) (oben als Anm. zu § 1 abgedruckt) getroffen, deren § 10 folgenden Wortlaut hat: Als Kleinhandel mit Bier oder Wein im Sinne des § 13 Abs. 1 des Gaststättengesetzes gilt jede gewerbsmäßige und in den Fällen des § 23 Abs. 1 des Gaststättengesetzes

2. an Personen, die das 16. Lebensjahr noch nicht vollendet haben, in Abwesenheit des zu ihrer Erziehung Berechtigten oder seines Vertreters auch andere geistige Getränke oder Tabakwaren im Betrieb einer Gast- oder Schankwirtschaft zu eigenem Genusse zu verabreichen;
3. geistige Getränke im Betrieb einer Gast- oder Schankwirtschaft oder im Kleinhandel an Betrunkene zu verabreichen;
4. Branntwein oder überwiegend branntweinhaltige Genußmittel durch Automaten feilzuhalten;
5. das Verabfolgen von Speisen in Gast- oder Schankwirtschaften von der Bestellung von Getränken abhängig zu machen oder bei der Nichtbestellung von Getränken eine Erhöhung der Preise eintreten zu lassen;
6. Branntwein oder überwiegend branntweinhaltige Genußmittel auf Turn-, Spiel-, Sportplätzen oder -hallen zu verabreichen.

(2) Landesrechtliche Bestimmungen zum Schutze der Jugend, die über die Ziffern 1 und 2 des Abs. 1 hinausgehen, bleiben unberührt.

[Verbot der Beschäftigung unzuverlässiger Personen]

§ 17.

(1) Die Beschäftigung einer Person bei der Leitung oder Beaufsichtigung eines der im § 1 Abs. 1 bezeichneten Betriebe kann von der zuständigen Behörde untersagt werden, wenn die Annahme gerechtfertigt ist, daß die Person die erforderliche Zuverlässigkeit nicht besitzt, insbesondere, wenn die Voraussetzungen des § 2 Abs. 1 Ziffer 1 oder 2 gegeben sind. Die zuständige Behörde kann die Wiederbeschäftigung gestatten, wenn seit der Untersagung mindestens ein Jahr verflossen ist.

(2) Über die Zulassung, das Verhalten und die Art der Entlohnung weiblicher Arbeitnehmer in Gast- oder Schankwirtschaften sind von der obersten Landesbehörde oder der von ihr bestimmten Behörde Bestimmungen zu erlassen, soweit dies nicht schon geschehen ist.

IV. Verfahren.

[Grundsätze des Verfahrens]

§ 18.

Die oberste Landesbehörde bestimmt die zuständigen Behörden und regelt das Verfahren. Dabei muß das Verfahren bei der Erteilung

---

auch die nicht gewerbsmäßige Abgabe von Bier oder Wein unmittelbar an Verbraucher. Verbraucher im Sinne dieser Vorschrift ist, wer Bier oder Wein zum persönlichen Genuß oder zur Verwendung im eigenen Haushalt bezieht.

(§§ 1 und 6) oder Zurücknahme der Erlaubnis (§ 12), bei der Erteilung von Auflagen (§ 11) und bei der Untersagung (§ 13) folgende Grundsätze einhalten.

1. Der Bescheid muß schriftlich erteilt werden; er muß mit Gründen und einer Belehrung über die zulässigen Rechtsmittel versehen sein, es sei denn, daß die Erlaubnis zur Weiterführung eines bestehenden Betriebs erteilt wird. In dem Bescheide, durch den die Erlaubnis zum Betrieb eines der im § 1 Abs. 1 bezeichneten Gewerbe erteilt wird, müssen die Betriebsart, die zugelassenen Räume sowie die dem Betriebsinhaber etwa gemachten Auflagen und bei Gast- oder Schankwirtschaften die Arten der zugelassenen Getränke bezeichnet sein.
2. Das Verfahren muß, soweit in Ziffer 1 nichts anderes bestimmt ist, den Vorschriften der §§ 20, 21, 21a der Gewerbeordnung genügen; soweit ein Verwaltungsstreitverfahren stattfindet, unterliegt auch der Nachweis des Bedürfnisses (§ 1 Abs. 2) der gerichtlichen Nachprüfung. Ist die Entscheidung erster Instanz von einem Kollegium getroffen, so muß die Anfechtungsbefugnis auch einem Vertreter des öffentlichen Interesses zustehen.

[Anhörung der Ortsbehörden] § 19.

(1) Vor der Erteilung der Erlaubnis (§ 1) sind die örtliche Polizeibehörde und die Gemeindebehörde, vor ihrer Zurücknahme ist die örtliche Polizeibehörde zu hören. Die oberste Landesbehörde kann bestimmen, daß auch der Gewerbeaufsichtsbeamte, das Wohlfahrtsamt, gemeinnützige Vereine sowie die örtliche oder bezirksweise Berufsvertretung der Arbeitgeber und Arbeitnehmer der beteiligten Gewerbe gehört werden.

(2) Vor Erteilung der Erlaubnis für neu zu errichtende Betriebe mit Ausschank geistiger Getränke oder für die Ausdehnung bestehender Betriebe auf den Ausschank von Branntwein sind, vorbehaltlich der Vorschrift in Abs. 1, das Jugendamt und die für die Gemeinde oder den Bezirk bestehende wirtschaftliche Vereinigung der Arbeitgeber und Arbeitnehmer im Gast- und Schankwirtschaftsgewerbe zu hören. Wird die Erlaubnis erteilt, so ist der Bescheid diesen Stellen mitzuteilen; sie können gegen den Bescheid die zulässigen Rechtsmittel mit der Begründung einlegen, daß ein Bedürfnis (§ 1 Abs. 2) nicht vorhanden ist. Sind in einer Gemeinde oder einem Bezirke mehrere wirtschaftliche Vereinigungen der Arbeitgeber oder Arbeitnehmer im Gast- und Schankwirtschaftsgewerbe vorhanden, so bestimmt die oberste Landesbehörde oder die von ihr bestimmte Behörde die im Sinne dieser Vorschrift zuständige Vereinigung.

[Versagung mangels eines Bedürfnisses]

§ 20.

Ist die Erlaubnis mangels eines Bedürfnisses versagt worden, so darf innerhalb dreier Jahre nach Rechtskraft der Entscheidung die Erlaubnis für denselben oder einen gleichartigen Betrieb auf demselben Grundstück nur erteilt werden, wenn sich die Verhältnisse inzwischen wesentlich geändert haben.

[Verzeichnis der erteilten Erlaubnisse]

§ 21.

(1) Die zur Erteilung der Erlaubnis zuständige Behörde hat über die von ihr gemäß § 1 Abs. 1 erteilten Erlaubnisse ein Verzeichnis zu führen.

(2) Die oberste Landesbehörde oder die von ihr bestimmte Stelle kann, wenn nach ihrem Ermessen die Zahl der nach § 1 Abs. 1 erlaubnispflichtigen Betriebe in einem Bezirke das Bedürfnis übersteigt, für längstens drei Jahre anordnen, daß in dem Bezirk Erlaubnisse für neu zu errichtende Betriebe nicht oder nur mit ihrer Genehmigung erteilt werden dürfen. Das gleiche gilt für Erlaubnisse zur Ausdehnung bestehender Betriebe auf nicht zugelassene Arten von Getränken oder auf nicht zugelassene Räume. Die Anordnung kann nach Ablauf eines der Dauer der Sperre entsprechenden Zeitraums, frühestens aber nach Ablauf eines Jahres, wiederholt werden.

(3) Gegen eine Anordnung nach Abs. 2 oder die Versagung der in ihr vorgeschriebenen Genehmigung findet kein Rechtsmittel statt, soweit die Maßnahme von der obersten Landesbehörde getroffen ist. Ist die Maßnahme dagegen von einer von der obersten Landesbehörde bestimmten Stelle getroffen, so ist die Beschwerde an die vorgesetzte Dienststelle zugelassen.

[Verhinderung der Ausübung eines nichtgenehmigten Betriebs]

§ 22.

(1) Die zuständige Behörde kann die Fortsetzung des Betriebs einer Gast- oder Schankwirtschaft und des Kleinhandels mit Branntwein durch unmittelbaren oder mittelbaren Zwang verhindern, wenn der Betrieb ohne Erlaubnis begonnen oder die Erlaubnis erloschen, widerrufen oder zurückgenommen ist. Dasselbe gilt, wenn der Kleinhandel mit Bier oder Wein oder der Ausschank von Milch untersagt worden ist.

(2) In den Fällen des § 12 kann die zuständige Behörde den Betrieb vorläufig schließen. Sie hat in diesem Falle unverzüglich bei der für die Erlaubniserteilung zuständigen Behörde die Zurücknahme der Erlaubnis zu beantragen. Wird der Antrag nicht innerhalb einer Woche gestellt, so tritt die Schließung außer Kraft. Die zuständige Be-

hörde hat über die vorläufige Schließung vorab zu entscheiden. Gegen diese Entscheidung findet kein Rechtsmittel statt.

V. Anwendungsbereich.

[Vereine und Gesellschaften] **§ 23.**

(1) Die Vorschriften dieses Gesetzes finden auf Vereine und Gesellschaften Anwendung, auch ohne daß ein Gewerbebetrieb vorliegt, wenn sie Getränke ausschenken oder Branntwein im kleinen absetzen; dies gilt nicht für den Ausschank von Getränken und den Absatz von Branntwein im kleinen an Angestellte oder Arbeiter dieser Vereine oder Gesellschaften.

(2) Die Bestimmungen über die Polizeistunde (§ 14) finden auf Zusammenkünfte von Vereinen und geschlossenen Gesellschaften nur Anwendung, wenn sie in einer Gast- oder Schankwirtschaft oder in Räumen, die mit einer solchen verbunden sind und in denen Schankwirtschaft betrieben wird, stattfinden. Die oberste Landesbehörde kann diese Bestimmungen auch auf Zusammenkünfte in Räumen ausdehnen, die im Eigentume dieser Vereine oder Gesellschaften stehen oder ihnen mietweise, leihweise oder aus einem anderen Grunde überlassen worden sind, soweit in diesen Räumen Getränke ausgeschenkt werden

[Realgewerbeberechtigungen] **§ 24.**

(1) Die Vorschriften dieses Gesetzes finden auch auf Realgewerbeberechtigungen Anwendung, mit Ausnahme der Vorschriften über den Bedürfnisnachweis (§ 1 Abs. 2), über die Lage der Räume (§ 2 Ziffer 3) und über das öffentliche Interesse hinsichtlich der Verwendung der Räume (§ 2 Abs. 1 Ziffer 4); auch diese Vorschriften finden jedoch Anwendung, falls die Gast- oder Schankwirtschaft binnen der der Stellung des Antrags vorhergehenden letzten drei Jahre nicht betrieben worden ist. Die Frist kann von der Erlaubnisbehörde auf Antrag verlängert werden, wenn ein wichtiger Grund vorliegt.

(2) Die oberste Landesbehörde kann bestimmen, daß auch die im Abs. 1 ausgenommenen Vorschriften Anwendung finden, wenn die Erlaubnis auf Grund einer Realgewerbeberechtigung für ein Grundstück nachgesucht wird, auf welchem die Erlaubnis auf Grund dieser Realgewerbeberechtigung bisher nicht ausgeübt wurde.

(3) Eine nach Abs. 1 oder Abs. 2 erfolgende Beschränkung der Realgewerbeberechtigung begründet keinen Anspruch auf Entschädigung.

[Speisewirtschaften] **§ 25.**

Die Vorschriften des § 13 Abs. 1 und 2, der §§ 14, 17 und des § 22 Abs. 1 finden auf Speisewirtschaften entsprechende Anwendung.

[Kleinhandel mit Bier] **§ 26.**

Durch Landesgesetz kann angeordnet werden, daß die Bestimmungen dieses Gesetzes, welche für die im § 1 Abs. 1 bezeichneten Betriebe gelten, ganz oder teilweise für den Kleinhandel mit Bier Anwendung finden.

[Genehmigungsfreie Betriebe] **§ 27.**

(1) Die Vorschriften dieses Gesetzes finden keine Anwendung:

1. auf die Kantinen, Kameradschaftsheime oder Offiziersheime der Wehrmacht sowie ihre Messen an Bord, deren Betrieb sich auf den Kreis der Wehrmacht beschränkt;
2. auf die Kantinen, Kameradschaftsheime oder Offiziersheime der Polizei, deren Betrieb sich auf den Kreis der Polizei beschränkt;
3. auf Bahnhofswirtschaften, Speisewagen, Kantinen und Fahrpersonalküchen, soweit diese nach § 16 Abs. 5 des Gesetzes über die Deutsche Reichsbahn-Gesellschaft vom 30. August 1924 (Reichsgesetzbl. II S. 272) den Bestimmungen der Gewerbeordnung nicht unterliegen;
4. auf den Vertrieb von vergälltem Branntwein.

(2) Die Reichsregierung kann bestimmen, daß die Vorschriften dieses Gesetzes auch auf Bahnhofswirtschaften, Speisewagen, Kantinen und Fahrpersonalküchen der Eisenbahnen des allgemeinen Verkehrs, die nicht von der Deutschen Reichsbahn betrieben werden, ganz oder teilweise keine Anwendung finden[1]). Die im Satz 1 genannten Betriebe, die bei den daselbst erwähnten Eisenbahnen zur Zeit des Inkrafttretens dieses Gesetzes vorhanden sind, können, wenn der Betriebsinhaber binnen Monatsfrist seit dem Inkrafttreten dieses Gesetzes die Erteilung der Erlaubnis beantragt, bis zur rechtskräftigen Entscheidung über diesen Antrag fortgeführt werden.

[Sondervorschrift für Bayern] **§ 28.**

Soweit bisher in Bayern der Ausschank selbsterzeugter Getränke ohne Erlaubnis statthaft war, bedarf es einer solchen auch in der Folge nicht. Für die Schließung eines solchen Betriebs gelten die Vorschriften des § 12 Abs. 2 Ziffer 1, 3 bis 6 entsprechend.

VI. Strafvorschriften.

§ 29.

Mit Haft und mit Geldstrafe bis zu einhundertfünfzig Reichsmark oder mit einer dieser Strafen wird bestraft, wer

1. als Betriebsinhaber oder dessen Stellvertreter die nach § 11 gemachten Auflagen nicht vollzieht,

---

[1]) Vgl. die VO. v. 1 Juli 1930 (RGBl. I S. 201).

2. als Betriebsinhaber oder dessen Stellvertreter bei der Leitung oder Beaufsichtigung eines der im § 1 Abs. 1 bezeichneten Betriebe Personen beschäftigt, deren Beschäftigung nach § 17 Abs. 1 untersagt ist,
3. in einem der im § 1 Abs. 1 bezeichneten Betriebe als Stellvertreter tätig ist, obwohl die Erlaubnis hierzu nicht erteilt oder zurückgenommen ist,
4. seine Tätigkeit bei der Leitung oder Beaufsichtigung eines der im § 1 Abs. 1 bezeichneten Betriebe wissentlich fortsetzt, nachdem seine Beschäftigung untersagt worden ist (§ 17 Abs. 1),
5. den auf Grund des § 17 Abs. 2 oder den vor dem Inkrafttreten dieses Gesetzes auf Grund des Gesetzes über weibliche Angestellte in Gast- und Schankwirtschaften vom 15. Januar 1920 (Reichsgesetzbl. S. 69) erlassenen Bestimmungen zuwiderhandelt,
6. als Gast in einer Schankwirtschaft, den Schankräumen einer Gastwirtschaft, in einer Speisewirtschaft oder an einem öffentlichen Vergnügungsort über die Polizeistunde hinaus verweilt, obwohl der Inhaber oder dessen Vertreter oder ein Polizeibeamter ihn aufgefordert hat, wegzugehen,
7. als Inhaber einer Gast- oder Schank- oder Speisewirtschaft oder eines öffentlichen Vergnügungsorts oder als Vertreter des Inhabers duldet, daß ein Gast über die Polizeistunde hinaus in den Schankräumen oder an dem Vergnügungsorte verweilt,
8. den auf Grund des § 15 oder des § 23 Abs. 2 Satz 2 erlassenen Bestimmungen oder den Vorschriften des § 14 Abs. 2 Satz 2 oder des § 16 zuwiderhandelt,
9. die nach § 4 Abs. 3 erforderliche Anzeige nicht oder nicht rechtzeitig macht,
10. als Gast in einer Gast- oder Schankwirtschaft verweilt, die unbefugt betrieben wird,
11. einer Vorschrift zuwiderhandelt, die für bestimmte Anlässe das Verabreichen geistiger Getränke verbietet.

§ 30.

(1) Mit Gefängnis bis zu drei Monaten und mit Geldstrafe oder mit einer dieser Strafen wird bestraft, wer vorsätzlich
1. den Betrieb einer Gast- oder Schankwirtschaft oder den Kleinhandel mit Branntwein unbefugt ausübt,
2. Gast- oder Schankwirtschaft oder Kleinhandel mit Branntwein unbefugt durch einen Stellvertreter betreibt,
3. den Kleinhandel mit Bier oder Wein, den Ausschank von Milch oder den Betrieb einer Speisewirtschaft trotz Untersagung fortsetzt.

(2) Ebenso wird bestraft, wer wegen Übertretung der Vorschriften des § 16 Ziffer 1 oder 2 wiederholt rechtskräftig bestraft worden ist und

innerhalb der auf die letzte Verurteilung folgenden nächsten drei Jahre diesen Vorschriften vorsätzlich zuwiderhandelt.

(3) Wer eine der im Abs. 1 bezeichneten Handlungen fahrlässig begeht, wird mit Haft und mit Geldstrafe bis zu einhundertfünfzig Reichsmark oder mit einer dieser Strafen bestraft.

VII. Übergangs- und Schlußvorschriften.

[Zechschulden] **§ 31.**

(1) Forderungen eines Gast- oder Schankwirts aus dem Ausschank von Branntwein können weder eingeklagt noch in sonstiger Weise geltend gemacht werden, wenn sie Personen gestundet worden sind, die dem Gast- oder Schankwirt eine frühere Schuld gleicher Art noch nicht bezahlt haben. Dasselbe gilt für Forderungen aus der Abgabe von Branntwein im Kleinhandel, sofern nicht die Lieferung mit Bezug auf den Geschäftsbetrieb oder Wirtschaftsbetrieb des Empfängers erfolgt.

(2) Als Stundung im Sinne des Abs. 1 gilt nur die Befristung der Zahlung über den Zeitpunkt hinaus, in dem der Gast die Gast- oder Schankwirtschaft verläßt.

(3) Die Vorschrift des Abs. 1 findet auf Forderungen aus dem Ausschank in einer Gastwirtschaft an die zur Beherbergung aufgenommenen Gäste und auf Forderungen aus dem Ausschank von Branntwein, der üblicherweise als Zubehör zu Mahlzeiten verabfolgt wird, keine Anwendung.

[Änderung der GO.] **§ 32.**

Die Gewerbeordnung wird wie folgt geändert:

1. § 33, § 35 Abs. 4 Satz 2 werden gestrichen;
2. im § 40, § 49 Abs. 1 Satz 1 und im § 53 Abs. 2 werden die Verweisungen auf § 33 gestrichen.

[Aufgehobene Vorschriften] **§ 33.**

Es werden aufgehoben:

1. § 365 des Strafgesetzbuchs für das Deutsche Reich;
2. das Gesetz vom 12. Juni 1872 (Reichsgesetzbl. S. 170), betreffend die Einführung der Gewerbeordnung in Bayern;
3. Artikel 3 Abs. 2 des Gesetzes vom 23. Juli 1879 (Reichsgesetzbl. S. 267), betreffend die Abänderung einiger Bestimmungen der Gewerbeordnung;
4. die Bekanntmachung des Bundesrats, betreffend den Ausschank und Verkauf von Branntwein und Spiritus, vom 26. März 1915 (Reichsgesetzbl. S. 183);

5. das Gesetz über weibliche Angestellte in Gast- und Schankwirtschaften vom 15. Januar 1920 (Reichsgesetzbl. S. 69);
6. § 107 des Gesetzes über das Branntweinmonopol vom 8. April 1922 (Reichsgesetzbl. I S. 405);
7. Artikel I des Notgesetzes vom 24. Februar 1923 (Reichsgesetzbl. I S. 147).

§ 34.

Soweit in reichs- oder landesrechtlichen Vorschriften auf Vorschriften verwiesen ist, die durch § 32 oder § 33 aufgehoben sind, treten die entsprechenden Vorschriften dieses Gesetzes an ihre Stelle.

§ 35.

Auf die im § 1 Abs. 1 erwähnten Gewerbebetriebe finden die Vorschriften der Gewerbeordnung soweit Anwendung, als nicht in diesem Gesetze besondere Bestimmungen getroffen sind.

[Inkrafttreten]

§ 36.

Dieses Gesetz tritt am 1. Juli 1930 in Kraft.

Kinderschutzgesetz.

Reichsgesetz, betr. Kinderarbeit in gewerblichen Betrieben. Vom 30. März 03 (RGBl. 113).

Abgeändert durch G. v. 31. Juli 25 (RGBl. 162).

I. Einleitende Bestimmungen.

§ 1. Auf die Beschäftigung von Kindern in Betrieben, welche als gewerbliche im Sinne der GO. anzusehen sind, finden neben den bestehenden reichsrechtlichen Vorschriften die folgenden Bestimmungen Anwendung, und zwar auf die Beschäftigung fremder Kinder die §§ 4—11, auf die Beschäftigung eigener Kinder die §§ 12—17.

Kinder im Sinne dieses Gesetzes.

§ 2. Als Kinder im Sinne dieses Gesetzes gelten Knaben und Mädchen unter dreizehn Jahren sowie solche Knaben und Mädchen über dreizehn Jahre, welche noch zum Besuche der Volksschule verpflichtet sind.

Eigene, fremde Kinder.

§ 3. Im Sinne dieses Gesetzes gelten als eigene Kinder:

1. Kinder, die mit demjenigen, welcher sie beschäftigt, oder mit dessen Ehegatten bis zum dritten Grade verwandt sind,

2. Kinder, die von demjenigen, welcher sie beschäftigt, oder dessen Ehegatten an Kindesstatt angenommen oder bevormundet sind,

3. Kinder, die demjenigen, welcher sie zugleich mit Kindern der unter 1 oder 2 bezeichneten Art beschäftigt, zur gesetzlichen Zwangserziehung (Fürsorgeerziehung) überwiesen sind,

sofern die Kinder zu dem Hausstande desjenigen gehören, welcher sie beschäftigt.

Kinder, welche hiernach nicht als eigene Kinder anzusehen sind, gelten als fremde Kinder.

Die Vorschriften über die Beschäftigung eigener Kinder gelten auch für die Beschäftigung von Kindern, welche in der Wohnung oder Werkstätte einer Person, zu der sie in einem der im Abs. 1 bezeichneten Verhältnisse stehen und zu deren Hausstande sie gehören, für Dritte beschäftigt werden.

II. Beschäftigung fremder Kinder.

Verbotene Beschäftigungsarten.

§ 4. Bei Bauten aller Art, im Betriebe derjenigen Ziegeleien und über Tage betriebenen Brüche und Gruben, auf welche die Bestimmungen der §§ 134—139 b der GO. keine Anwendung finden, und der in dem anliegenden Verzeichnis aufgeführten Werkstätten, sowie beim Steinklopfen, im Schornsteinfegergewerbe, in dem mit dem Speditionsgeschäfte verbundenen Fuhrwerksbetriebe, beim Mischen und Mahlen von Farben, beim Arbeiten in Kellereien dürfen Kinder nicht beschäftigt werden.

Der Bundesrat ist ermächtigt, weitere ungeeignete Beschäftigungen zu untersagen und das Verzeichnis abzuändern. Die beschlossenen Abänderungen sind durch das Reichsgesetzblatt zu veröffentlichen und dem Reichstage sofort oder, wenn derselbe nicht versammelt ist, bei seinem nächsten Zusammentritte zur Kenntnisnahme vorzulegen*).

Beschäftigung im Betriebe von Werkstätten, im Handelsgewerbe und in Verkehrsgewerben.

§ 5. Im Betriebe von Werkstätten (§ 18), in denen die Beschäftigung von Kindern nicht nach § 4 verboten ist, im Handelsgewerbe (§ 105 b Abs. 2, 3 der GO.) und in Verkehrsgewerben (§ 105 i Abs. 1 a. a. O.) dürfen Kinder unter zwölf Jahren nicht beschäftigt werden.

Die Beschäftigung von Kindern über zwölf Jahre darf nicht in der Zeit zwischen acht Uhr abends und acht Uhr morgens und nicht vor dem Vormittagsunterrichte stattfinden. Sie darf nicht länger als drei Stunden und während der von der zuständigen Behörde bestimmten Schulferien nicht länger als vier Stunden täglich dauern. Um Mittag ist den Kindern eine mindestens zweistündige Pause zu gewähren. Am Nachmittage darf die Beschäftigung erst eine Stunde nach beendetem Unterrichte beginnen.

---

*) Auf Grund des § 4 Abs. 2 hat der Bundesrat beschlossen: Die Beschäftigung von Kindern bei der Reinigung von Dampfkesseln ist verboten Bek. des Reichskanzlers v. 1. Juli 07 (RGBl. 404).

Beschäftigung bei öffentlichen theatralischen Vorstellungen und anderen öffentlichen Schaustellungen.

§ 6. Bei öffentlichen theatralischen Vorstellungen und anderen öffentlichen Schaustellungen dürfen Kinder nicht beschäftigt werden.

Bei solchen Vorstellungen und Schaustellungen, bei denen ein höheres Interesse der Kunst oder Wissenschaft obwaltet, kann die untere Verwaltungsbehörde nach Anhörung der Schulaufsichtsbehörde Ausnahmen zulassen.

Beschäftigung bei öffentlichen und nichtöffentlichen Lichtspielaufnahmen.

§ 6a. Zu Lichtspielaufnahmen dürfen Kinder nicht herangezogen werden.

Die untere Verwaltungsbehörde kann bei Kindern über drei Jahre im Einzelfall Ausnahmen zulassen, wenn weder durch den Gegenstand der Aufnahme, noch durch die Tätigkeit des Kindes oder die Verhältnisse, unter denen die Aufnahme stattfindet, Schädigungen des Kindes in sittlicher, geistiger oder gesundheitlicher Hinsicht oder eine Überreizung seiner Phantasie zu besorgen sind. Vor Erteilung der Erlaubnis soll die untere Verwaltungsbehörde das Jugendamt und, soweit es sich um schulpflichtige Kinder handelt, die Schulaufsichtsbehörde oder die von dieser bezeichnete Stelle anhören. Die Erlaubnis ist an Bedingungen zum Schutze der Gesundheit, der Sittlichkeit und, soweit es sich um schulpflichtige Kinder handelt, des unterrichtlichen Erfolges zu knüpfen.

Bei Kindern bis zu drei Jahren sind Ausnahmen nur zulässig, wenn ein Interesse der Kunst oder Wissenschaft sie erforderlich macht und nachweislich besondere Vorkehrungen zum Schutze der Gesundheit und für sachkundige Pflege und Beaufsichtigung des Kindes getroffen sind.

Beschäftigung im Betriebe von Gast- und von Schankwirtschaften.

§ 7. Im Betriebe von Gast- und von Schankwirtschaften dürfen Kinder unter zwölf Jahren überhaupt nicht und Mädchen (§ 2) nicht bei der Bedienung der Gäste beschäftigt werden. Im übrigen finden auf die Beschäftigung von Kindern über zwölf Jahre die Bestimmungen des § 5 Abs. 2 Anwendung.

Beschäftigung beim Austragen von Waren und bei sonstigen Botengängen.

§ 8. Auf die Beschäftigung von Kindern beim Austragen von Waren und bei sonstigen Botengängen in den in §§ 4—7 bezeichneten und in anderen gewerblichen Betrieben finden die Bestimmungen des § 5 entsprechende Anwendung.

Für die ersten zwei Jahre nach dem Inkrafttreten dieses Gesetzes kann die untere Verwaltungsbehörde nach Anhörung der Schulaufsichtsbehörde für ihren Bezirk oder Teile desselben allgemein oder für einzelne Gewerbszweige gestatten, daß die Beschäftigung von Kindern über zwölf Jahre bereits von sechseinhalb Uhr morgens an und vor dem Vormittagsunterrichte stattfindet; jedoch darf sie vor dem Vormittagsunterrichte nicht länger als eine Stunde dauern.

Sonntagsruhe.

§ 9. An Sonn- und Festtagen (§ 105a Abs. 2 der GO.) dürfen Kinder vorbehaltlich der Bestimmungen in Abs. 2, 3, nicht beschäftigt werden.

Für die öffentlichen theatralischen Vorstellungen und sonstigen öffentlichen Schaustellungen bewendet es auch an Sonn- und Festtagen bei den Bestimmungen des § 6.

Für das Austragen von Waren sowie für sonstige Botengänge bewendet es bei den Bestimmungen des § 8. Jedoch darf an Sonn- und Festtagen die Beschäftigung die Dauer von zwei Stunden nicht überschreiten und sich nicht über ein Uhr nachmittags erstrecken; auch darf sie nicht in der letzten halben Stunde vor Beginn des Hauptgottesdienstes und nicht während desselben stattfinden.

Anzeige.

§ 10. Sollen Kinder beschäftigt werden, so hat der Arbeitgeber vor dem Beginne der Beschäftigung der Ortspolizeibehörde eine schriftliche Anzeige zu machen. In der Anzeige sind die Betriebsstätte des Arbeitgebers sowie die Art des Betriebs anzugeben.

Die Bestimmung des Abs. 1 findet keine Anwendung auf eine bloß gelegentliche Beschäftigung mit einzelnen Dienstleistungen.

Arbeitskarte.

§ 11. Die Beschäftigung eines Kindes ist nicht gestattet, wenn dem Arbeitgeber nicht zuvor für dasselbe eine Arbeitskarte eingehändigt ist. Diese Bestimmung findet keine Anwendung auf eine bloß gelegentliche Beschäftigung mit einzelnen Dienstleistungen.

Die Arbeitskarten werden auf Antrag oder mit Zustimmung des gesetzlichen Vertreters durch die Ortspolizeibehörde desjenigen Ortes, an welchem das Kind zuletzt seinen dauernden Aufenthaltsort gehabt hat, kosten- und stempelfrei ausgestellt; ist die Erklärung des gesetzlichen Vertreters nicht zu beschaffen, so kann die Gemeindebehörde die Zustimmung ergänzen. Die Karten haben den Namen, Tag und Jahr der Geburt des Kindes sowie den Namen, Stand und letzten Wohnort des gesetzlichen Vertreters zu enthalten.

Der Arbeitgeber hat die Arbeitskarte zu verwahren, auf amtliches Verlangen vorzulegen und nach rechtmäßiger Lösung des Arbeitsverhältnisses dem gesetzlichen Vertreter wieder auszuhändigen. Ist die Wohnung des gesetzlichen Vertreters nicht zu ermitteln, so erfolgt die Aushändigung der Arbeitskarte an die im Abs. 2 bezeichnete Ortspolizeibehörde.

Die Bestimmungen des § 4 des Gewerbegerichtsgesetzes v. 29. Sept. 01 (RGBl. 353) über die Zuständigkeit der Gewerbegerichte für Streitigkeiten hinsichtlich der Arbeitsbücher finden entsprechende Anwendung.

III. Beschäftigung eigener Kinder.

Verbotene Beschäftigungsarten.

§ 12. In Betrieben, in denen gemäß den Bestimmungen des § 4 fremde Kinder nicht beschäftigt werden dürfen, sowie in Werkstätten, in welchen durch elementare Kraft (Dampf, Wind, Wasser, Gas, Luft, Elektrizität usw.) bewegte Triebwerke nicht bloß vorübergehend zur Verwendung kommen, ist auch die Beschäftigung eigener Kinder untersagt.

Beschäftigung im Betriebe von Werkstätten, im Handelsgewerbe und in Verkehrsgewerben.

§ 13. Im Betriebe von Werkstätten, in denen die Beschäftigung von Kindern nicht nach § 12 verboten ist, im Handelsgewerbe und in Verkehrsgewerben dürfen eigene Kinder unter zehn Jahren überhaupt nicht, eigene Kinder über zehn Jahre nicht in der Zeit zwischen acht Uhr abends und acht Uhr morgens und nicht vor dem Vormittagsunterrichte beschäftigt werden. Um Mittag ist den Kindern eine mindestens zweistündige Pause zu gewähren. Am Nachmittage darf die Beschäftigung erst eine Stunde nach beendetem Unterrichte beginnen.

Eigene Kinder unter zwölf Jahren dürfen in der Wohnung oder Werkstätte einer Person, zu der sie in einem der im § 3 Abs. 1 bezeichneten Verhältnisse stehen, für Dritte nicht beschäftigt werden.

An Sonn- und Festtagen dürfen auch eigene Kinder im Betriebe von Werkstätten und im Handelsgewerbe sowie im Verkehrsgewerbe nicht beschäftigt werden.

Besondere Befugnisse des Bundesrats.

§ 14. Der Bundesrat ist ermächtigt, für die ersten zwei Jahre nach dem Inkrafttreten dieses Gesetzes für einzelne Arten der im § 12 bezeichneten

Werkstätten, in denen durch elementare Kraft bewegte Triebwerke nicht bloß vorübergehend zur Verwendung kommen, und der im § 13 Abs. 1 bezeichneten Werkstätten Ausnahmen von den daselbst vorgesehenen Bestimmungen zuzulassen.

Nach Ablauf dieser Zeit kann der Bundesrat für einzelne Arten der im § 12 bezeichneten Werkstätten mit Motorbetrieb die Beschäftigung eigener Kinder nach Maßgabe der Bestimmungen im § 13 Abs. 1 unter der Bedingung gestatten, daß die Kinder nicht an den durch die Triebkraft bewegten Maschinen beschäftigt werden dürfen. Auch kann der Bundesrat für einzelne Arten der im § 13 Abs. 1 bezeichneten Werkstätten Ausnahmen von dem Verbote der Beschäftigung von Kindern unter zehn Jahren zulassen, sofern die Kinder mit besonders leichten und ihrem Alter angemessenen Arbeiten beschäftigt werden; die Beschäftigung darf nicht in der Zeit zwischen acht Uhr abends und acht Uhr morgens stattfinden; um Mittag ist den Kindern eine mindestens zweistündige Pause zu gewähren, am Nachmittage darf die Beschäftigung erst eine Stunde nach beendetem Unterrichte beginnen. Die Ausnahmebestimmungen können allgemein oder für einzelne Bezirke erlassen werden.

Beschäftigung bei öffentlichen theatralischen Vorstellungen und anderen öffentlichen Schaustellungen.

§ 15. Auf die Beschäftigung eigener Kinder bei öffentlichen theatralischen Vorstellungen und anderen öffentlichen Schaustellungen finden die Bestimmungen des § 6 Anwendung.

Beschäftigung bei öffentlichen und nichtöffentlichen Lichtspielaufnahmen.

§ 15 a. Auf die Heranziehung eigener Kinder zu Lichtspielaufnahmen finden die Bestimmungen des § 6a Anwendung.

Beschäftigung im Betriebe von Gast- und von Schankwirtschaften.

§ 16. Im Betriebe von Gast- und von Schankwirtschaften dürfen Kinder unter zwölf Jahren überhaupt nicht, und Mädchen (§ 2) nicht bei der Bedienung der Gäste beschäftigt werden. Die untere Verwaltungsbehörde ist befugt, nach Anhörung der Schulaufsichtsbehörde in Orten, welche nach der jeweilig letzten Volkszählung weniger als zwanzigtausend Einwohner haben, für Betriebe, in welchen in der Regel ausschließlich zur Familie des Arbeitgebers gehörige Personen beschäftigt werden, Ausnahmen zuzulassen. Im übrigen finden auf die Beschäftigung von eigenen Kindern die Bestimmungen des § 13 Abs. 1 Anwendung.

Beschäftigung beim Austragen von Waren und bei sonstigen Botengängen.

§ 17. Auf die Beschäftigung beim Austragen von Zeitungen, Milch und Backwaren finden die Bestimmungen im § 8, § 9 Abs. 3 dann Anwendung, wenn die Kinder für Dritte beschäftigt werden.

Im übrigen ist die Beschäftigung von eigenen Kindern beim Austragen von Waren und bei sonstigen Botengängen gestattet. Durch Polizeiverordnungen der zum Erlasse solcher berechtigten Behörden kann die Beschäftigung beschränkt werden.

IV. Gemeinsame Bestimmungen.

Werkstätten im Sinne dieses Gesetzes.

§ 18. Als Werkstätten gelten neben den Werkstätten im Sinne des § 105b Abs. 1 der GO. auch Räume, die zum Schlafen, Wohnen oder Kochen dienen, wenn darin gewerbliche Arbeit verrichtet wird, sowie im Freien gelegene gewerbliche Arbeitsstellen.

Abweichungen von der gesetzlichen Zeit.

§ 19. Beträgt der Unterschied zwischen der gesetzlichen Zeit und der Ortszeit mehr als eine Viertelstunde, so kann die höhere Verwaltungsbehörde bezüglich der in diesem Gesetze vorgesehenen Bestimmungen über Anfang und Ende der zulässigen täglichen Arbeitszeit für ihren Bezirk oder einzelne Teile desselben Abweichungen von der Vorschrift über die gesetzliche Zeit in Deutschland (Gesetz v. 12. März 93, RGBl. 93) zulassen. Die Abweichungen dürfen nicht mehr als eine halbe Stunde betragen. Die gesetzlichen Bestimmungen über die zulässige Dauer der Beschäftigung bleiben unberührt.

Besondere polizeiliche Befugnisse.

§ 20. Die zuständigen Polizeibehörden können im Wege der Verfügung eine nach den vorstehenden Bestimmungen zulässige Beschäftigung, sofern dabei erhebliche Mißstände zutage getreten sind, auf Antrag oder nach Anhörung der Schulaufsichtsbehörde für einzelne Kinder einschränken oder untersagen sowie, wenn für das Kind eine Arbeitskarte erteilt ist (§ 11), diese entziehen und die Erteilung einer neuen Arbeitskarte verweigern.

Die zuständigen Polizeibehörden sind ferner befugt, zur Beseitigung erheblicher, die Sittlichkeit gefährdender Mißstände im Wege der Verfügung für einzelne Gast- oder Schankwirtschaften die Beschäftigung von Kindern weiter einzuschränken oder zu untersagen.

Aufsicht.

§ 21. Insoweit nicht durch Bundesratsbeschluß oder durch die Landesregierungen die Aufsicht anderweitig geregelt ist, finden die Bestimmungen des § 139b der GO. Anwendung.

In Privatwohnungen, in denen ausschließlich eigene Kinder beschäftigt werden, dürfen Revisionen während der Nachtzeit nur stattfinden, wenn Tatsachen vorliegen, welche den Verdacht der Nachtbeschäftigung dieser Kinder begründen.

Zuständige Behörden.

§ 22. Welche Behörden in jedem Bundesstaat unter der Bezeichnung: höhere Verwaltungsbehörde, untere Verwaltungsbehörde, Schulaufsichtsbehörde, Gemeindebehörde, Polizeibehörde, Ortspolizeibehörde zu verstehen sind, wird von der Zentralbehörde des Bundesstaats bekanntgemacht.

V. Strafbestimmungen.

§ 23. Mit Geldstrafe bis zu zweitausend Mark wird bestraft, wer den §§ 4—8 zuwiderhandelt.

Im Falle gewohnheitsmäßiger Zuwiderhandlung kann auf Gefängnisstrafe bis zu sechs Monaten erkannt werden.

Der § 75 des Gerichtsverfassungsgesetzes findet Anwendung.

§ 24. Mit Geldstrafe bis zu sechshundert Mark wird bestraft:

1. wer dem § 9 zuwider Kindern an Sonn- und Festtagen Beschäftigung gibt;

2. wer den auf Grund des § 20 hinsichtlich der Beschäftigung fremder Kinder endgültig ergangenen Verfügungen zuwiderhandelt.

Im Falle gewohnheitsmäßiger Zuwiderhandlung kann auf Haft erkannt werden.

§ 25. Mit Geldstrafe bis zu einhundertfünfzig Mark wird bestraft:

1. wer den §§ 12—16, § 17 Abs. 1 zuwiderhandelt;

2. wer den auf Grund des § 20 hinsichtlich der Beschäftigung eigener Kinder endgültig ergangenen Verfügungen oder den auf Grund des § 17 Abs. 2 erlassenen Vorschriften zuwiderhandelt.

Im Falle gewohnheitsmäßiger Zuwiderhandlung kann auf Haft erkannt werden.

§ 26. Mit Geldstrafe bis zu dreißig Mark werden Arbeitgeber bestraft, welche es unterlassen, den durch § 10 für sie begründeten Verpflichtungen nachzukommen.

§ 27. Mit Geldstrafe bis zu zwanzig Mark wird bestraft:

1. wer entgegen der Bestimmung des § 11 Abs. 1 ein Kind in Beschäftigung nimmt oder behält;

2. wer der Bestimmung des § 11 Abs. 3 in Ansehung der Arbeitskarten zuwiderhandelt.

§ 28. Die Strafverfolgung der im § 24 bezeichneten Vergehen verjährt binnen drei Monaten.

§ 29. Die Bestimmungen des § 151 der GO. finden Anwendung.

VI. Schlußbestimmungen.

§ 30. Die vorstehenden Bestimmungen stehen weitergehenden landesrechtlichen Beschränkungen der Beschäftigung von Kindern in gewerblichen Betrieben nicht entgegen.

§ 31. Dieses Gesetz tritt mit dem 1. Januar 1904 in Kraft.

Hausarbeitsgesetz.

Vom 30. Juni 1923 (RGBl. I 472).

Vgl. dazu ME. v. 27. Dez. 23 (HMBl. 24. S. 25), und zu § 35 Erl. des RAM. v. 14. März 26 (RABl. 102).

§ 1. Für Werkstätten, in denen

1. jemand ausschließlich zu seiner Familie gehörige Personen gewerblich beschäftigt,
2. eine oder mehrere Personen gewerbliche Arbeit verrichten, ohne von einem den Werkstattbetrieb leitenden Arbeitgeber beschäftigt zu sein,

gelten neben den bestehenden reichsrechtlichen Vorschriften die Vorschriften dieses Gesetzes. Ausgenommen bleiben Werkstätten, in denen ausschließlich für den persönlichen Bedarf des Bestellers oder seiner Angehörigen gearbeitet wird.

Die im Abs. 1 Nr. 1, 2 bezeichneten Personen, soweit sie nicht nach Satz 2 ausgenommen sind, gelten als Hausarbeiter im Sinne der folgenden Vorschriften.

§ 2. Im Sinne dieses Gesetzes gelten als

1. Werkstätten neben den Werkstätten im Sinne des § 105b Abs. 1 der GO. Räume, die zum Schlafen, Wohnen oder Kochen dienen, wenn darin gewerbliche Arbeit verrichtet wird, sowie im Freien gelegene gewerbliche Arbeitsstellen.

2. gewerbliche Beschäftigung oder Arbeit jede Tätigkeit, die als gewerblich im Sinne der Gewerbeordnung anzusehen ist,

3. Gewerbe die Gewerbe im Sinne der Gewerbeordnung,

4. Gewerbeaufsichtsbeamte die Gewerbeaufsichtsbeamten im Sinne des § 139b der GO.

§ 3. In denjenigen Räumen, in welchen Arbeit für Hausarbeiter ausgegeben oder Arbeit solcher Personen abgenommen wird, muß, soweit es sich nicht um Werkstätten der im § 1 Abs. 1 Satz 2 bezeichneten Art handelt, den Hausarbeitern durch offene Auslage von Lohnverzeichnissen oder Aushängen vou Lohntafeln die Möglichkeit gegeben sein, sich über die für die einzelnen in diesen Räumen zur Ausgabe gelangenden Arbeiten jeweilig gezahlten Löhne zu unterrichten. Für das Ausarbeiten neuer Muster gilt diese Bestimmung nicht.

Der Reichsarbeitsminister kann mit Zustimmung des Reichsrats zur Ausführung dieser Bestimmung nähere Anordnungen erlassen, gegebenenfalls für einzelne Bezirke. Er kann für bestimmte Gewerbezweige oder Betriebsarten auf Antrag Beteiligter Ausnahmen gewähren.

Der Reichsarbeitsminister kann mit Zustimmung des Reichsrats vorschreiben, daß, soweit das Arbeitsentgelt in Preisen zum Ausdruck kommt, die Preise gemäß Abs. 1, 2 bekanntgegeben werden.

Die Bestimmungen des Reichsarbeitsministers werden durch das Reichsgesetzblatt veröffentlicht und dem Reichstag zur Kenntnisnahme vorgelegt.

§ 4. Wer Arbeit für Hausarbeiter ausgibt, ist, soweit nicht die Ausgabe in Werkstätten der im § 1 Abs. 1 Satz 2 bezeichneten Art stattfindet, verpflichtet, hierbei denjenigen, welche die Arbeit entgegennehmen, auf seine Kosten Lohnbücher oder Arbeitszettel auszuhändigen, welche Art und Umfang der Arbeit sowie die dafür festgesetzten Löhne oder Preise enthalten. Für das Ausarbeiten neuer Muster gilt diese Bestimmung nicht.

Für einzelne Gewerbezweige, Betriebsarten oder besondere Gruppen von Betrieben oder Hausarbeitern kann der Reichsarbeitsminister mit Zustimmung des Reichsrats auf Antrag Beteiligter Ausnahmen gewähren*).

Soweit der Reichsarbeitsminister auf Grund von § 114a GO. Lohnbücher oder Arbeitszettel vorgeschrieben hat, gelten die Vorschriften des Abs. 1, 2 nicht.

§ 5. Die zuständige Polizeibehörde kann auf Antrag des Gewerbeaufsichtsbeamten durch Verfügung für einzelne Gewerbebetriebe hinsichtlich der Einrichtung der Betriebsstätte und der Regelung des Betriebs in den im § 3 Abs. 1 bezeichneten Räumen anordnen, was zur Vermeidung einer durch die Natur des Betriebs nicht gerechtfertigten Zeitversäumnis der Hausarbeiter

---

*) Ausführungs- und Ausnahmebestimmungen enthält die Bek. v. 27. Sept. 17 (RGBl. 867).

bei der Empfangnahme oder Ablieferung von Arbeit erforderlich und nach der Natur der Anlage ausführbar erscheint. Für die Ausführung ist eine angemessene Frist zu setzen.

Für Betriebe, die bei Erlaß dieses Gesetzes bereits bestehen, sind, solange sie nicht erweitert oder wesentlich verändert werden, nur solche Anforderungen zulässig, welche ohne unverhältnismäßige Aufwendungen ausführbar sind.

Gegen die Verfügung ist binnen zwei Wochen die Beschwerde an die höhere Verwaltungsbehörde zulässig; diese entscheidet endgültig.

§ 6. Soweit sich in einzelnen Gewerbezweigen aus der Art der Beschäftigung Gefahren für Leben, Gesundheit oder Sittlichkeit ergeben, kann auf Antrag des Gewerbeaufsichtsbeamten die zuständige Polizeibehörde durch Verfügung für einzelne Werkstätten diejenigen Maßnahmen anordnen, welche zur Durchführung der folgenden Grundsätze erforderlich sind:

1. Die Werkstätten, einschließlich der Betriebsvorrichtungen, Maschinen und Gerätschaften, sind so einzurichten und zu unterhalten, daß die Hausarbeiter gegen Gefahren für Leben und Gesundheit so weit geschützt sind, wie es die Natur des Betriebs gestattet.

Insbesondere ist für genügendes Licht, ausreichenden Luftraum und Luftwechsel, Beseitigung des bei dem Betrieb entstehenden Staubes, der dabei entwickelten Dünste und Gase sowie der dabei entstehenden Abfälle zu sorgen.

Zum Schutze gegen gefährliche Berührungen mit Maschinen oder Maschinenteilen sowie gegen andere in der Natur der Betriebsstätte oder des Betriebs liegende Gefahren sind die erforderlichen Vorrichtungen herzustellen.

2. Auf Gesundheit und Sittlichkeit der männlichen Hausarbeiter unter achtzehn Jahren und der Hausarbeiterinnen sind diejenigen besonderen Rücksichten zu nehmen, welche durch Alter und Geschlecht dieser Arbeiter geboten sind.

3. Arbeiten, bei denen dies zur Verhütung von Gefahren für Leben oder Gesundheit erforderlich ist, dürfen nur in solchen Räumen verrichtet werden, welche ausschließlich hierfür benutzt werden.

Zur Durchführung der Nr. 2 kann über die Vorschriften im § 5 Ab. 1, § 13 Abs. 1, 2 des Gesetzes, betr. Kinderarbeit in gewerblichen Betrieben v. 30. März 03 (RGBl. 113) hinaus die Beschäftigung von eigenen oder fremden Kindern im Sinne jenes Gesetzes von der Vollendung eines höheren Lebensalters abhängig gemacht oder ganz verboten werden. Für andere Hausarbeiter unter 16 Jahren kann Beginn und Ende der zulässigen täglichen Arbeitszeit sowie Dauer und Lage der Pausen vorgeschrieben werden. Ferner kann die Beschäftigung an Sonn- und Festtagen sowie während der von dem ordentlichen Seelsorger für den Katechumenen-, Konfirmanden-, Beicht- und Kommunionunterricht bestimmten Stunden verboten werden.

§ 7. Soweit sich in einzelnen Gewerbezweigen, insbesondere solchen, welche der Herstellung, Verarbeitung oder Verpackung von Nahrungs- oder Genußmitteln dienen, Gefahren für die öffentliche Gesundheit ergeben, kann die zuständige Polizeibehörde durch Verfügung für einzelne Werkstätten anordnen, wie diese und die Lagerräume einschließlich der Betriebsvorrichtungen, Maschinen und Gerätschaften einzurichten und zu unterhalten sind, und wie der Betrieb zu regeln ist, um die Gefahren auszuschließen.

Außerdem kann die Polizeibehörde anordnen, daß Räume, in denen Nahrungs- oder Genußmittel hergestellt oder verarbeitet werden, zu bestimmten anderen Zwecken nicht benutzt werden dürfen.

Die Bestimmungen des Abs. 1, 2 finden auch auf die im § 1 Abs. 1 Satz 2 aufgeführten Werkstätten Anwendung.

§ 8. Soweit nicht die Anordnungen gemäß §§ 6, 7 die Beseitigung einer dringenden Gefahr bezwecken, ist für die Ausführung eine angemessene Frist zu lassen.

Für Betriebe, die bei Erlaß dieses Gesetzes bereits bestehen, sind, so lange sie nicht erweitert oder wesentlich verändert werden, nur solche Anforderungen zulässig, welche zur Beseitigung erheblicher, Leben oder Gesundheit der Hausarbeiter oder die öffentliche Gesundheit gefährdender Mißstände erforderlich oder ohne unverhältnismäßige Aufwendungen ausführbar sind.

§ 9. Die Verfügungen auf Grund der §§ 6, 7 sind an denjenigen zu richten, welcher das Verfügungsrecht über den als Werkstätte oder Lagerraum benutzten Raum hat.

Verfügungen zur Regelung des Betriebs auf Grund des § 7 Abs. 1 sind im Falle des § 1 Abs. 1 Nr. 2 an die Hausarbeiter zu richten.

Gegen die Verfügung ist binnen zwei Wochen die Beschwerde an die höhere Verwaltungsbehörde zulässig; diese entscheidet endgültig.

§ 10. Der Reichsarbeitsminister kann mit Zustimmung des Reichsrats bestimmen, welchen Anforderungen in einzelnen Arten der in §§ 6, 7 bezeichneten Werkstätten oder Lagerräume zur Durchführung der dort aufgestellten Grundsätze zu genügen ist.

Er kann mit Zustimmung des Reichsrats die Verrichtung solcher Arbeiten in der Hausarbeit verbieten, welche mit erheblichen Gefahren für Leben, Gesundheit oder Sittlichkeit der Hausarbeiter oder für die öffentliche Gesundheit verbunden sind.

Soweit nicht der Reichsarbeitsminister Bestimmungen erläßt, kann die oberste Landesbehörde oder nach Anhören beteiligter Gewerbetreibender und Hausarbeiter die zuständige Polizeibehörde durch Polizeiverordnung sie erlassen.

Der Reichsarbeitsminister und die oberste Landesbehörde können ihre Bestimmungen auch für einzelne Bezirke erlassen.

Die Bestimmungen des Reichsarbeitsministers werden durch das Reichsgesetzblatt veröffentlicht und dem Reichstag zur Kenntnisnahme vorgelegt.

§ 11. Für die Beobachtung der auf Grund der §§ 6, 7, 10 getroffenen Anordnungen ist derjenige verantwortlich, welcher das Verfügungsrecht über den als Werkstätte oder Lagerraum benutzten Raum hat. Für die Beobachtung der Anordnungen zur Regelung des Betriebs auf Grund des § 7 Abs. 1, § 9 Abs. 2, § 10 sind in den Fällen des § 1 Abs. 1 Nr. 2 nur die Hausarbeiter selbst verantwortlich.

§ 12. Sollen Verrichtungen in der Hausarbeit vorgenommen werden, hinsichtlich deren auf Grund des § 10 Abs. 1, 3 Bestimmungen erlassen sind, so hat dies der nach § 11 Satz 1 Verantwortliche vor dem Beginne der Beschäftigung unter Angabe der Lage der Werkstätte schriftlich der Ortspolizeibehörde anzuzeigen.

§ 13. Gewerbetreibende, die außerhalb ihrer Arbeitsstätte in Werkstätten gewerbliche Arbeit verrichten lassen, sind verpflichtet,

1. ein Verzeichnis derjenigen Personen, welchen sie Hausarbeit übertragen oder durch welche außerhalb der Arbeitsstätte des Gewerbetreibenden die Übertragung erfolgt, unter Angabe der Betriebsstätte dieser Personen zu führen; das Verzeichnis ist auf Erfordern der Ortspolizeibehörde sowie den Gewerbeaufsichtsbeamten jederzeit zur Einsicht vorzulegen oder einzureichen,

2. sofern die Beschaffung eines Ausweises darüber vorgeschrieben ist, daß die Räume, in denen die Arbeit verrichtet wird, den an sie gestellten Anforderungen genügen, Hausarbeit nur für solche Werkstätten auszugeben, für welche ihnen dieser Ausweis vorgelegt wird.

Die entsprechende Verpflichtung liegt solchen Personen ob, welche, ohne daß sie eine Arbeitsstätte besitzen, für Gewerbetreibende außerhalb deren Arbeitsstätte Arbeit an Hausarbeiter übertragen.

§ 14. Durch Polizeiverordnung der zuständigen Polizeibehörde kann nach Anhören beteiligter Gewerbetreibender und Hausarbeiter bestimmt werden, wie die Verzeichnisse einzurichten und ob und in welchen Zwischenräumen sie in Urschrift oder in Abschrift den im § 13 Abs. 1 Nr. 1 bezeichneten Stellen einzureichen sind.

§ 15. Für Gewerbezweige, die der Herstellung, Verarbeitung oder Verpackung von Nahrungs- oder Genußmitteln dienen, können durch Bestimmung auf Grund des § 10 Abs. 1, 3 Gewerbetreibende, die außerhalb ihrer Arbeitsstätte in Werkstätten gewerbliche Arbeit verrichten lassen, sowie die im § 13 Abs. 2 bezeichneten Personen verpflichtet werden, sich in angemessenen Zwischenräumen, mindestens halbjährlich, persönlich oder durch Beauftragte davon zu unterrichten, daß Einrichtung und Betrieb der Werkstätten den Anforderungen entsprechen.

§ 16. Sofern zur Durchführung der §§ 7, 15 Bestimmungen auf Grund des § 10 erlassen sind, können sie durch Polizeiverordnung der zuständigen Polizeibehörde auf solche Betriebe ausgedehnt werden, in welchen Personen beschäftigt sind, die als gewerbliche Arbeiter im Sinne der GO. gelten.

§ 17. Soweit nicht der Reichsarbeitsminister oder die Landesregierung die Aufsicht anderweit regelt, gilt § 139b der GO. entsprechend.

Während der Nachtzeit darf eine Revision nur stattfinden, wenn Tatsachen den Verdacht begründen, daß gegen die auf Grund der §§ 6, 7, 10 erlassenen Bestimmungen verstoßen wird.

§ 18. Im Sinne der §§ 19 bis 29, 31 bis 41 und 45 bis 48 werden, soweit ein Bedürfnis dazu vorhanden ist, sonstige Hausgewerbtreibende und Zwischenmeister (Faktoren, Ausgeber und sonstige Zwischenpersonen), die den überwiegenden Teil ihres Verdienstes aus ihrer eigenen Arbeit am Stücke beziehen, den Hausarbeitern gleichgestellt.

,Die den Fachausschuß errichtende oder die von ihr bezeichnete Stelle entscheidet nach Anhörung der wirtschaftlichen Vereinigungen und amtlichen Berufsvertretungen der Arbeitgeber und Arbeitnehmer darüber, ob solche Hausgewerbetreibende und Zwischenmeister im allgemeinen oder im Einzelfalle den Hausarbeitern gleichzustellen sind.

Alle Zwischenmeister, die nicht nach Abs. 2 den Hausarbeitern gleichgestellt werden, stehen im Sinne der §§ 19 bis 29, 31 bis 41 und 45 bis 48 den Gewerbetreibenden gleich.

§ 19. Der Reichsarbeitsminister kann nach Anhörung der wirtschaftlichen Vereinigungen und amtlichen Berufsvertretungen der Arbeitgeber und Arbeitnehmer mit Zustimmung des Reichsrats für bestimmte Gewerbezweige und Gebiete die Errichtung von Fachausschüssen beschließen.

Soweit der Reichsarbeitsminister die Errichtung nicht beschließt, steht die Befugnis dazu auch der obersten Landesbehörde zu.

Einem gemeinsamen Antrag von wirtschaftlichen Vereinigungen von Arbeitnehmern und Arbeitgebern auf Errichtung eines Fachausschusses soll stattgegeben werden.

Für Gebiete, in denen Hausarbeiter in verschiedenartigen Gewerbezweigen beschäftigt werden, kann die Errichtung eines gemeinschaftlichen

Fachausschusses oder die Bildung von Abteilungen bei bereits für bestimmte Gewerbezweige bestehenden Fachausschüssen beschlossen werden.

In den Beschlüssen über die Errichtung sind die Gewerbezweige oder die Teile von Gewerbezweigen, für welche die Fachausschüsse errichtet werden, der Bezirk, der Sitz der Fachausschüsse und der Zeitpunkt, von dem an sie in Tätigkeit treten, zu bezeichnen.

Die Beschlüsse sind im Reichsarbeitsblatte, die des Reichsarbeitsministeriums außerdem im Reichsanzeiger zu veröffentlichen.

§ 20. Die Fachausschüsse haben

1. auf Ersuchen der Staats- und Gemeindebehörden in geeigneter Weise, insbesondere durch Vernehmung beteiligter Gewerbetreibender und Hausarbeiter sowie von Auskunftspersonen, die Höhe des von den Hausarbeitern tatsächlich erzielten Arbeitsverdienstes zu ermitteln, dessen Angemessenheit zu begutachten und Vorschläge für die Vereinbarung angemessener Entgelte zu machen;

2. auch sonst den Abschluß von Lohnabkommen oder Tarifverträgen zu fördern;

3. falls in ihrem Bezirke den Hausarbeitern offenbar unzulängliche Entgelte gezahlt werden und eine Verständigung zur Herbeiführung zulänglicher Entgelte nicht erzielt worden ist, nach §§ 26 bis 40 die Bestimmungen eines Tarifvertrags über die Entgelte als allgemeinverbindlich zu genehmigen oder Mindestentgelte für Hausarbeiter festzusetzen;

4. die Aufgaben der Schlichtungsausschüsse im Sinne der §§ 20 bis 30 der Verordnung vom 23. Dezember 1918 (RGBl. S. 1456) bei Arbeitsstreitigkeiten zwischen Gewerbetreibenden und Hausarbeitern unter Berücksichtigung des § 41 zu erfüllen;

5. die Staats- und Gemeindebehörden durch tatsächliche Mitteilungen und Erstattung von Gutachten zu unterstützen. Auf Ersuchen der Staats- und Gemeindebehörden haben sie bei Erhebungen über die gewerblichen und wirtschaftlichen Verhältnisse der in ihnen vertretenen Gewerbezweige in ihrem Bezirke mitzuwirken sowie Gutachten zu erstatten, insbesondere über:

a) die Ausführung der §§ 3, 4, 10, 14—16 dieses Gesetzes,

b) die in ihrem Bezirke für die Auslegung von Verträgen und für die Erfüllung von Verbindlichkeiten zwischen Gewerbetreibenden und Hausarbeitern bestehende Verkehrssitte;

6. Wünsche und Anträge, die sich auf die gewerblichen und wirtschaftlichen Verhältnisse der in ihnen vertretenen Gewerbezweige in ihrem Bezirke beziehen, zu beraten;

7. Veranstaltungen und Maßnahmen, welche die Hebung der wirtschaftlichen Lage und der Wohlfahrt der Hausarbeiter zum Zwecke haben, anzuregen

und auf Antrag der Vertreter der hierfür getroffenen Einrichtungen an deren Verwaltung mitzuwirken.

Als unzulängliche Entgelte sind Arbeitsvergütungen anzusehen, die Heimarbeitern für bestimmte Arten von Heimarbeit unter Zugrundelegung einer normalen Arbeitszeit und einer vollwertigen und eingerichteten Arbeitskraft nicht den ortsüblichen Lohn zu erreichen ermöglichen oder die hinter den in anderen Bezirken mit ähnlichen wirtschaftlichen Verhältnissen für die gleiche Arbeit bezahlten Löhnen zurückbleiben oder den in demselben Bezirk in Werkstatt und Fabriken gezahlten Löhnen für ähnliche Arbeit nachstehen.

§ 21. Angelegenheiten, die lediglich die Verhältnisse des einzelnen Betriebs betreffen, dürfen nicht in den Bereich der Tätigkeit der Fachausschüsse einbezogen werden.

§ 22. Die Fachausschüsse bestehen aus der gleichen Zahl von Vertretern der beteiligten Gewerbetreibenden und Hausarbeiter sowie einem Vorsitzenden und zwei Beisitzern. Der Vorsitzende und die Beisitzer müssen die erforderliche Sachkunde besitzen. Der Vorsitzende darf weder Gewerbetreibender noch Hausarbeiter sein.

Die Vertreter der Gewerbetreibenden müssen Gewerbetreibende oder Angestellte ihrer wirtschaftlichen Vereinigungen, die Vertreter der Hausarbeiter müssen Hausarbeiter oder Angestellte ihrer wirtschaftlichen Vereinigungen sein. Die Zahl der Angestellten der wirtschaftlichen Vereinigungen darf auf jeder Seite die Hälfte ihrer Vertreter nicht überschreiten.

Den Gewerbetreibenden stehen gleich Geschäftsführer und Betriebsleiter, soweit sie selbständig zur Einstellung von Arbeitnehmern in den Betrieb oder die Betriebsabteilung berechtigt sind, oder soweit ihnen Prokura, Handlungsvollmacht oder Generalvollmacht erteilt ist.

Sind im Gewerbezweige und Bezirke des Fachausschusses Zwischenmeister in größerem Umfang tätig, die unter § 18 Abs. 3 fallen, so müssen dem Fachausschusse auch Vertreter dieser Zwischenmeister angehören.

Sofern Hausarbeiterinnen in größerer Zahl beschäftigt werden, müssen sie auf Seite der Hausarbeiter angemessen vertreten sein.

§ 23. Die oberste Landesbehörde ernennt den Vorsitzenden und die Beisitzer und bestimmt die Zahl der Vertreter. Die Vertreter werden von ihr auf Grund von Vorschlagslisten der im Bezirke des Fachausschusses bestehenden wirtschaftlichen Vereinigungen von Arbeitgebern oder Arbeitnehmern, denen Gewerbetreibende oder Hausarbeiter des Gewerbezweigs als Mitglieder angehören, bestellt.

Gehört ein erheblicher Teil der in Betracht kommenden Gewerbetreibenden oder Hausarbeiter solchen wirtschaftlichen Vereinigungen nicht an, so ist der Bezirkswirtschaftsrat aufzufordern, Vertreter, die auf den Vorschlagslisten nicht enthalten sind, vorzuschlagen. Die oberste Landesbehörde bestellt aus den Vorgeschlagenen eine angemessene Anzahl von Vertretern. Solange Bezirkswirtschaftsräte noch nicht bestehen, ernennt die oberste Landesbehörde die Vertreter nach Anhörung Sachkundiger.

Bei mehreren Vorschlagslisten ist die Zahl der zu bestellenden Vertreter unter billiger Berücksichtigung des Schutzes von Minderheiten auf die einzelnen Vorschlagslisten zu verteilen, und zwar im Verhältnis zu der Zahl der Mitglieder der im Abs. 1 bezeichneten Art (Gewerbetreibende oder Hausarbeiter), die im Bezirke des Fachausschusses den einzelnen vorschlagenden Vereinigungen angehören. Werden nachträglich die der Verteilung zugrunde liegenden Angaben als unrichtig erwiesen, so kann die oberste Landesbehörde eine neue Bestellung der Vertreter auf Grund der berichtigten Angaben vornehmen, wenn die Berichtigung für die Verteilung von erheblicher Bedeutung ist.

Erstreckt sich der Bezirk eines Fachausschusses über mehrere Länder, so erfolgt die Ernennung des Vorsitzenden und der Beisitzer und die Bestellung der Vertreter nach Vereinbarung der beteiligten Landesregierungen.

§ 24. Die Übernahme des Amtes als Beisitzer oder Vertreter können nur ablehnen

1. Frauen, denen wegen ihrer Inanspruchnahme als Hausfrau oder Mutter die Übernahme nicht zugemutet werden kann,

2. wer das fünfundsechzigste Lebensjahr vollendet hat,

3. wer mehr als vier minderjährige Kinder hat; dabei werden Kinder, die ein anderer an Kindes Statt angenommen hat, nicht gerechnet,

4. wer durch Krankheit oder Gebrechen verhindert ist, das Amt ordnungsmäßig zu führen,

5. wer mehr als eine Vormundschaft oder Pflegschaft hat; die Vormundschaft oder Pflegschaft über mehrere Geschwister gilt nur als eine; zwei Gegenvormundschaften stehen einer Vormundschaft gleich,

6. wer durch eine andere ehrenamtliche Tätigkeit für die Allgemeinheit so in Anspruch genommen ist, daß ihm die Übernhame des Amtes nicht zugemutet werden kann,

7. wer in den letzten drei Jahren vor der Ernennung oder Wahl bei einem Fachausschusse als Beisitzer oder Vertreter tätig gewesen ist.

Tritt in der Person eines Beisitzers oder Vertreters eine dieser Voraussetzungen im Laufe der Amtszeit ein, so kann er von diesem Zeitpunkt an das Amt niederlegen.

Über die Zulässigkeit der Ablehnung oder Niederlegung des Amtes entscheidet der Vorsitzende des Fachausschusses.

Werden von einem Beisitzer oder Vertreter Tatsachen bekannt, die eine grobe Verletzung seiner Amtspflichten darstellen, so enthebt ihn die oberste Landesbehörde seines Amtes.

§ 25. Entgeltregelungen und Gutachten gemäß § 20 Nr. 1, 3, 5 müssen unter Beteiligung der gleichen Zahl von Vertretern der Gewerbetreibenden und der Hausarbeiter beschlossen werden. Entsprechendes gilt, wenn der Fachausschuß nach § 20 Nr. 4 tätig wird.

Bei der Beschlußfassung über die Erstattung der Gutachten ist zunächst für die Gruppen der Vertreter der Gewerbetreibenden und der Hausarbeiter eine gesonderte Abstimmung vorzunehmen. Ergibt die Abstimmung, daß sämtliche Vertreter der Gewerbetreibenden einerseits und sämtliche Vertreter der Hausarbeiter anderseits einen entgegengesetzten Standpunkt einnehmen, so wird das Gutachten nicht erstattet. Beide Gruppen sind in diesem Falle ermächtigt, ihre Meinung und deren Begründung schriftlich niederzulegen und diese Aufzeichnung dem Vorsitzenden des Fachausschusses einzureichen. Das gleiche Recht hat in den Fällen, in denen ein gültiger Beschluß zustande gekommen ist, die Minderheit. Die Aufzeichnung ist von dem Vorsitzenden des Fachausschusses den Verhandlungen beizufügen und der beteiligten Behörde einzureichen.

§ 26. Leitet der Fachausschuß entsprechend § 20 Nr. 3 ein Verfahren auf Festsetzung von Mindestentgelten ein, so gelten die §§ 27 bis 40.

Die im Bezirke des Fachausschusses bestehenden wirtschaftlichen Vereinigungen der Arbeitgeber und Arbeitnehmer, denen eine größere Zahl Gewerbetreibende oder Hausarbeiter des Gewerbezweigs als Mitglieder angehören, sind berechtigt, an die Fachausschüsse Anträge auf Einleitung des Verfahrens zu stellen. Der Vorsitzende des Fachausschusses ist verpflichtet, diese Anträge auf die Tagesordnung einer innerhalb von vier Wochen einzuberufenden Sitzung zu setzen.

§ 27. Erscheint ein Verfahren auf gemeinsame Festsetzung von Mindestentgelten für mehrere Hausarbeitsgebiete oder Fachausschußbezirke nach den Umständen als erforderlich, um in der Heimarbeit eine Abwanderung aus einzelnen Gebieten zu vermeiden, so kann die Landesverwaltungsbehörde, deren Bezirk die beteiligten Hausarbeitsgebiete und Fachausschußbezirke umfaßt, sonst der Reichsarbeitsminister, anordnen, daß das Verfahren vor einem Gesamtfachausschusse stattfindet und den Bezirk des Gesamtfachausschusses bestimmen. Dieser Gesamtfachausschuß ist von Fall zu Fall zu bilden und unter entsprechender Anwendung der §§ 22, 23 und der auf Grund des § 42 erlassenen Bestimmungen gleichmäßig aus Vertretern der Gewerbetreibenden und der Hausarbeiter des Gewerbezweigs der einzelnen Hausarbeitsgebiete oder Fachausschußbezirke zusammenzusetzen. Zu Vertretern sind möglichst Mitglieder der in Frage kommenden Fachausschüsse, und zwar entsprechend der Bedeutung der Hausarbeiter, in ihren Bezirken zu bestellen. Der Gesamtfachausschuß tritt an einem von der Landesverwaltungsbehörde oder dem Reichsarbeitsminister zu bestimmenden Orte zusammen.

Die §§ 26 und 43 gelten entsprechend.

§ 28. In dem Verfahren auf Festsetzung von Mindestentgelten ist zunächst auf eine tarifliche Vereinbarung über die Entgelte hinzuwirken.

Alle Hausarbeiter und die ihnen gleichgestellten Personen (§ 18 Abs. 2) gelten für die nach Abs. 1 zu erstrebenden tariflichen Vereinbarungen als Arbeitnehmer im Sinne des § 1 der Verordnung vom 23. Dezember 1918 (RGBl. S. 1456).

§ 29. Nach Möglichkeit sollen Stückentgelte vereinbart oder festgesetzt werden. Wo dies aus technischen Gründen nicht möglich ist, müssen Zeitentgelte vereinbart oder festgesetzt werden, die der Stückentgeltberechnung im Einzelfalle zugrunde zu legen sind.

Wenn für Zwischenmeister Mindestentgelte geregelt werden (§ 18 Abs. 1), so sollen sie so vereinbart oder festgesetzt werden, daß es den Zwischenmeistern möglich ist, den von ihnen beschäftigten Hausarbeitern die für diese geltenden Mindestentgelte zu bezahlen.

§ 30. Die Vertreter der Zwischenmeister (Faktoren, Ausgeber und sonstige Zwischenpersonen) wirken bei Erfüllung der Aufgaben des § 20 Nr. 3 und 4 nur insoweit mit, als es sich um Mindestentgelte handelt, die von den Zwischenmeistern oder an die Zwischenmeister zu zahlen sind. Die Zahl der Vertreter der Zwischenmeister darf je die Hälfte der Zahl der Vertreter der Gewerbetreibenden und Hausarbeiter nicht überschreiten.

§ 31. Kommt ein Tarifvertrag über die Entgelte zustande, so ist der Fachausschuß oder Gesamtfachausschuß berechtigt, die Bestimmungen des Tarifvertrags über die Entgelte als allgemeinverbindlich zu genehmigen, auch wenn der Tarifvertrag noch keine überwiegende Bedeutung erlangt hat.

Bei der Genehmigung ist zu bestimmen, mit welchem Zeitpunkt die allgemeine Verbindlichkeit beginnt.

§ 32. Kommt ein Tarifvertrag über die Entgelte nicht zustande oder sind die Bestimmungen des Tarifvertrags zur Genehmigung nicht geeignet, so kann der Fachausschuß oder der Gesamtfachausschuß Mindestentgelte für die Hausarbeiter seines Gewerbezweigs und seines Bezirks festsetzen. Bei der Festsetzung ist zu bestimmen, mit welchem Zeitpunkt sie in Kraft tritt.

§ 33. Vor Genehmigung eines Tarifvertrags nach § 31 und vor Festsetzung von Mindestentgelten nach § 32 hat der Fachausschuß oder Gesamtfachausschuß Vertreter der Beteiligten zu hören.

§ 34. Ist der Genehmigungsbeschluß (§ 31) oder der Festsetzungsbeschluß (§ 32) von dem Vorsitzenden und einem Beisitzer und zugleich von einer Zweidrittelmehrheit der Vertreter gefaßt, so ist er endgültig. Andernfalls bedarf er der Bestätigung durch die Behörde, die den Fachausschuß oder Gesamtfachausschuß errichtet hat, oder eine von ihr zu bezeichnende Behörde.

Bei der Bestätigung eines Genehmigungsbeschlusses kann der Zeitpunkt der allgemeinen Verbindlichkeit, bei der eines Festsetzungsbeschlusses der Zeitpunkt des Inkrafttretens hinausgeschoben werden.

Sofern bei der Entscheidung der Bestätigungsbehörde Arbeitgeber- und Arbeitnehmervertreter mitwirken, müssen sich unter den Arbeitnehmervertretern Vertreter der Hausarbeiter befinden.

Die Bestätigungsbehörde kann die Sache an den Fach- oder den Gesamtfachausschuß zurückverweisen.

§ 35. Wenn der Genehmigungsbeschluß oder der Festsetzungsbeschluß von dem Vorsitzenden und einem Beisitzer und zugleich von einer Zweidrittelmehrheit der Vertreter gefaßt worden ist, hat der Fachausschuß oder der Gesamtfachausschuß und, wenn eine Bestätigung erfolgt, die Bestätigungsbehörde eine Bekanntmachung zu erlassen.

Die Bekanntmachung muß mindestens den räumlichen und persönlichen Geltungsbereich und den Tag des Inkrafttretens der allgemeinen Verbindlichkeit der Bestimmungen des Tarifvertrags über die Entgelte oder der Entgeltfestsetzung enthalten. Sie hat ferner für den Fall, daß der übrige Inhalt des Genehmigungs- oder Festsetzungsbeschlusses nicht bekanntgemacht wird, eine Stelle zu bezeichnen, bei der der Beschluß eingesehen werden kann.

Zwischen dem Tage der Bekanntmachung und dem Tage des Inkrafttretens der Entgeltregelung soll eine angemessene Frist liegen.

Erstreckt sich der Geltungsbereich des Tarifvertrags oder der Entgeltregelung nur auf ein Land, so erfolgt die Bekanntmachung in einem ein für allemal von der obersten Landesbehörde zu bestimmenden Blatte, andernfalls im Reichsarbeitsblatte.

§ 36. Die endgültig genehmigten Bestimmungen eines Tarifvertrages über die Entgelte und die endgültig festgesetzten Bestimmungen über Mindestentgelte haben für den Bezirk des genehmigenden oder festsetzenden Fachausschusses oder Gesamtfachausschusses die Wirkung eines für allgemeinverbindlich erklärten Tarifvertrags im Sinne des § 2 der Verordnung vom 23. Dezember 1918 (RGBl. S. 1456)*).

§ 37. Hat ein Gewerbetreibender oder ein nicht als Gewerbetreibender geltender Zwischenmeister (§ 18 Abs 2 bei der Entlohnung des Hausarbeiters

*) Vgl. RABl. 26 S. 352.

einen Betrag zugrunde gelegt, der niedriger ist als die gemäß §§ 26 bis 36 vereinbarten oder festgesetzten Sätze oder als der anderweit in einem für beide Teile verbindlichen Tarifvertrage vereinbarte Satz, so hat der Fachausschuß, sobald dies zu seiner Kenntnis kommt, den Gewerbetreibenden oder Zwischenmeister unter Androhung einer Buße aufzufordern, unverzüglich den Minderbetrag an den Hausarbeiter zu zahlen. Wird die Zahlung innerhalb einer Frist von zwei Wochen nicht geleistet, so soll der Fachausschuß die Buße festsetzen.

Hat der Gewerbetreibende oder Zwischenmeister innerhalb der Frist dem Fachausschusse nachgewiesen, daß er die Klage auf Feststellung des Nichtbestehens einer Verpflichtung oder daß der Hausarbeiter die Klage auf Zahlung oder Feststellung der Zahlungspflicht erhoben hat, so ist die Festsetzung der Buße unzulässig.

Die Buße soll außerdem festgesetzt werden, wenn der Gewerbetreibende oder ein nicht als Gewerbetreibender geltender Zwischenmeister durch gänzliche oder teilweise Unterlassung der rechtzeitigen Auszahlung des verdienten Lohnes seine Verpflichtungen vorsätzlich verletzt hat. Dies gilt auch dann, wenn kein Rechtsstreit zwischen den Parteien entstanden oder wenn er beigelegt ist.

Ansprüche auf Nachzahlung des Minderbetrags (Abs. 1 Satz 1) können nur geltend gemacht werden, soweit seit der Annahme des Entgelts nicht mehr als vier Wochen verflossen sind.

Die Buße darf das Fünffache des Minderbetrags nicht übersteigen. Sie darf das Zehnfache des Minderbetrags erreichen, wenn gegen den Gewerbetreibenden oder Zwischenmeister bereits zweimal eine Buße festgesetzt worden ist.

§ 38. Gegen Festsetzung der Buße findet innerhalb einer Ausschlußfrist von zwei Wochen nach Zustellung des Festsetzungsbeschlusses die Beschwerde statt. Die Beschwerde hat aufschiebende Wirkung. Sie kann nur darauf gestützt werden, daß die im § 37 bezeichneten Voraussetzungen für die Festsetzung nicht vorgelegen haben. Die Beschwerde ist bei dem Fachausschusse oder bei der höheren Verwaltungsbehörde einzulegen. Über die Beschwerde entscheidet die höhere Verwaltungsbehörde endgültig.

Der Fachausschuß kann, auch wenn eine Beschwerde nicht oder verspätet eingelegt wird, die festgesetzte Buße aufheben oder ermäßigen, wenn sich ergibt, daß die im § 37 bezeichneten Voraussetzungen für die Festsetzung nicht vorgelegen haben oder wenn die Nichtbefolgung der Zahlungsaufforderung genügend entschuldigt wird.

§ 39. Die Buße wird nach den reichsrechtlichen Vorschriften für die Beitreibung öffentlicher Abgaben eingezogen und an die für die beteiligten Hausarbeiter zuständige, von dem Fachausschusse zu bezeichnende allgemeine

Ortskrankenkasse abgeführt. Ist eine solche nicht vorhanden, so ist die Buße einer vom Fachausschusse zu bezeichnenden gemeinnützigen Einrichtung zu überweisen.

Durch die Zahlung der Buße wird der Anspruch auf Entgelt und Schadenersatz nicht berührt.

§ 40. Hat ein Gesamtfachausschuß die Bestimmungen eines Tarifvertrages über Entgelte genehmigt oder Mindestentgelte festgesetzt, so ist für die Festsetzung und Einziehung der Buße (§§ 37 bis 39) der Fachausschuß zuständig, in dessen Bezirk der Hausarbeiter seinen Wohnsitz hat, und wenn ein solcher Fachausschuß nicht vorhanden ist, die untere Verwaltungsbehörde dieses Bezirks. Über die Beschwerde entscheidet auch in diesem Falle die höhere Verwaltungsbehörde endgültig.

§ 41. Wird der Fachausschuß nach § 20 Nr. 4 tätig, so soll im Falle von Gesamtstreitigkeiten, an denen Hausarbeiter und andere Arbeiter beteiligt sind und hinsichtlich deren ein Schlichtungsausschuß tätig ist oder wird, derjenige Ausschuß, an dessen Verfahren die kleinere Zahl von Arbeitern beteiligt ist, sein Verfahren bis zur Erledigung des Verfahrens des anderen Ausschusses aussetzen. Das gleiche gilt, wenn sich nicht ermitteln läßt, an welchem Verfahren die kleinere Zahl beteiligt ist, für den Ausschuß, der später tätig geworden ist.

Wird der Fachausschuß nach § 20 Nr. 4 tätig, so kann er, falls die Voraussetzungen des § 20 Nr. 3 sich als vorliegend erweisen, beschließen, daß das eingeleitete Verfahren als Verfahren nach §§ 26 bis 40 gilt.

§ 42. Die weiteren Bestimmungen über die Errichtung und die Zusammensetzung der Fachausschüsse sowie über das Verfahren erläßt der Reichsarbeitsminister mit Zustimmung des Reichsrats*).

§ 43. Die Kosten der Fachausschüsse tragen die Länder, in deren Gebiete sie errichtet sind. Ist ein Fachausschuß für das Gebiet mehrerer Länder errichtet, so werden die Kosten nach Vereinbarung der beteiligten Landesregierungen verteilt. Kommt eine Einigung nicht zustande, so entscheidet der Reichsrat.

Die Landesgesetzgebung kann bestimmen, wieweit Gemeinden, Kommunalverbände oder die gesetzlichen Handelsvertretungen ihre Geschäftsräume nebst Heizung und Beleuchtung den Fachausschüssen unentgeltlich zur Verfügung stellen müssen.

---

*) S. VO. über Fachausschüsse für Hausarbeit v. 28. Nov. 24 (RGBl. I 752) und V. über die Errichtung von Fachausschüssen für Hausarbeit v. 13. Jan. 19 (RGBl. 85).

§ 44. Die Landesregierungen bestimmen, welche Behörden unter der Bezeichnung oberste Landesbehörde, Landesverwaltungsbehörde, höhere Verwaltungsbehörde, untere Verwaltungsbehörde, Polizeibehörde und Ortspolizeibehörde im Sinne dieses Gesetzes zu verstehen sind.

§ 45. Der den Hausarbeitern gewährte Entgelt ist Vergütung für Arbeiten oder Dienste, welche auf Grund eines Arbeits- oder Dienstverhältnisses geleistet werden, im Sinne des Gesetzes, betreffend die Beschlagnahme des Arbeits- oder Dienstlohns.

§ 46. Wer die Übernahme des Amtes als Beisitzer oder als Vertreter der Gewerbetreibenden oder Hausarbeiter im Fachausschusse oder Gesamtfachausschusse ohne zulässigen Grund ablehnt, wird mit einer Ordnungsstrafe bis zu zehntausend Mark bestraft.

Beisitzer oder Vertreter, die sich ohne genügende Entschuldigung nicht rechtzeitig zu den Sitzungen einfinden oder sich ihren Obliegenheiten in anderer Weise entziehen, werden mit einer Ordnungsstrafe bis zu dreitausend Mark und mit Auferlegung der durch ihr Verhalten verursachten Kosten bestraft.

§ 47. Die Ordnungsstrafe wird vom Vorsitzenden ausgesprochen. Erfolgt nachträglich genügende Entschuldigung, so ist die Ordnungsstrafe aufzuheben oder zu ermäßigen.

Gegen die Festsetzung der Ordnungsstrafe findet innerhalb einer Ausschlußfrist von zwei Wochen nach Zustellung des Festsetzungsbeschlusses die Beschwerde statt. Die Beschwerde hat aufschiebende Wirkung. Sie ist beim Fachausschusse (Gesamtfachausschusse) oder bei der höheren Verwaltungsbehörde einzulegen. Über die Beschwerde entscheidet die höhere Verwaltungsbehörde endgültig.

§ 48. Die Ordnungsstrafe wird nach den reichsrechtlichen Vorschriften über die Beitreibung öffentlicher Abgaben eingezogen und an eine für die beteiligten Hausarbeiter zuständige, von dem Fachausschusse oder Gesamtfachausschusse zu bezeichnende allgemeine Ortskrankenkasse abgeführt. Ist eine solche nicht vorhanden, so ist die Ordnungsstrafe einer vom Fachausschusse oder Gesamtfachausschusse zu bezeichnenden gemeinnützigen Einrichtung zu überweisen.

§ 49. Wer den zur Durchführung des § 6 Abs. 2 Satz 1 endgültig erlassenen Verfügungen oder gemäß § 10 Abs. 1, 3 getroffenen Bestimmungen zuwiderhandelt, wird bestraft,

1. wenn es sich um fremde Kinder handelt, mit Geldstrafe,

2. wenn es sich um eigene Kinder handelt, mit Geldstrafe bis zu dreihunderttausend*) Mark.

*) Vgl. VO. v. 6. Febr. 24 (RGBl. I 14) über Vermögensstrafen und Bußen.

Bei gewohnheitsmäßiger Zuwiderhandlung kann im Falle der Nr. 1 auf Gefängnisstrafe bis zu sechs Monaten, im Falle der Nr. 2 auf Haft erkannt werden.

Im Falle der Nr. 1 gilt § 75 des Gerichtsverfassungsgesetzes.

§ 50. Mit Geldstrafe bis zu dreihunderttausend*) Mark und im Unvermögensfalle mit Haft bis zu vier Wochen werden bestraft,

1. vorbehaltlich der Vorschrift im § 52, die im § 11 Satz 1 bezeichneten Personen, wenn sie den auf Grund des § 6 Abs. 1, Abs. 2 Satz 2, § 7 endgültig erlassenen Verfügungen oder den auf Grund des § 10 erlassenen Bestimmungen zuwiderhandeln,

2. wer außerhalb seiner Arbeitsstätte gewerbliche Arbeit in solchen Werkstätten der im § 1 bezeichneten Art verrichten läßt, von welchen er weiß, oder nach den Umständen annehmen muß, daß ihre Einrichtung oder ihr Betrieb den auf Grund des § 10 erlassenen Bestimmungen nicht entspricht.

War in den Fällen der Nr. 2 der Täter zur Zeit der Begehung der Straftat bereits zweimal wegen der gleichen Übertretung rechtskräftig verurteilt, so tritt Geldstrafe oder Haft bis zu vier Wochen ein. Die Anwendung dieser Vorschrift bleibt ausgeschlossen, wenn seit der Rechtskraft der letzten Verurteilung bis zur Begehung der neuen Straftat drei Jahre verflossen sind.

§ 51. Mit Geldstrafe bis zu dreihunderttausend*) Mark und im Unvermögensfalle mit Haft bis zu acht Tagen wird bestraft,

1. wer es unterläßt, den durch § 3 Abs. 1, §§ 4, 12, 13 für ihn begründeten Verpflichtungen nachzukommen,

2. wer den auf Grund des § 5 Abs. 1 endgültig erlassenen Verfügungen oder wer den auf Grund des § 3 Abs. 2 Satz 1, Abs. 3, § 14 getroffenen Bestimmungen zuwiderhandelt.

§ 52. Mit Geldstrafe bis zu dreihunderttausend*) Mark werden diejenigen Hausarbeiter, die ausschließlich zu ihrer Familie gehörige Personen beschäftigen (§ 1 Abs. 1 Nr. 1), und die im § 1 Abs. 1 Nr. 2 bezeichneten Hausarbeiter bestraft, die den auf Grund des § 7 Abs. 1, § 9 Abs. 2, § 10 zur Regelung des Betriebs erlassenen Bestimmungen zuwiderhandeln.

Die gleiche Strafe trifft Hausarbeiter, die ausschließlich zu ihrer Familie gehörige Personen beschäftigen (§ 1 Abs. 1 Nr. 1), falls sie dulden, daß die von ihnen beschäftigten Familienangehörigen den zur Regelung des Betriebs erlassenen Bestimmungen zuwiderhandeln.

§ 53. Sind bei der Ausübung des Gewerbes polizeiliche Vorschriften von Personen übertreten worden, die der Gewerbetreibende zur Leitung des

*) Vgl. VO. v. 6. Febr. 24 (RGBl. I 14) über Vermögensstrafen und Bußen.

Betriebs- oder eines Teiles davon oder zur Beaufsichtigung bestellt hatte, so trifft sie die Strafe.

Der Gewerbetreibende ist neben ihnen strafbar, wenn die Übertretung mit seinem Vorwissen begangen ist. Das gleiche gilt, wenn er bei der nach den Verhältnissen möglichen eigenen Beaufsichtigung des Betriebs oder bei der Auswahl oder der Beaufsichtigung der Betriebsleiter oder Aufsichtspersonen es an der erforderlichen Sorgfalt hat fehlen lassen.

§ 54. Landesrechtliche Vorschriften, wodurch die Beschaffenheit der zum Wohnen oder zu gewerblichen Zwecken bestimmten Räume geregelt oder Gefahren für Leben oder Gesundheit abgewendet werden, bleiben unberührt, soweit nicht auf Grund dieses Gesetzes weitergehende Bestimmungen getroffen sind.

§ 55. § 23 tritt am 1. Januar 1924 in Kraft.

Sachregister.

Die Zahlen bezeichnen die Paragraphen der GewO.; Gst., Ksch. oder Ha. vor den Zahlen bezeichnen die Paragraphen des Gaststättengesetzes, des Kinderschutzgesetzes bzw. des Hausarbeitsgesetzes.

A.

B.

C.

D.

E.

F.

H.

J.

K.

L.

M.

N.

O.

P.

R.

S.

T.

U.

V.

W.

Z.

Gedruckt bei A. W. Hayn's Erben, Potsdam.

Nachweis wichtiger Gesetzesausgaben

mit und ohne Erläuterungen, größere und kleinere Kommentare, Lehrbücher, Sammelwerke, Entscheidungssammlungen, Zeitschriften

Verlag Walter de Gruyter & Co., Berlin W 10 Genthiner Str. 38

Herbst 1931

Inhaltsübersicht

2. Hälfte: Das Privatrecht I. 122 Seiten. 1913. (Sammlung Göschen Bd. 646.) . . . . Geb. RM. 1.80
Das Privatrecht II. 150 Seiten. 1913. (Sammlung Göschen Bd. 647.) Geb. RM. 1.80
III. Buch. Die Zeit des Reichs- und Volksrechtes. 111 Seiten. 1913. (Sammlung Göschen Bd. 648.) . . . . Geb. RM. 1.80
IV. Buch. Die Zeit der Orientalisierung des römischen Rechtes. 155 Seiten. 1913. (Sammlung Göschen Bd. 697.) . . . . Geb. RM. 1.80

Schott, Richard, **Hilfsbüchlein für die Vorlesungen über Institutionen, Geschichte und Zivilprozeß des römischen Rechts.** Oktav. 42 Seiten. 1931 . . . . RM. 1.60

Das „Hilfsbüchlein" ist aus dem vorwiegend für die romanistischen Vorlesungen und Übungen der Breslauer Universität benutzten „Hilfsbüchlein für den römischen Zivilprozeß" von Schott, Fischer und Bruck hervorgegangen, das bereits in mehreren Auflagen erschien. Es enthält in seiner neuen Form Urkunden aus dem römischen Recht, die dem Studenten einen lebendigen Eindruck von der Entwicklung der Gesetzestechnik und der Abwicklung von Rechtsgeschäften vermitteln sollen. Trotz der aus Preisrücksichten gebotenen Beschränkung in der Auswahl wurde auf eine recht vielseitige Beispielgebung geachtet. Das Heft ist von besonderem Wert als Material für die durch die Studiumreform eingeführten Besprechungsstunden.

Stammler, Rudolf, **Lehrbuch der Rechtsphilosophie.** Dritte, vermehrte Auflage. Groß-Oktav. XVI, 396 Seiten. 1928. RM. 13.—, geb. RM. 15.—

„. . . Ein Werk aus einem Gusse, ein herbes Werk von größter wissenschaftlicher Strenge, eine Schule, durch die jeder gehen muß, der mit den rechtsphilosophischen Problemen der Gegenwart ringt." *Schweizerische Juristenzeitung.*

Stammler, Rudolf, **Rechts- und Staatstheorien der Neuzeit.** Leitsätze zu Vorlesungen. Zweite, vermehrte und verbesserte Auflage. Oktav. IV, 116 Seiten. 1925. . . . . RM. 3.50, geb. RM. 4.50

Ein unentbehrlicher Führer durch die Rechts- und Staatstheorien der Neuzeit.

Stammler, Rudolf, **Wirtschaft und Recht** nach der materialistischen Geschichtsauffassung. Eine sozialphilosophische Untersuchung. Fünfte, durch einen Nachtrag ergänzte Auflage. Oktav. VIII, 704 Seiten. 1924. . . . . RM. 14.—, geb. RM. 16.—

„Das Werk Stammlers darf den Ruhm in Anspruch nehmen, unter allen Büchern, die in der letzten Zeit auf dem hier in Betracht kommenden Gebiet erschienen sind, die stärkste Wirkung hervorgebracht zu haben." *Historische Zeitschrift.*

Friedrichs, Karl, **Der Allgemeine Teil des Rechts.** Eine Darstellung der gemeinsamen Lehren des öffentlichen und des privaten Rechts. Groß-Oktav. X, 306 Seiten. 1927. . . . . . RM. 12.—, geb. RM. 13.50

„Eine solche Arbeit fehlte bisher in der juristischen Literatur. Friedrichs ist wie kein anderer berufen, eine grundlegende Arbeit über dieses Gebiet zu schreiben." *Mitteilungen des Preuß. Richtervereins.*

Maas, Georg, und **Magnus**, Julius, **Abkürzungsverzeichnis der Rechtssprache.** Abkürzungen der Bezeichnungen von Rechtsquellen, Behörden, Entscheidungen usw. des deutschen und österreichischen Rechts. Oktav. IV, 140 Seiten. 1929. . . . . RM. 4.—

„Bis jetzt fehlte eine Zusammenstellung, die in zuverlässiger Weise die gebräuchlichsten Abkürzungen wiedergab. Diese Lücke füllt das neue Buch in glücklicher Weise aus." *Der junge Rechtsgelehrte.*

Endemann, Friedrich, **Grundriß des römischen Privatrechts.** Oktav. X, 256 und 30 Seiten. 1925. (Lehrbücher und Grundrisse der Rechtswissenschaft. Bd. XII.) . . . . RM. 9.—, geb. RM. 10.50

„. . . ein nach jeder Richtung hochstehendes Werk."
Der junge Rechtsgelehrte.

Stammler, Rudolf, **Aufgaben aus dem römischen Recht.** Der „Institutionenübungen für Anfänger" vierte Auflage. Oktav. IV, 92 Seiten. Mit Figuren im Text. 1919 . . . . Geb. RM. 5.—

Zum selbständigen Einarbeiten in das System des römischen Privatrechts.

II. Bürgerliches Recht

1. Bürgerliches Gesetzbuch

Lehmann, Heinrich, **Allgemeiner Teil des Bürgerlichen Gesetzbuches.** Dritte, vermehrte und verbesserte Auflage (9. bis 12. Tausend). Oktav. XIV, 439 Seiten. 1928. (Lehrbücher und Grundrisse der Rechtswissenschaft Bd. I.) . . . . RM. 12.—, geb. RM. 13.50

„Es liegt ein großer pädagogischer Wert in diesem Buch. Es wird sich unter den Studenten rasch großer Beliebtheit erfreuen."
Das Recht.

Leonhard, R., **Der Allgemeine Teil des Bürgerlichen Gesetzbuches** in seinem Einflusse auf die Fortentwicklung der Rechtswissenschaft. Groß-Oktav. XVI, 537 Seiten. 1900. (Recht des Bürgerlichen Gesetzbuches in Einzeldarstellungen Nr. X.) . . . . RM. 10.—

Die Sammlung „Recht des Bürgerlichen Gesetzbuches" umfaßt systematische Darstellungen des BGB. aus der Feder erster Juristen der Wissenschaft und Praxis.

Oertmann, Paul, **Allgemeiner Teil des Bürgerlichen Gesetzbuches.**
I. Einleitung. Lehre von den Personen und von den Sachen. Dritte, verbesserte Auflage. 136 Seiten. 1926. (Sammlung Göschen Bd. 447.) Geb. RM. 1.80
II. Erwerb und Verlust, Geltendmachung und Schutz der Rechte. Dritte, verbesserte Auflage. 147 Seiten. 1928. (Sammlung Göschen Bd. 448.) . . . . Geb. RM. 1.80

Nach der die Vorgeschichte des BGB. und einzelne für seine Bedeutung und Anwendung wichtige Hauptfragen behandelnden Einleitung bespricht der Verfasser die Lehre von den Personen und von den Sachen. Er verarbeitet den Inhalt der einzelnen Gesetzesparagraphen wissenschaftlich und erörtert dabei auch mehrfach Fragen, die im BGB. selbst nicht geregelt, höchstens gestreift werden.

Plancks Kommentar zum Bürgerlichen Gesetzbuch nebst Einführungsgesetz. Bisher herausgegeben von E. Strohal. Bearbeitet von E. Brodmann, L. Busch, J. Ebbecke, F. Flad, M. Greiff, K. Gunkel, P. Knoke, M. Landois, A. Lobe, Fr. Oegg, H. Siber, O. Strecker, K. von Unzner. Vierte, völlig neubearbeitete Auflage. Lexikon-Oktav. Bisher sind erschienen:
I. Band: Allgemeiner Teil. 606 Seiten. 1913. RM. 15.—, geb. RM. 17.—
II. Band, 1. Hälfte: Recht der Schuldverhältnisse. (Allgemeiner Teil.) 640 Seiten. 1914 . . . . RM. 15.—, geb. RM. 17.—
II. Band, 2. Hälfte: Recht der Schuldverhältnisse. (Besonderer Teil.) 1296 Seiten. 1928 . . . . RM. 49.—, geb. RM. 52.—
III. Band: Sachenrecht . . . . Neue Auflage im Druck.
IV. Band: Familienrecht. 1. Hälfte §§ 1297—1588. 701 Seiten. 1928. RM. 26.—, geb. RM. 28.—

V. Band: Erbrecht. Vierte, völlig neubearbeitete Auflage. Groß-Oktav. XII, 1136 Seiten. 1930 . . RM. 51.—, geb. RM. 54.—

„Für jeden Praktiker, der tiefer in den Rechtsstoff eindringen muß, um die zur Entscheidung stehende Frage zu prüfen, ist Plancks Kommentar immer ein zuverlässiger Ratgeber und seine Erläuterung und Meinung von hohem Wert und Gewicht, stets sorgfältiger Beachtung wert." Zentralblatt für freiwillige Gerichtsbarkeit.

Das Bürgerliche Gesetzbuch mit besonderer Berücksichtigung der Rechtsprechung des Reichsgerichts. Erläutert von Dr. Busch, Erler, Dr. Lobe, Michaelis, Oegg, Sayn, Schliewen und Seyffarth, Reichsgerichtsräten und Senatspräsidenten am Reichsgericht. Siebente, unveränderte Auflage. 5 Bände. §§ 1—2385. Lexikon-Oktav. 3182 Seiten. 1928 . . . . In Halbleder geb. RM. 150.—

I. Band: Allgemeiner Teil. Recht der Schuldverhältnisse I. (Allgemeiner Teil.) — II. Band: Recht der Schuldverhältnisse II. (Einzelne Schuldverhältnisse.) — III. Band: Sachenrecht. — IV. Band: Familienrecht. — V. Band: Erbrecht. Alphabetisches Sachverzeichnis.

(Das Werk wird nur komplett abgegeben.)

„Eine neue Auflage dieses für die Praxis wertvollsten Kommentars ist ein Ereignis für die Juristenwelt." Blätter für Rechtspflege im Bezirk des Kammergerichts.

Achilles-Greiff, Bürgerliches Gesetzbuch nebst Einführungsgesetz. Mit Einleitung, Anmerkungen und Sachregister. Nach dem Tode des ersten Herausgebers Dr. A. Achilles in Verbindung mit J. Altstötter, Oberamtsrichter in München, O. Meyer, Oberlandesgerichtspräsident in Celle, Dr. J. Kieckebusch, Land- und Amtsgerichtsrat in Kassel, Dr. O. Strecker, Senatspräsident am Reichsgericht i. R. in Leipzig, herausgegeben von Dr. M. Greiff, Wirkl. Geh. Oberjustizrat, Oberlandesgerichtspräsident i. R. in Berlin. Dreizehnte, vermehrte und verbesserte Auflage. Mit Erläuterungen der Verordnung über das Erbbaurecht, des Gesetzes über die religiöse Kindererziehung und des Gesetzes für Jugendwohlfahrt. Groß-Oktav. XXIII, 1304 Seiten. 1930. (Guttentagsche Sammlung Deutscher Reichsgesetze Bd. 38/39.) . . . . . Geb. RM. 24.—, in Halbleder geb. RM. 26.—

„Das ausgezeichnete Buch, das einer weiteren Empfehlung kaum bedarf, wird seine führende Stellung unter den Handausgaben ohne Zweifel behaupten." Juristische Rundschau.

Bürgerliches Gesetzbuch nebst Einführungsgesetz. Vom 18. August 1896 mit Berücksichtigung der bis zum 1. Januar 1928 ergangenen Abänderungen. Textausgabe mit ausführlichem Sachregister. Sechzehnte Auflage. (61. bis 66. Tausend). Taschenformat. 758 Seiten. 1928. (Guttentagsche Sammlung von Textausgaben ohne Anmerkungen mit Sachregister.) . . . . Geb. RM. 2.80

Die vorliegende Ausgabe zeichnet sich durch Vollständigkeit und besondere Ausführlichkeit des Sachregisters aus.

Schulz, F. H., Bürgerliches Gesetzbuch. Taschenformat. XI, 682 Seiten. 1930 . . . . Geb. RM. 8.—
(Lehrausgaben Deutscher Gesetze, Bd. I.)

Dieser Band bringt auch die Bezeichnung der entsprechenden römisch-rechtlichen bzw. gemeinrechtlichen Institute und verwirklicht damit einen Gedanken, der eigentlich wohl schon vor dreißig Jahren hätte ausgeführt werden sollen.

Lindemann, Otto, Ausführungsgesetz zum Bürgerlichen Gesetzbuche vom 20. September 1899 nebst einem Anhang: Verordnung zur Ausführung des Bürgerlichen Gesetzbuchs vom 16. November 1899. Nach dem Tode des früheren Herausgebers Kammergerichtsrat Dr. P. Siméon, erläutert von Geh. Oberjustizrat Otto Lindemann, Ministerialdirektor im Pr. Justizministerium. Vierte Auflage. Taschenformat. 208 Seiten. 1930. (Guttentagsche Sammlung Preußischer Gesetze Bd. 23.) Geb. RM. 5.—

Die neue Auflage kommt im richtigen Augenblick, um dem fühlbaren Mangel an neuen Bearbeitungen der Ausführungsgesetze zum Bürgerlichen Gesetzbuch abzuhelfen. Sie ist völlig neu bearbeitet und nach den Ergebnissen von Gesetzgebung und Rechtsprechung bis in die jüngste Zeit ergänzt.

Juristischer Anschauungsstoff. Herausgegeben von Helmut Rühl, o. Prof. d. Rechte a. d. Handelshochschule Mannheim.
Heft 1:
Rühl, H., **Bürgerliches Recht und Arbeitsrecht.** Groß-Oktav. VIII, 148 Seiten. 1931 . . . . RM. 4.—

In der Sammlung „Juristischer Anschauungsstoff" werden für den Gebrauch im akademischen Unterricht Urkunden aus der Rechtspraxis zusammengestellt. So bringt das erste Heft 140 typische Beispiele für fast jedes Rechtsinstitut des BGB. und des Arbeitsrechts (Registereintragungen, Geschäftsbedingungen, Tarifverträge, Satzungen usf.). Die Anordnung folgt dem Gang des Gesetzes. Die gewählten Beispiele sind für die Praxis kennzeichnend. Sie gewähren einen Einblick in das lebendige Recht und zeigen die Abwandlung des Gesetzes durch die Wirtschaft.

Schück, Richard, **Zivilrechtspraktikum.** Zum Selbststudium und zum Lehrgebrauch. Vierte, vermehrte Auflage. Herausgegeben von Gustav Schreiber. Groß-Oktav. 160 Seiten. 1930.
Geb. RM. 6.—

Das „Schücksche Zivilrechtspraktikum" bringt in einem billigen Band über 600 Fälle aus allen fünf Büchern des BGB. und dem Einführungsgesetz. Es hat sich seit seinem Erscheinen durch seine praktische Auswahl überall durchgesetzt und durch drei Auflagen hindurch bewährt. Die vorliegende vierte Auflage weist eine Anzahl Ergänzungen auf, die aber durch die besondere Art ihrer Einordnung den Gebrauch mehrerer Auflagen nebeneinander nicht stören.

von der Mosel, Heinrich, **Lösungen** zu dem von Kammergerichtsrat Dr. Richard Schück herausgegebenen **Zivilrechtspraktikum.** Nach dem Bürgerlichen Gesetzbuch bearbeitet für Studierende und Referendare. Fünfte Auflage. Oktav. 227 Seiten. 1931.
RM. 6.—, kart. RM. 6.50

Die Lösungen behandeln fast alle in dem Praktikum enthaltenen Fälle.

v. Schwerin, Cl., Frhr., **Grundzüge des deutschen Privatrechts.** Zweite Auflage. Oktav. XII, 342 Seiten. 1928. (Lehrbücher und Grundrisse der Rechtswissenschaft Bd. XIII.) RM. 9.50, geb. RM. 11.—

„Was dem Studenten not tut, ist ein kurzgefaßtes Handbuch. . . . Ein ausgezeichnetes Hilfsmittel dieser Art ist das vorliegende Buch."
Zeitschrift für Rechtspflege in Bayern.

Wegner, Arthur, **Jugendrecht.** Ein Lehrbuch zur Einführung. Oktav. IX, 219 Seiten. 1929 . . . . RM. 6.—, geb. RM. 7.50

Schuldverhältnisse insbesondere

Hedemann, Justus Wilh., **Schuldrecht des Bürgerlichen Gesetzbuches.** Zweite Auflage. Oktav. XXIV, 503 Seiten. 1931. (Lehrbücher und Grundrisse der Rechtswissenschaft Bd. II.)
RM. 14.50, geb. RM. 16.—

„Die Schrift bietet die beste mir bekannte Einführung in das schwierige Recht der Schuldverhältnisse." *Staats- und Selbstverwaltung.*

Oertmann, Paul, **Schuldrecht.** (BGB. II.)
I. Allgemeine Lehren. Dritte, verbesserte Auflage. 142 Seiten. 1927. (Sammlung Göschen Bd. 323.) . . . . Geb. RM. 1.80
II. Die einzelnen Schuldverhältnisse. Dritte, verbesserte Auflage. 159 Seiten. 1929. (Sammlung Göschen Bd. 324.) . . Geb. RM. 1.80

„In knapper Form und gemeinverständlicher Ausdrucksweise ist ein vorzüglicher Überblick über den Stoff gegeben."
Leipziger Zeitschrift für deutsches Recht.

Meyer, Georg, **Das Recht der Beschlagnahme von Lohn, Gehalt und Diensteinkommen.** Auf Grund des Reichsgesetzes vom 21. Juni 1869, der Verordnung über Lohnpfändung vom 25. Juni 1919 nebst Abänderungen und der Zivilprozeßordnung dargestellt. Siebente, vermehrte Auflage. Taschenformat. 174 Seiten. 1930. (Guttentagsche Sammlung Deutscher Reichsgesetze Bd. 55.) . . Geb. RM. 4.50

„Das Lohnbeschlagnahmegesetz wird hier in mustergültiger Weise erläutert. Die zahlreichen Zweifelsfragen werden gründlich erörtert." *Hessische Rechtsprechung.*

Seligsohn, Franz, **Kommentar zum Haftpflichtgesetz.** Zweite Auflage. Groß-Oktav. 360 Seiten. 1930 . . . . . . RM. 12.—, geb. RM. 13.50

„Das reiche Material hat der Verfasser mit logischer Schärfe und in knapper Form bearbeitet und damit ein mustergültiges Werk geschaffen, das für die meist veralteten Kommentare zum Reichshaftpflichtgesetz einen wertvollen Ersatz bietet."
Blätter für Rechtspflege im Bezirk des Kammergerichts.

Krieg, O., **Mietrecht und Wohnungsmangelgesetzgebung** im Reiche, in Preußen und in Berlin, einschließlich Hauszinssteuer, Kostenwesen und Rechtsentscheiden des Kammergerichts und des Obersten Landesgerichts. Zusammengestellt und mit ausführlichem Schlagwortregister versehen. Vierte Auflage. Taschenformat. XII, 594 Seiten. 1928. (Guttentagsche Sammlung Deutscher Reichsgesetze Bd. 156.) Geb. RM. 10.—

„Eine solche Ausgabe zu besitzen, ist wertvoll. Diese Ausgabe verdient schon wegen ihrer Vollständigkeit besondere Beachtung. Ein vortreffliches Sachregister ist beigegeben." *Juristische Wochenschrift*

Stölzle, Hans, **Viehkauf** nach Bürgerlichem Gesetzbuch und ausländischem Recht. Verordnung, betreffend die Hauptmängel und Gewährfristen beim Viehhandel. Von Eugen Fröhner. Sechste, vermehrte und wesentlich verbesserte Auflage. Taschenformat. 699 Seiten. 1926. (Guttentagsche Sammlung Deutscher Reichsgesetze Bd. 50.)
Geb. RM. 15.—

„Das Buch ist Juristen wie Laien als lichtvoller Ratgeber in allen Fragen nur auf das wärmste zu empfehlen."
Deutsche Juristen-Zeitung.

Crisolli, Karl-August, Das Reichsgesetz, betreffend die **Abzahlungsgeschäfte** vom 16. Mai 1894. Mit Einleitung, Anmerkungen und Sachregister. Unter Mitwirkung von Julius Crisolli. Vierte, völlig umgearbeitete Auflage des Werkes von Hoffmann-Wilke. Taschenformat. 413 Seiten. 1931. (Guttentagsche Sammlung Deutscher Reichsgesetze Bd. 34.) . . . . Geb. RM. 8.—

„Der Vorzug dieses Buches, das schon in seiner Anordnung und in seinem Gesamtaufbau mustergültig ist, liegt ganz besonders darin, daß es alle einschlägigen Fragen kritisch behandelt und zu ihnen erschöpfend Stellung nimmt. Der Verfasser hat die ihm aus der Zeit, den wirtschaftlichen und den weiter entwickelten Rechtsverhältnissen heraus gegebenen Möglichkeiten voll ausgenutzt, er hat zu allen einschlägigen Fragen der Rechtsprechung, die gerade in den letzten Jahren nicht unerheblicher Wandlung unter-

worfen war, Stellung genommen und auch unter Anführung und Namhaftmachung der entsprechenden Entscheidungen das von ihm benutzte Material voll ausgewertet und der Öffentlichkeit durch dieses Buch zur Verfügung gestellt." *Die Teilzahlung.*

Göppert, H., Gesetz, betreffend die gemeinsamen Rechte der Besitzer von Schuldverschreibungen. Zweite Auflage, bearbeitet von E. Trendelenburg. Taschenformat. 156 Seiten. 1915. (Guttentagsche Sammlung Deutscher Reichsgesetze Bd. 52.) . . . . . . Geb. RM. 1.50

Kruse, Fr. Vinding, **Das Eigentumsrecht.** Aus dem Dänischen übersetzt von Knud Larsen. Groß-Oktav. XXIII, 881 Seiten. 1931. Geb. RM. 25.—

Der Verfasser sieht das Eigentumsrecht nicht als ein Rechtsgebiet neben beliebigen anderen an, ihm ist es die Grundlage aller bisherigen Gemeinwesen und so von zentraler Bedeutung für Rechts- und Sozialwissenschaft. Der Begründung dieser Auffassung und einer tiefschürfenden Bestimmung des Begriffs des Eigentumsrechts dient ein Hauptteil des Werkes. In der Folge geht der Verfasser über zu einer Kritik an den gegenwärtig leitenden sozialwissenschaftlichen Ideen, denen er in ihren Umrissen eine Sozialwissenschaft der Zukunft gegenüberstellt. Seine Erkenntnisse gewinnt der Autor nicht nur aus seinem engeren Arbeitsgebiet, der Rechtswissenschaft, und aus deren spezifisch skandinavischer Ausprägung. Gerade der Vergleich mit der Rechtslehre anderer Nationen und die Zusammenfassung der Resultate aller beteiligten wissenschaftlichen Disziplinen geben den Darlegungen besonderes Gewicht.

Beiträge zum ausländischen und internationalen Privatrecht, herausgegeben vom Institut für ausländisches und internationales Privatrecht.

Heft 1:

Nußbaum, Arthur, **Vertraglicher Schutz gegen Schwankungen des Geldwertes.** Goldklauseln und andere Abreden zur Minderung des Valutarisikos. Groß-Oktav. 95 Seiten. 1928 . . . . RM. 5.—

Heft 2:

Wolff, John, **Die Haftung des Verkäufers einer fremden beweglichen Sache in den Vereinigten Staaten von Amerika in Vergleichung mit dem deutschen bürgerlichen Recht.** Groß-Oktav. 84 Seiten. 1930. RM. 4.—

Heft 3:

Friedmann, Wolfgang, **Die Bereicherungshaftung im anglo-amerikanischen Rechtskreis in Vergleichung mit dem deutschen bürgerlichen Recht.** Groß-Oktav. 148 Seiten. 1930 . . . . RM. 7.—

Heft 4:

Raiser, Ludwig, **Die Wirkungen der Wechselerklärungen im internationalen Privatrecht.** Groß-Oktav. 124 Seiten. 1931 . . RM. 9.—

Sachenrecht insbesondere

Hedemann, Justus Wilh., **Sachenrecht des Bürgerlichen Gesetzbuches.** Oktav. XXXII, 507 Seiten. 1924. (Lehrbücher und Grundrisse der Rechtswissenschaft Bd. III.) . . . . . RM. 12.—, geb. RM. 13.50

„Ein trotz seiner Kürze ausgezeichnetes und inhaltreiches Lehrbuch, nicht nur für den Studierenden, sondern auch für ältere Juristen. Die Arbeit ist wissenschaftlich tiefgründig und doch gemeinverständlich geschrieben." *Zeitschrift des Deutschen Notarvereins.*

Kretzschmar, F., Sachenrecht.

I. Allgemeine Lehren. Besitz und Eigentum. Zweite, verbesserte Auflage. 142 Seiten. 1922. (Sammlung Göschen Bd. 480.) Geb. RM. 1.80

II. Begrenzte Rechte. 144 Seiten. 1923. (Sammlung Göschen Bd. 481.) Geb. RM. 1.80

Diese Bändchen bieten die Grundzüge des Sachenrechts in gedrängter und klarer Form.

Lenzen, Georg, **Das Deutsche Pfandleihrecht.** Kommentar zum preußischen Pfandleihgesetz unter Berücksichtigung der außerpreußischen Gesetze. Oktav. XXVI, 266 Seiten. 1929 . . . . Geb. RM. 20.—

„Diese zusammenfassende Darstellung ist die erste ihrer Art und sehr verdienstlich. Das Buch regt zu allerhand Fragen an."
Juristische Wochenschrift.

Günther, Hermann, **Erbbaurecht.** Taschenformat. 167 Seiten. 1919. (Guttentagsche Sammlung Deutscher Reichsgesetze Bd. 135.)
Geb. RM. 2.—

„. . . Der Praxis wird das Werk von hervorragendem Nutzen sein."
Beiträge zur Erläuterung des deutschen Rechts.

Arnheim, Hugo, **Grundbuchordnung.** Kommentar zur Grundbuchordnung für das Deutsche Reich nebst den für Preußen erlassenen Ausführungsbestimmungen. Zweite, völlig neubearbeitete Auflage. Lexikon-Oktav. 959 Seiten. 1913 . . . . RM. 15.—

„Der Band weist außerordentliche Gründlichkeit, Klarheit und Übersichtlichkeit auf. Man kann wohl sagen, daß kaum eine Frage auftauchen wird, die nicht wenigstens berührt wäre."
Zentralblatt für freiwillige Gerichtsbarkeit.

Fischer, Otto, und **Fischer,** Norbert, **Grundbuchordnung für das Deutsche Reich** nebst den preußischen Ausführungsbestimmungen. Neunte, durchgearbeitete und ergänzte Auflage. Taschenformat. 322 Seiten. 1927. (Guttentagsche Sammlung Deutscher Reichsgesetze Bd. 42.)
Geb. RM. 5.—

„Eine der vortrefflichen alteingeführten Handausgaben der Guttentagschen Sammlung, bei der schon die Auflagenziffer für die Brauchbarkeit in der Praxis spricht. Nach wie vor ist das Buch ein vortrefflicher Wegweiser und Berater." *Juristische Wochenschrift.*

Ricks, Gerhard, **Die Grundbuchpraxis.** Ein Handbuch für den täglichen Gebrauch in Grundbuchsachen. Achte Auflage. Mit Nachtrag. Groß-Oktav. XII, 412 Seiten. 1929 . . . RM. 12.—, geb. RM. 14.—

„Das Buch hat einen Anspruch darauf, in der Praxis geradezu verschlungen zu werden. Es ist aus der täglichen Praxis heraus für die Praxis lebensfrisch und unterhaltend geschrieben."
Mitteilg. a. d. Württemb. Notariats-Praxis.

Friedlaender, Martin, **Hypothekenbeschaffung für Wohn- und Geschäftshäuser.** Handbuch für die Praxis der Grundstückswirtschaft. Groß-Oktav. VIII, 151 Seiten. 1929 . . . . . RM. 6.—, geb. RM. 7.50

„Das Buch gibt einen außerordentlich praktischen Überblick über alle Fragen der Hypothekenbeschaffung." *Deutsche Sparkassen-Zeitung.*

Familienrecht, Erbrecht

Lehmann, Heinrich, **Familienrecht** des Bürgerlichen Gesetzbuches einschließlich Jugendfürsorgerecht. Oktav. XII, 352 Seiten. 1926. (Lehrbücher und Grundrisse der Rechtswissenschaft Bd. IV.)
RM. 11.—, geb. RM. 12.50

„Die Schilderung Lehmanns ist überall anregend und fesselnd. Das Werk kann allen Rechtsstudenten und Referendaren zur Anschaffung dringend empfohlen werden." *Der junge Rechtsgelehrte.*

Titze, Heinrich, **Familienrecht.** (BGB. IV.) 169 Seiten. Neudruck. 1924. (Sammlung Göschen Bd. 305.) . . . . Geb. RM. 1.80

Endemann, Fr., **Erbrecht.** Oktav. XII, 166 Seiten. 1923. (Lehrbücher und Grundrisse der Rechtswissenschaft Bd. V.) RM. 3.—, geb. RM. 4.50

„Dieser Leitfaden behandelt den spröden Stoff des schwierigen Erbrechts in meisterhafter, fesselnder Darstellung."
Zeitschrift des Bundes Deutscher Justizamtmänner.

v. Blume, Wilh., **Erbrecht.** (BGB. V.)
I. Einleitung. Die Grundlagen des Erbrechts. 75 Seiten. 1913. (Sammlung Göschen Bd. 659.) . . . . Geb. RM. 1.80
II. Die Nachlaßbeteiligten. Mit 23 Figuren. 131 Seiten. 1913. (Sammlung Göschen Bd. 660.) . . . . Geb. RM. 1.80

Riesenfeld, S., **Die Erbenhaftung nach dem Bürgerlichen Gesetzbuch.** Groß-Oktav. 2 Bände. 1916 . . . . . RM. 15.—, geb. RM. 18.—
I. Band: Die Grundsätze der Haftung. XII, 461 Seiten.
II. Band: Das Inventar und die Mittel der Haftungsbeschränkung. VIII, 455 Seiten.
„Ein hervorragendes Werk, das in allen Teilen die vollständige Beherrschung des schwierigen Stoffes erkennen läßt und sich dabei durch klare und gemeinverständliche Darstellung auszeichnet."
Sächsisches Archiv für Rechtspflege.

Aufwertung

Michaelis, Richard, **Das Aufwertungsrecht** nach den Aufwertungsgesetzen und nach allgemeinem bürgerlichem Rechte. Kommentar zu den Gesetzen vom 16. Juli 1925 über die Aufwertung von Hypotheken und anderen Ansprüchen und über die Ablösung öffentlicher Anleihen sowie systematische Darstellung des Aufwertungsrechts außerhalb dieser Gesetze. Zweite, gänzlich umgearbeitete Auflage des Kommentars zur Dritten Steuernotverordnung vom 14. Februar 1924 (Aufwertung). Mit einer Fristentabelle von H. Hoormann. Groß-Oktav. X, 516 Seiten. 1926. Mit Nachtrag 1927. (de Gruytersche Sammlung Deutscher Gesetze. Handkommentare.) . . . . Geb. RM. 16.—
„Es handelt sich um ein ganz erstklassiges Werk, das sich für jeden Aufwertungsinteressenten als unentbehrlich erweisen wird."
Deutsche Allgemeine Zeitung.

Michaelis, Richard, Die beiden **Aufwertungsnovellen** vom 18. Juli 1930. (Hypotheken-Fälligkeits- und Verzinsungsgesetz; Grundbuchbereinigungsgesetz.) Taschenformat. VI, 202 Seiten. 1930. (Guttentagsche Sammlung Deutscher Reichsgesetze Bd. 178.) . . . . Geb. RM. 4.—
Reichsgerichtsrat Michaelis, der im „Kommentar über das Bürgerliche Gesetzbuch von Reichsgerichtsräten" den Abschnitt „Aufwertung" bearbeitet hat, erläutert in der gleichen autoritativen Art auch die neuen Gesetze, die die Aufwertungsgesetzgebung ändern und abschließen. Die Erläuterung der zuverlässig abgedruckten Gesetzestexte ist übersichtlich und in der Sprache leicht verständlich, wie überhaupt in ihrer ganzen Anlage, nicht zuletzt aber wegen ihres niedrigen Preises, auf die Praxis zugeschnitten.

Berliner, Ludwig, und **Pfaffenberger,** Ernst, **Aufwertung von Versicherungsansprüchen** mit Durchführungsbestimmungen.
I. Teil. Oktav. 235 Seiten. 1925. (Guttentagsche Sammlung Deutscher Reichsgesetze Bd. 164.) . . . . Geb. RM. 6.50
II. Teil: Sach- und Transportversicherung; Unfall- und Haftpflichtversicherung. Oktav. 112 Seiten. 1926. Mit Nachtrag. (Guttentagsche Sammlung Deutscher Reichsgesetze Bd. 164a.) . . . Geb. RM. 3.50
„Eine ganz ausgezeichnete, wohldurchdachte Darstellung und Erläuterung des Aufwertungsrechtes des gesamten Versicherungswesens, eine unentbehrliche Ergänzung zu jedem Gesamtkommentar über das Aufwertungsgesetz." *Zentralblatt für Handelsrecht.*

2. Handelsrecht.

v. Gierke, Jul., **Handelsrecht und Schiffahrtsrecht.** Dritte, ergänzte Auflage. Groß-Oktav. XIV, 744 Seiten. 1929. (Lehrbücher und Grundrisse der Rechtswissenschaft Bd. VI.) RM. 21.—, geb. RM. 22.50

„. . . ein außerordentlich hochstehendes, immer den neuesten Stand der Lehre und der Rechtsprechung widerspiegelndes Lehrbuch des Handelsrechts im weitesten Sinn.“ Der junge Rechtsgelehrte.

v. Gierke, Jul., **Handelsgesetzbuch** nebst Wechselordnung und Scheckgesetz. Mit systematischen Paragraphenüberschriften und ausführlichem Sachregister. Oktav. VIII, 295 Seiten. 1931. (Lehrausgaben Deutscher Gesetze, Bd. IV.) . . . . Geb. RM. 5.—

Nicht nur dem Lernenden, auch dem Kaufmann, der ohne ermüdende Durcharbeitung des ganzen Gesetzwerkes seine wesentlichen Bestimmungen schnell und sicher kennenlernen und von Fall zu Fall nachlesen will, wird diese Lehrausgabe willkommen sein.

Lehmann, K., und **Hoeniger,** H., **Lehrbuch des Handelsrechts.** Dritte Auflage. Erster Halbband, enthaltend die Lehre vom Handelsstand und von den Handelsgesellschaften. Groß-Oktav. 432 Seiten. 1921 RM. 10.—

Ein großangelegtes Lehrbuch des Handels- und Schiffahrtsrechts.

Lehmann, K., und **Hoeniger,** H., **Deutsches Handelsrecht.**
I. Einleitung. Der Kaufmann und seine Hilfspersonen. Offene Handelsgesellschaft, Kommandit- und stille Gesellschaft. 117 Seiten. 1921. (Sammlung Göschen Bd. 457.) . . . . Geb. RM. 1.80
II. Aktiengesellschaften, Gesellschaften mit beschränkter Haftung, eingetragene Genossenschaften. Handelsgeschäft, 126 Seiten. 1924. (Sammlung Göschen Bd. 458.) . . . . Geb. RM. 1.80

Hein, Joh., **Die Zusammenhänge zwischen Steuerrecht und Handelsrecht und ihre Entwicklung,** untersucht an dem Gewinn und an der Bewertung. Eine bilanzrechtliche und bilanzkritische Darstellung mit praktischen Beispielen. Groß-Oktav. X, 280 Seiten. 1928.
RM. 10.—, geb. RM. 12.—

„Das Buch führt in klarer Gestaltung in die Probleme des Bilanzrechts ein. Eine übersichtliche Gliederung ermöglicht eine schnelle und doch gründliche Einführung. Darüber hinaus stellt das Buch eine wesentliche Förderung für die dringend notwendige wissenschaftliche Behandlung des Steuerbilanzrechts und seiner Zusammenhänge mit den verwandten Rechtsmaterien dar.“ Zeitschrift für Handelsrecht.

Staubs Kommentar zum Handelsgesetzbuch. Zwölfte und dreizehnte Auflage. Bearbeitet von Heinrich Koenige, Albert Pinner, Felix Bondi. Vier Bände und ein Registerband. Groß-Oktav. 4000 Seiten. 1927 . . . . Zusammen RM. 157.—, in Halbleder RM. 183.60

Ein Nachtrag, der in ausführlicher Kommentierung die neuen Bestimmungen der Verordnung über das Aktienrecht vom 19. IX. 31 und die dadurch hervorgerufenen Änderungen des HGB. enthält, erscheint im November 1931.

Mosse, Albert, und **Heymann,** Ernst, **Handelsgesetzbuch** (ohne Seerecht). Mit den ergänzenden Vorschriften des Bürgerlichen Gesetzbuchs und einem Anhang, enthaltend das Einführungsgesetz, das Depotgesetz, die Bestimmungen über Börsentermin- und Differenzgeschäfte u. a. Nebst Erläuterungen. Im Anschluß an die Textausgabe von F. Litthauer. Siebzehnte Auflage. Unter Mitwirkung von Karl August Crisolli. Oktav. VIII, 693 Seiten. 1926 (Guttentagsche Sammlung Deutscher Reichsgesetze Bd. 4.) . . . . .Geb. RM. 14.—

Diese Ausgabe wurde durch Nachträge ergänzt.

„Die Litthauer-Mossesche Ausgabe des Handelsgesetzbuches hat bei allen Praktikern seit langem den wohlbegründeten Ruf größter Zuverlässigkeit und übersichtlicher Anordnung, die mit möglichster Knappheit des Ausdrucks gepaart sind. Das Buch ist ein zuverlässiger Führer durch das immer schwieriger werdende Gebiet des Handelsrechts.“ Vossische Zeitung.

Handelsgesetzbuch nebst Einführungsgesetz vom 10. Mai 1897, unter

Berücksichtigung der bis 15. Juni 1930 ergangenen Novellen. Textausgabe mit Sachregister. Zwölfte Auflage. 370 Seiten. 1930. (Guttentagsche Sammlung von Textausgaben ohne Anmerkungen mit Sachregister.) . . . . Geb. RM. 3.50
Diese Ausgabe wurde durch einen Nachtrag ergänzt.

Baum, G., Das vertragliche Wettbewerbsverbot (Konkurrenzklausel). Nebst Kommentar zum Gesetze vom 10. Juni 1914. Taschenformat. XII, 231 Seiten. 1914. (Guttentagsche Sammlung Deutscher Reichsgesetze Bd. 115.) . . . . Geb. RM. 3.—

Gesellschaften

Brodmann, Erich, **Aktienrecht.** Kommentar. Groß-Oktav. XII, 580 Seiten. 1928. (Gewerbe- und Industrie-Kommentar Bd. IV.)
RM. 28.—, geb. RM. 30.—
„Mit unvergleichlichem Geschick hat der Verfasser Großartiges geleistet — Brodmann ist Trumpf!" Zeitschrift für Aktiengesellschaften.

Brodmann, Erich, **Die Sanierung unseres Aktienwesens.** Groß-Oktav. 46 Seiten. 1931 . . . . RM. 3.—

Entwurf eines Gesetzes über Aktiengesellschaften und Kommanditgesellschaften auf Aktien sowie Entwurf eines Einführungsgesetzes nebst erläuternden Bemerkungen. Veröffentlicht durch das **Reichsjustizministerium.** Lexikon-Oktav. 132 Seiten. 1930 . . . . . . RM. 3.—

Pinner, Albert, **Aktiennovelle und Bankenaufsicht.** Verordnung vom 19. 9. 1931. Textausgabe mit Einführung in die Aktiennovelle. Taschenformat. 101 Seiten. 1931. (Guttentagsche Sammlung Deutscher Reichsgesetze Bd. 179.) . . . . Geb. RM. 1.80
Das erste eindringliche und zuverlässige Orientierungsbuch über die Neuregelung des Aktienwesens führt schnell in die wichtigen Hauptfragen ein. Der Herausgeber ist als hervorragender Kenner des Aktienrechts und Mitarbeiter an Staubs berühmtem HGB.-Kommentar der Fachwelt bekannt.

Hachenburg, Max, **Kommentar zum Gesetz, betr. die Gesellschaften mit beschränkter Haftung.** (Früher **Staub-Hachenburg.**) Fünfte Auflage unter Mitarbeit von Fritz Bing und Walter Schmidt. 2 Bände . . . . RM. 43.—, geb. RM. 47.—
I. Band: §§ 1—34. Groß-Oktav. VI, 527 Seiten. 1926.
II. Band: §§ 35—84. Groß-Oktav. II, 452 Seiten. 1927.
„Was Hachenburg in seinen Neubearbeitungen aus diesem Buche gemacht hat, ist erstaunlich. Sein reiches juristisches Wissen, sein überlegener und kritischer Verstand, seine vorzügliche Gestaltungskraft und seine nur wenigen Juristen eigene vielseitige Auslegungskunst haben etwas Großes, Unvergleichliches geschaffen. Man findet selten ein literarisches Werk, in welchem Rechtsgelehrsamkeit und praktisches Können vereint einem Spezialgesetz so zugute kamen wie hier."
Zeitschrift für Aktiengesellschaften.

Brodmann, Erich, **Gesetz, betr. die Gesellschaften mit beschränkter Haftung.** Kommentar. Zweite Auflage. Groß-Oktav. VIII, 304 Seiten. 1930. (Gewerbe- und Industrie-Kommentar Bd. I.)
RM. 16.—, geb. RM. 18.—

Parisius, Ludolf, und **Crüger,** Hans, **Das Reichsgesetz, betr. die Gesellschaften mit beschränkter Haftung.** Textausgabe mit Anmerkungen und Sachregister. Achtzehnte Auflage, bearbeitet von Adolf Crecelius und Fritz Citron. Taschenformat. 244 Seiten. 1929. (Guttentagsche Sammlung Deutscher Reichsgesetze Bd. 32.)
Geb. RM. 3.50
„Die äußerst sachkundig erläuterte Ausgabe wird von den interessierten Kreisen freudig begrüßt werden. Wir können das Bändchen der bekannten Sammlung bestens empfehlen."
Badische Wirtschafts-Zeitung

Starke, Arthur, **Offene Handelsgesellschaften, Kommanditgesellschaften und stille Gesellschaften** von der Errichtung bis zur Auflösung. Nebst Vertrags- und Anmeldeformularen und mit Berücksichtigung des Steuerrechts. Oktav. XIV, 167 Seiten. 1928 . . . . RM. 5.—
Eine systematische Darstellung für Studium und Praxis.

Wechselordnung und Scheckrecht

Staubs Kommentar zur Wechselordnung. Fortgesetzt von J. Stranz und M. Stranz. Zwölfte Auflage, bearbeitet von M. Stranz und Martin Stranz. Groß-Oktav. 432 Seiten. 1929.
RM. 16.—, geb. RM. 18.—
„Staub-Stranz ist der Kommentar zur Wechselordnung. Auch die jüngste Auflage des Kommentars gibt einen echten Staub-Stranz. Weiterer Kommentar dazu ist überflüssig." Juristische Wochenschrift.

Stranz, J., und **Stranz,** M., **Wechselordnung** in der Fassung der Bekanntmachung vom 3. Juni 1908. Kommentar. Dreizehnte, der Neubearbeitung sechste Auflage. Taschenformat. 419 Seiten. 1930. (Guttentagsche Sammlung Deutscher Reichsgesetze Bd. 5.)
Geb. RM. 7.—
Diese Ausgabe enthält nicht etwa nur Hinweise und kurze Erläuterungen, sondern ist ihrer ganzen Anlage nach ein verkürzter Kommentar; außer der Wechselordnung bringt sie auch die bekannten Nebengesetze: sie umfaßt also das gesamte Wechselrecht.

Wechselordnung in der Fassung der Bekanntmachung vom 3. Juni 1908 (RGBl. S. 326ff.). Mit einem Anhang, enthaltend den Wechselprozeß und Nebengesetze. Textausgabe mit Einleitung und Sachregister. Taschenformat. 102 Seiten. 1928. (Guttentagsche Sammlung von Textausgaben ohne Anmerkungen.) . . . . Geb. RM. 1.50
Vorteilhafte Anordnung, ein zuverlässiges Sachregister, das das Gesetz erschließt, Handlichkeit und sauberer Druck zeichnen auch die neue Auflage der Wechselordnung aus, deren Einleitung den letzten Stand dieser Materie erfaßt und deren Anhang „Nebengesetze" bis auf die letzte Zeit ergänzt ist.

Michaelis, Richard, **Scheckgesetz** mit allen einschlägigen Nebengesetzen, den ausländischen Gesetzen und dem Deutschen Postscheckgesetz mit Postscheckordnung. Kommentar. Groß-Oktav. VII, 339 Seiten. 1927. (Gewerbe- und Industrie-Kommentar Bd. II.) RM. 16.—, geb. RM. 18.—
„Wenn irgendein Buch, so entspricht dieses einem Bedürfnis." Berliner Tageblatt.

Der Eigentumsvorbehalt in Wirtschaft und Recht. Herausgegeben von der Industrie- und Handelskammer zu Berlin. Oktav. 280 Seiten. 1931 . . . . RM. 4.—, geb. RM. 5.—
Die Industrie- und Handelskammer zu Berlin bringt in diesem Buche zum Thema „Kreditsicherung durch Eigentumsvorbehalt" eine geschlossene Reihe von Kapiteln erster Autoritäten bei, in denen diese zum Eigentumsvorbehalt von allen Gesichtspunkten (z.B. seiner Bedeutung in der Industrie, im Großhandel, im Einzelhandel, im Bankverkehr, im internationalen Verkehr, im Konkursverfahren, im Steuerrecht, im Strafrecht, seiner zweckmäßigsten Formulierung usw.) ausführlich Stellung nehmen. Seiner Zweckbestimmung nach ist dieses Buch gleicherweise nach der praktischen wie nach der wissenschaftlichen Seite hin orientiert.

Schiffahrtsrecht

Schaps, Georg, **Das deutsche Seerecht.** Kommentar zum vierten Buche des Handelsgesetzbuches (als Ergänzung zu Staub's Kommentar) nebst Erläuterungen zu den seerechtlichen Nebengesetzen. Zweite, vollständig umgearbeitete Auflage herausgegeben von Max Mittelstein † und Julius Sebba.

I. Band. (Handelsgesetzbuch: Viertes Buch.) Groß-Oktav. VIII, 1041 Seiten. 1921 . . . . RM. 25.—, geb. RM. 28.—
II. Band. (Seerechtliche Nebengesetze mit Nachtrag zur Ergänzung des I. Bandes nach dem Stand von 1929.) Bearbeitet von J. Sebba. XVI, 1108 Seiten. 1929 . . . . RM. 52.—, geb. RM. 55.—

„Die alte, auf der Staubschen Kommentierungsmethode beruhende Auflage erfreute sich mit Recht schon großen Ansehens. In diesen bewährten Bahnen leistet die zweite Auflage an Vollständigkeit, Übersichtlichkeit und Genauigkeit das Höchste, was Wissenschaft und Praxis nur wünschen können." Juristische Wochenschrift.

Brandis, Otto, **Das deutsche Seerecht** (mit Ausschluß des Seeversicherungsrechts.) I. Allgem. Lehren: Personen und Sachen des Seerechts. 130 Seiten. 1908. II. Die einzelnen seerechtlichen Schuldverhältnisse: Verträge des Seerechts und außervertragliche Haftung. 156 Seiten. 1908. (Sammlung Göschen Bd. 386/87.) . . . . . Geb. je RM. 1.80

Knitschky-Rudorff, Seegesetzgebung. 6. Auflage von J. Sebba. Im Druck.

Sieveking, Gustav, **Das deutsche Seeversicherungsrecht.** Kommentar zum zehnten Abschnitt des vierten Buches des Handelsgesetzbuches. Lexikon-Oktav. 218 Seiten. 1912 . . . . RM. 5.—, geb. RM. 6.80

Allgemeine Deutsche Seeversicherungs-Bedingungen. Im Jahre 1919 herausgegeben von den deutschen Seeversicherern nach Beratung mit deutschen Handelskammern und Fachverbänden unter Vorsitz der Handelskammer Hamburg. 16.—20. Tausend. 50 Seiten. 1925 . RM. 2.—

General Rules of Marine. Insurance 1919 adopted by the German Underwriters. Authorised Translation by Dr. Alfred Sieveking, larger in Hamburg. 64 Seiten. 1920 . . . . RM. 3.—

Materialien zu den Allgemeinen Deutschen Seeversicherungs-Bedingungen. Im Auftrag der vereinigten Handelskammern herausgegeben von Prof. Dr. E. Bruck. Groß-Oktav. 2 Bände. 678 Seiten. 1920 . . RM. 10.—

v. **Liebig,** Eugen, **Die Transportversicherung.** Teil I: Die Seeversicherung. Systematische Darstellung des Seeversicherungswesens. Groß-Oktav. VIII, 226 Seiten. 1914 . . . . RM. 5.—

Bene, F., **Der Begriff des Versicherungsfalles in der Seeversicherung.** (Hamburger Rechtsstudien, herausgegeben von Mitgliedern der Rechts- und Staatswissenschaftlichen Fakultät der Hamburgischen Universität, Heft 1.) Groß-Oktav. 75 Seiten. 1928 . . . . RM. 4.50

Elkan, H. H., **Die Bedeutung des Interesses für die Veräußerung der versicherten Sache.** (Hamburger Rechtsstudien, herausgegeben von Mitgliedern der Rechts- und Staatswissenschaftlichen Fakultät der Hamburgischen Universität, Heft 2.) Oktav. 58 Seiten. 1928 . . RM. 4.—

Makower, H., **Gesetze, betreffend die privatrechtlichen Verhältnisse der Binnenschiffahrt und der Flößerei.** Nach den Materialien erläutert. Sechste, vermehrte Auflage, bearbeitet von E. Loewe. Taschenformat. 458 Seiten. 1923. (Guttentagsche Sammlung Deutscher Reichsgesetze Bd. 36.) . . . . Geb. RM. 4.—

„Das vorzüglich bearbeitete Buch dürfte mit seinen klaren und verständlichen Erläuterungen für jeden, der in irgendeiner Weise mit der Binnenschiffahrt und der Flößerei zu tun hat, ein nie versagender Ratgeber sein." Schiffbau.

Sebba, Jul., **Seewasserstraßenordnung.** (Polizeiverordnung zur Regelung des Verkehrs auf den deutschen Seewasserstraßen vom 31. März 1927.) Mit Nachtrag, enthaltend die Änderungen vom 31. März 1928 und vom 20. März 1930. Taschenformat. 493 Seiten. 1928. (Guttentagsche Sammlung Deutscher Reichsgesetze Nr. 171.) . . Geb. RM. 8.50

Die vorliegende Ausgabe ist für die an dem neuen Gesetz interessierten beiden Fachgruppen, die der Nautiker und der Juristen, von gleich großer Bedeutung. Diese Verbindung zweier Kenntnisgebiete gibt dem vorliegenden Kommentar seine besondere Note und seinen großen Wert.

Genossenschaften

Parisius, Ludolf, **Crüger,** Hans, **Crecelius,** Adolf, und **Citron,** Fritz, **Reichsgesetz, betreffend die Erwerbs- und Wirtschaftsgenossenschaften.** Kommentar zum praktischen Gebrauch für Juristen und Genossenschaften. Elfte, neubearbeitete Auflage. Groß-Oktav. XV, 598 Seiten. 1928 . . . . RM. 28.—, geb. RM. 30.—

„Crüger beherrscht wie kein anderer Theorie und Praxis des Genossenschaftswesens, auch nach der wissenschaftlichen Seite hin."
Juristische Wochenschrift.

Parisius, Ludolf, und **Crüger,** Hans, **Das Reichsgesetz, betreffend die Erwerbs- und Wirtschaftsgenossenschaften.** Textausgabe mit Anmerkungen und Sachregister. Zwanzigste, neubearbeitete und erweiterte Auflage von Hans Crüger, Adolf Crecelius und Fritz Citron. Taschenformat. 297 Seiten 1930. (Guttentagsche Sammlung Deutscher Reichsgesetze Bd. 29.) . . . . Geb. RM. 4.—

„In knapper und klarer Form werden die gesetzlichen Bestimmungen abgehandelt und alles zum Verständnis unbedingt Erforderliche in den Anmerkungen beigebracht. Das Werk kann nur empfohlen werden." Ministerialblatt f. d. Preuß. innere Verwaltung.

Verschiedenes

Schreiber, Otto, **Handelsrechtliche Nebengesetze.** Taschenformat. VIII, 1002 Seiten. 1926. (Guttentagsche Sammlung Deutscher Reichsgesetze Bd. 162.) . . . . Geb. RM. 14.—

„Die Sammlung ist ein unentbehrliches Hilfsmittel für den Praktiker. Die Zusammenstellung ist sehr zuverlässig; auch das Sachregister von Kleffel verdient volle Anerkennung."
Zentralblatt für Handelsrecht.

Staffel, W., **Verordnung gegen Mißbrauch wirtschaftlicher Machtstellungen** vom 2. November 1923. Kommentar. Oktav. 108 Seiten. 1927. (Guttentagsche Sammlung Deutscher Reichsgesetze Bd. 167.) Geb. RM. 3.50

„Die für das Wirtschaftsrecht so wichtige Kartellverordnung findet hier eine eingehende Kommentierung. Die Erläuterungen werden daher um so unentbehrlicher für die wirtschaftliche Praxis auf diesem Gebiete sein." Industrie- und Handelszeitung.

Lusensky, F., **Gesetz über die Handelskammern.** Taschenformat. (Guttentagsche Sammlung Preußischer Gesetze Bd. 21.)
Neue Auflage in Vorbereitung.

Göppert-Seydel, Hypothekenbankgesetz vom 13. Juli 1899 (mit den Änderungen durch die Gesetze vom 14. Juli 1923, vom 26. Januar 1926 und 21. Dezember 1927). Textausgabe mit Einleitung, Anmerkungen und Sachregister. Dritte Auflage bearbeitet von Dr. **Martin Friedlaender.** Taschenformat. VIII, 202 Seiten. 1929. (Guttentagsche Sammlung Deutscher Reichsgesetze Nr. 51.) . . . . . Geb. RM. 5.—

Die vorliegende Auflage des bekannten „Göppert-Seydel" ist den veränderten Verhältnissen entsprechend vollkommen umgearbeitet worden; sie berücksichtigt sowohl die nach dem Kriege erfolgten Änderungen und Ergänzungen des Gesetzes und des Aufwertungsrechtes wie auch die Judikatur und das Schrifttum bis auf die letzte Zeit. Damit kommen die Vorzüge des „Göppert-Seydel" der Praxis und Wissenschaft wieder in ihrem ganzen Umfange zugute.

Behlert, Heinz, **Der Konnossement-Teilschein.** Groß-Oktav. 79 Seiten. 1930.
(Hamburger Rechtsstudien, Heft 5.) . RM. 5.—
Die Schrift löst die Frage, ob ein Konnossement-Teilschein dem Konnossement gleichzusetzen ist, unter Zugrundelegung der Hamburger Verhältnisse und unter Berücksichtigung der Rechtsprechung, der Lehre und des ausländischen Rechtes.

Lion, Robert, **Reine Konnossemente gegen Revers.** Groß-Oktav. 78 Seiten. 1930.
(Hamburger Rechtsstudien, Heft 7.) RM. 5.—
Die Abhandlung beginnt mit einer ausführlichen Darstellung der Entwicklung, Anwendung und Funktion des Konnossementsreverses. Es folgt eine Untersuchung der rechtlichen Probleme, die sich bemüht, die wirtschaftlichen Interessen aller Beteiligten gegeneinander abzuwägen; eine eingehende Übersicht über die Rechtsprechung ist mit ihr verbunden. Den Abschluß bildet eine Darstellung und Würdigung der zahlreichen Reformvorschläge. Wirtschaft und Recht des Auslandes sind in weitestgehendem Umfange berücksichtigt.

Bank und Börse

Koch, R., und **Schacht,** Hjalmar, **Die Reichsgesetzgebung über das Münz- und Notenbankwesen.** Textausgabe mit Anmerkungen und Sachregister. Siebente, völlig neubearbeitete Auflage. Taschenformat. XVIII, 617 Seiten. 1925. (Guttentagsche Sammlung Deutscher Reichsgesetze Bd. 26.) . . . . Geb. RM. 14.—
„Dieser Kommentar zeichnet sich durch Vollständigkeit und Reichhaltigkeit aus und bietet außerdem in der Einleitung einen vortrefflichen Überblick über die Entwicklung des deutschen Noten- und Geldwesens während der letzten Jahrzehnte."
Monatsschrift für Handelsrecht und Bankwesen.

Nußbaum, Arthur, **Bank- und Börsenrecht.** Eine Sammlung von Gesetzen und Geschäftsbedingungen. Taschenformat. XII, 622 Seiten. 1927. (Guttentagsche Sammlung Deutscher Reichsgesetze Bd. 169)
Geb. RM. 11.—
Die vorliegende Sammlung der verstreuten bank- und börsenrechtlichen Vorschriften fehlte bisher in der kaufmännischen und juristischen Bankpraxis ebenso wie im handelsrechtlichen und betriebswirtschaftlichen Unterricht. Ihr Erscheinen wurde daher vielseitig begrüßt. Die Sammlung berücksichtigt auch die dem freien Verkehr entstammenden Rechtsbildungen.

Kommentar zum Börsengesetz. Im Auftrage des Centralverbandes des Deutschen Bank- und Bankiergewerbes (E. V.) bearbeitet von H. Rehm, H. Trumpler, Heinrich Dove, Ernst Neukamp, R. Schmidt-Ernsthausen, James Breit. Mit einem Vorwort von J. Rießer. Lexikon-Oktav. VIII, 464 Seiten. 1909.
RM. 12.—, geb. RM. 13.50
„Einen so guten Kommentar zum Börsengesetz hat es noch nie gegeben. Wer sich darein vertieft, wird reiche Belehrung daraus schöpfen über das Börsenwesen im allgemeinen und über seine Rechtsübung und Rechtsprechung im besonderen."
Sächsisches Archiv für Rechtspflege.

Hemptenmacher, Th., **Börsengesetz.** Dritte Auflage von O. Meyer. Taschenformat. XXIII, 373 Seiten. 1915. (Guttentagsche Sammlung Deutscher Reichsgesetze Bd. 41.) . . . . Geb. RM. 3.50
„Das Bändchen bringt neben einem kurzen Überblick und einem vorteilhaft erweiterten Anhang das Börsengesetz nebst Ausführungsbestimmungen." *Bayrische Handelszeitung.*

Lusensky, F., Gesetz, betreffend die Pflichten der Kaufleute bei Aufbewahrung fremder Wertpapiere (Depotgesetz). Neue Auflage in Bearbeitung. (Guttentagsche Sammlung Deutscher Reichsgesetze Bd. 40.)

„Die beste Bearbeitung des sogenannten Depotgesetzes."
Zeitschrift für Aktiengesellschaften.

Frohner, G., Aktiensonderdepot und Legitimationsübertragung. (Hamburger Rechtsstudien, herausgegeben von Mitgliedern der Rechts- und Staatswissenschaftlichen Fakultät der Hamburgischen Universität, Heft 3.) Groß-Oktav. VII, 114 Seiten. 1929 . . . . RM. 7.—

Schwerin, Frh. Cl. von, **Recht der Wertpapiere** (einschließlich Wechsel- und Scheckverkehr). Oktav. X, 234 Seiten. 1924. (Lehrbücher und Grundrisse der Rechtswissenschaft Bd. 7.) RM. 7.—, geb. RM. 8.50

„Das Buch löst seine Aufgabe, den Studierenden eine Einführung in die Materie des Wertpapierrechts zu geben, ausgezeichnet, vor allem deshalb, weil es eine gute theoretische Fundierung mit einer dem Lehrzweck entsprechenden Darstellung des praktischen Rechts und der Rechtstatsachen verbindet." Deutsche Juristenzeitung.

Zeitgemäße Bankrechtsfragen. Festgabe der Rechtsabteilung der Disconto-Gesellschaft zum 70. Geburtstage des Herrn Dr. jur. Arthur Salomonsohn. Quart. 126 Seiten. 1929 . . . RM. 8.—, geb. RM. 10.—

„Der Band enthält 8 vorzügliche Aufsätze. Die Verfasser befassen sich mit Problemen, die in der Rechtsabteilung einer Großbank oft zur Debatte stehen und deren endgültige Klärung ein praktisches Bedürfnis ist." Wirtschaftl. Nachrichten.

Verhandlungen des VII. allgemeinen deutschen Bankiertages. Köln 9.—11. September 1928 auf Grund stenographischer Berichte. Groß-Oktav. 436 Seiten. 1928 . . . . RM. 10.—

III. Grenzgebiete des Bürgerlichen Rechts

1. Privat- und Sozialversicherung

Koenige, Heinrich, und **Petersen, A., Gesetz über die privaten Versicherungsunternehmungen** vom 12. Mai 1901. Textausgabe mit Anmerkungen und Sachregister. Dritte, umgearbeitete Auflage. Taschenformat. 856 Seiten. 1927. (Guttentagsche Sammlung Deutscher Reichsgesetze Bd. 62.) . . . . Geb. RM. 20.—

„Der Verfasser hat es meisterhaft verstanden, reiche Literatur und Judikatur zu dem wichtigen Grundgesetz der Privatversicherung mit seiner eigenen selbständigen Auffassung von der Bedeutung der Gesetzesbestimmungen in Verbindung zu bringen. Für Theorie und Praxis der Privatversicherung wird das Werk dadurch zu einem unentbehrlichen Hilfsmittel." Deutsche Versicherten-Zeitung.

Koenige, Heinrich, **Petersen,** A. und **Wirth,** K., **Gesetz über die Beaufsichtigung der privaten Versicherungsunternehmungen und Bausparkassen** vom 6. Juni 1931. Textausgabe, enthaltend den vollständigen, geltenden Gesetzestext sowie Erläuterungen zu den neuen, auf dem Gesetz vom 30. März 1931 beruhenden Vorschriften. Nachtrag zu Koenige-Petersen, Private Versicherungsunternehmungen, dritte Auflage (Bd. 62 der Sammlung). Taschenformat. 238 Seiten. 1931. (Guttentagsche Sammlung Deutscher Reichsgesetze Bd. 62a.) . . . . Geb. RM. 6.—

Die vorliegende Ausgabe enthält den vollständigen Gesetzestext, nicht nur die geänderten und zugefügten Paragraphen. Sie erläutert jedoch nur die in der Neuschöpfung des Gesetzes geänderten Bestimmungen, während hinsichtlich der unverändert gebliebenen gesetzlichen Vorschriften auf den Kommentar von Koenige-Petersen verwiesen wird.

Bruck, E., Reichsgesetz über den Versicherungsvertrag nebst dem zugehörigen Einführungsgesetz vom 30. Mai 1908. Sechste, vollkommen neubearbeitete Auflage. Taschenformat. 708 Seiten. 1929. (Guttentagsche Sammlung Deutscher Reichsgesetze Bd. 83.) Geb. RM. 14.—

„... Obwohl ich mit dem Worte „unentbehrlich" sparsam umgehe, muß ich anerkennen, daß niemand, der in irgendwelcher Art mit Versicherungsgeschäften zu tun hat, den Bruck'schen Kommentar entbehren könnte." Reichsgerichtsrat Schliewen i. d. Jurist. Rundschau.

Moldenhauer, Paul, Das Versicherungswesen.
I. Allgemeine Versicherungslehre. Vierte Auflage. 152 Seiten. 1925. (Sammlung Göschen Bd. 262.) . . . . Geb. RM. 1.80
II. Die einzelnen Versicherungszweige. Zweite Auflage. 130 Seiten. 1923. (Sammlung Göschen Bd. 636.) . . . . Geb. RM. 1.80

„Das Buch ist für jeden, der sich mit dem Versicherungswesen und seinen Zweigen vertraut machen will, ein trefflicher Führer." Versicherungspost.

Die Entwicklung des privaten Versicherungswesens in dem Jahrfünft 1902—1906. Groß-Oktav. 53 Seiten. Mit 3 Tafeln. 1909. RM. 2.—
— in dem Jahrfünft 1907—1911. Groß-Oktav. 61 Seiten. 1912. RM. 2.50

Veröffentlichungen des Reichs-Aufsichtsamts für Privatversicherung. Groß-Oktav. 29. Jahrgang. Pro Band RM. 40.—, bis RM. 50.—

Gesamtregister zu den Veröffentlichungen des Reichs-Aufsichtsamts für Privatversicherung. 1912—26. 184 Seiten. 1928 . . . . RM. 14.—

Versicherungsstatistik für 1902 über die unter Reichsaufsicht stehenden Unternehmungen. Herausgegeben vom Reichsaufsichtsamt für Privatversicherung. Lexikon-Oktav. LXXVII, 384 Seiten. 1905. RM. 10.—
— für 1903 bis 1917 . . . . Je Jahrgang RM. 10.—
— für 1928 bis 1929. 1930 . . . . RM. 24.—
— für 1930. 1931 . . . . RM. 13.—

v. Liebig, Eugen, Das deutsche Feuerversicherungswesen. Groß-Oktav. 211 Seiten. 1911 . . . . RM. 5.—

„In einer außerordentlich klaren Darstellung gibt der Verfasser einen geschichtlichen Überblick von den Gilden an bis zum gegenwärtigen Stand der Feuerversicherung in Deutschland. Das Buch ist in so flüssiger, schöner Sprache geschrieben, daß auch der Anfänger und selbst der Laie durch die fesselnde Darstellung leicht einen tiefen Einblick in das Wesen der Feuerversicherung gewinnen wird." Archiv für Versicherungswirtschaft.

Weygand, J., Die Grundzüge der Kundenversicherung. (Generalversicherung der Speditions- und Lagergüter.) Mit einer Einleitung über das Interesse als Element der Sachversicherung. Groß-Oktav. 162 Seiten. 1914 . . . . RM. 4.—

„Das interessante Werk bietet namentlich für Juristen wertvolle Hinweise zur Rechtsbehandlung der Kundenversicherungsfrage." Archiv für Gewerbepolitik und Volkswirtschaft.

Berliner, Ludwig, und Pfaffenberger, Ernst, Aufwertung von Versicherungsansprüchen mit Durchführungsbestimmungen.
I. Teil. Oktav. 235 Seiten. 1926. Mit Nachtrag. (Guttentagsche Sammlung Deutscher Reichsgesetze Bd. 164.) . . . . Geb. RM. 6.50
II. Teil: Sach- und Transportversicherung; Unfall- und Haftpflichtversicherung. Oktav. 112 Seiten. 1926. (Guttentagsche Sammlung Deutscher Reichsgesetze Bd. 164a.) . . . . Geb. RM. 3.50

„Ein bedeutsamer Kommentar, durch den die gesetzlichen Bestimmungen von der juristischen und versicherungstechnischen Seite aus

eingehend erläutert werden. In seinem straffen, systematischen Aufbau, der Geschlossenheit der Darstellung muß man das Buch als ein Standardwerk für das gesamte versicherungsrechtliche Aufwertungsgebiet bezeichnen.

Ein unentbehrlicher Ratgeber in allen interessierten Kreisen."

Versicherungs-Post, Berlin.

Tsirintanis, Alexander, **Die Order-Polize.** Groß-Oktav. 95 Seiten. 1930. (Hamburger Rechtsstudien, Heft 6.) RM. 6.—

Der Verfasser behandelt die Frage, inwieweit das Versicherungsrecht, um den heutigen Verkehrsbedürfnissen zu entsprechen, die Orderklausel und das Indossament verwerten kann. Nach einer Darstellung und kritischen Würdigung der Ergebnisse aus der Anorderstellung des Versicherungsscheins in anderen Ländern, insbesondere in Frankreich, versucht der Verfasser die rechtlichen und wirtschaftlichen Folgen aus der Ausstellung von Order-Polizen darzulegen. In einem besonderen Teil wird die Order-Polize mit anderen, auf denselben wirtschaftlichen Erfolg gerichteten Rechtsinstituten, namentlich der Versicherung für Rechnung wen es angeht, verglichen und die vorhandenen Unterschiede gestreift.

Lippmann, Karl, **Die Reichsversicherungsordnung** in der Fassung der Bekanntmachung vom 15. Dezember 1924 und des Gesetzes über das Reichsschiedsamt vom 22. Januar 1925 nebst dem Einführungsgesetze, den wichtigsten Ausführungsvorschriften, den ergänzenden Gesetzen und Verordnungen sowie den Verordnungen über das Verfahren. Oktav. Guttentagsche Sammlung Deutscher Reichsgesetze Bd. 161.)
2. Aufl. im Druck.

Reuß, Max, und **Hense,** Fritz. **Das Reichsknappschaftsgesetz** vom 1. Juli 1926 nebst Einführungsgesetz. 2. Aufl. Taschenformat. XVI, 640 Seiten. 1926. (Guttentagsche Sammlung Deutscher Reichsgesetze Bd. 155.) . . . . Geb. RM. 12.—

„Die Herausgabe des Gesetzes bedarf keiner besonderen Empfehlung. Das Buch kann allen, die auf dem Gebiete des Knappschaftswesens tätig sind, aufs wärmste empfohlen werden."

Zeitschrift für Bergrecht.

Embden, Helmuth, **Versicherung für Rechnung wen es angeht.** Groß-Oktav. VIII, 39 Seiten. 1930 . . . . RM. 3.—
(Hamburger Rechtsstudien, Heft 8.)

Im ersten Teil wird der versicherungsrechtliche Interessenbegriff im streng individualistischen Sinne präzisiert. Im Hauptteil versucht dann der Verfasser, die universelle Vertragsform der Versicherung für Rechnung wen es angeht in Einklang mit einer so engen Auffassung des Interessenbegriffs zu bringen.

Angestelltenversicherungsgesetz vom 28. Mai 1924. Zweite Auflage. Taschenformat. 143 Seiten. 1927. Mit Nachtrag. (Guttentagsche Sammlung Deutscher Reichsgesetze. Textausgaben ohne Anmerkungen.)
Geb. RM. 2.50

Manes, Alfred, **Sozialversicherung.** 7., ergänzte Aufl. 1928. Kl.-Oktav. 139 Seiten. (Sammlung Göschen Bd. 267.) . . . . Geb. RM. 1.80

„Es gibt keine andere Darstellung der geltenden Sozialversicherung, die in solch erfreulicher Kürze und Sachlichkeit durch die annähernd 2400 Paragraphen führt."

Hanseatische Rechts- und Gerichts-Zeitschrift.

Schmeißer, Herbert, **Das Gesetz über Arbeitsvermittlung und Arbeitslosenversicherung** in der Fassung der Notverordnung vom 1. Dezember 1930. 2 Bände. Taschenformat. Band I: XVI, 639 Seiten. 1931. Band II erscheint voraussichtlich im Winter 1931. (Guttentagsche Sammlung Deutscher Reichsgesetze Bd. 165.) . . . . Geb. RM. 15.—

Der bekannte Verfasser bringt mit diesem Werk einen Kommentar zum gesamten Arbeitsvermittlungs- und Arbeitslosenrecht, das im Laufe der Jahre umfangreichen Änderungen unterworfen war und so unübersichtlich geworden ist, daß eine straffe, übersichtliche und allgemeinverständliche Kommentierung für den Fach- und Nichtfachmann immer dringlicher wird. Der Verfasser berücksichtigt das gesamte einschlägige Material: Rechtsprechung der Arbeitsgerichte, der Spruchbehörden, der Arbeitslosenversicherung und der Beschluß- und Spruchbehörden der RVO. Die grundsätzlichen Entscheidungen des Spruchsenats für die Arbeitslosenversicherung sind bis Ende Januar 1931 verarbeitet, ferner die Begründung zu den Gesetzentwürfen und die Verhandlungen der gesetzgebenden Körperschaften. — Auch die vielen Ausführungsbestimmungen sind erläutert.

2. Arbeitsrecht

Depène, Hans, **Das Arbeitsgerichtsgesetz.** Taschenformat. (Guttentagsche Sammlung Deutscher Reichsgesetze Bd. 168.) 2. Auflage im Druck.

Arbeitsrechtliche Spruchsammlung. Beiträge zum Deutschen Handwerksblatt . . . . Pro Quartal RM. 0.90

Günther, Adolf, und **Schneider,** Richard, **Arbeiterschutz und Arbeitsrecht.** Zweite Auflage. Taschenformat.

I. Teil: **Arbeitszeitschutz.** Das Arbeitszeitnotgesetz und die übrige arbeitszeitrechtliche Gesetzgebung des Reichs seit dem 9. November 1918. 386 Seiten. 1927 . . . . Geb. RM. 7.50

„Der Kommentar umfaßt die gesamte arbeitszeitrechtliche Gesetzgebung von der Staatsumwälzung bis zur Gegenwart. Er ist ein Führer durch das weite und unübersichtliche Gebiet der arbeitszeitrechtlichen Gesetzgebung. Ein ausführliches Sachregister soll die praktische Benutzung erleichtern." Die Wirtschaftsgenossenschaft.

II. Teil: Gesetz über die **Beschäftigung Schwerbeschädigter** nebst den einschlägigen gesetzlichen Bestimmungen. 404 Seiten. 1928. (Guttentagsche Sammlung Deutscher Reichsgesetze Bd. 138a/138c.) Geb. RM. 8.—

„Das Buch stellt nicht nur beim Studium des Gesetzes ein wertvolles Hilfsmittel dar, sondern ist auch für den Handgebrauch des Arbeitsrechtspraktikers unentbehrlich." Berliner Wohlfahrtsblatt.

IV. Teil: **Betriebsstillegungsverordnung.** 240 Seiten. 1929. (Guttentagsche Sammlung Deutscher Reichsgesetze. Bd. 138 d.) Geb. RM. 6.50

Warneyer, Otto, **Betriebsrätegesetz** vom 4. Februar 1920 nebst der Wahlordnung zum Betriebsrätegesetz, dem Aufsichtsratsgesetz samt Wahlordnung und den Ausführungsverordnungen des Reichs und der Länder. Auf der Grundlage der Güntherschen Textausgabe mit Anmerkungen erläutert unter besonderer Berücksichtigung der Rechtsprechung des Reichsgerichts und des Reichsarbeitsgerichts. Zweite Auflage. Taschenformat. 235 Seiten. 1931. (Guttentagsche Sammlung Deutscher Reichsgesetze Bd. 138 b.) . . . . . . Geb. RM. 5.—

Diese Handausgabe ist ihrer Anlage nach ein verkürzter Kommentar, der die Entwicklung des Gesetzes, der Rechtsprechung — vor allem des Reichsarbeitsgerichts! — und der einschlägigen Literatur bis Ende 1930 berücksichtigt.

Tilly, Dr. Helmuth Tczerclas von, **Internationales Arbeitsrecht.** Unter besonderer Berücksichtigung der Internationalen Arbeitsorganisation. 120 Seiten. 1924. (Sammlung Göschen Bd. 882.) . . . . Geb. RM. 1.80

Es ist das erste Werk, das in klarer, kurzer und allen leicht verständlicher Weise das gesamte grundlegende Tatsachenmaterial — und zwar nur dieses — auf dem umfassenden Gebiete des internationalen Arbeiterschutzes von dessen ersten Anfängen bis in die neueste Zeit bietet.

v. Ungern-Sternberg, Die Auflösung und Fusion von Berufsvereinen und ihre arbeitsrechtliche Bedeutung. Oktav. IV, 52 Seiten. 1931. RM. 3.50

Für laufende Tarifverträge ebenso wie für Schlichtungsverfahren haben Auflösung und Fusion von Gewerkschaften bzw. Arbeitgeberverbänden erhebliche Bedeutung. Deshalb lohnt eine zusammenfassende Durchforschung und Darstellung der Materie wohl. An Hand von Literatur und Rechtsprechung werden alle Zweifelsfragen hier geklärt. Die Schrift bringt den Beteiligten wertvolle Unterlagen für die Praxis.

3. Gewerberecht

Hiller, Fr., und **Luppe,** H., **Gewerbeordnung für das Deutsche Reich nebst Kinderschutzgesetz und Hausarbeitsgesetz** sowie den für das Reich und Preußen erlassenen Ausführungsbestimmungen. Einundzwanzigste, veränderte Auflage. (143. bis 148. Tausend.) Taschenformat. 931 Seiten. 1928. Mit Nachtrag vom 11. 2. 1929. (Guttentagsche Sammlung Deutscher Reichsgesetze Bd. 6.) . . . . . . Geb. RM. 11.—

„Ein Wort der Empfehlung für dieses Buch zu sagen, erübrigt sich. Hervorgehoben sei, daß diese Auflage alle Vorzüge der früheren Auflagen in sich schließt. Die zahlreichen neuen Gesetze sind erschöpfend berücksichtigt." Zeitschrift des Deutschen Notarvereins.

Brassert, H., **Allgemeines Berggesetz** für die preußischen Staaten mit Kommentar. Zweite Auflage, bearbeitet von Hans Gottschalk. Groß-Oktav. XXIX, 1291 Seiten. 1914. RM. 27.—, geb. RM. 30.—

Sonnenfeld, Hugo, **Die reichsrechtlichen Bestimmungen, betreffend den Handel mit Drogen und Giften.** Dritte, veränderte Auflage. Taschenformat. 435 Seiten. 1926. (Guttentagsche Sammlung Deutscher Reichsgesetze Bd. 64.) . . . . Geb. RM. 12.—

„Die Arbeit gehört einem Spezialgebiet an, mit dem nicht jeder Jurist zu tun hat. Wird er einmal genötigt, sich auf dieses Gebiet zu begeben, so ist er um so dankbarer für eine Arbeit, die sofort den Eindruck größter Sachkunde und vollständiger Materialsammlung macht, und deren Führung man sich unbedenklich anvertrauen kann." Vossische Zeitung.

Friedrichs, Karl, **Gaststättengesetz** vom 28. April 1930 mit den Durchführungs- und Ausführungsverordnungen des Reichs und Preußens. Taschenformat. VIII, 144 Seiten. 1930. (Guttentagsche Sammlung Deutscher Reichsgesetze, Textausgabe mit Erläuterungen und Sachregister, Band 176.) . . . . RM. 3.50

Eine vollständige und zuverlässige Erläuterung des neuen Gesetzes; die Durch- und Ausführungsverordnungen für das Reich und Preußen sind wörtlich abgedruckt und, soweit notwendig, erläutert.

Lebbin, Georg, **Nahrungsmittelgesetze** mit Erläuterungen. Zweite, stark vermehrte Auflage in zwei Bänden.

I. Band: Das Lebensmittelgesetz vom 5. Juli 1927 mit Nebengesetzen (Margarine, Fleisch, Milch, Süßstoff, Essigsäure usw.). Erläutert von G. Lebbin und R. Gießner. Taschenformat. XVI, 419 Seiten. 1928. Geb. RM. 8.50

II. Band: Getränkegesetze und Getränkesteuergesetze (Wein, Bier, Branntwein, Mineralwasser). Unter Mitarbeit von Rechtsanwalt Dr. Kniebe. Taschenformat. XII, 400 Seiten. 1926. (Guttentagsche Sammlung Deutscher Reichsgesetze Bd. 54b.) . . . . Geb. RM. 10.—

„Das Werk ist für unsere Leser und überhaupt die ganze Fachwelt der Getränkeindustrie unentbehrlich, muß doch jedermann mit den einschlägigen Gesetzesbestimmungen sich soweit wie irgend möglich vertraut machen, wenn er nicht in Nachteile geraten will. Die Anschaffung des Buches kann bestens empfohlen werden." Branntweinmonopol.

Voß, Werner, **Die reichs- und landesrechtlichen Bestimmungen auf dem Gebiete des Gesundheitswesens.** Taschenformat. 608 Seiten. 1929. (Guttentagsche Sammlung Deutscher Reichsgesetze Bd. 172.) Geb. RM. 11.—

„Das Buch wird seiner Aufgabe, fast den gesamten Gesetzesstoff in einem einzigen kleinen Bande in die Hand zu geben, gewiß gerecht und wird sich schnell als unentbehrliches Hilfsmittel für jeden erweisen, der öfter mit dem Gesundheitswesen zu tun hat." Reichsverwaltungsblatt.

4. Geistig-gewerblicher Rechtsschutz.

Elster, Alexander, **Urheber- und Erfinder-, Warenzeichen- und Wettbewerbsrecht.** (Gewerblicher Rechtsschutz.) Zweite, stark erweiterte und völlig umgearbeitete Auflage. Mit Abdruck der Gesetzestexte. Oktav. XII, 611 Seiten. 1928. Mit Nachtrag 1931. (Lehrbücher und Grundrisse der Rechtswissenschaft Bd. VIII.) RM. 18.—, geb. RM. 19.50

„Seit Kohler und Osterrieth endlich wieder das lang entbehrte Lehrbuch. Hier unternimmt ein wahrhaft selbständiger und ideenreicher Kopf den Versuch, eine wirkliche Synthese zu schaffen." Juristische Rundschau.

Neuberg, J., **Der internationale gewerbliche Rechtsschutz.** 2. Auflage. 128 Seiten. 1923. (Sammlung Göschen Bd. 271.) . . . Geb. RM. 1.80

Daude, Paul, **Die Reichsgesetze über das Urheberrecht an Werken der Literatur und der Tonkunst und das Verlagsrecht** vom 19. Juni 1901 in der Fassung des Gesetzes vom 22. Mai 1910 zur Ausführung der revidierten Berner Übereinkunft. Oktav. VIII, 293 Seiten. 1910. RM. 6.—

„Der Zusammenhang der erläuterten Gesetze mit dem Strafgesetzbuch, dem Bürgerlichen Gesetzbuch und anderen Gesetzen ist in leichtverständlicher Weise praktisch dargestellt. Es wird vorzügliche Dienste leisten." Deutsche Literatur-Zeitung.

Lindemann, O., **Gesetz, betr. das Urheberrecht** an Werken der Literatur und der Tonkunst. Vierte Auflage. Taschenformat. 171 Seiten. 1921. (Guttentagsche Sammlung Deutscher Reichsgesetze Bd. 60.) Geb. RM. 1.80

„Die Arbeit ist nicht bloß eine Gesetzesausgabe, sondern ein wertvoller Kommentar des Gesetzes. Das Werk sei jedermann auf das beste empfohlen." Juristische Wochenschrift.

Fuld, Ludwig, **Gesetz, betr. das Urheberrecht an Werken der bildenden Künste und der Photographie.** Zweite Auflage. Taschenformat. 192 Seiten. 1925. (Guttentagsche Sammlung Deutscher Reichsgesetze Bd. 81.) . . . . Geb. RM. 6.—

„Der zwar kleine, aber inhaltreiche und daher sehr beliebte Kommentar von Fuld erscheint in zweiter, völlig neubearbeiteter Auflage. Überall ist dem Stande der heutigen Rechtsprechung und wissenschaftlichen Auffassungen Rechnung getragen. In einem Anhang sind die einschlägigen internationalen Übereinkommen abgedruckt. Alle Interessenten werden mit Freuden die neue Auflage begrüßen." Danziger Juristische Monatsschrift.

Reininger, G., **Der Schutz des Urheberrechts im deutschen Rundfunk.** Oktav. 88 Seiten. 1929 . . . . RM. 4.—

„Eine interessante, zeitgemäße, namentlich auch für geistige Neuschöpfer wichtige Studie." Badische Rechtspraxis.

Andritzky, Christoph, **Die Rechtsstellung des Drehbuchautors.** Oktav. XI, 80 Seiten. 1931 . . . . RM. 3.50

Andritzky äußert sich zu den Streitfragen um die Urheberschaft am Film. Er trennt scharf zwischen künstlerischer Leistung und künstlerisch-urheberischer Schöpfung und kommt zu der These: Der Filmurheber ist der Urheber des kurbelfertigen Drehbuches. — Die

Verhältnisse beim Tonfilm sind, soweit dies möglich erschien, berücksichtigt.

Heinitz, Ernst, und **Marwitz,** Bruno, **Das Reichsgesetz über das Verlagsrecht.** Textausgabe mit Einleitung, Anmerkungen und Sachregister. Dritte Auflage. Taschenformat. 136 Seiten. 1922. (Guttentagsche Sammlung Deutscher Reichsgesetze Bd. 61.) . . . . Geb. RM. 1.60

„Dieser kurze Kommentar ist durch seine knappen, das Wichtige klar vortragenden Darlegungen dazu berufen, eine Lücke auszufüllen, die sich für den Praktiker des Verlagsrechts seit Jahren ergab. Man darf deshalb das Erscheinen dieser neuen Auflage aus der Feder des Spezialisten des Verlagsrechts mit größter Freude begrüßen."
Börsenblatt für den Deutschen Buchhandel.

Elster, A., **Das deutsche Urheber- und Verlagsrecht.** 128 Seiten. 1923. (Sammlung Göschen Bd. 863.) . . . . Geb. RM. 1.80

„Erstaunlich ist, wie Elster diese beiden so viel umstrittenen Gesetze auf so engem Raum in vortrefflicher Weise zur Darstellung gebracht hat." *Deutscher Journalistenspiegel.*

Heymann, E., **Die zeitliche Begrenzung des Urheberrechts.** Oktav. 74 Seiten. 1927. (Sitzungsberichte der Preußischen Akademie der Wissenschaften zu Berlin.) . . . . RM. 5.—

Pietzcker, Eduard, **Patentgesetz und Gebrauchsmusterschutzgesetz.** Kommentar unter Berücksichtigung der vorgeschlagenen und weiter beantragten Abänderungen des Patentgesetzes. Erster Halbband: §§ 1—12 PatG. Groß-Oktav. 427 Seiten. 1929. (Gewerbe- und Industrie-Kommentar Bd. V, 1.) Der zweite, das Werk abschließende Band, wird 1932 erscheinen. . . . . . RM. 26.—, geb. RM. 28.—

„Die überall zutage tretende geistige Leistung macht Pietzckers Kommentar für jeden, der sich mit diesem Rechtsgebiet zu beschäftigen hat, zum unentbehrlichen Rüstzeug."
Markenschutz und Wettbewerb.

Seligsohn, Arnold, **Patentgesetz und Gesetz, betr. den Schutz von Gebrauchsmustern.** Siebente Auflage. Oktav. 1931. In Bearbeitung.

Lutter, R., **Patentgesetz.** Nebst Ausführungsbestimmungen, völkerrechtlichen Verträgen und Patentanwaltsgesetz, unter eingehender Berücksichtigung der Rechtsprechung des Reichsgerichts und der Praxis des Reichspatentamts. Neunte Auflage. Taschenformat. XV, 467 Seiten. 1928. (Guttentagsche Sammlung Deutscher Reichsgesetze Bd. 22.)
Geb. RM. 10.—

„Der jetzige Verfasser hat einen völlig neuen Kommentar geschaffen, der in seiner Knappheit und Sparsamkeit dem ursprünglichen Zweck gerecht wird, aber an wissenschaftlicher Durcharbeitung und Gründlichkeit die vorangegangenen Auflagen weit überragt."
Gewerblicher Rechtsschutz und Urheberrecht.

Elster, A., **Das deutsche Erfinderrecht.** (Patent- und Musterschutzrecht). 118 Seiten. 1924. (Sammlung Göschen Bd. 891.) . . Geb. RM. 1.80

„Die Aufgabe, einen Überblick über das deutsche Erfinderrecht zu geben, ist im Rahmen der kurzen Erörterungen mit viel Geschick gelöst. Deshalb wird das Büchlein auch bei allen Gruppen der am Patentrecht interessierten Personen seine Freunde finden."
Gewerblicher Rechtsschutz und Urheberrecht.

Seligsohn, Jul., **Geheimnis und Erfindungsbesitz.** Groß-Oktav. 147 Seiten. 1921 . . . . RM. 3.—

Pinner-Elster, Gesetz gegen den unlauteren Wettbewerb. Achte, sehr vermehrte und umgestaltete Auflage. Taschenformat. 254 Seiten. 1927. (Guttentagsche Sammlung Deutscher Reichsgesetze Bd. 37.)
Geb. RM. 5.—

„Das Buch ist mehr als eine bloße ‚Textausgabe mit Anmerkungen', nämlich ein richtiger Kommentar, und wird in der Praxis ausgezeichnete Dienste tun."
Senatspräsident am Reichsgericht Dr. Lobe, Leipzig, i. d. Jurist. Wochenschrift.

Wassermann, Martin, **Der unlautere Wettbewerb** nach deutschem Recht. I. Generalklausel, Reklameauswüchse, Ausverkaufswesen, Angestelltenbestechung. 160 Seiten. 1911. II. Kreditschädigung, Firmen- und Namenmißbrauch, Verrat von Geheimnissen, Ausländerschutz. 151 Seiten. 1911. (Sammlung Göschen Bd. 339 u. 535.) . . . Geb. je RM. 1.80

Wolff, F., und **Crisolli,** K.-A., **Das Recht der Reklame.** Lexikon-Oktav. 424 Seiten. 1929 . . . . RM. 20.—, geb. RM. 22.—
„. . Mit großer Umsicht ist ein umfänglicher Stoff gesammelt und in gründlicher Arbeit juristisch durchdrungen und dargestellt. Das Buch ist wohl in erster Reihe für Juristen bestimmt, aber auch für wirtschaftliche Kreise und Reklamefachleute wertvoll und jedenfalls für die Beschäftigung mit diesem Sondergebiet ein zuverlässiges Hilfsmittel." Juristische Rundschau.

Hagens, Alfred, **Warenzeichenrecht.** Kommentar. Groß-Oktav. VIII, 408 Seiten. 1927. (Gewerbe- und Industrie-Kommentar Bd. III.) RM. 22.—, geb. RM. 24.—
„Eine ausführliche Darstellung, die zeigt, daß der Verfasser das gesamte Fachschrifttum und die reichhaltige Rechtsprechung restlos beherrscht. Ich habe gefunden, daß nicht ein einziger Fall von Bedeutung fehlt." Markenschutz und Wettbewerb.

Seligsohn, Arnold, **Gesetz zum Schutz der Warenbezeichnungen.** Dritte Auflage, bearbeitet in Gemeinschaft mit Martin Seligsohn in Berlin. Groß-Oktav. IV, 416 Seiten. 1925. RM. 15.—, geb. RM. 16.50
„Der Kommentar zeigt alle Vorzüge des in der Wissenschaft und Praxis des gewerblichen Rechtsschutzes gleich ausgezeichneten Juristen: volle theoretische und praktische Beherrschung des Stoffes, klare Darstellungsgabe, sorgsame Behandlung und treffsicheres Urteil." Badische Rechtspraxis.

Freund, G. S., **Magnus,** Julius, und **Jüngel,** Friedrich, **Das deutsche Warenzeichenrecht.** Sechste, neubearbeitete Auflage. Teil I: Die internationalen Verträge. VI, 247 Seiten. Mit 4 Tafeln. 1924. (Guttentagsche Sammlung Deutscher Reichsgesetze Bd. 87a.) Geb. RM. 9.—
„Das ganze Werk mit seiner Fülle von Gesetzen, Verordnungen, Verträgen, Bekanntmachungen bildet eine Quellensammlung für das internationale deutsche Zeichenrecht, ohne die man fortan nicht mehr auskommen kann." Gewerblicher Rechtsschutz und Urheberrecht.

Born, A., **Reichspreßgesetz** vom 7. Mai 1874 in der jetzt geltenden Fassung nebst den einschlägigen Bestimmungen der Reichsverfassung, des Reichsstrafgesetzbuches, der Gewerbeordnung usw. Mit Kommentar und Sachregister. Vierte, veränderte Auflage. Taschenformat. 234 Seiten. 1931. (Guttentagsche Sammlung Deutscher Reichsgesetze Bd. 53.) . . . . Geb. RM. 6.—
„Das Werk bringt eine sehr reichhaltige Kommentierung des Stoffes, die um so wertvoller ist, als den Entscheidungen der Wortlaut der Urteilsbegründungen beigefügt ist. Sämtliche einschlägigen Bestimmungen der das Pressewesen berührenden Gesetze sind aufgeführt, eingehend besprochen und in Beziehung zueinander gebracht worden. Als Nachschlagewerk in Zweifelsfällen wird das Buch von großem Nutzen sein." Ministerialblatt für die preußische innere Verwaltung.

IV. Zivilprozeß

Fischer, Otto, **Lehrbuch des deutschen Zivilprozeß- und Konkursrechts.** Groß-Oktav. XII, 488 Seiten. 1918 . . . RM. 8.—, geb. RM. 10.—

Kisch, Wilh., Deutsches Zivilprozeßrecht.
I. Band. Vierte, verbesserte Auflage. 115 Seiten. 1929. (Sammlung Göschen Bd. 428.) . . . . Geb. RM. 1.80
II. Band. Vierte, verbesserte Auflage. 168 Seiten. 1929. (Sammlung Göschen Bd. 430.) . . . . Geb. RM. 1.80
III. Band. Vierte, verbesserte Auflage. 148 Seiten. 1929 (Sammlung Göschen Bd. 430.) . . . . Geb. RM. 1.80
Diese Auflage wird jedem, der sich auf gemeinverständliche Weise über unser geltendes Zivilgerichtswesen unterrichten will, gute Dienste leisten, und kann namentlich den Studierenden des Rechts als Einführung bestens empfohlen werden.

Sydow, R., Busch, L., und Krantz, W., Zivilprozeßordnung und Gerichtsverfassungsgesetz nebst Anhang, enthaltend Entlastungsgesetze und die Notverordnung vom 1. Dezember 1930. Handkommentar unter besonderer Berücksichtigung der Entscheidungen oberster Gerichte. Neubearbeitete, zwanzigste Auflage. Zwei Bände. Groß-Oktav. VIII, VIII und 1540 Seiten. 1930 . . . . . . Geb. RM. 33.—
(de Gruytersche Sammlung Deutscher Gesetze, Handkommentare.)
„Auch innerlich ist der ausgezeichnete Handkommentar von Sydow-Busch-Krantz verändert. Es sind viele veraltete Entscheidungen ausgemerzt und dafür die Erläuterungen durch eingehendere Darlegungen zweckmäßig erweitert worden. An der Grundanlage des Buches wurde nichts geändert, die Druckanordnung ist noch übersichtlicher als bisher. So wird das Buch seine alten Freunde behalten und ohne Zweifel viele neue hinzuerwerben."
Leipziger Zeitschrift für deutsches Recht.

Rosenberg, L., Zivilprozeßgesetzgebung. Taschenformat. 580 Seiten. 1930. Geb. RM. 8.—
(Lehrausgaben Deutscher Gesetze, Bd. II.)
„Die Besonderheiten dieser handlichen und erschöpfenden Ausgabe der Zivilprozeßgesetzgebung bestehen in der sachlichen Ordnung des umfassenden Stoffes, in der Hervorhebung von besonders Wesentlichem durch Sperrdruck, und vor allem aber darin, daß den einzelnen Paragraphen in systematischer Weise Überschriften vorausgeschickt sind, die die hier besonders wichtige Aufgabe erfüllen, den Aufbau des Gesetzes und den Zusammenhang der einzelnen Vorschriften klar erkennen zu lassen." Juristische Wochenschrift.

Zivilprozeßordnung mit Gerichtsverfassungsgesetz und Einführungsgesetzen in der Fassung der Bekanntmachung vom 13. Mai 1924 mit den bis 1. April 1929 ergangenen Abänderungen. Textausgabe mit Sachregister. Taschenformat. 440 Seiten. 1929. (Guttentagsche Sammlung von Textausgaben ohne Anmerkungen.) . . . Geb. RM. 3.50
Die handliche Ausgabe enthält den genannten Gesetzestext mit einem das Zurechtfinden sehr erleichternden Sachregister.

Der neue Entwurf einer Zivilprozeßordnung. Veröffentlicht durch das Reichsjustizministerium. Lexikon-Oktav. 561 Seiten mit 2 Paragraphen-Verzeichnissen. 1931 . . . . . . RM. 10.—, geb. RM. 12.—

Sydow, R., Busch, L., und Krantz, W., Gerichtsverfassungsgesetz mit Einführungsgesetz. Unter besonderer Berücksichtigung der Entscheidungen des Reichsgerichts. Zehnte Auflage. Taschenformat. 347 Seiten. 1925. (Guttentagsche Sammlung Deutscher Reichsgesetze Bd. 14.) Geb. RM. 6.—
„Das Buch bedarf keiner Empfehlung, es empfiehlt sich selbst durch die Fülle dessen, was es bietet. Gesetzgebung und Rechtsprechung sind bis in die neueste Zeit berücksichtigt."
Leipziger Zeitschrift für Deutsches Recht.

Rausnitz, Julius, Gebührenordnung für Notare vom 28. Oktober 1922 (GS. 404) nebst den einschlägigen Vorschriften des Preußischen Gerichtskostengesetzes vom 28. Oktober 1922 (GS. 363), beide in der Fassung der Gesetze vom 12. April 1923 (GS. 107), 18. Dezember 1923 (GS. 556) und der Verordnung vom 28. Juni 1924 (GS. 573). Sechste, umgearbeitete Auflage. Oktav. 158 Seiten. 1925. (Guttentagsche Sammlung Preußischer Gesetze Bd. 4.) . . . Geb. RM. 7.—

„Der in seiner äußeren Form sehr handlich und gut ausgestaltete Kommentar kann nur auf das wärmste empfohlen werden. Er wird sehr bald ein unentbehrlicher, weil nie versagender Ratgeber werden, der die Berufsarbeit sehr erleichtern wird." Juristische Wochenschrift.

Sydow, R., **Busch**, L., und **Krieg**, O., **Die Deutsche Gebührenordnung für Rechtsanwälte**, das Gesetz, betreffend die Erstattung von Rechtsanwaltsgebühren in Armensachen, und die Preußische Landesgebührenordnung mit Erläuterungen. Auf der Grundlage der Sydow-Busch'schen Textausgabe mit Anmerkungen in dreizehnter Auflage unter Mitaufnahme des Gesetzes über die Erstattung in Armensachen neubearbeitet. Taschenformat 496 Seiten. 1929. (Guttentagsche Sammlung Deutscher Reichsgesetze Bd. 17.) . . . . Geb. RM. 9.—

„Die Erläuterung der Gebührenordnung bietet besonders Wertvolles. Sie steht schon lange unter den Anmerkungsausgaben mit an erster Stelle. Und das mit Recht."

Zeitschrift des Bundes Deutscher Justizamtmänner.

Sydow, R., **Busch**, L., und **Krieg**, O., **Deutsches Gerichtskostengesetz nebst Gebührenordnung** für Gerichtsvollzieher und für Zeugen und Sachverständige in den neuesten Fassungen. Auf der Grundlage der Sydow-Busch'schen Textausgabe mit Anmerkungen neubearbeitet in elfter Auflage. Taschenformat. XI, 433 Seiten. 1928. (Guttentagsche Sammlung Deutscher Reichsgesetze Bd. 15.) . . . . . . Geb. RM. 7.50

„Die neue Auflage bietet unter gründlicher Berücksichtigung der gesamten einschlägigen Rechtsprechung eine zeitgemäße, übersichtliche und erschöpfende Erläuterung des Gesetzes. Für den täglichen Gebrauch in der Praxis erscheint diese Textausgabe mit Anmerkungen als unentbehrlich."

Dr. Natter in der „Württembergischen Zeitschrift für Rechtspflege".

Lindemann, Otto, **Preußisches Gerichtskostengesetz** (neueste Fassung). Nach dem Tode des früheren Herausgebers P. Siméon erläutert. Achte, völlig umgearbeitete Auflage. Taschenformat. 439 Seiten. 1928. (Guttentagsche Sammlung Preußischer Gesetze Bd. 17.)

Geb. RM. 8.—

„Die achte Auflage dieser bekannten Ausgabe des Preußischen Gerichtskostengesetzes ist entsprechend den bedeutsamen Änderungen der letzten Jahre völlig umgearbeitet. Die gesamte Rechtsprechung wurde eingehend berücksichtigt, so daß hier eine Erläuterung vorliegt, die Zuverlässigkeit und Vollständigkeit in sich verbindet."

Mitteilungen des Preußischen Richtervereins.

Freiwillige Gerichtsbarkeit

Jastrow, Hermann, und **Günther**, Hermann, **Die Gesetze des Reiches und Preußens über die freiwillige Gerichtsbarkeit.** Textausgabe mit Einleitung, Anmerkungen und Sachregister. Siebente, vermehrte Auflage. Taschenformat. 548 Seiten. 1928. (Guttentagsche Sammlung Deutscher Reichsgesetze Bd. 46.) . . . . Geb. RM. 9.—

„Die Anmerkungen unterrichten in zuverlässiger Weise über die wichtigste Rechtsprechung des Reichsgerichts und der deutschen Oberlandesgerichte auf dem Gebiete der freiwilligen Gerichtsbarkeit. Ein ausführliches Sachregister erhöht die Brauchbarkeit des bewährten Buches, das auch in der neuen Auflage seinen Zweck auf das beste erfüllen wird." Juristische Wochenschrift.

Die Gesetze des Reiches und Preußens über die freiwillige Gerichtsbarkeit. Textausgabe mit Sachregister. Taschenformat. 168 Seiten. 1930.

(Guttentagsche Sammlung von Textausgaben ohne Anmerkungen mit Sachregister.) . . . . RM. 3.—
Das Buch enthält in der bekannten Art der Guttentagschen Gesetzesausgaben außer dem „Gesetz über die Angelegenheiten der freiwilligen Gerichtsbarkeit" alle in dieses Gebiet fallenden sonstigen Gesetze, Ausführungsbestimmungen, Abkommen, Verordnungen usw. in absolut zuverlässigem Abdruck und ein das Zurechtfinden sehr erleichterndes Sachregister.

Szkolny, Felix, und **Kober,** Leopold, **Das Notariatrecht,** unter besonderer Berücksichtigung des materiellen Rechts und des Steuer- und Stempelrechts erläutert. Oktav. 236 Seiten. 1926. (Guttentagsche Sammlung Deutscher Reichsgesetze Bd. 163.) . . . . Geb. RM. 8.50
„Die Darlegung des materiellen Rechts, soweit es in der täglichen Anwendung den Notar hauptsächlich beschäftigt. Es wird die Beurkundung einzelner Rechtsgeschäfte und anderer Rechtsvorgänge behandelt. Die Ausführungen verwerten die neueste Lehre und Rechtsprechung eingehend, die Darstellung ist leicht faßlich und klar, einzelne Muster vervollkommnen das anschauliche Bild."
Zeitschrift des Deutschen Notarvereins.

Szkolny, Felix, **Die Belehrungspflicht des Notars.** Oktav. 52 Seiten. 1927. . . . . RM. 2.—
„Ein trotz seines geringen Umfanges sehr nützliches Buch, für das wir dem Verfasser Dank wissen müssen."
Zeitschrift des Deutschen Notarvereins.

Konkursordnung und Zwangsvollstreckung

Jaeger, Ernst, **Kommentar zur Konkursordnung** und den Einführungsgesetzen. Mit einem Anhang, enthaltend das Anfechtungsgesetz, die Vergleichsordnung, Auszüge aus den Kostengesetzen, Ausführungsgesetze und Geschäftsordnungen. Sechste und siebente, neubearbeitete Auflage. Lexikon-Oktav. Der Umfang des Gesamtwerkes umfaßt etwa 100 Bogen. Die Ausgabe erfolgt in Lieferungen.
Erster Band: §§ 1—46. XXVIII, 828 Seiten. 1928—1931.
RM. 45.—, geb. RM. 54.—
(Der Kauf des ersten Bandes verpflichtet zum Bezug des ganzen Werkes, das Erscheinen von Band 2 (Schlußband) ist 1932 zu erwarten.)
„. . . Kurz gesagt: das Buch ist das unübertreffliche Standardwerk, der Kommentar zur Konkursordnung." Deutsche Richterzeitung.
„Das Jaegersche Werk ist ohne Zweifel der beste von den mehreren guten Kommentaren zur Konkursordnung, die wir besitzen."
Zeitschrift für Deutschen Zivilprozeß.

Sydow, R., **Busch,** L., und **Krieg,** O., **Konkursordnung** und Anfechtungsgesetz mit Erläuterungen. Auf der Grundlage der Sydow-Buschschen Textausgabe mit Anmerkungen in fünfzehnter Auflage unter Mitaufnahme der Vergleichsordnung neubearbeitet. Taschenformat. 816 Seiten. 1929. (Guttentagsche Sammlung Deutscher Reichsgesetze Bd. 13.) . . . . Geb. RM. 12.—
„Die Erläuterungsbücher von Sydow-Busch sind als Kommentare mittleren Umfanges seit vielen Jahren in der Juristenwelt rühmlichst bekannt." Juristische Rundschau.

Fischer, K., und **Schäfer,** L., **Die Gesetzgebung, betr. die Zwangsvollstreckung in das unbewegliche Vermögen** im Reiche und in Preußen. Bearbeitet von J. Krech und O. Fischer. Zweite Auflage. Lexikon-Oktav. XVI, 728 Seiten. 1910 . . . RM. 15.—, geb. RM. 18.—
„Unter den zahlreichen Bearbeitungen des Zwangsvollstreckungsgesetzes ist der Kommentar von Fischer und Schäfer wohl der wissenschaftlich bedeutendste. Überall sind die Erläuterungen systematisch, manchmal

geradezu lehrbuchartig aufgebaut, die leitenden Gedanken treten trotz der Fülle der behandelten Einzelfragen klar und deutlich hervor."
Zeitschrift für Rechtspflege in Bayern.

Krech, J., und Fischer, O., Die Gesetzgebung, betr. die Zwangsvollstreckung in das unbewegliche Vermögen im Reiche und in Preußen. Textausgabe mit Einleitung, Anmerkungen und Sachregister. Zehnte Auflage, bearbeitet von O. Fischer. Taschenformat. 266 Seiten. 1929. (Guttentagsche Sammlung Deutscher Reichsgesetze Bd. 43.)
Geb. RM. 5.—

„Einer besonderen Empfehlung dieser handlichen Ausgabe, deren Hauptteil das Gesetz über die Zwangsversteigerung und Zwangsverwaltung bildet, bedarf es nicht, Gesetzgebung, Rechtsprechung und Rechtslehre sind bis zur Gegenwart berücksichtigt."
Sächsisches Archiv für Rechtspflege.

Kretzschmar, F., Die Zwangsversteigerung und die Zwangsverwaltung. 110 Seiten. 1911. (Sammlung Göschen Bd. 523.) . . Geb. RM. 1.80

Huyke, W., **Offenbarungseid und Haft im Zivilprozeß.** Taschenformat. 1930. (Guttentagsche Sammlung Deutscher Reichsgesetze, Bd. 177.) RM. 4.—

Dieser Band bietet eine ganz auf die Praxis zugeschnittene Erläuterung der das Offenbarungseidsverfahren betreffenden Paragraphen der ZPO. und gibt in einem allgemeinen Teil zuverlässig Auskunft über die sich auf diesem Gebiete ergebenden Streit- und Zweifelsfragen. Die Rechtsprechung der höheren Gerichte und die Literatur ist berücksichtigt worden.

V. Strafrecht und Strafprozeß

Strafgesetzbuch

Ebermayer, Ludwig, **Lobe,** Adolf und **Rosenberg,** Werner, **Das Reichsstrafgesetzbuch,** Leipziger Kommentar mit besonderer Berücksichtigung der Rechtsprechung des Reichsgerichts. Vierte, vermehrte und verbesserte Auflage. Lexikon-Oktav. X, 1282 Seiten. 1929.
RM. 56.—, in Halbleder geb. RM. 63.—

„Zusammenfassend wird man sagen müssen, daß der Kommentar nun wohl endgültig an die Spitze der großen Kommentare zum StGB. getreten ist." Zeitschrift für Rechtspflege in Bayern.

Kohlrausch, Eduard, **Strafgesetzbuch für das Deutsche Reich mit Nebengesetzen.** Textausgabe mit Anmerkungen und Sachregister. Früher von Dr. Fr. v. Liszt u. Dr. E. Delaquis. Neunundzwanzigste Auflage. Taschenformat. X, 562, *48 Seiten. 1930. (Guttentagsche Sammlung Deutscher Reichsgesetze Bd. 2.) . . . Geb. RM. 8.—

„Ein Buch, an Hand dessen eine schnelle und zuverlässige Orientierung über die wichtigsten Auslegungsfragen möglich ist. Es dient in gleicher Weise dem Studierenden zur Einführung in eine Lektüre des Gesetzes wie dem Praktiker zur schnellen Auffindung einer Entscheidung."
Rechtsanwalt Dr. Max Alsberg in der „Juristischen Wochenschrift".

v. **Liszt,** Fr., **Lehrbuch** des deutschen Strafrechts. Sechsundzwanzigste, vollkommen durchgearbeitete und zum Teil umgestaltete Auflage, besorgt von Dr. E. Schmidt, Professor an der Universität Kiel. Im Druck.

Gerland, H. B., **Das deutsche Reichsstrafrecht.** Oktav. 600 Seiten. 1922. (Lehrbücher und Grundrisse der Rechtswissenschaft Bd. XVI.)
RM. 10.—, geb. RM. 11.50

„Durch knappe, geradezu klassische Kürze zeigende Darstellung gelang es Gerland, auf engem Raume eine ungeheure Fülle des Stoffes zu bieten und auf jede Frage Antwort zu geben."
Juristische Wochenschrift.

Gerland, H., **Der Entwurf 1925.** Allgemeiner Teil. Kritische Bemerkungen. Oktav. 96 Seiten. 1925 . . . . RM. 5.—
„Eine außerordentlich interessante Abhandlung. Die Schrift stellt ein fast unentbehrliches Hilfsmittel für jeden dar, der sich mit den einschlägigen Fragen zu beschäftigen hat."
Mitteilungen des Preußischen Richtervereins.

Aschrott, P. F., u. **Kohlrausch,** Ed., **Reform des Strafrechts.** Kritische Besprechung des Amtlichen Entwurfs eines Allgemeinen Deutschen Strafgesetzbuchs. Auf Veranlassung der Deutschen Landesgruppe der Internationalen Kriminalistischen Vereinigung unter Mitwirkung erster Fachgenossen herausgegeben. Gr.-Oktav. V, 415 S. 1926. RM. 18.—
„Die gestellte Aufgabe ist glänzend gelöst. Kaum ein Punkt ist übersehen worden, der die Kritik herausfordert. — Niemand, der an der endgültigen Gestaltung unseres Strafrechts Anteil nimmt, darf an dieser Sammelkritik achtlos vorübergehen."
Geh. Hofrat Prof. Dr. v. Lilienthal in der „Deutschen Juristen-Zeitung".

Sammlung außerdeutscher Strafgesetzbücher in deutscher Übersetzung. Herausgegeben von den Schriftleitungen der Zeitschrift für die ges. Strafrechtswissenschaft u. d. Mitteilungen der Internationalen Kriminalistischen Vereinigung. Nr. 1—43. 1881—1914 . . Preise auf Anfrage.

Nr. 44:
Japanische Strafgesetze. I. Schwurgerichtsordnung vom 18. April 1923 und strafrechtliche Nebengesetze. Übersetzt von Hyoichiro Kusano, Reichsgerichtsrat in Tokio, Tadao Sugiura, Oberlandesgerichtsrat in Sapporo, und Dr. jur. Fritz Bartelt in Berlin. II. Strafvollzugsgesetz vom 28. März 1908 nebst Ausführungsverordnung vom 16. Juni 1908. Übersetzt von Dr. jur. Toshita Tokiwa, Gerichtsassessor in Tokio, und Dr. jur. Werner Gentz, Justizrat beim Strafvollzugsamt in Kiel. Groß-Oktav. 55 Seiten. 1927. RM. 3.—

Nr. 45:
Die Auslieferungsgesetze Norwegens, Schwedens und Finnlands. Mit einer systematischen Darstellung der Grundzüge des nordischen Auslieferungsrechts im Hinblick auf den Erlaß eines deutschen Auslieferungsgesetzes Von Dr. jur. Ernst Wolgast, Privatdozent in Königsberg i. Pr. Groß-Oktav. VIII, 487 Seiten. 1928. . . RM. 20.—

Nr. 46:
Das Türkische Strafgesetzbuch vom 1. März 1926. Gesetz Nr. 765. (Türkisches Gesetzblatt Nr. 320 vom 13. März 1926.) Das Ausführungsgesetz zum Türkischen Strafgesetzbuch vom 26. April 1926. Deutsche Übersetzung von Dr. K. Ziemke. Groß-Oktav. 138 Seiten. 1927 . . . . RM. 5.—

Nr. 47:
Entwurf eines griechischen Strafgesetzbuches. Übersetzt und eingeleitet von Demetrius G. Venturas, Rechtsanwalt in Korfu, Griechenland. Groß-Oktav. 123 Seiten. 1928 . . . . RM. 7.—

Nr. 48:
Italienischer Vorentwurf zu einem neuen Strafgesetzbuch. (Progetto di un nuovo codice penale.) In deutscher Übersetzung von Dr. K. Bunge, Landgerichtsrat in Berlin. Groß-Oktav. XXXII, 244 Seiten. 1928 . . . . RM. 10.—

Nr. 49:
Strafgesetzbuch (Ugolownyj Kodex) **der Russischen Sozialistischen Föderativen Sowjet-Republik** (R.S.F.S.R.) vom 22. November 1926, übersetzt von Dr. Wilhelm Gallas, Gerichtsassessor in Berlin. Groß-Oktav. 68 Seiten. 1930 . . . . RM. 4.—

Lindemann, Otto, **Sammlung der wichtigsten preußischen Strafgesetze.** Zweite Auflage. Taschenformat. 372 Seiten. 1912. (Guttentagsche Sammlung Preußischer Gesetze Bd. 34.) . . . . . Geb. RM. 3.50

„... *Nur mittels einer solchen ausgezeichneten Sammlung ist es möglich, auch die zerstreuten Gebiete des Strafrechts völlig zu beherrschen.*" *Deutsche Juristen-Zeitung.*

Fraustädter, Werner, **Deutsches Auslieferungsgesetz** vom 23. Dezember 1929 und andere neuere Vorschriften der Rechtshilfe in Strafsachen, einschließlich der Auslieferung. Textausgabe mit Einleitung, Erläuterungen und Sachregister. Taschenformat. 143 Seiten. 1930. (Guttentagsche Sammlung Deutscher Reichsgesetze Bd. 86.) . Geb. RM. 4.—

Die neue Auflage enthält eine ausführliche Erläuterung der neuen Bestimmungen sowie einen Abdruck der wichtigsten Verträge und Vorschriften und ermöglicht einen vollständigen Überblick über den gegenwärtigen Stand des deutschen Auslieferungsrechtes.

Lindemann, Otto, **Polizeiverordnungen in Preußen.** Zweite Auflage. Taschenformat. 189 Seiten. 1912. (Guttentagsche Sammlung Preußischer Gesetze Bd. 36.) . . . . Geb. RM. 2.50

Abhandlungen des Kriminalistischen Instituts an der Universität Berlin. Herausgegeben von Dr. **Franz von Liszt,** o. Professor der Rechte. Sonderverzeichnis kostenlos. Vierte Folge. I. Band.

Heft 1:
Dannenberg, Herbert, **Liberalismus und Strafrecht im 19. Jahrhundert unter Zugrundelegung der Lehren Karl Georg von Waechters.** Oktav. IV, 66 Seiten. 1925 . . . . RM. 3.—

Heft 2:
Tarnowski, Hans, **Die systematische Bedeutung der adäquaten Kausalitätstheorie für den Aufbau des Verbrecherbegriffs.** Oktav. X, 340 Seiten. 1927 . . . . RM. 18.—

Heft 3:
Ehrlich, Lore, **Der Verrat von Betriebsgeheimnissen nach englischem und nordamerikanischem Recht.** Oktav. VIII, 75 Seiten. 1930. RM. 4.—

Heft 4:
Kuttner, Stephan, **Die juristische Natur der falschen Beweisaussage.** Ein Beitrag zur Geschichte und Systematik der Eidesdelikte, zugleich zur Frage einer Beschränkung der Strafbarkeit auf erhebliche falsche Aussagen. Oktav. VI, 76 Seiten. 1931 . RM. 6.—

Vierte Folge II. Band.

Heft 1:
Gallas, Wilhelm, **Kriminalpolitik und Strafrechtssystematik** unter besonderer Berücksichtigung des sowjetrussischen Rechts. Oktav. VIII, 88 Seiten. 1931 . . . . RM. 5.—

Heindl, Robert, **System und Praxis der Daktyloskopie** und der sonstigen technischen Methoden der Kriminalpolizei. Dritte, neubearbeitete und vermehrte Auflage. 900 Abbildungen im Text und 21 Bildertafeln. 780 Seiten. Groß-Oktav. 1927 . . . . RM. 36.—, geb. RM. 40.—

„*Ein Werk, mit dem wohl für geraume Zeit die Literatur dieses Gebiets ihren krönenden Abschluß gefunden haben dürfte. — Es darf erwartet werden, daß jeder Richter, Rechtsanwalt und Verteidiger sich dieses vorzüglichen Werkes bedient.*" *Deutsche Juristenzeitung.*

Kleine kriminalistische Bücherei.

Band 1:
Schneickert, Hans, Die strafrechtlichen Aufgaben der Polizei. Für den Polizeiunterricht und die Polizeipraxis. Taschenformat. 182 Seiten. 1921. RM. 2.—

Band 2:
Philipp, Lothar, **Beobachtungs- und Ermittlungspraxis im Polizei- und Detektivdienst.** Taschenformat. 180 Seiten. 1923 . . . RM. 2.—

Band 3:
Manteuffel, H. v., **Falschspieler.** Formen und Technik des Spiel-

betruges, nebst einem Anhange: Der Spielprofessor und sein angeblich sicheres System beim Spiele gegen eine öffentliche Roulettebank. Taschenformat 90 Seiten. 1923 . . . . RM. 2.—

Band 4:
Schneickert, Hans, Kriminalistische Spurensicherung. Sammlung dienstlicher Anweisungen und sachverständiger Ratschläge für den Dienstgebrauch und für Polizeischulen. Zweite, vermehrte und verbesserte Auflage. Taschenformat. 96 Seiten. Mit 2 Abbildungen. 1925. Geb. RM. 3.—

Band 5:
Rehfeld, P., Gerichtsärztliche Tatbestandsfeststellungen im Dienste der Polizei. Ein Leitfaden für Polizei- und Kriminalbeamte. Taschenformat. 133 Seiten. 1927 . . . . Geb. RM. 3.50

Strafprozeßordnung

Kohlrausch, Eduard, **Strafprozeßordnung** und Gerichtsverfassungsgesetz. Textausgabe mit Einleitung, Anmerkungen und Nebengesetzen. In Verbindung mit Dr. Hermann Mannheim, Landgerichtsrat und Professor in Berlin, bearbeitet von Dr. Eduard Kohlrausch, Professor der Rechte in Berlin. Zweiundzwanzigste Auflage (101. bis 104. Tausend). Taschenformat. XI, 510 Seiten. 1930. (Guttentagsche Sammlung Deutscher Reichsgesetze Bd. 12.) RM. 7.50

„Das Buch ist nicht nur für den Praktiker, der sich rasch unterrichten will, sondern auch für den Studierenden, zumal wenn ihm die wirtschaftlichen Verhältnisse die Anschaffung umfangreicher Kommentare nicht ermöglichen, von größtem Wert." Oberreichsanwalt Dr. Ebermayer in der „Juristischen Wochenschrift".

Feisenberger, Albert, **Strafprozeßordnung und Gerichtsverfassungsgesetz.** Handkommentar. Groß-Oktav. IX, 517 Seiten. 1926. Mit Nachtrag. 1927. (de Gruytersche Sammlung Deutscher Gesetze. Handkommentare.) . . . . Geb. RM. 17.—

„Eine glänzende Arbeit, die bald in der Hand jedes Strafrichters und Rechtsanwalts sein wird. Geradezu vorbildlich ist der Handkommentar für den Umfang der Heranziehung der Rechtsprechung. Alles Wesentliche ist berücksichtigt." Danziger Juristische Monatsschrift.

Beling, E., **Deutsches Reichsstrafprozeßrecht** mit Einschluß des Strafgerichtsverfassungsrechts. Oktav. XIV, 568 Seiten. 1928. (Lehrbücher und Grundrisse der Rechtswissenschaft Bd. XVII.) RM. 15, geb. RM. 16.50

Die Eigenart des vorliegenden Lehrbuches des Reichsstrafprozeßrechts ist, daß es dem Verständnis der Gesetzestexte vorarbeiten und zu ihnen hinführen will. Gerade das, was nicht im Gesetz steht, ist die Hauptsache; die Gesetzesparagraphen sind Ziel, nicht Ausgangspunkt. Insbesondere aber stellt der Verfasser die Regelungsinhalte des geltenden Rechts in die heutige rechtspolitische Gedankenwelt hinein und gibt ein auch äußerlich scharf hervortretendes System, das den Lernenden befähigt, die Fülle der Einzelheiten unter allgemeinen Ordnungsgesichtspunkten zusammenzusetzen.

Rosenfeld, E. H., **Deutsches Strafprozeßrecht.** 2 Bände. 128 und 148 Seiten. 1926. (Sammlung Göschen Bd. 938/939.) Geb. je RM. 1.80

„Eine wissenschaftlich hochstehende, auf einem knappen Raum zusammengedrängte, klar und originell geschriebene Einführung in den deutschen Strafprozeß." Schweizer. Zeitschrift für Strafrecht.

Löwe, F., und **Rosenberg,** Werner, **Die Strafprozeßordnung für das Deutsche Reich** vom 22. März 1924 nebst dem Gerichtsverfassungsgesetz. Kommentar. Achtzehnte, neubearbeitete Auflage. Lexikon-Oktav. 1332 Seiten. 1929 . . . . RM. 44.—, in Halbleder geb. RM. 50.—

„Der Kommentar steht nach wie vor an erster Stelle und ist ein Meisterwerk in der Kunst einer klaren, übersichtlichen und erschöpfenden Darstellung dieses außerordentlich spröden Stoffes."
Zeitschrift des deutschen Notarvereins.

Feisenberger, Albert, **Strafprozeßordnung und Gerichtsverfassungsgesetz,** in alter und neuer Fassung synoptisch gegenübergestellt. Mit ausführlichem Sachregister. Taschenformat. 265 Seiten. 1924. Mit Nachtrag. 1927. (Guttentagsche Sammlung Deutscher Reichsgesetze Bd. 158.) . . . . Geb. RM. 4.50
„Die Ausgabe ist für die Praxis auf längere Zeit unentbehrlich. Die synoptische Darstellung erleichtert die Arbeit und schützt vor Gedächtnisfehlern." *Juristische Wochenschrift.*

Aschrott, P. F., **Die Reform des Strafprozesses.** Kritische Besprechungen der von der Kommission für die Reform des Strafprozesses gemachten Vorschläge. Auf Veranlassung der Internationalen Kriminalistischen Vereinigung, Gruppe Deutsches Reich. Groß-Oktav. XII, 120 und 784 Seiten. 1906 . . . . RM. 12.—

Beiträge zur Reform des Strafprozesses. Herausgegeben von Dr. Franz **Adickes,** Dr. P. F. **Aschrott,** Dr. K. **von Lilienthal,** Dr. Fr. **von Liszt.** 2 Bände. Groß-Oktav. I. Bd. Heft 1—6. 1908. RM. 9.70. — II. Bd. Heft 1—5. 1909. RM. 15.10.

Boehringer, Margrit, **Die Eidesreform im Strafprozeß und Strafrecht.** Oktav. 203 Seiten. 1931 . . . . RM. 10.—
In der vorliegenden Arbeit wird versucht, einen möglichst vollständigen Überblick über die Grundfragen und die komplizierten Einzelfragen der Reform des Strafprozesses im Beeidigungsverfahren und dem damit unmittelbar zusammenhängenden Teil der Eidesreform im Strafrecht zu geben.
Hierbei wurde ein wesentlicher Bestandteil der Aufgabe in der Systematisierung dieser meist so unübersichtlich und durcheinanderlaufend behandelten Probleme gesehen und weiter versucht, durch möglichst vollständige Literaturangabe und Behandlung ein sachliches Urteil zu ermöglichen.

Frede, L., u. **Grünhut,** M., **Reform des Strafvollzugs.** Kritische Beiträge zu dem Amtlichen Entwurf eines Strafvollzugsgesetzes. Oktav. VII, 264 Seiten. 1927 . . . . RM. 10.—
Die in dem vorliegenden Buch zusammengefaßten Beiträge üben nicht nur eine Einzelkritik an den Bestimmungen des Entwurfs, sondern dienen zugleich unter dem Gesichtspunkt der gegenwärtigen gesetzgeberischen Aufgabe der wissenschaftlichen Grundlegung des ganzen Strafvollzugsproblems.

VI. Öffentliches Recht.

1. Staats- und Völkerrecht.

Fischbach, O. G., **Allgemeine Staatslehre.** Zweite Auflage. 136 Seiten. 1928. (Sammlung Göschen Bd. 358.) . . . . . Geb. RM. 1.80
„Das Buch darf einer breiten Öffentlichkeit als ausgezeichnete Einführung, den Fachgenossen aber, jung und alt, als Musterbeispiel wissenschaftlichen Bemühens um die denkbar beste Leistung anempfohlen werden, wie man ihm heute nicht allzu häufig mehr begegnet."
Reichsverwaltungsblatt.

Fischbach, O. G., **Allgemeines Staatsrecht.**
I. Teil. 139 Seiten. 1923. (Sammlung Göschen, Bd. 415.) Geb. RM. 1.80
II. Teil. 151 Seiten. 1923. (Sammlung Göschen Bd. 416.) Geb. RM. 1.80

Diese Bearbeitung bringt nicht bloß einen leicht faßlichen gemeinverständlichen Überblick über alle Zweige des Staatsrechtes, sondern auch in den einzelnen Partien viele gründliche wissenschaftliche Erörterungen der einschlagenden Probleme und kritischen Beleuchtung der verschiedenen Rechtsansichten.

Bühler, O., **Staatsrecht des Reichs und Preußens.** Taschenformat. 608 Seiten. 1931. (Lehrausgaben Deutscher Gesetze Bd. IIIa.)
Geb. RM. 9.—

Stier-Somlo, Fritz, **Deutsches Reichs- und Landesstaatsrecht I.** Oktav. XVI, 726 Seiten. 1924. (Lehrbücher und Grundrisse der Rechtswissenschaft Bd. XVIII.) . . . . RM. 16.50, geb. RM. 18.—

„. . . Von den zurzeit vorhandenen größeren Lehrbüchern des Reichsstaatsrechts das geeignetste." Juristische Wochenschrift.

Stier-Somlo, Fritz, **Reichsstaatsrecht.** I. Grundbegriffe des Staatsrechts. Verfassungsgeschichte vom Ende des 18. Jahrhunderts bis zur Reichsverfassung vom 11. August 1919. 108 Seiten. 1927. (Sammlung Göschen Bd. 967.) . . . . Geb. RM. 1.80

II. Das geltende Reichsstaatsrecht. 114 Seiten. 1927. (Sammlung Göschen Bd. 968.) . . . . Geb. RM. 1.80

Stier-Somlo, Fritz, **Preußisches Staatsrecht.** Zweite Auflage. 136 Seiten. 1927. (Sammlung Göschen Bd. 298.) . . . . . Geb. RM. 1.80

Die Verfassung des Deutschen Reichs vom 11. August 1919 **mit den wichtigsten Nebengesetzen.** Textausgabe mit Einleitung und Sachregister. Dritte Auflage. Taschenformat. 104 Seiten. 1931. (Guttentagsche Sammlung von Textausgaben ohne Anmerkungen mit Sachregister.) . . . . RM. 1.—

Die handliche Ausgabe enthält den genauen Gesetzestext mit einem das Zurechtfinden sehr erleichternden Sachregister. Sie entspricht dem letzten Stand.

Arndt, Adolf, **Die Verfassung des Deutschen Reiches.** Dritte Auflage. Taschenformat. 1927. (Guttentagsche Sammlung Deutscher Reichsgesetze Bd. 137.) . . . . RM. 8.—

„Für alle, die sich auf dem schwierigen Gebiet der Reichverfassung orientieren wollen, liegt hier ein vorzügliches Nachschlagewerk von gediegener Wissenschaftlichkeit vor."
Staats- und Selbstverwaltung.

Stier-Somlo, Fritz, Kommentar zur Verfassung des Freistaates Preußen. Groß-Oktav. 319 Seiten. 1921 . . . . Geb. RM. 3.—

„Die Darstellung ist flüssig und knapp und ist als treffliche Orientierung über das neue Verfassungswerk, eine Orientierung, die ihre notwendige Ergänzung in dem vorzüglichen Kommentar Stier-Somlos findet, sehr zu empfehlen." Zeitschrift für öffentliches Recht.

Arndt, Adolf, **Die Verfassung des Freistaats Preußen** vom 30. November 1920. Mit Einleitung, vollständigem Kommentar, Landeswahlgesetz und Sachregister. Taschenformat. 158 Seiten. 1921. (Guttentagsche Sammlung Preußischer Gesetze Bd. 1.)
Geb. RM. 2.—

„. . . Der Kommentar wird denjenigen, die sich mit den einzelnen Bestimmungen der Verfassung vertraut machen wollen, ein willkommener Ratgeber sein."
Zeitschrift für Polizei- und Verwaltungsbeamte.

Veröffentlichungen der Vereinigung deutscher Staatsrechtslehrer.
Heft 1: Der deutsche Föderalismus. Oktav. 1924 . . . RM. 5.—
Heft 2: Der Schutz des öffentlichen Rechts. Oktav. 1925. RM. 12.—

Heft 3: Die Gleichheit vor dem Gesetz. Der Einfluß des Steuerrechts auf die Begriffsbildung des öffentlichen Rechts. Oktav. 1927. RM. 7.—
Heft 4: Das Recht der freien Meinungsäußerung. — Der Begriff des Gesetzes in der Reichsverfassung. Oktav. 1928 . . . . . . RM. 10.—
Heft 5. Wesen und Entwicklung der Staatsgerichtsbarkeit. — Überprüfung von Verwaltungsakten durch die ordentlichen Gerichte. Oktav. 1929 . . . . RM. 12.—
Heft 6: Bundesstaatliche und gliedstaatliche Rechtsordnung. Verwaltungsrecht der öffentlichen Anstalt. Berichte von Fritz Fleiner, Josef Lukas, Lutz Richter und Arnold Köttgen. Verhandlungen der Tagung der deutschen Staatsrechtslehrer zu Frankfurt a. M. am 25. und 26. April 1929. Mit einem Auszug aus der Aussprache. Oktav. IV, 166 Seiten. 1929 . . . . RM. 9.—

Sehling, Emil, Kirchenrecht. Zweite Auflage.
I. Teil. Einleitung. Quellen, Verfassung und Verwaltung der katholischen Kirche. Anhang: Die griechisch-orthodoxe Kirche. 119 Seiten. 1922. (Sammlung Göschen Bd. 377.) . . . . Geb. RM. 1.80
II. Teil: Das evangelische Kirchenrecht. Die Stellung des Staates zur Kirche und das Verhältnis der Religionsgesellschaften zueinander. 87 Seiten. 1927. (Sammlung Göschen Bd. 954.) . . . Geb. RM. 1.80

Edler v. Hoffmann, H., Deutsches Kolonialrecht. 150 Seiten. 1907. (Sammlung Göschen Bd. 318.) . . . . Geb. RM. 1.80

Delius, H., Die Beamtenhaftpflichtgesetze des Reiches und der Länder. Vierte, vermehrte und vollkommen neubearbeitete Auflage. Taschenformat. 384 Seiten. 1929. (Guttentagsche Sammlung Deutscher Reichsgesetze Bd. 94.) . . . . Geb. RM. 10.—

Wörterbuch des Völkerrechts und der Diplomatie. Begonnen von Professor Dr. Julius **Hatschek** †. Fortgesetzt und herausgegeben von Dr. Karl **Strupp,** Professor an der Universität Frankfurt a. M., Associé de l'institut de droit international, membre de l'Academie Diplomatique Internationale. Lexikon-Oktav.
Band I: Aachen—Lynchfall. VI, 860 Seiten. 1924.
RM. 35.—, in Halbleder geb. RM. 40.—
Band II: Maas—Utschiali. 779 Seiten. 1925.
RM. 35.—, in Halbleder geb. RM. 40.—
Band III (Schluß): Vasallenstaaten—Zwangsverschickung. Ferner Anhang: Abessinien—Weltgerichtshof; Sachverzeichnis und Mitarbeiterregister. II, 1316 Seiten. 1929.
RM. 62.—, in Halbleder geb. RM. 67.—

„Der Vorsprung, den entsprechende Werke in französischem Sprachgewande bisher hatten, ist nunmehr in Deutschland eingeholt. Die Form der alphabetischen Zergliederung des Stoffes ermöglicht eine breitere Behandlung der Einzelfälle, die im internationalen Rechtsleben nicht selten von größerer Bedeutung als vorzeitig aufgestellte Abstraktionen sind." Zeitschrift für Völkerrecht.

Anzilotti, D., Lehrbuch des Völkerrechts. Übersetzt und herausgegeben vom Institut für ausländisches öffentliches Recht und Völkerrecht, Berlin. I. Band. Groß-Oktav. 444 Seiten. 1929. RM. 19.—, geb. RM. 20.—
Das Buch ist nicht schlechthin eine Übersetzung der italienischen Originalausgabe, sondern berücksichtigt auch die gesamte Rechtsprechung und Literatur der letzten Zeit und stellt somit das zurzeit modernste Lehrbuch des Völkerrechts überhaupt dar.

Niemeyer, Theodor, Völkerrecht. 168 Seiten. 1925. (Sammlung Göschen Bd. 865.) . . . . Geb. RM. 1.80
Dieses Bändchen gibt in gedrängter Form eine vollständige Übersicht über das Völkerrecht.

Beiträge zum ausländischen öffentlichen Recht und Völkerrecht. Herausgegeben im Auftrage des Instituts für ausländisches öffentliches Recht und Völkerrecht in Berlin in Gemeinschaft mit Friedrich Glum, Ludwig Kaas, Rudolf Smend, Heinrich Triepel von Viktor **Bruns.** Groß-Oktav.

Eine Sammlung einschlägiger wissenschaftlicher Abhandlungen, Materialsammlungen, Übersetzungen besonders wertvoller ausländischer Werke u. a.

Heft 1:
Triepel, H., **Staatsrecht und Politik.** Rede beim Antritt des Rektorats der Friedrich-Wilhelms-Universität zu Berlin am 15. Oktober 1926. 40 Seiten. 1927 . . . . RM. 2.—

Heft 2:
Schmitt, Carl, **Volksentscheid und Volksbegehren.** Ein Beitrag zur Auslegung der Weimarer Verfassung und zur Lehre von der unmittelbaren Demokratie. 54 Seiten. 1927 . . . . RM. 2.60

Heft 3:
Heck, K., **Der Aufbau des britischen Reiches.** (Der Verhandlungsbericht der Reichskonferenz von 1926.) 152 Seiten. 1927. RM. 6.—

Heft 4:
Heller, H., **Die Souveränität.** Ein Beitrag zur Theorie des Staats- und Völkerrechts. 177 Seiten. 1927. . . . . RM. 8.50

Heft 5:
Grentrup, Theodor, **Die Missionsfreiheit** nach den Bestimmungen des geltenden Völkerrechts. 112 Seiten. 1928 . . . . RM. 5.50

Heft 6:
Robinson, Jakob, **Das Minoritätenproblem** und seine Literatur. Kritische Einführung in die Quellen und die Literatur der europäischen Nationalitätenfrage der Nachkriegszeit, unter besonderer Berücksichtigung des völkerrechtlichen Minderheitenschutzes.
Allgemeiner Teil. 265 Seiten. 1928 . . . . RM. 9.—

Heft 7:
Bilfinger, Karl, **Der Reichssparkommissar.** 68 Seiten. 1928. RM. 3.60

Heft 8:
Bumiller, J. M., **Die völkerrechtliche Stellung der fremden Truppen im Saargebiet.** 156 Seiten. 1928 . . . . RM. 9.—

Heft 9:
Das Recht des Ausnahmezustands im Auslande (Frankreich, Belgien, Niederlande, Italien, England, Irland). 296 Seiten. 1928. RM. 14.—

Heft 10:
Gerland, B., **Die Beziehungen zwischen dem Parlament und den Gerichten in England.** Eine rechtsvergleichende Studie. 137 Seiten. 1928. RM. 8.—

Heft 11:
Leibholz, Gerhard, **Zu den Problemen des fascistischen Verfassungsrechts.** Akademische Antrittsvorlesung. 112 Seiten. 1928. RM. 5.—

Heft 12:
Glum, Friedrich, **Der deutsche und der französische Reichswirtschaftsrat.** Ein Beitrag zu dem Problem der Repräsentation der Wirtschaft im Staat. 188 Seiten. 1929 . . . . RM. 9.—

Heft 13:
Leibholz, Gerhard, **Das Wesen der Repräsentation** unter besonderer Berücksichtigung des Repräsentativsystems. Ein Beitrag zur allgemeinen Staats- und Verfassungslehre. Groß-Oktav. 214 Seiten. 1929. RM. 14.—

Heft 14:
Schenk, v. Stauffenberg, G., **Das Recht der russischen Handelsvertretungen.** Oktav. 95 Seiten. 1930 . . . . RM. 6.—

Heft 16:
Menzel, Kurt, **Das deutsche Vorkriegs-Vermögen in Rußland und der deutsche Entschädigungsvorbehalt.** Eine Übersicht, zugleich über die Entschädigungsbemühungen der anderen Staaten. Oktav. IV, 236 Seiten. 1931 . . . . RM. 9.—

Heft 17:
Kaufmann, Erich, **Zur Problematik des Volkswillens.** Oktav. 19 Seiten. 1931 . . . . RM. 1.50

Kraus, H., **Internationale Schiedssprechung.** Eine Sammlung der für das Deutsche Reich verbindlichen Verträge und Vertragsbestimmungen, die sich auf internationale Gerichtsbarkeit, Schiedsgerichtsbarkeit, sowie Vergleichsverfahren beziehen, nebst den dazugehörigen deutschen Regierungsdenkschriften. Taschenformat. XXXVI, 348 Seiten. 1929. (Guttentagsche Sammlung Deutscher Reichsgesetze Bd. 174.) . . . . Geb. RM. 10.—

„Die vorliegende Dokumentensammlung füllt eine Lücke aus, da es bisher schwer war, alle schiedsrichterlichen Verpflichtungen des Deutschen Reiches auf einmal einzusehen." Friedenswarte.

Strupp, Karl, **Das Werk von Locarno.** Eine völkerrechtlich-politische Studie. Oktav. 180 Seiten. 1926 . . . . RM. 10.—

„Die lückenlose Mitteilung aller für das Verständnis und die Auslegung wichtiger Urkunden macht das aktuelle Buch zu einem außerordentlich wertvollen Mittel der Erkenntnis des Inhalts und der Tragweite dieser grundlegenden Staatsverträge." D. A. Z.

Sering, Max, **Deutschland unter dem Dawes-Plan.** Entstehung, Rechtsgrundlagen, wirtschaftliche Wirkungen der Reparationslasten. Oktav. VIII, 237 Seiten. 1928 . . . . RM. 10.—

„Nicht nur dem Juristen und Volkswirtschaftler, sondern auch dem Laien verständlich, gibt das Werk einem jeden wertvollen Einblick in Deutschlands wirtschaftspolitische Abhängigkeit, die sich bis in die kleinsten Betriebe hineinzieht, die jedes einzelne Glied des deutschen Volkes betrifft." Prakt. Rundschau.

2. Verwaltungsrecht.

Reichsrecht

Bühler, O., **Verwaltungsgesetze des Reiches und Preußens.** Taschenformat. XI, 682 Seiten. 1930. Mit Nachtrag 1931. Geb. RM. 11.—
(Lehrausgaben Deutscher Gesetze, Bd. III.)

Außer den preußischen Verwaltungsgesetzen bringt der vorliegende Band als erster auch die immer wichtiger werdenden Verwaltungsgesetze des Reichs. Durch Weglassung aller für den Unterricht überflüssigen Gesetze, Weglassung auch unwichtiger Bestimmungen in den oft sehr weitschweifigen Verwaltungsgesetzen (wobei aber der Inhalt weggelassener Bestimmungen jeweils kurz angedeutet ist) ist es ermöglicht worden, auch hier einen Band erstehen zu lassen, der nicht schon durch seinen Umfang abschreckt.

Blume, E., und **Weirauch,** W., **Die Eisenbahn-Verkehrsordnung** vom 16. Mai 1928 mit Allgemeinen Ausführungsbestimmungen sowie dem Internationalen Übereinkommen über den Eisenbahnfrachtverkehr vom 30. Mai 1925 und dem Internationalen Übereinkommen über den Eisenbahn-Personen- und Gepäckverkehr vom 12. Juni 1925. Textausgabe mit Anmerkungen. Vierte Auflage. Taschenformat. X, 482 Seiten. 1928. (Guttentagsche Sammlung Deutscher Reichsgesetze Bd. 91.) Geb. RM. 9.—

„Ein treffliches Hilfsbuch für alle, die sich mit dem Eisenbahnverkehrsrecht theoretisch und praktisch zu beschäftigen haben. Der Kommentar wird besonders auch den Gerichten und den Anwälten

gute Dienste leisten, da die Ausführungsbestimmungen zur Eisenbahnverkehrsordnung, die vollständig abgedruckt werden, sonst nur in den Tarifen veröffentlicht werden, die in den Kreisen der Juristen weniger bekannt sind. Allen, die es angeht, kann daher die Anschaffung der neuen Auflage dringend empfohlen werden."

Juristische Wochenschrift.

Fischbach, O. G., **Das Reichsbeamtengesetz vom 31. März 1873 in der Fassung der Bekanntmachung vom 18. Mai 1907 mit allen Abänderungen und Ergänzungen.** Taschenformat. 311 Seiten. 1930. (Guttentagsche Sammlung Deutscher Reichsgesetze, Bd. 82.) Geb. RM. 6.—

Die vorliegende Erläuterung des Beamtengesetzes entspricht den neuesten Fortschritten der Wissenschaft und Rechtsprechung. Bemerkenswert ist, daß auch verwandte Gesetze und Verordnungen der einheitlichen Erläuterung unterzogen wurden, so daß dieses Buch für die Praxis ein der Sache wie der Erläuterungsart wichtiges Hilfsmittel darstellt.

Fischer, D., und **Staedler**, E., **Die deutsche Post- und Telegraphengesetzgebung.** Teil I: Postrecht (mit Ausschluß des internationalen Rechts). Siebente Auflage. 47*, 586 Seiten. 1929. (Guttentagsche Sammlung Deutscher Reichsgesetze Bd. 7.) . . . . Geb. RM. 15.—

„Die Texte sind mit großer Sorgfalt und mit dem Streben nach einschlägiger Vollständigkeit zusammengestellt. Eine Verbesserung gegenüber den früheren Auflagen bedeutet der der Sammlung neu vorangestellte systematische Abriß des geltenden Postrechts."

Württembergische Industrie.

Teil II: **Telegraphen- und Fernsprechrecht** (mit Ausschluß des internationalen Rechts). Taschenformat. 495 Seiten. 1930. (Guttentagsche Sammlung Deutscher Reichsgesetze Band 7a.) . . RM. 13.—

Wie im ersten Teil, so werden auch hier die Erläuterungen unter die folgenden Gesichtspunkte gestellt: 1. die wechselseitige juristische und tatsächliche Berührung zwischen den sehr zersplitterten Rechtsquellen. 2. die rechtsgeschichtlichen Zusammenhänge, die zur kritischen Beurteilung des Gegenstandes unerläßlich sind. 3. die öffentlich-rechtliche Eigenschaft des gesamten Rechtsstoffes. Rechtsprechung und Literatur sind bis in die letzte Zeit berücksichtigt.

Sebba, Julius, **Seewasserstraßenordnung.** (Polizeiverordnung zur Regelung des Verkehrs auf den deutschen Seewasserstraßen vom 31. März 1927.) Taschenformat. 493 Seiten. 1928. (Guttentagsche Sammlung Deutscher Reichsgesetze Bd. 171.) . . . . Geb. RM. 8.50

„Es bedarf hierbei wohl nicht der besonderen Hervorhebung, daß die Kommentierungsmethode des rühmlichst bekannten Neu-Herausgebers von Schaps-Seerecht auch in dem vorliegenden Werke eine knappe und doch gründliche geworden ist."

Verkehrsrechtliche Praxis.

Busse, Rudolf, **Luftrecht einschließlich Luftverkehrsgesetz und Pariser Luftverkehrsabkommen.** Taschenformat. XVIII, 448 Seiten. 1928. (Guttentagsche Sammlung Deutscher Reichsgesetze Bd. 170.)
Geb. RM. 10.—

Das vorliegende Buch sucht in einem nationalen und internationalen Teil einen klaren Überblick über das gesamte Luftrecht zu geben; der neueste Stand der Rechtsprechung ist hierbei berücksichtigt. Den erläuterten Gesetzesabkommenstexten ist eine systematische Einführung in das gesamte Luftrecht mit seinen vielseitigen Rechtsdisziplinen vorausgeschickt.

Volkmann, Kurt, **Die Straßenverkehrsordnungen** nebst den einschlägigen **Nebenbestimmungen.** Taschenformat. 312 Seiten. 1929. (Guttentagsche Sammlung Deutscher Reichsgesetze Bd. 175.) . . . Geb. RM. 7.—

„Das übersichtliche Werkchen, das uns eine schnelle Information über auftauchende Rechtsfragen auf diesem besonderen Verkehrgebiete verschafft, kann Polizeibeamten, Gerichten, Anwälten, Fuhrwerksbesitzern, Kraftfahrern und Radfahrern zur Anschaffung empfohlen werden."
Verkehrsrechtl. Rundschau.

Holzapfel, W., **Die Siedlungsgesetzgebung** im Reich und in Preußen. 347 Seiten. 1920. (Guttentagsche Sammlung Deutscher Reichsgesetze Bd. 140.) . . . . Geb. RM. 3.—
„Die zur Ausführung jener Gesetze bestimmten Behörden und auch die literarische Forschung wird dem Verfasser für seine mühevolle Arbeit Anerkennung zollen." Archiv für öffentliches Recht.

Behrend, Ernst, und **Stranz-Hurwitz,** Helene, **Sammlung von Wohlfahrtsgesetzen** des Deutschen Reichs und Preußens nebst den allgemeinen Wohlfahrtsgesetzen von Sachsen, Thüringen, Hamburg, Mecklenburg-Schwerin und -Strelitz, Oldenburg, Lippe und Lübeck.
Teil I: Taschenformat. 560 Seiten. 1923 . . . . . . Geb. RM. 5.—
Teil II: Nebst Ausführungsgesetzen sämtlicher Länder zum Reichsjugendwohlfahrtsgesetz. Taschenformat. XVI, 551 Seiten. 1925. (Guttentagsche Sammlung Deutscher Reichsgesetze Bd. 152 und 152a.)
Geb. RM. 9.—
Teil I und II zus. RM. 12.—
„Die kurzen, alles Wesentliche zusammenfassenden Einleitungen zu den einzelnen Gesetzen sind mit außerordentlicher Sachkunde und Klarheit geschrieben; sie genügen zusammen mit den Literaturangaben völlig für den Praktiker, um die Gesetzestexte richtig handhaben zu können. Das Werk ist für alle in der Wohlfahrtspflege Arbeitenden unentbehrlich und sehr praktisch."
Nachrichtendienst des Deutschen Vereins für öffentliche Fürsorge.

Wegner, Arthur, **Jugendrecht.** Ein Lehrbuch zur Einführung. Oktav. IX, 219 Seiten. 1929 . . . . RM. 6.—, geb. RM. 7.50

Drewes, Paul, und **Sandré,** Emil, **Das Reichsgesetz für Jugendwohlfahrt** vom 9. Juli 1922 und **Jugendgerichtsgesetz** vom 16. Februar 1923 nebst Nebengesetzen. Zweite Auflage. Taschenformat. XVI, 496 Seiten. 1928. (Guttentagsche Sammlung Deutscher Reichsgesetze Bd. 154.)
Geb. RM. 11.—
„Eine sehr handliche Gesetzesausgabe. Sie bietet in ausführlichen geschichtlichen und rechtlichen Vorbemerkungen und Einleitungen wertvolles Material zur Einführung in den Willen und Geist beider Gesetze und gibt in knappen, aber ausreichenden Erläuterungsbemerkungen zu den einzelnen Bestimmungen dem Praktiker die erforderlichen Unterlagen zur richtigen Anwendung. Das Werk dürfte sich in der Praxis beliebt machen." Blätter für öffentliche Fürsorge

Sandré, Emil **Verordnung über die Fürsorgepflicht.** Vom 14. Februar 1924. Mit Einschluß der für die Durchführung dieser Verordnung in Frage kommenden reichs- und landesgesetzlichen Bestimmungen. Taschenformat. 342 Seiten. 1925. (Guttentagsche Sammlung Deutscher Reichsgesetze Bd. 160.) . . . . Geb. RM. 6.—
„Die Zusammenstellung der bis in die jüngste Zeit ergangenen gesetzlichen Bestimmungen, die in Beziehung zur Fürsorgepflichtverordnung stehen, gibt der Sandréschen Arbeit ihre besondere Bedeutung. Die Anmerkungen sind zahlreich und zeichnen sich durch einen feinen, klaren Stil aus. Das Buch ist übersichlich geordnet und leicht zu handhaben." Schleswig-Holsteinsche Wohlfahrtsblätter.

Szczesny, Viktor, **Das Lichtspielgesetz** vom 12. Mai 1920 mit der Ausführungsverordnung Einleitung, Gebührenordnung und Sachregister. Taschenformat. 106 Seiten. 1920. (Guttentagsche Sammlung Deutscher Reichsgesetze Bd. 147.) . . . . Geb. RM. 1.50

„Das neue Lichtspielgesetz hat hier eine ausführliche Kommentierung gefunden. Das Buch kann bei der gründlichen Behandlung des Stoffes als ein geeignetes Hilfsmittel für die Praxis bezeichnet werden." *Preußische Gemeinde-Zeitung.*

Wündisch, Ernst, **Das Gesetz über Schußwaffen und Munition** vom 12. April 1928 (RGBl. I S. 143) nebst der Ausführungsverordnung der Reichsregierung vom 13. Juli 1928 (RGBl. I S. 198) und dem Preußischen Erlaß zur Durchführung des Gesetzes vom 7. September 1928 (MBliV. S. 925). Taschenformat. 139 Seiten. 1928. (Guttentagsche Sammlung Deutscher Reichsgesetze Bd. 173.) . . . . Geb. RM. 5.—

Ein klares zuverlässiges Erläuterungsbuch für den praktischen Gebrauch.

Fraustädter, W., und **Kreutzberger,** M., **Das deutsche Ausländerrecht.** Die Bestimmungen des Reichsrechts und preußischen Landesrechts. Textausgabe mit Erläuterungen und Sachregister. Taschenformat. 396 Seiten. 1927. (Guttentagsche Sammlung Deutscher Reichsgesetze Bd. 166.) Geb. RM. 9.—

„Eine höchst begrüßenswerte Veranstaltung, aus dem Bedürfnis der Praxis hervorgegangen und mit vollendetem Sachverständnis unternommen. Sowohl die Vollständigkeit der mannigfach verstreuten gesetzlichen Bestimmungen als deren Anordnung, Registrierung und Erläuterung durch Ausführungsbestimmungen, Gerichtsentscheidungen, Verwaltungspraxis ist vortrefflich." *Niemeyers Zeitschrift für internationales Recht.*

Voß, Werner, **Die reichs- und landesrechtlichen Bestimmungen auf dem Gebiete des Gesundheitswesens.** Zusammengestellt und mit Anmerkungen versehen. Taschenformat. 608 Seiten. 1929. (Guttentagsche Sammlung Deutscher Reichsgesetze Bd. 172.) . . . . . . Geb. RM. 11.—

„Der Band enthält eine Sammlung der Gesetze, Verordnungen und Bestimmungen auf dem Gebiete des Gesundheitswesens, wie sie in dieser Vollständigkeit sonst nicht besteht. Dadurch erst ist ein zuverlässiger und rascher Überblick über die einschlägigen weit verstreuten Bestimmungen gewährleistet." *Württ. Zeitschr. f. Rechtspflege.*

Hippel, W. von, **Reichsviehseuchengesetz** vom 26. Juni 1909 nebst Ausführungsvorschriften und dem preußischen Ausführungsgesetz. Zweite Auflage. Taschenformat. 486 Seiten. 1913. (Guttentagsche Sammlung Deutscher Reichsgesetze Bd. 103.) . . . . Geb. RM. 4.—

Boxberger, L. von, **Vogelschutzgesetz** vom 30. Mai 1908 nebst den das Flugwild betreffenden Bestimmungen der Preußischen Jagdordnung. Taschenformat. 57 Seiten. 1909. (Guttentagsche Sammlung Deutscher Reichsgesetze Bd. 89.) . . . . Geb. RM. 1.—

Landesrecht

Bitter, von, **Handwörterbuch der Preußischen Verwaltung.** Dritte, vollständig umgearbeitete Auflage. Unter Mitwirkung zahlreicher hoher Reichs- und preußischer Staatsbeamten herausgegeben von Dr. Bill Drews, Staatsminister a. D., Präsident des Pr. Oberverwaltungsgerichts, und Dr. Franz Hoffmann, Wirklicher Geheimer Oberregierungsrat, Berlin. Lexikon-Oktav. 1928.
RM. 120.—, in Halbleder geb. RM. 132.—

Erster Band, 1. Halbband: Abbaugerechtigkeiten—Fleisch- und Viehagenten. 552 Seiten.

2. Halbband: Fleischvergiftung—Kyffhäuserbund. Seite 553 bis 1134 und IX Seiten.

Zweiter Band: Lackfabriken—Zwischenkredit. VII, 1220 Seiten.

(Im Verlage der Firmen: Walter de Gruyter & Co., Berlin; Carl Heymanns Verlag, Berlin; Roßberg'sche Verlagsbuchhandlung, Leipzig.)

Das zentrale Werk der Praxis des Verwaltungsrechts.

Reichelt, H., Verwaltungsgesetzbuch für Preußen. Systematische Zusammenstellung der wichtigsten Verwaltungsgesetze und Verordnungen für Praxis und Unterrichtszwecke. Lexikon-Oktav. VII, 1302 Seiten. 1914 . . . . Geb. RM. 7.60

„Das Buch ist sehr wertvoll, dem Praktiker unentbehrlich und leistet demjenigen, der sich auf eine Prüfung vorbereitet, vorzügliche Dienste. Allen Verwaltungsbehörden wird das Buch warm empfohlen."
Preußische Verwaltungs- und Finanz-Zeitung.

Friedrichs, K., Die Gesetzgebung über die allgemeine Landesverwaltung und Zuständigkeit der Verwaltungs- und Verwaltungsgerichtsbehörden. Dritte, durchgesehene Auflage. Taschenformat. XXIII, 295 Seiten. 1927. (Guttentagsche Sammlung Preußischer Gesetze Bd. 42.) Geb. RM. 5.—

„Der Wert dieser Arbeit liegt darin, daß er eine erschöpfende und klare Übersicht über das tatsächlich geltende Verwaltungsrecht bringt. Das Werk ist ein vorzügliches und nie versagendes Hilfsmittel."
Gesetz und Recht.

Pfafferoth, Carl, **Preußische Beamtengesetzgebung.** Fünfte Auflage. XIV, 280 Seiten. 1916. (Guttentagsche Sammlung Preußischer Gesetze Bd. 2.) . . . . Geb. RM. 2.40

Dultzig, Eugen von, **Das preußische Disziplinargesetz für die nichtrichterlichen Beamten.** Taschenformat. XIV, 364 Seiten. 1914. (Guttentagsche Sammlung Preußischer Gesetze Bd. 51.) . . . . Geb. RM. 4.20

„Der Verfasser kennt das Disziplinarrecht aus eigener Tätigkeit und aus langer Erfahrung. Diese hat er zu einem praktischen Nachschlagebuch für alle praktischen Fragen des Disziplinarrechts ausgestaltet. Bei tunlichster Kürze sind doch recht erschöpfende, klare und anschauliche Erläuterungen entstanden, die das Verständnis und die Anwendung des Disziplinarrechts in zweckmäßiger Weise erleichtern. Das Büchlein verdient volle Beachtung."
Zeitschrift für Polizei- und Verwaltungsbeamte.

Hagemann, Rudolf, **Hinterlegungsordnung** vom 21. April 1913. Taschenformat. 175 Seiten. 1914. (Guttentagsche Sammlung Preußischer Gesetze Bd. 53.) . . . . Geb. RM. 2.20

„Das in der vorteilhaft bekannten Guttentagschen Sammlung erschienene Buch darf als ein Hilfsmittel zu dem nicht immer ganz einfachen Verständnis der neuen Hinterlegungsvorschriften bestens empfohlen werden; es ist klar, übersichtlich und ausführlich."
Zentralblatt für freiwillige Gerichtsbarkeit.

Aschrott, P. F., Gesetz über die Fürsorgeerziehung Minderjähriger. Vom 2. Juli 1900. Nebst Ausführungsanweisungen. Dritte Auflage. Taschenformat. 374 Seiten. 1917. (Guttentagsche Sammlung Preußischer Gesetze Bd. 28.) . . . . Geb. RM. 2.80

„Das Buch gewährt nicht nur einen klaren Einblick in die gegenwärtige Gestaltung der Fürsorgeerziehung in Preußen, sondern es gibt auch über die Zweifelsfragen, welche bei der Auslegung des technisch ziemlich unvollkommenen Fürsorgeerziehungsgesetzes in besonders reicher Fülle auftauchen, durchweg eine erschöpfende und zutreffende Auskunft." *Das Recht.*

Marcks, A., Gesetz, betr. die Unterhaltung der öffentlichen Volksschulen. Taschenformat. 194 Seiten. 1906. (Guttentagsche Sammlung Preußischer Gesetze Bd. 39.) . . . . Geb. RM. 1.80

„Das handliche Büchlein wird, von sachkundiger Seite herrührend und praktisch angelegt, Verwaltungsbeamten, Schulvorständen, Lehrern beim Gebrauch gute Dienste leisten."

Schulblatt der Provinz Brandenburg.

Ledermann, W., und **Brühl,** L., **Die Städteordnung für die sechs östlichen Provinzen Preußens.** Zweite Auflage. Taschenformat. 593 Seiten. 1913. (Guttentagsche Sammlung Preußischer Gesetze Bd. 32.) Geb. RM. 6.—

„Der Kommentar, eine hervorragende Arbeit, ist von der Kritik und der Praxis so einmütig günstig aufgenommen worden, daß er auch in seiner zweiten durch Gesetzgebung, Literatur und Rechtsprechung der letzten zehn Jahre bereicherten Ausgabe keiner weiteren Empfehlung bedarf." *Kommunale Praxis.*

Wölbling, P., **Bildung der neuen Stadtgemeinde Berlin.** Zweite Auflage Taschenformat. 114 Seiten. 1920. (Guttentagsche Sammlung Preußischer Gesetze Bd. 59.) . . . . Geb. RM. 1.40

„Die Ebenmäßigkeit mit den Kommentaren anderer Gesetze der Guttentagschen Sammlung erringt der Verfasser durch seine strenge Sachlichkeit. Damit muß seinem Werk die Beachtung bei der Durchführung des Gesetzes und bleibender Wert gesichert erscheinen."

Soziale Praxis.

Caro, H., **Gesetz, betr. Austritt aus der Landeskirche,** vom 14. Mai 1873. Taschenformat. 190 Seiten. 1911. (Guttentagsche Sammlung Preußischer Gesetze Bd. 46.) . . . . Geb. RM. 2.40

„Ein sehr praktisches Buch, das in den Anmerkungen zum Wortlaut des Gesetzes eine reiche Fülle von Material bietet für alle möglichen Fragen, die mit Aus- und Übertritt zusammenhängen. Das genau gearbeitete Inhaltsverzeichnis ermöglicht bei gelegentlicher Benutzung ein leichtes Auffinden des Nötigen."

Deutsch-Protestantische Bücherschau.

Meyer, O., **Gesetz, betr. die Anlegung und Veränderung von Straßen und Plätzen in Städten und ländlichen Ortschaften.** Taschenformat. 211 Seiten. 1913. (Guttentagsche Sammlung Preußischer Gesetze Bd. 50.) RM. 3.—

Strauß-Torney, Hugo von und **Saß,** Carl, früher **Friedrichs,** R., **Gesetz, betr. Anlegung und Veränderung von Straßen und Plätzen** in Städten und ländlichen Ortschaften. (Straßen- und Baufluchtengesetz.) Kommentar. Sechste Auflage. Groß-Oktav. 211 Seiten. 1920. RM. 8.—, geb. RM. 9.50

„Das Werk zeigt eine Reichhaltigkeit und Vollständigkeit, die sonst wenigen Kommentaren eigen ist, und übertrifft hierin noch weit die früheren Auflagen. Besonders erwähnenswert ist die geschickte Anordnung der Erläuterungen und das praktische Inhaltsverzeichnis."

Wochenschrift des Architektenvereins zu Berlin.

Heine, H. **Die preußischen Baupolizeigesetze** nebst den sonstigen einschlägigen Reichs- und Landesgesetzen. Taschenformat. 404 Seiten. 1928. (Guttentagsche Sammlung Preußischer Gesetze Bd. 64.) Geb. RM. 8.—

Diesem Band ist die Aufgabe gestellt, die in erster Linie in Betracht kommenden Gesetze und sonstigen Vorschriften und die im Zusammenhang hiermit entstehenden Rechtsfragen in übersichtlicher Weise zusammenzufassen und zu erörtern. Die Rechtsprechung des Oberverwaltungsgerichts und anderer Gerichte ist hierbei berücksichtigt worden.

Goldschmidt, O., **Gesetze gegen die Verunstaltung landschaftlich hervorragender Gegenden mit Ausführungsanweisungen.** Taschenformat. 152 Seiten. 1912. (Guttentagsche Sammlung Preußischer Gesetze Bd. 49.) Geb. RM. 2.40

„Der Kommentar bietet eine sachgemäße, sorgfältige und erschöpfende Erläuterung der einzelnen gesetzlichen Bestimmungen. Er wird als ein durch Vollständigkeit und Zuverlässigkeit ausgezeichnetes Hilfsmittel jedem Freunde des Heimatschutzes ein willkommener Ratgeber sein.“ Jahrbuch des Verwaltungsrechts.

Wulff, G., und **Herold, F.**, **Wassergesetz** vom 7. April 1913. Mit Einleitung, Erläuterungen und Sachregister. Zweite, umgearbeite Auflage von G. Wulff. Taschenformat. XVI, 665 Seiten. 1928. (Guttentagsche Sammlung Preußischer Gesetze Bd. 52.) . . Geb. RM. 12.—

„Gründlichkeit und trefflichere Kürze bilden einen besonderen Vorzug des Werkes.“ Ministerialblatt f. d. preuß. innere Verwaltung.

Holtgreven, A., und **Wolff, Th.**, **Das Wildschadengesetz** vom 11. Juli 1891. Kommentar. Vierte, vermehrte und verbesserte Auflage. Oktav. VIII, 216 Seiten. 1902 . . . . RM. 4.—

„Dieses Werkchen will einerseits die juristisch zweifelhaften Punkte des Wildschadengesetzes wissenschaftlich erörtern und klarstellen und andererseits allen denjenigen, welche bei der Handhabung dieses Gesetzes in irgendeiner Weise, sei es als Private, Beamte, Grundbesitzer oder als Jagdberechtigte, beteiligt sind, ein praktischer Berater sein.“ Allgemeine Forst- und Jagdzeitung.

Born, A., **Das preußische Fischereigesetz** vom 11. Mai 1916 in der geltenden Fassung. Taschenformat. 428 Seiten. 1928. (Guttentagsche Sammlung Preußischer Gesetze Nr. 62.) . . . . Geb. RM. 7.50

Die Ausgabe bietet eine übersichtliche, zusammenfassende Darstellung des Fischereigesetzes, in der die Rechtsprechung eingehend verwertet ist. Außer dem Fischereigesetz, das eine ausführliche Erläuterung gefunden hat, sind die wichtigen Ausführungsverordnungen und im Anhang die einschlägigen Bestimmungen anderer für die Anwendung des Fischereigesetzes in Frage kommenden Gesetze berücksichtigt.

Born, A., **Die preußischen Jagdgesetze** in ihrer geltenden Fassung. Mit Erläuterungen versehen. Taschenformat. 433 Seiten. 1928. (Guttentagsche Sammlung Preußischer Gesetze Nr. 63.) . . . Geb. RM. 8.—

„Das Buch kann zur Belehrung und Handgebrauch den Gerichten, Landratsämtern, Gemeinden und Forstbehörden sowie allen jagdlich interessierten Personen warm empfohlen werden.“ Leipziger Ztsch. f. dtsch. Recht.

Kunze, F., **Das Jagdscheingesetz.** Zweite Auflage. Taschenformat. 157 Seiten. 1899. (Guttentagsche Sammlung Preußischer Gesetze Bd. 19.) . . . . Geb. RM. 2.—

„Die eingehenden Anmerkungen und die im Titel hervorgehobenen Beigaben machen den kleinen Kommentar zu einem vortrefflichen, in der Praxis schwer entbehrlichen Hilfsmittel zur Auslegung des Gesetzes.“ Zeitschrift für die gesamte Strafrechtswissenschaft.

Holzapfel, W., **Umlegungsordnung.** Taschenformat. 144 Seiten. 1921. (Guttentagsche Sammlung Preußischer Gesetze Bd. 60.) . . RM. 1.80

„Holzapfel, der hervorragende Kenner der Auseinandersetzungsgesetze, erläutert die Vorschriften der Umlegungsordnung in seiner scharfsinnigen Art in durchaus erschöpfender Weise und gibt in diesen Erläuterungen ein außerordentlich anschauliches Bild von der Umlegung der Grundstücke. Das Buch ist auch für Laien leicht und gut verständlich und kann jedem, der für die Umlegung Interesse hat, zur Benutzung angelegentlich empfohlen werden.“ Preußisches Verwaltungsblatt.

Holzapfel W., **Gesetz über Landeskulturbehörden.** Taschenformat. 176 Seiten. 1919. (Guttentagsche Sammlung Preußischer Gesetze Bd. 57.) Geb. RM. 2.—

„Der Titel gibt den Inhalt des Werkchens vollständig an, hinzuzufügen ist aber, daß die Erläuterung, die umfangreich und eingehend ist und der praktischen Handhabung des Gesetzes Schritt für Schritt folgt, aus der Feder eines Mannes herrührt, der durch seine sachliche Qualifikation als gründlicher Kenner der Materie für eine zuverlässige Führung die größte Gewähr bietet. Dankenswert ist die Gründlichkeit der im bescheidenen Rahmen geleisteten Arbeit."
Verwaltungs-Archiv.

Kollenscher, M., Rechtsverhältnisse der Juden in Preußen. Taschenformat. VIII, 199 Seiten. 1910. (Guttentagsche Sammlung Preußischer Gesetze Bd. 45.) . . . . RM. 2,40
„Eine zusammenfassende, erschöpfende Darstellung der in den verschiedensten Quellen zerstreuten zahlreichen Judengesetze und Verordnungen. Jede Synagogengemeinde und jeder, der sich mit jüdischen Angelegenheiten beschäftigt, müßte dieses Buch besitzen."
Jüdische Rundschau.

3. Steuerrecht

Nieberl, A., Reichsabgabenordnung vom 13. Dezember 1919 nebst Einführungsverordnung vom 18. Dezember 1919 und Übergangsverordnung vom 11. Oktober 1921. Textausgabe mit Anmerkungen und ausführlichem Sachregister. Zweite, neubearbeitete Auflage. Taschenformat. 1927. (Guttentagsche Sammlung Deutscher Reichsgesetze Bd. 143.) . . . . Mit folgendem Nachtrag geb. RM. 12.—
„Die Darstellung ist leicht verständlich und klar. Das Sachregister ist gründlich bearbeitet. Jedenfalls wird das Buch, das einen mit der praktischen Handhabung der RAbgO. vertrauten Verfasser erkennen läßt, nicht nur den Steuerbeamten, sondern auch dem rechtsuchenden Publikum und seinen Beratern ein willkommener guter Führer auf diesem Gebiet sein." Juristische Wochenschrift.

Nieberl, A., Die Änderungen der Reichsabgabenordnung durch die Verordnung vom 1. Dezember 1930. Taschenformat. 127 Seiten. 1931. RM. 2.—

Michaelis, Richard, **Die Dritte Steuernotverordnung** vom 14. Februar 1924. Mit besonders ausführlicher Berücksichtigung der Vorschriften über die Aufwertung und die öffentlichen Anleihen. Taschenformat. VIII, 388 Seiten. 1924. (Guttentagsche Sammlung Deutscher Reichsgesetze Bd. 157.) . . . . Geb. RM. 7.—
„Ganz besonders zu rühmen ist der Kommentar von Michaelis, der dank seiner eingehenden und gründlichen Bearbeitungsweise erheblichen Einfluß auf die Praxis gewonnen hat." Juristische Wochenschrift.

Hollaender, Adolf, **Einkommensteuergesetz und Körperschaftsteuergesetz** nebst den zugehörigen Aus- und Durchführungsbestimmungen, Verordnungen und Erlassen. Taschenformat. XXXIX, 697 Seiten. 1926. Mit Nachtrag. 1928. (Guttentagsche Sammlung Deutscher Reichsgesetze Bd. 151.) . . . . Geb. RM. 24.—
„Das auf die Bedürfnisse der Praxis abgestellte und ihnen gerecht werdende Buch wird jedem gute Dienste leisten, der sich handelnd oder leitend auf dem äußerst unsicheren, ohne Hilfsmittel überhaupt nicht begehbaren Boden der heutigen Einkommensteuer zurechtfinden muß." Juristische Rundschau.

Pick, Reichsbewertungsgesetz. Textausgabe mit Anmerkungen. In Bearbeitung.

Schachian, Herbert, **Erbschaftsteuergesetz,** Fassung 1931, mit Anmerkungen. Fünfte Auflage. Taschenformat. 1931. Im Druck.
„Eine vollständige Darstellung des Erbschaftssteuerrechts und der zugrunde liegenden bürgerlich-rechtlichen Vorschriften des Erbrechts.

Als wissenschaftliche und praktische Leistung steht der klar und scharf geschriebene Kommentar in vorderster Reihe unter seinen Rivalen; er ist als Wegweiser besonders zu empfehlen."
Juristische Wochenschrift.

Hoffmann, U., **Die preußischen Erbschaftsteuergesetze.** Taschenformat. 561 Seiten. 1905. (Guttentagsche Sammlung Preußischer Gesetze Bd. 20.) . . . . RM. 3.—

Lindemann, Otto, **Umsatzsteuergesetz** (neueste Fassung) mit Ausführungsbestimmungen. Vierte, vermehrte und verbesserte Auflage. Taschenformat. 518 Seiten. 1926. (Guttentagsche Sammlung Deutscher Reichsgesetze Bd. 132.) . . . . Geb. RM. 10.—

„Es handelt sich um einen ausführlichen, gediegenen und klar abgefaßten Kommentar, der den weiteren Vorzug besitzt, auf dem laufenden zu sein. Das Werk kann allen Interessenten nur warm empfohlen werden." Industrie- und Handelszeitung.

Lindemann, Otto, **Grunderwerbsteuergesetz** (neueste Fassung) mit den Ausführungsbestimmungen. Zweite, völlig umgearbeitete Auflage. Taschenformat. 186 Seiten. 1926. Mit Nachtrag 1927. (Guttentagsche Sammlung Deutscher Reichsgesetze Bd. 139.) . . . . Geb. RM. 4.—

„Das Buch wird manchem in den mannigfachen Streitfragen des in der Praxis sehr einschneidenden Gesetzes ein willkommener Ratgeber sein. Die Erläuterungen zeichnen sich durch Klarheit und Gemeinverständlichkeit im besten Sinne aus." Württembergische Industrie.

Hagelberg, E., und **Krämer,** L., **Grunderwerbsteuergesetz** vom 12. September 1919 (RGBl. S. 1617) in der Fassung des Gesetzes vom 11. März 1927 (RGBl. I S. 72) nebst Einleitung, Sachregister und Ausführungsbestimmungen und der einschlägigen Vorschriften des Finanzausgleichs-Steuermilderungsgesetzes und Steuerstrafrechts. Für die Praxis erläutert. Zweite, völlig umgearbeitete und erweiterte Auflage. Groß-Oktav. 355 Seiten. 1928 . . . . Geb. RM. 15.—

„Die verhältnismäßige Kürze ihrer Erläuterungen bei großer Vollständigkeit ist zu rühmen. Das Buch ist nicht nur für den Juristen, sondern auch für den gebildeten Laien, namentlich Grundstücksmakler und Hausbesitzer, von großem, praktischem Wert."
Zeitschrift d. Deutsch. Notarvereins.

Hagelberg, E., und **Krämer,** L., **Wertzuwachssteuerrecht.** Kommentar. Groß-Oktav. 256 Seiten. 1929 . . . . . RM. 12.—, geb. RM. 13.50

Die Verfasser kommentieren die neue Wertzuwachssteuerordnung für Berlin und die preußische Mustersteuerordnung. Ihr Buch ist ein Leitfaden für die Steuerpflichtigen und ihre Rechtsberater und die mit der Wertzuwachssteuer befaßten Behörden. Es stellt die rechtliche und wirtschaftliche Bedeutung der Bestimmungen klar: Die Rechtsprechung des Preußischen Oberverwaltungsgerichts wurde erschöpfend berücksichtigt. Auch Spezialfragen wie die Aufwertung und das Schwarzkaufwesen wurden behandelt.

Hoepker, Heinrich, **Die Industriebelastungsgesetze** vom 30. August 1924 nebst den Durchführungsbestimmungen zum Gesetz über die Industriebelastung. Taschenformat. XV, 200 Seiten. 1925. Mit Nachträgen. (Guttentagsche Sammlung Deutscher Reichsgesetze Bd. 159.)
Geb. RM. 4.—

„Die Anmerkungen sind erschöpfend und führen den Leser mit Geschick in die schwierige und neue Materie ein. Rechtsanwälte sowie Kaufleute, für welche die Industriebelastung in Frage kommt, werden das mit einem guten Sachregister ausgestattete Werk mit gleichem Nutzen gebrauchen!" Industrie- und Handels-Zeitung.

von etwa 5 bis 6 Bogen sowie in vollständigen Bänden, geheftet und gebunden, ausgegeben. Jährlich 4 Bände.) 1.—132. Band.
Je RM. 6.50, geb. RM. 8.—

2. **Entscheidungen in Strafsachen.** (Werden in Heften im Umfange von 5 bis 6 Bogen sowie in vollständigen Bänden, geheftet und gebunden, ausgegeben. Jährlich 1 Band.) 1.—65. Band. Je RM. 6.50, geb. RM. 8.—

Generalregister zum 111.—120. Bande der von den Mitgliedern des Gerichtshofes und der Reichsanwaltschaft herausgegebenen **Entscheidungen des Reichsgerichts in Zivilsachen.** Bearbeitet von **Hans Triebel.** Oktav. XXIII, 509 Seiten. 1929. . RM. 15.—, in Halbleder RM. 18.—
— Zum 121.—130. Band. Oktav. XXIV, 755 Seiten. 1931.
Geb. RM. 22.—

Durch die umfassenden Register über je 10 Bände der amtlichen Sammlung von Reichsgerichtsentscheidungen wird das in dieser enthaltene umfängliche reiche Material der praktischen Benutzung erst voll erschlossen. Die Register verarbeiten das Material in 1. einem systematischen Register (mit einer dazugehörigen alphabetischen Übersicht), 2. einem alphabetischen Register, 3. einem Quellenregister, 4. einer chronologischen Übersicht, 5. einer Zusammenstellung der Entscheidungen nach Oberlandesgerichtsbezirken. Damit ist der höchste Grad von Sicherheit und Schnelligkeit für die Benutzung der Entscheidungssammlung erreicht.

Schiedsgericht für Oberschlesien. Trybunal Rozjemczy dla Górnego Slaska. Amtliche Sammlung von Entscheidungen des Schiedsgerichts für Oberschlesien, veröffentlicht gemäß der Bestimmung des Art. 592 des Genfer Abkommens vom 15. Mai 1922. Zbiór urzedowy orzeczeń Trybunalu Rozjemczego dla Górnego Śląska ogloszony wedle postanowienia art. 592 Konwencji Genewskiej z dnia 15 maja 1922r. Oktav. Band I. Tom. I. Nr. 1/4. 129 Seiten. 1929.
Pro Band RM. 12.—

Diese amtliche Sammlung veröffentlicht Entscheidungen des Schiedsgerichts für Oberschlesien, soweit sie von grundsätzlicher Bedeutung sind, in deutscher und polnischer Sprache. Die veröffentlichten Entscheidungen sind insofern für alle Gerichte und Verwaltungsbehörden von besonderer Bedeutung, als sie für sie bindend sind und jede Abweichung dem Schiedsgericht zur Entscheidung vorzulegen ist.

Zeitschrift für die gesamte Strafrechtswissenschaft. Gegründet von Fr. von **Liszt** und **A. Dochow.** Unter ständiger Mitarbeiterschaft hervorragender Fachmänner herausgegeben von Prof. Dr. K. **von Lilienthal,** Prof. Dr. Ed. **Kohlrausch** und Prof. Dr. W. **Gleispach.** Der Jahrgang besteht aus 8—9 Heften. Quart.
Bd. 1—43. 1881—1922. Je RM. 15.—. Bd. 44. 1922. RM. 25.—. Bd. 45. 1924. RM. 21.—. Bd. 46—49. 1925—1929. Je RM. 30.—. Bd. 50. 1929/30. RM. 36.—.

Juristische Rundschau. Herausgegeben von Otto **Lindemann,** Ministerialdirektor, Geh. Oberjustizrat, Berlin, Dr. Friedrich **Flad,** Senatspräsident beim Reichsgericht, Leipzig, **Fritz Hartung,** Reichsgerichtsrat, Leipzig und

Höchstrichterliche Rechtsprechung. Herausgegeben von Eugen **Friedrichs,** Senatspräsident, Breslau, Dr. Albert **Feisenberger,** Reichsanwalt, Leipzig. — Erscheint am 1. und 15. jeden Monats.
Jahrgang 1931. Vierteljährlich RM. 7.50, Einzelheft RM. 1.50

Beilage „Höchstrichterliche Rechtsprechung" einzeln vierteljährlich 5.—

Zeitschrift für ausländisches öffentliches Recht und Völkerrecht. Im Auftrage des Instituts für ausländisches öffentliches Recht und Völkerrecht herausgegeben von Dr. Viktor **Bruns**, Professor an der Universität Berlin, Leiter des Instituts. Lexikon-Oktav.

Band I, Teil 1: Abhandlungen. XXVIII, 657 Seiten. 1929. RM. 43.—

Band I, Teil 2: Urkunden. XVI, 858 Seiten. 1929 . . . RM. 54.—

Band II, Teil 1/2: Abhandlungen und Urkunden. 368 Seiten. 1930. RM. 45.—

Der neuen Zeitschrift für ausländisches öffentliches Recht und Völkerrecht ist es als Aufgabe gesetzt, die wichtigsten, die Wissenschaft und die Praxis beschäftigenden Probleme des Völkerrechts und des außerstaatlichen öffentlichen Rechts zu behandeln. Sie wird zu all diesen Fragen eingehend Stellung nehmen und über alle wichtigen Ergebnisse der Gesetzgebung und der Rechtsprechung auf diesem Gebiete im In- und Ausland eingehend berichten. Der I. Jahrgang der Zeitschrift wird in zwei Bänden herausgegeben; künftig erfolgt das Erscheinen vierteljährlich.

Zeitschrift für ausländisches und internationales Privatrecht. Herausgegeben in Gemeinschaft mit Ernst **Heymann**, Heinrich **Titze**, Martin **Wolff**, ordentliche Professoren an der Universität Berlin, wissenschaftliche Berater des Instituts, Max **Pagenstecher**, o. Professor an der Universität Hamburg, Franz **Schlegelberger**, Ministerialdirektor im Reichsjustizministerium, Honorarprofessor an der Universität Berlin, von Ernst **Rabel**, o. Professor an der Universität Berlin, Direktor des Instituts. Jährlich 6 Hefte im Umfang von etwa 65 Bogen.

Preis des fünften Jahrganges RM. 54.—

Sonderhefte: **Die deutsche Rechtsprechung auf dem Gebiete des internationalen Privatrechts in den Jahren 1926 und 1927.** 1928. RM. 8.— do. **im Jahre 1928.** 1930. RM. 11.—, do. **im Jahre 1929.** RM. 12.50

Zeitschrift für Bergrecht. Bis zu seinem Tode herausgegeben von dem Wirkl. Geh. Rat, Berghauptmann a. D. Dr. jur. H. Brassert. Redigiert und herausgegeben von den rechtskundigen Ministerialräten der Bergabteilung des Preußischen Ministeriums für Handel und Gewerbe. Jährlich ein Band von mehreren Heften. Die Hefte erscheinen in zwangloser Folge. 1928/29. RM. 20.—, Jahrgang 70. 1929. RM. 20.—, Jahrgang 71. 1930 . . . . RM. 20.—

Zeitschrift für Bergrecht. Register zu Jahrgang 37—40 . . . RM. 14.—

Zeitschrift für das gesamte Luftrecht (ZLR.). Herausgegeben von weiland Dr. jur. Otto **Schreiber.** Erscheint in Bänden zu je vier Heften.

Band I. 1926/28 . . . . RM. 50.—, geb. RM. 55.—

Band II, Heft 1 . . . . RM. 10.—

Bank-Archiv. Zeitschrift für Bank- und Börsenwesen. Unter Mitwirkung von hervorragenden Fachmännern herausgegeben von Geh. Justizrat Prof. Dr. **Rießer**, Berlin. Schriftleitung: Rechtsanwalt Otto **Bernstein**, geschäftsführendes Mitglied des Centralverbandes des Deutschen Bank- und Bankiergewerbes. Quart. Jährlich 24 Nummern. XXX. Jahrgang. 1930/31 . . . . Pro Halbjahr RM. 12.—

Veröffentlichungen des Reichs-Aufsichtsamts für Privatversicherung. Groß-Oktav. 29. Jahrgang. Heft 1—4 . . . . RM. 23.—

Jahrgang 1—28. Preise auf Anfrage.

FSC
www.fsc.org
MIX
Papier | Fördert
gute Waldnutzung
FSC® C083411

Kolibri 360 GmbH
Ferdinand-Jühlke-Straße 7
99095 Erfurt, Deutschland
produktsicherheit@kolibri360.de